案卷里的青岛

人物篇

刘宗伟⊙著

青岛出版集团 | 青岛出版社

图书在版编目（CIP）数据

案卷里的青岛. 人物篇 / 刘宗伟著. — 青岛：青岛出版社，2023.12

ISBN 978-7-5736-0678-5

Ⅰ. ①案… Ⅱ. ①刘… Ⅲ. ①青岛—地方史—史料 Ⅳ. ①K295.23

中国版本图书馆CIP数据核字（2022）第254359号

ANJUAN LI DE QINGDAO · RENWU PIAN

书　　名　**案卷里的青岛 · 人物篇**

作　　者　刘宗伟

出版发行　青岛出版社（青岛市崂山区海尔路182号）

本社网址　http：// www.qdpub.com

邮购电话　0532- 68068091

责任编辑　董建国

装帧设计　李开洋

平面制作　青岛齐合传媒有限公司

印　　刷　青岛国彩印刷股份有限公司

出版日期　2023年12月第1版　2023年12月第1次印刷

开　　本　24开（889mm × 1194mm）

印　　张　20.5

字　　数　360千

书　　号　ISBN　978-7-5736-0678-5

定　　价　88.00元

编校印装质量、盗版监督服务电话　4006532017　0532-68068050

凡　例

一、本书所选用档案史料大多来自青岛市档案馆馆藏文献，包括公函、私人信函、会议记录、演讲稿、年度报告、报纸、日记等；部分史料录自高密市档案馆、即墨区档案馆等；另有少量史料录自收藏者手中的档案和书中所写人物后人提供的家族档案。

二、为保持档案原貌，本书除对不符合要求的标题稍作修改，叙事中对个别地方有所节略和文字校正，将档案中的繁体字、异体字改为规范的简体字，数字按照国家标准规定使用阿拉伯数字外，未作其他改动。

三、因年代久远，档案中有字迹模糊、缺失之处，均以“□”代替；对档案中姓名不全或书写不完整的在括号内予以标注；在不影响读者理解的前提下，对某些具有时代特征的字词、语句不作更改标识。

四、原始档案大都无标点符号，文中引用部分的标点符号为作者添加。

五、本书所选用档案观点或有不当及不合时宜之处，为保持档案的原始性未予更改，请读者自鉴，正确引用。

目录

总督叶世克

1899年2月19日，德意志帝国海军上校叶世克抵达青岛，出任胶澳租借地第二任总督。

1901年1月27日，叶世克病逝于胶澳野战医院，身后哀荣备至——2月8日，胶澳当局举行隆重葬礼，将这位“最严峻时刻的坚强有力而且远见卓识的首脑人物”安放于欧人公墓（又称万国公墓）。

为彰其“业绩”，在胶澳总督府支持下，胶澳租借地德国商民聚会议定，联手出资在威廉皇帝路（今太平路）口海岸线处，为叶世克建造纪念塔一座，并将纪念塔东南向的海角命名为叶世克角。1903年3月，锥形的叶世克纪念塔建成。1904年3月6日，在青岛大港码头竣工仪式上，德国将为青岛建造的第一艘船命名为“叶世克总督”号，该船后由亨宝轮船公司经营，每周由上海至青岛往返航行一次。

虽然在胶澳租借地执政不足两年，身世、履历、性情、喜好鲜有记载，但从现存的档案文献中仍可“析出”叶世克是一个刚愎、凌厉、动辄以枪炮解决争端的喋血军人。

叶世克擅长以武力解决与中国人的争端，除个性强硬使然外，与其所处的时局不无关系。

叶世克

德占青岛17年间，先后经历4任总督，而其对应的是13任山东巡抚。13任封疆大吏中，以袁世凯为分水岭：袁世凯上任前，李秉衡、张汝梅、毓贤信奉“以民制夷”；袁世凯上任后，力避武力冲突，以约章行事，同时兴办洋务，与胶澳德人展开经济竞争，也就是郑观应《盛世危言》中力倡并渐成主流的“商战”。其后的周馥则首度出巡胶澳，与德人进行外交对话和经济合作。继任者多仿效之。

叶世克出任胶澳总督不久，抵制胶济铁路修建、矿山开采、宗教传播的乡民与“拳民”（义和团）汇成一流。

兵戎相见、血腥镇压成了叶世克的“新使命”。

“占地毁坟”筑路冲突不断

实际上，对于修筑胶济铁路引发沿线居民的抵抗，早在1897年11月14日占领青岛前夕，德国人就有所顾虑：那些坟丘内“沉睡”的中国人，或许就是修筑铁路的最大阻力。

1897年8月，德意志著名水上建筑技师、基尔港建港监督官弗朗裘斯，向帝国提交他此前潜入胶州湾一带详尽调查后的报告，其第二十五部分就是“坟墓问题”：

> 在（胶州）湾的周围有许多中国人的坟墓，必然难以处理，幸而多处坟墓集中在一处墓地上，但也有些是分散各处的。在铺设铁路等等时，必须选择坟墓不多的地方……

在今天看来，德国人的顾虑符合清朝国情、民情。因为一则清廷害怕移坟、征地、拆迁等改变“风水”的“猛药”引发乡民暴乱；二则担忧行政权问题，虽有李鸿章等“放眼望世界”的股肱之臣，围绕国防、转运、邮政、矿务等一直“极陈铁路之利益”，但晚清时期铁路建设仍步履蹒跚。

自德国组建山东铁路公司并开展试钻和地形勘测起，胶济铁路沿线高密乡民与铁路公司的摩擦冲突就不断发生。

高密市档案馆现存的档案文献碎片化地记录了高密乡民与德方冲突的原因、过程。

1928年出版的《胶澳志》载：“（德人）‘迁坟移舍，尤为乡民所不乐为’，起初，（德方）规定偿以迁移费，但为降低铁路造价，迁移费一减再减。这点少得不能再少的迁移费，那些中间人也不放过，常常据为己有。其后，德人甚至肆行拆迁农民屋舍，铲除农家坟墓，却不再偿付费用。”

因为“强行筑路，占地毁坟”，1899年6月上旬，高密城东10华里处的姚哥庄乡民与来此勘路插标的德人率先发生冲突。

6月18日，大吕庄一带乡民组织起来拔除路标，并群起殴打前来制止的路员、翻译，围攻设在姚哥庄的德人公司分部。

对于与高密乡民的冲突，德人在档案中称之为“骚乱”。时任驻华公使克林德，在致德国外交署国务秘书比洛的函中，一语中的地道出“骚乱”的诱因——“由铁路铺设过程中的粗暴行为引起”。

德国汉学家余凯思在他的著作中悉数山东铁路公司种种“粗暴行为”：农民卖地所得远远低于平均价格的补偿金；铁路公司不愿花功夫逐个澄清颇为复杂、难以决断的土地占用关系，甚至未等购买事宜了结就破土动工；土地征购款支付不及时，且要扣除名目繁多的大笔行政管理费；铁路公司的员工经常欺骗强暴当地妇女，因为有公司包庇所以很少受到惩罚。

1850年8月，英国人在上海创办《北华捷报》周刊。1899到1900年，胶济铁路沿线乡民与铁路公司频频发生摩擦时，该刊驾轻就熟地以“铁路事件”为热点连篇累牍地予以报道，以期引人注目。

《北华捷报》记录高密人对待铁路的态度——他们宁愿什么铁路都不要；如果铁路非修不可，希望这项工作在对农民和庄稼的危害方面降到最低程度；为保证对财产危害程度最小，他们坚持主张雇佣当地人参加这项工作；他们反对从天津雇佣小工；他们要求在铁路穿越的低洼地带做好充分的排水准备，因为这些区域曾是沼泽地。

给中国居民“上一堂教育课”

筑路受阻后，山东铁路公司青岛总办锡乐巴迅疾从青岛赶赴高密，要求知县葛之覃“补复标杆，查办殴工之人”，葛“置之不理”，锡乐巴遂折回向胶澳当局请求军事干预。未向柏林请示，叶世克擅自决定出兵平息。

事后，叶世克在致帝国海军署国务秘书蒂尔皮茨的函中列举五点理由：高密位于中立区，胶澳有权调动军队，且这一权力须时常利用；必须给中国居民“上一堂教育课”；现在就采取强有力的镇压手段，可以阻止以后此类事情再发生；应迅速出击，否则中国会把驻扎于租借地周围的军队集结起来；铁路建设刻不容缓，因为它直接影响胶澳租借地的利益。

6月22日，叶世克以“拔标阻工”“保护路务”为借口，遽派德兵“星夜开往高密”。24日，德兵进入高密胶州交界、高密县城东南25华里的芝兰庄村，在镇压当地村民反抗后，德兵一路西行，进入离县城18华里的堤东村。

20世纪80年代初，堤东村89岁的宫述连回忆当时的场景（载《高密县政协文史资料》）：堤东村留有清朝咸丰年间地主武装为抵抗捻军而建的完好围墙（注：绕村修筑的土墙），乡民以此为屏障，架设土炮、地枪并悬挂团练局红旗，对阵汹汹而至的德国兵。

对此，率80名海军士兵、15名骑兵进逼堤东村的德军上尉毛威，也在德国档案文献中留有声音：

> 我试图让翻译慕兴立与村里两个首领谈判。他们应我的要求，从围墙后面走出来。我让他们明白，我并不怀有恶意，只要他们不再进行反抗。然而，他们轻蔑地向我展示手中的武器，指给我看他们防卫森严的村庄，并且说如果想去高密，应当走另外一条路，他们是不会给我们开门的。

毛威怒不可遏，下令向村庄发起攻击，“中国方面共死亡

17人，受伤者未加统计”。

事后，在向叶世克汇报时，毛威嫁祸于人：“顽强抵抗是由招募来的雇佣兵进行的。”

《胶澳志·大事记》对此的记录是：“堤东等地群众武器阻路，德兵遽往开枪，杀伤甚众。”

由于县令葛之覃麻痹大意，未作防备，德兵轻松进入高密城。《山东时报》简要记录了这一过程：25日，德兵自堤东村起程，当日巳刻（注：上午9时至11时）入城。

进城后，德兵强占高密通德书院，“致使书院器物毁坏无存”（袁世凯语）。随后，德兵又在高密城乡各团局、民舍搜查枪械，“团局枪械搜刮殆尽”。

被胶澳当局蔑称“行事鲁莽的满人”——山东巡抚毓贤闻讯后，紧急指示莱州总兵彭金山率部奔赴高密。28日，200名清兵抵达，毛威通过翻译恐吓彭金山：“高密属于中立区，中国军队在此出现不符合租借条约规定，如不撤离，将会发生‘严重后果’。”

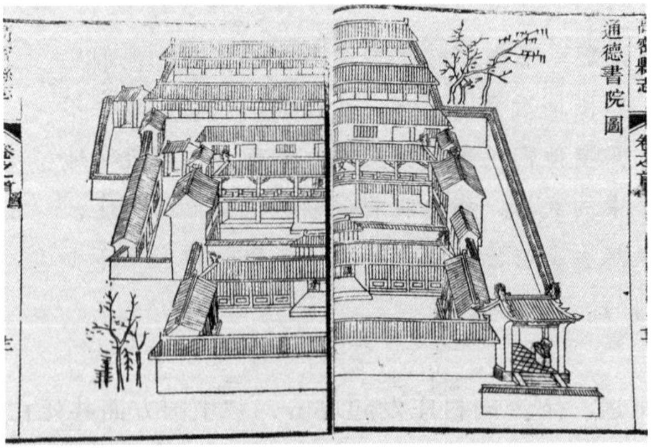

《高密县志》内的通德书院俯瞰图（翻拍自高密市档案馆）

迫于德军淫威，彭金山擅自下令撤兵，毓贤对此十分不满。

“当今国势日坠，由于民志未伸。如今再杀拳民，无异于自剪羽翼，而开门揖盗也。”毓贤写道。此时，毓贤将目光投向义和团，并对其寄望殷殷。

29日，驻高密德兵在叶世克授意下，要求清政府付给赔款：“大吕庄案议赔铁路工费、兵费银三千四百九十五两，限七月一日付清。”同时，德人还将其所拟《莱州境内路务权宜办法合同章程》（共计十一条）送至，云“照此议订，兵即撤离”。

7月8日，赔款、“十一条”章程兑现后，德兵“全回青岛”，“高邑铁路时下又兴工”。

叶世克派兵镇压堤东村民众，胶澳总督府编写的《胶澳发展备忘录》（1898年10月至1899年10月）也有记录：“6月份，向高密派出一支由海军第三营的两个连、四门野战炮、两挺机枪和十五名骑兵组成的远征队，以平息那里爆发的袭击德国铁路修建工作的骚乱。远征队攻克遭遇抵抗的堤东村，在林哥庄（注：应为芝兰庄）附近也有短时间的战斗。德国方面没有任何损失。那里恢复平静后，远征队7月份返回青岛。而一支骑兵巡逻队在胶州一直驻扎到1899年8月底。”

在高密乡民殊死抗争、清政府协调争取下，德人作出让步，“以泯前隙”，主要包括：拿出2000万两白银抚恤死伤乡民，对填筑路基所需泥土挖掘、修路所购田地中成熟农作物的补偿、铁路公司所雇华人寻衅滋事处理等均一一作出详细规定。

比如，“购地时，如田地内所种粮物尚未成熟，而公司又亟须征地，应于地价外酌估粮物所值之价，一并核发，以示体恤”；“筑路插标如有踏损民地所种粮物酌量赔偿”；“填筑地基所需泥土须向远处购取，不得在附近田地内任意掘用，以启争端”；“公司所雇华人如有调戏妇女者，即送地方官惩治”等。

参照高密县相关条约规定，1899年10月26日，山东铁路公司总办锡乐巴与昌邑县政府代表，当地绅士岳佩环、姜福卿，签订修路占地补偿条约，共八条。其中，铁路经过地方遇有坟墓，如难绕道，由本县同绅饬民迁让，每丘公司给银四两，如有三棺加银贰两，将来查得胶州高密公司格外优给迁费，昌邑请照办理；铁路用地亩内种有青苗、禾稼，铁路公司按亩另给大钱三千元，如已收稔，减半发给；铁路经过地方遇有民房、树木、菜园，均由绅董随同工程师酌量给价，将来完纳钱漕地丁税契一切均由听胶州办理；铁路公司工夫人役倘若在地方藉端滋事扰害，悉由本县告知总办后秉公惩断。

德兵已撤，“铁路又兴工”，刚刚接替毓贤出任山东巡抚的袁世凯忧心忡忡。

“伏查高密阻工一案，屡经反覆，迭费周折，几如一波未平，一波又起”，在奏折中，袁世凯支招：“为善后之计，惟有妥订章程，使彼此均有遵守，渐杜纷纭。”光绪帝允诺后，袁世凯多次与叶世克磋商，请胶澳租借地代表来济南巡抚衙门议定章程。同时，奏请清廷派记名副都统、在奥地利军队学习时与德皇太子威廉同伍、曾任大清国驻德公使馆翻译的荫昌“来东省赞佐”。

1900年正月二十八日，新年喜庆气氛尚存，叶世克委派代理商谈交涉的武员布德乐、山东铁路公司总办锡乐巴一行抵达济南，“交涉路矿各章，屡议屡改，商至两旬之久，始先后议定交涉章程七款、煤矿章程二十款、铁路章程二十八款，惟铁

锡乐巴

路章程已由锡乐巴在省押定施行”。

虽然与德方签字画押，但袁世凯仍难排心中隐忧：“该路由胶至济七百余里，将来能否节节顺手，究难予知。”

有学者评价称，山东巡抚衙门与胶澳租借地督署签订的《筑路善后章程》，将帮办和保护铁路之责全部加到地方官身上，却没有赋予中国方面对铁路的控制权，对铁路公司也未作出任何限制性规定。因此，这份章程的签订并没有取得实质性成果。

“惩罚性军事行动”

尽管有“十一条”、有《筑路善后章程》二十八款，双方也各自作出让步，但随着胶济铁路重新开工，新的冲突又起，而且对抗的乡民中有了义和团身影，因此冲突激烈程度前所未有。

余凯思分析了冲突的主要原因：“受铁路地基影响，居住在高密西乡低洼处且受洪水泛滥之害的居民提出多建涵洞，铁路公司以没必要和花费太大为由拒绝，于是，反抗铁路铺设的抵抗在1899年底和1900年春天爆发了。”

对此，《胶澳发展备忘录》（1899年10月至1900年10月）轻描淡写道：“1899年末，局部地区发生了干扰筑路的行为，主要借口称老百姓不同意线路走向。经过仔细调查，我们认为这些理由几乎完全没有根据，有人在背后恶意煽动。”

2014年初春，熟谙乡情的高密市文联副主席张家骥告诉笔者，高密西乡曾是一大片盐碱涝洼地，五龙河、柳沟河、胶河等10余条河流均是雨源性季节河，高密南乡的雨水也向此宣泄，这里经常发生水灾，民不聊生，是人们逃荒闯关东谋生的主要区域。当地人为防御水患，在五龙河西岸筑起一道长堤，名之为“壕”，长壕以西、官亭一带称为壕里，也是大洼中心地带。当地人认为，如果东西方向再修一条铁路，水就更加无法宣泄了。再者，乡民从没见过火车，传说火车冒黑烟能熏得周边40里地不长庄稼。因此，乡民对德人占田毁坟修铁路十分排斥，但因清廷已与德方签约，无可奈何，只能提出“增修涵洞、桥梁以防水患，并要求雇用当地小工，以工代赈”。德国施工者置之不理，这为双方冲突埋下了伏笔。

《高密县志》载：“胶济铁路修至姚哥庄，有西乡官亭孙文号召柳沟河西一带，南自葛家集，北至车辋，共百零八村，聚众与德人相抗。”

高密相关档案文献补充说，义和团首领李惠芝带领义和团成员、昌邑县南部大刀会成员参加了抗德斗争。

对此，曾与华商傅炳昭一起前往高密调解冲突的德国同善会传教士卫礼贤在《胶澳保护领官报》上称：“山东潍县和（高密）壕里一带村庄，乡民也秘密组织起来，义和拳首领被邀请前来传授看似战无不胜的武术和法术。”

《胶澳发展备忘录》（1899年10月至1900年10月）记录了铁路公司和胶澳当局在乡民、拳民集结备战的严峻形势下紧急应对以及对时局的研判情况。他们把矛头指向袁世凯，认为这是“山东巡抚有计划的对抗，而非敌视洋人的官员在煽动农民闹事”：

> 铁路公司曾电告山东巡抚请求阻止老百姓的不法行为，驻扎在铁路两侧的中国军队没有丝毫举动，他们明显的消极态度纵容了闹事行为。从军队的态度可看出，这里发生的事情是山东巡抚有计划的对抗，而非敌视洋人的官员在煽动农民闹事。如此一来，骚乱势头高涨，高密地区许多铁路修建机构遭到劫掠，工程师只好逃往青岛，并存在着事态进一步向南即向胶州城，甚至向德国保护区蔓延的危险。

1900年1月2日，孙文等百余人拆毁筑路工所住的窝棚；11日，孙文又率众拆毁筑路木架，放火烧毁铁路公司几处房屋；2月，孙文等人奔赴高密东乡姚哥庄、芝兰庄一带，袭击德国工地，接连破坏路基；3月，孙文等人烧毁高密境内德国工棚房屋，驱散施工人员，胶济铁路修建被迫停工。

《胶澳发展备忘录》（1899年10月至1900年10月）继续记述：“1900年2月13日，叶世克向胶州城派出由120名士兵、海军野战炮连的两门大炮、水兵炮兵特遣队的两挺机枪以及华人部队20名骑兵组成的特遣队，目的是阻止动乱扩大以及保护胶州城地区德国人的生命和财产。几乎与此同时，铁路公司经理和总督府一名军官前往济南府，求见巡抚袁世凯，以便通过和平协商途径，克服已出现的困难。袁世凯向两名使者做出重新恢复筑路日期和钟点的保证。3月9日中午，德军从胶州城撤出，但留驻一骑兵小分队，在此进行观察。”

4月12日，袁世凯向清政府中枢上奏“办理高密县民阻修铁路案进呈铁路章程”，建议尽快与胶澳督署订立铁路修建、矿山开采详细章程：

> 德国在山东省建造铁路及铁路附近之处开采煤矿，均应另立详细章程，而此项详章迄久未定。德人恃无钤制，往往恣意横行，加以东省风气未开，民情强悍，龃龉生事，时所不免……

《高密县志》载，1900年4月，清廷派山东按察使胡景桂将孙文、李金榜等人捕获，“众敌抗益力”。6月6日，在五龙河不期而会者三千余人，计划围攻县城劫出孙文等人。

胡景桂见民势汹涌不可遏，于是采取强硬手段——当日杀死孙文，并将李金榜下狱。

孙文被杀，李金榜被充军到黑龙江，高密乡民与德人冲突暂处于低潮。但半月后，形势陡变。

6月20日，德国驻华公使克林德在北京遇刺身亡。7月2日，德意志帝国远征军在德皇威廉二世充满火药味的战前动员演说后陆续开拔。

《胶澳发展备忘录》（1899年10月至1900年10月）载，7月3日，胶澳总督府向袁世凯发布声明，“总督府准备并决心在必要情况下，通过军事占领重要据点来保持（山东）省内秩序”。为此，驻扎胶澳租借地的德军进行实战演习，构筑防御工事，还召回胶澳总督府驻扎天津的部队。

铁路公司乘势要求胶澳当局采取“惩罚和报复”（威廉二世语）措施，尽快消灭所有针对铁路铺设和矿山开采的抵抗运动，尽快复工。

8月9日，山东铁路公司总办锡乐巴、山东矿务公司总办施密特致信叶世克：“我们认为有必要，一旦和平手段失效就采取严厉手段，以便让居住在铁路沿线的民众知道，在我们身后有一个强大政权，它能够而且也准备保护德国企业，惩罚破坏行为。”

叶世克对此深表赞同。10月6日、7日，新任德国公使穆默、最高军事指挥官瓦德西和叶世克在天津会晤。“根据胶澳总督（叶世克）建议，做出对中立区村民实行惩罚性军事行动的决定。”

15日，德军上尉康菲第（高密市档案文献中译为“干拉典”）率200名海军士兵及一支海军陆战队、一支机关枪队和一支骑兵队进入高密，首先向所谓“闹事”村庄发布公告，命令其拆毁防御工事和环村围墙。高密知县季桂芬紧急电呈巡抚袁世凯，请其就此事向叶世克抗议。

翌日，袁世凯请求叶世克“劝告士兵和平行事，维护居民的平静，保持友好关系”。

叶世克置若罔闻，他向帝国海军署陈述：“假如我们容忍围墙继续存在，当地居民就会有恃无恐地坚信自己的抵抗能力，我们则必须时刻警惕暴力行动的重新爆发。只有彻底拆除围墙，才能根除武力抵抗的可能性……”

18日，德军在巡查中发现，村民们根本没有理会最后通牒，于是，他们就向张家庄及其他几个村子的围墙开炮。

22日，德军在高密西南克兰庄“巡逻”遭到枪击，两名士兵受伤。

对于《德华日报》含糊的“巡逻”说，《中国旬报》给出另一种详细的说法：闰八月二十九日（公历10月22日），康菲第派德军官基纶分（又译基申）率马、步兵二三十人，先往克兰庄一带，摸清乡民抗德虚实，以便采取相应措施。行至李家营时，见寨门紧闭，德军便撞击寨门，一持枪乡民见状射击，射中一德兵。双方交火时，再中一德兵，乡民死亡二十五人。

次日，作为对袭击行为的报复，德军向克兰庄、李家营村开炮轰击。据康菲第报告：“800名到1000名义和拳成员隐藏在村子里并进行顽强抵抗。交战中，200多名中国人被打死。”

高密市档案馆现存文献对德军炮轰克兰庄的记录是，（阴历）九月初一，德军携大炮攻击西乡克兰庄，击毁村庄围墙东门，遂冲进村内四处烧杀，共杀害民众三四百人，烧毁房屋一千多间。初五，德军在牛神庙岭攻打鲁家村，放火烧掉单姓房屋。

针对戕杀事件，袁世凯致电叶世克，“我仅仅希望现在局势能马上平静下来，有利于两国商业贸易关系的铁路铺设和矿山开采能够得以重新开展”。

皮之不存，毛将焉附？在八国联军横行京津、皇室仓皇逃往陕西避难国将不国的窘境下，一个地方大员何来抗争底气？袁世凯也只是想先委曲求全，以后徐图良策罢了。

克兰庄、李家营村一带抵抗运动刚被镇压，27日，高密东北部德人建设的保护铁路路基哨所遭到袭击。11月2日，德军向事发地附近的沙窝村、杜家庄（笔者考证，应为杜家沙窝村）一带发起攻击。德方估计，死者达250人。

高密县同盟会会员、曾任山东省政协副主席的王林肯，曾撰文回忆德军攻打杜家沙窝村（相关文章现存于高密市档案馆）。

> 九月初十拂晓，德军进攻距城十五里的杜家沙窝村，激战半日，德以大炮轰击，村内起火，妇孺越过围墙向外逃跑，德骑兵四处追赶扫射。该村是吾外祖家，战时方停，吾母即奔去探望，见满野死尸，箱笼包袱弃置满地……该村共死伤三百余人，灭种者十余家。

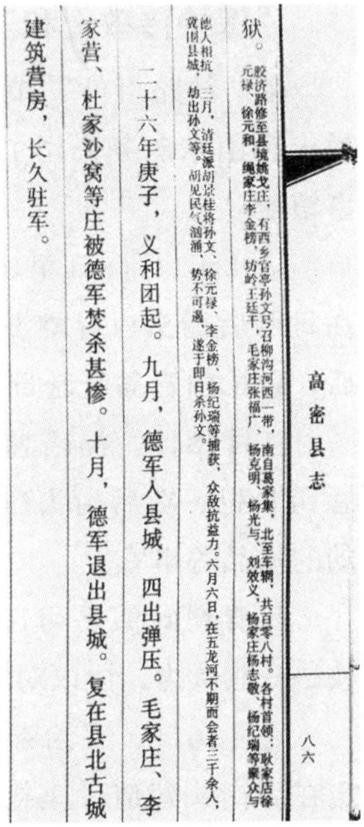

狱。

胶济路修至县境姚戈庄，有西乡官亭孙文号召柳沟河西一带，南自葛家集，北至车辋，共百零八村。各村首领：耿家店徐元禄、徐元和，绳家庄李金榜，坊岭王廷干，毛家庄张福广、杨克明、杨光与、刘效义，杨家庄杨志敬、杨纪瑞等聚众与德人相抗。三月，清廷派胡景桂将孙文、徐元禄、李金榜、杨纪瑞等捕获，众敌抗益力。六月六日，在五龙河不期而会者三千余人，袭围县城，劫出孙文等。胡见民气汹涌，势不可遏，遂于即日杀孙文。

二十六年庚子，义和团起。九月，德军入县城，四出弹压。毛家庄、李家营、杜家沙窝等庄被德军焚杀甚惨。十月，德军退出县城。复在县北古城建筑营房，长久驻军。

高密县志

八六

《高密县志》中记录的乡民抗德事件

《高密县志》对德人的“惩罚性军事行动”也有记载：“二十六年庚子，九月，德军入县城，四处弹压。毛家庄、李家营、杜家沙窝等庄被德军焚杀甚惨。十月，德军退出县城，复在县北古城建筑营房长久驻扎。”

1900年农历十月，遭受病痛折磨身体虚弱的叶世克与袁世凯达成协议，规定铁路50公里地带（两侧各25公里）以内的工程由胶澳总督保护，以外的工程由中国当局保护。叶世克向高密和胶州各派一支由200人组成的军队，以确保胶济铁路胶州—高密段恢复建设。

是年冬，山东局势总体缓和下来，胶济铁路胶（州）高（密）段修建恢复如初。叶世克缠绵病榻，生命之火行将熄灭。

“保护传教士和工程师”的军事镇压

在“铁路事件”镇压高密乡民之前，叶世克曾以“保护传教士和山东矿务公司工程师”为由，对鲁南乡民进行报复性军事镇压。

1898年11月8日至10日，几个中国教徒与德国传教士薛田资在日照后街头村寻衅滋事时被扣押。圣言会副主教福诺瑟获悉后，急忙由青岛赶赴日照与当地官员交涉处理。

11月18日，福诺瑟与日照知县吕丙元签订赔偿条约，约定惩罚罪犯、在后街头建造一座简易礼拜堂及偿还中国教徒被抢劫的物品等事宜。

事情到此似乎可以画上句号。孰料，主教安治泰节外生枝——他认为，协议对教案处理过于温和，提出重新谈判。

12月26日，安治泰与鲁南道台彭虞荪签订第二个协议，约定在后街头建造一座礼拜堂，让出一块地基供在日照建立传教站使用，支付薛田资医疗费2.5万两白银，支付中国教徒和望教者财产损失1050两白银，逮捕并严惩肇事者，当地文人向传教士公开道歉。

一件极普通的教案，正副主教纠缠不休，连签两个协议，总算告一段落。

此时，山东矿务公司施工又受阻，叶世克的子弹上膛了。

1899年春，矿务公司经理诺特梅伊向叶世克汇报工程人员在鲁南测试和试采遭到阻扰。叶世克在致德国海军署国务秘书蒂尔皮茨的信中说，从纯经济利益方面考虑，远征是必要的，山东内地的动乱已威胁到他们在青岛的未来了。

3月10日，叶世克向德驻华公使海靖提出向鲁南派遣惩罚部队的请求，海靖表示完全支持。

但是，德国外交署国务秘书比洛、海军署国务秘书蒂尔皮茨对派兵计划纠结不已——事情一旦闹大，德国在中国境内没有足够兵力应对军事行动升级。同时，还有与其他列强发生冲突之可能，因为后者会猜测：德意志帝国是否在谋求另一方占领区？

基于此，当叶世克追问出兵意见时，获得的指示颇有意蕴：在考虑出兵前，必须做好所有的外交铺垫。

3月19日，德国海军上尉韩耐曼和翻译慕兴立奉命，前往沂州考察实施军事行动的可能性。据韩耐曼报告，22日，他们在沂州府韩家村毫无理由地遭遇携带枪支和两门火炮的人群的攻击，于是拔枪还击，击倒数人。

而山东巡抚衙门的陈述与此大相径庭："德国军队仅仅受到一伙好奇的人围观，而德人却拔枪向人群射击，可能他们以为受到了威胁。"

叶世克立即电告柏林，声称不仅传教士，租借地的官员也在内地受到攻击，他再次请求派兵镇压。根据海军帝国署案卷批语，并在咨询外交署后，27日，德皇威廉二世允诺。

28日，蒂尔皮茨电告叶世克："以维持治安的名义派遣远征军，但不要节省兵力。"

29日，叶世克致电山东巡抚张汝梅，宣告派兵和摧毁韩家村计划。与此同时，海靖在北京通知总理衙门和他国公使，并强调说："派兵镇压只是一种保护我们传教士和工程师的治安行为。"

同一天，160名海军陆战队士兵乘坐"高风"号军舰出发了。

海军上尉韩耐曼率领40人赶往韩家村，4月2日在村中纵火，烧毁院落40个约300幢房屋。其余士兵在上尉法根海带领下，向日照进发并占领县衙。

法根海发布命令，限县署6日内捕获后街头教案罪犯，10日内作出判决。限期已到罪犯仍未捕获，叶世克以此为借口延长德军在日照驻扎时间。

4月6日，清廷军机处致电张汝梅：命令登州、莱州清军驰赴沂州。11日，军机处再发电报：清军任务有二，一是平息中国居民动乱，二是遏制德军进一步侵略。

与此同时，清政府努力通过外交途径阻止事态扩大，驻德公使吕海寰向比洛提出强烈抗议，要求赔偿中国村民损失，严惩德军首领。

5月25日，德军突然从日照撤退，临走时劫持5名士绅作人质，声称只有赔偿和逮捕罪犯的要求满足后才能放人。

德军突然撤离，与5月18日清政府向德英财团借款建造天津—镇江铁路条约的签订有密切关系。在获知德英联合辛迪加获得铁路建造权后，威廉二世下令撤兵。

是日，清政府与英、德两国签订《津镇铁路借款合同》，借款740万英镑，规定津镇铁路以山东峄县韩庄为界，分南北两段分别用英、德两国借款修建，其建造、行车等一切事宜由英、德代理。

叶世克出兵沂州，《胶澳发展备忘录》（1898年10月至1899年10月）也留有记录："1899年3月底，第三海军营一个连被派往沂州府，以便对中国政府和鲁南地方当局施加压力，使他们更有力地对付危及天主教传教士活动的骚乱。这个连在1899年5月完成任务后返回青岛。"

德人借题发挥，以日照教案要挟铁路建造权的阴谋实现了，释放人质自然是就坡下驴之举。

6月底，安治泰与鲁南道台彭虞荪缔结条约并再获赔款77820两白银后，5名人质旋即回家。

在任不足两年，血腥镇压抵制胶济铁路修建、矿山开采、宗教传播的乡民和“拳民”占据叶世克时间和精力的大部。除此外，他在任内还干了几件影响青岛城市发展的事情。

1899年3月13日，胶澳总督叶世克制定《公举督署董事章程》，宣布设立总督咨询机构——参事会，负责协议预算编制及起草法令，其会员由总督、海军参谋长等官员和四名商民组成。

是年，胶澳总督府组织实施筑港工程和开辟海泊河水源地。

1900年6月14日，叶世克公布《德属之境分为内外两界章程》，规定：青岛附近作为市区内界，分为青岛、大鲍岛、小泥洼、孟家沟、小鲍岛、杨家村、台东镇、扫帚滩、会前村共九区，每区由总督派一人充任区长，区内设“粮约”“董事”等职，各区由“专办中华事宜辅司”管理。

是年，胶澳总督府在常州路建成监狱，专门羁押被判刑或受拘禁处罚的欧洲籍人犯（即欧人监狱），由租界帝国法院管理。

1901年9月，胶济铁路开通至高密，此时叶世克已入土半载。

周馥“破冰”

我曾祖父周馥，字玉山，由李鸿章的幕府起家。他青年时流亡他乡，祖父怕他不得归，改名为“复”。后因李鸿章手书褒奖单误写为“馥”字，遂因而未改，大约是因为已经呈报皇帝，“上达天听”了吧。

《安徽文史资料》总第15辑载陈钧成撰《周馥轶事》，称：“玉山老人在（安庆）八卦门正街摆测字摊，兼为人代写书信、呈文、对联等。后又迁马王坡涌兴德杂货店门口。李鸿章亦居马王坡。老人有老表在李府伙房挑水，因而认识伙房采买。其人识字不多，就近乞老人代记。李偶阅账簿，见字迹端正清秀，大加赞赏，延为幕宾，办理文牍。”

李伯元《南亭笔记》也说：“周每与人谈，辄道其生平事实，谓少时曾在某省垂帘卖卜。”他的自订年谱大约讳言其事，只在咸丰十一年（1861年）二十五岁那年记载：“十月，余至安庆。十一月，入李相国营。相国初不识余，因见余文字，招往办文案。”

周馥做到署两江总督，又调任两广总督，《清史稿》有传。著作收入《周悫慎公全集》，它是以溥仪小朝廷给的所谓“谥法”取名的。

——周一良《天地一书生》

主动开启的对话

1902年11月底的青岛，寒风乍起，落叶打肩。

这是一个“几乎无法令人相信的愿望”，在获悉山东巡抚周馥访问青岛的消息时，胶澳租借地总督特鲁泊颇感意外。因为自1897年11月14日占领青岛起5年时间里，先后任山东巡抚的李秉衡、张汝梅、毓贤、袁世凯、张人骏都不曾来过。

出任巡抚还不足半年的周馥主动提出来访，特鲁泊焉能不惊诧？

周馥缘何独步同僚，开启“破冰”之旅？当年12月31日，周馥致大清国军机处的函中清楚地表达了其青岛之行的目的：访问首先在于了解德国对胶澳租借地的发展规划，亲眼看看当地情况。

“他那真诚坦率和健康的幽默感立刻扫去了人们心中的疑云。”这是周馥走访礼贤书院时，礼贤书院创办人、德国同善会传教士卫礼贤在晚年所著《中国心灵》一书中的评述。

在书中，卫礼贤提及“疑云”：“（这里的中国通）发表见解说，巡抚访问背后肯定另有企图，他是想对这块德国保护地来个精神上的占有。于是，殖民者都很紧张，在采取一些秘密的防备措施后，访问的要求到底还是接受了。”

毫无疑义，是周馥以其开放、真诚打消了德国人的重重疑虑。“青岛和济南府之间开始了友好的睦邻交往。”卫礼贤评价说。

12月5日，是年66岁，面容清癯，留着斑白山羊胡须的周馥

周馥

莅临青岛。从周馥《行状》获知，是日青岛上空飘雪——“尝冒雪赴胶入青岛，悲怆时局，托诸咏歌。”

周馥年谱载，来青岛前夕，他曾“过烟台，访关道李希杰查看商务；过威海卫，访英国驻港大臣骆壁理”。

访问青岛，周馥所受礼遇甚隆。《青岛通鉴》留有记载：“德国武官都沛禄（即胶澳第三任总督，后翻译为特鲁泊）派员迎接，礼貌周备，供张颇盛。”他还应邀做客汇泉湾畔总督临时官邸，那栋典雅别致、由德国漂洋过海舶来可拆解的“办公木房”。在这里，他赞赏德国人在青岛城区建设与管理方面的种种先进之举。

在礼贤书院，周馥对新式教育颇为赞许，并允诺学生们可直接升入山东大学堂读书。

或许，周馥不曾料到，礼贤书院之行在以后开启了周家与卫礼贤家族几代人的友好。这种友好持续了大半个世纪，成为东西方文化交流的见证。

周馥还“召集华商温语宣慰”，向他们讲解旨在促进青岛与山东商业贸易关系的措施、德国在济南设立领事馆的意义，以及派遣一名官员前来调解当地商人与山东商人之间争端或处理诉讼案件的设想。

周馥在青岛待了三天，其《年谱》中留有记录：“过青岛，访德驻港大臣都沛禄，留驻三日。十一月十三日（注：阴历），自青岛乘轮车至潍县。梅如云军门、铁路公司总办锡乐巴偕行。”

对周馥胶澳“破冰”之行，《胶澳志》的记录是：“12月，（周馥）莅胶巡视，胶抚托尔柏尔（即胶澳第三任总督特鲁泊）相酬酢，并召集华商温语宣慰，是为山东巡抚出巡胶澳之始。”

周馥返回省府不久，德国驻济南领事馆设立。

《胶澳发展备忘录》载，经山东巡抚周馥同意，1903年起，胶州、李村、台东镇、即墨先后建起华人医院（门诊部），其领导由德国分遣队医生担任；1904年8月13日，由周馥倡导，在济南开张一处华人医院，院长由胶澳海军医生担任。“原因是，这名受过专门眼科培训的胶澳海军司令部医生，为周巡抚治好了眼睛，他对效果非常满意。”

青岛首行，周馥传递给德国人的不只是设立济南领事馆、礼贤书院学生直升山东大学堂、双方始建对话机制等信息，他还表达了“中国想要收回原先丧失的权利，结束殖民统治状态的基本意图”。

在酬答特鲁泊的欢迎词时，周馥说：“即使青岛已被租借给德国，它仍属于山东地盘。”当他把这一观点以更明确的方式传达给青岛的中国商人时，“特鲁泊不得不加以干预了”。

尽管特鲁泊提出异议，但周馥仍然坚持己见，这在光绪二十八年（1902年）十一月二十四日的奏折中有明确的体现：“胶澳事最繁难，更防莠民滋事，拟派明干之员于租界以外清查保甲兼办交涉，并兴商定词讼会捕章程，以弥嫌隙而杜争端。”

显然，周馥的观点还是在青岛产生了“离心力”作用——特鲁泊曾在致德国海军署国务秘书蒂尔皮茨的函中说：“租借地中的中国居民把济南当局视为自己的代表，并且与它进行密切合作。”

“经济抵抗运动”

1900年2月，袁世凯出任山东巡抚，实施强有力的促进本埠工业和商业发展的政策，这被胶澳租借地的德国人视为“一场经济抵抗运动”，意在消除德国人在山东的特权。

1902年阴历七月初六，周馥掌山东巡抚印，继续推行袁世凯的“新政”，而且在一些领域更开明、更超前。比如，在济南设工艺局发展官营工业；“竭力经营”山东新式教育，创办山东师范学堂，以及蚕桑、农业、工艺等实业学堂；创办《济南汇报》；招募巡警，在济南设巡警总局，开办近代警政等。

1902年12月，胶澳总督府翻译慕兴立和民政官员维尔茨前往济南旅游。回青岛后，他们对周馥制定的若干计划作了详细汇报，其中包括修整大运河、小清河工程，“其目的是改善山东基础设施，使之可以与青岛海港和胶济铁路抗衡”。

在任期内，周馥着力修建公路，力图把铁路沿线停车点和传统的道路连接起来。为防止德国人垄断，他从省金库拨专款投资矿山开采，由此形成与山东矿务公司的竞争，这成为后者最终破产的重要原因。他还动员市场主体——中国资本家向德国项目投资。

所有的措施均坚定地指向一个明确目标——“惟有讲求工商诸务，通工易事兴之，相维相制而因以观摩受益”。在1902年11月的奏折中，周馥这样表示。

“相维相制”——周馥的策略和思路产生了较深远的影响，成为继任山东巡抚们处理与胶澳督署关系的“基本方针”。其要义是，与胶澳租借地保持友好关系，同时阻止德国经济势力向山东内地渗透。

周馥抵制德国经济渗透还有一个重要战略规划——顺应呼声，“自开商埠”。

1903年9月，原驻德公使吕海寰在奏折中倡议“广开商埠”，周馥顺水推舟予以响应。

斯时，胶济铁路自青岛已分段修建、分段通车至鲁中重镇——周村。就像是一只巨大的触角，德国势力随着铁路由鲁东南胶澳一隅渗透至齐鲁内地且日渐成形，市场敏锐的青岛德商们已蠢蠢欲动，德商威斯就数次呈请在济南开设洋行，“与华商伙开行栈”。

如何巧妙地不刺激德人，又有理有据甚至出其不意地阻止德国势力渗透，考验着周馥的谋略与智慧。

在不露声色、私下里做足“功课”的前提下，1904年5月1日，胶济铁路全线竣工通车之前的一个月，直隶总督、北洋通商大臣袁世凯和他的亲家、山东巡抚周馥（注：周馥女儿嫁给袁世凯第八子）联名上奏《查明山东内地情形请添开商埠折》：

> 山东沿海通商口岸，向只烟台一处。自光绪二十四年德国议租胶澳以后，青岛建筑码头、兴造铁路，现已通至济南省城，转瞬开办津镇铁路，将与胶济之路相接。济南本为黄河、小清河码头，现又为两路枢纽，地势扼要，商货转输较为便利，亟应援照直隶秦皇岛、福建三都澳、湖南岳州府开埠成案，于济南城外自开通商口岸，以期中外商民咸受利益。至省城迤东之潍县及长山县所属之周村，皆为商贾荟萃之区。该两处又为胶济铁路必经之道，胶关进口洋货，济南出口土货，必皆经由于此。拟将潍县、周村一并开作商埠，作为济南分关，更与商情称便，统归济南商埠案内办理。

5月4日，光绪皇帝御笔亲批："外务部议奏，钦此。"

5月6日，外务部"议复奉旨允准"，5月19日"抄录通行"——济南、周村、潍县开埠有了"凭证"。

济南商埠自奏请至获批，仅仅半月时间，如此高效率，在暮气沉沉的晚清时代是不多见的。《东方杂志》称："忽然宣布万国，德人闻之，亦惟深叹，以其（周馥）手段之神速而未可如何也。"

袁世凯、周馥还起草一份自开商埠章程，呈请外务部审批。外务部向驻京公使、外国海关官员通报这一事情。但通报文件没有提及德意志帝国，对此，特鲁泊怀疑"这些措施针对德国势力在青岛的存在"。

在致帝国海军署的函中，特鲁泊说："这些商埠之所以要开放，主要是为了吸引别国商人前来贸易，以便削弱德国人过大的势力，因为德国的扩张已成为不可避免的现实。”

为冰释前嫌，打消德人猜疑，两个星期后，外务部向德国驻京公使说明袁世凯、周馥的建议，后来又向其提交一份《济南开埠章程》（草案）。“中国政府极力避免这样的印象，即不与德国协商就擅自开放山东商埠。”

拿到“凭证”后，《济南商埠开办章程》《济南商埠买地章程》《济南商埠租建章程》旋即出台。稍加对比就会发现，支撑济南商埠运行的章程款项中，与德占胶澳之始制定颁布的法规制度有诸多相似之处。毫无疑问，是周馥及其同僚以开放的思维予以吸收借鉴。

比如，《济南商埠买地章程》要旨是商埠总局对土地实行垄断和控制，“对划定为商埠区的土地，首先由商埠总局会同绅董制定买地价格，然后由商埠总局统一收买，不准民间私相授受”。

这一点似乎带有1898年9月2日胶澳督署以总督罗森达尔的名义发布的青岛第一个土地法规——《置买田地章程》的影子：“青岛全境的土地均由胶澳督署以价购方式取得。在政府尚未征购以前，任何地权转移或土地用途改变须报经政府批准，且禁止把土地卖给青岛之外的人。”

再如，济南商埠“规划先行”——先聘请德国人绘制平面规划图，然后按图纸施工，而且马路、排水系统等基础设施均由国家投资，这一点与青岛章程高度吻合。

是年阴历九月二十四日，奉电传，周馥调任两江总督。“因江南吏治腐败，个人资浅难以挽救，又籍隶安徽理应回避”，周馥上书请求收回成命，未获准。

周馥年谱载，十月初十，周馥交出山东巡抚印，次日离开济南，“沿途绅民送者数千人”，16日由青岛乘船赴上海，29日抵金陵（南京），接总督印。

赴任途中在青岛短暂停留时，周馥受到了胶澳督署特鲁泊等人的隆重接待。他被安排入住位于今太平路上的海因里希亲王饭店，并再度赴汇泉湾畔的总督官邸与特鲁泊晤谈，还与胶澳军政官员等合影留念。离青前，周馥兴致勃勃地在跑马场（今汇泉广场）观看了德方为其安排的阅兵式。

随着济南商埠建设的推进，其巡警制度、林业试验场、标准化道路以及自来水设施等，与胶澳租借地的相似点越来越多。“某些细节表明，德国人建的城市青岛及其建筑条例是这个1905—1906年开发的新建筑区（济南商埠）的样板。”

1906年1月10日，济南商埠正式开放。数年后，“济南遂不独为山东政治中心，更为山东工商业之要埠”。

开明与保守的交织

作为晚清时代的封疆大吏，开明、开放始终是周馥身上鲜明的标签。

这种开明、开放不只是体现在“青岛首行”、济南开埠上。与周馥打了数年交道的胶济铁路总办、德国人锡乐巴，在1906年的一份关于胶济铁路车站的报告中写道：“在决定省城济南府火车站位置时，开明的山东巡抚周馥甚至要求，将已规划的东西火车站移近济南城，并在省城的西北门增加一站。”

1903年，上海《德文新报》编辑芬克评价说：“潍县县城通往潍县火车站的道路可能是中国最好的，20米宽的路堤从铁路笔直地通向主城门。整个路面铺设方形花岗岩。”

这条备受赞誉的笔直大道，凝聚着周馥的开明与睿智。

1902年春，胶济铁路修至潍县时，山东铁路公司向潍县知县数次提议，修建县城至火车站的道路。修路一缺银两，二缺人才，无计可施的知县只得将球踢给上级山东巡抚衙门。周馥给出的解决之道是双方合作，铁路公司承担公路施工，潍县承担工程费用。为此，双方举行合作会谈，周馥派代表参加。

这一合作模式后被沿线的青州站、周村站成功移植。

正是有了火车站与县城的宽阔公路连接，在铁路强大引擎下，胶济铁路沿线一批城镇、商埠和特色产业带才能迅速崛起。

1905年12月，因抗议日本文部省颁布《关于许清国人入学之公私立学校之规程》，一些愤而回国的留日学生在上海创办中国公学，因为资金所苦，遂派代表赴南京上书时任两江总督周馥，以寻求官方支持。

《中国公学第一次报告书》载，一向以开明姿态支持新式教育的周馥当即给予积极的回应："咨商学部，慷慨捐助。"

处于剧变时代的周馥崇尚务实温和的变革，拒绝一切革命的言论和行动。风雨欲来之时，仍极力维护岌岌可危的晚清政府，这又体现出他保守固执的一面。

曾任周馥幕僚的劳乃宣在自订年谱中载，光绪三十二年（1906年）秋，周馥授两广总督去任，端忠敏公（即满人端方）继其任。同年12月7日，因为香港各报鼓吹革命，周馥严禁其在广东发行。

1907年1月8日，两广总督周馥颁布自订报律三条。第一条就是"禁毁谤国家"，即"不准毁谤皇太后、皇上及亲王等"；第三条是"凡激变生乱之语，妄加是非毁誉者，皆在所必禁"。

是年，周馥在广州《廿世纪报》捕获宣传革命者四人，报纸遂停刊。

周馥们的忠君和抗争，没有阻止一个封建王朝的快速没落乃至消亡。

1911年农历十一月，武昌起义两月后，清王朝岌岌可危，已卸任两广总督四年多的周馥举家由上海迁来青岛这个“避风港”，居住在湖南路与蒙阴路路口的大宅门。

1912年，民国新立，一批逊清遗老遗少寓居青岛，逆势而动，思谋复辟。周馥常与其怀古论今、长吁短叹，感喟一抹帝国夕阳的西沉。

是年9月底，革命先驱孙中山由济南乘火车来青岛，身为三江会馆会长的周馥备下敞篷四轮马车，供孙中山乘坐四处参观、演讲。

1914年夏，德日青岛之争剑拔弩张时，周馥举家迁往天津避难。《周悫慎公年谱》载：“六月，闻奥斯马加国太子夫妇被塞尔维亚国人刺杀，奥国欲兴师问罪，乃俄与英、法二国联军，德与奥联军，互相攻击。闻战线延长千里，战卒共有千万人，此古今仅有之大战也。青岛戒严，遂挈熙儿等至天津，寓杨桥旧庐。学渊、学辉、暹孙等，寓英、德租界。”

1921年农历九月二十一日，因干事周详得力，曾获晚清股肱之臣李鸿章“用心极细，虑事最精，且廉政有魄力”评价的周馥，以85岁高龄在津门辞世，在其子孙护送下，归葬故里安徽省建德县。

周一良在自传《天地一书生》中提及，晚年的周馥在其所著《负暄闲语》中云：

> 吾但求有益于国于民，何尝计及一己利害？及到山东到两江，间遇外人要挟，吾从未轻许一稍损国体，稍拂民心之事，亦从未与外人以借口之端。

这段文字，亦可作为周馥风雨一生的“墓志铭”吧。

特鲁泊回访济南

1903年3月下旬，春雨淅沥，杨柳吐绿，胶澳总督特鲁泊踏着泥泞赴山东内地游历，并率员前往济南拜会周馥。

这被视为年前周馥出巡胶澳后，特鲁泊的一次礼节性回访。

“优礼相待”

对特鲁泊的首访济南历程，青岛开埠第一份中文报纸、创刊于1901年的《胶州报》有较详细的连续报道。

1903年4月14日，《胶州报》本埠新闻以《帅节将行》为题，发布特鲁泊出行的消息：“胶督都制军拟于本月下旬往山东内地游历，并往济南答拜周玉帅（注：周馥，字玉山，故简称为玉帅）。都制军启节后，所遣督篆交大武员申勉署理。”

这则预告性消息既发布特鲁泊4月下旬游历山东内地、济南府答拜周馥重要行踪，又告知读者特鲁泊离青期间由申勉署理胶澳事务。

鉴于首访青岛时，德方“礼貌周备，供张颇盛”，故而对特鲁泊的到访，周馥投桃报李，礼遇甚隆，巡抚衙门不仅给特鲁泊之行所经州县下发专函“务必优礼相待，以重邦交”，而且还制定详细的经周馥认可的接待方案，“大帅批，此拟可照办”。

这份接待方案周密翔实——从迎接、拜会、宴请、阅操乃至参观、游览、送行，整个流程环环相扣；而且拜会和游览的时间、地点、宴会作陪人员等均一一明晰，落实到人。

5月5日，《胶州报》本埠新闻以《都帅行辕纪事》为题，报道特鲁泊济南之行的踪迹，文中清晰地展示了巡抚衙门的接待方案。因该档案史料从未公开，故完整地抄录如下：

三月初六日（注：公历3月28日），胶督都制军及克君、干君、库君、慕君四人，由龙山镇行馆起程，下午三点钟到省洋务局，各大员出城外迎接，各司道在东关接官亭迎接。都制军先到城内按察司街筹款局行辕少驻，即有梁领事亲来行辕拜会。都制军即往抚署拜会周中丞，又回拜梁领事，毕回行辕。周中丞及同城文武各大员陆续往行辕回拜。是晚，梁领事请宴。

初七日上午九点钟，周中丞请往南关武备学堂教场阅操，省各大宪均到陪阅。操毕，同往千佛山游玩。至是晚六点钟，周中丞在署内请都大臣及克、干、库、慕四君赴宴，陪席者德领事梁凯及司道各大员，并候补道杨晟、朱钟琪、洪用舟、袁十敦、陈思斋、余思诒，并洋人陶万里、申永福、白伦克、锡乐巴。是晚，在巡署珍珠泉燃放山东烟火。

初八日，往游先农坛，次到下码市，又往游跑（应为“趵”）突泉及工艺局，又往游大明湖及李公祠。是晚，司道各官在李公祠请宴，陪席者为周中丞及青州副都统葛鲁岱及候补道杨晟、朱钟琪。

初九日，往看黄河并看新城机器厂，又往美国教

特鲁泊访问济南时与山东巡抚周馥等合影

堂。是晚，梁领事在领事署请宴，陪席者为周中丞、司道各员及候补道杨晟。

初十日，先往看高等学堂，访问该堂学规功课，然后商务局敦请往游大明湖、历下亭。是日，商会各员即在历下亭请宴，陪席者为周中丞及司道各员，唯臬宪运宪未到。宴毕，再回抚署，拜辞周中丞。是晚六点钟，周中丞复设宴送别，陪席者为候补道杨晟及翻译官李寿仁、冯锡庚、江云章及抚台之九少爷（注：周学辉，字实之，号晦园，生于1882年，是周馥第六子，也是其最小的儿子。又以大排行属九，故而人称九老爷）。

十一日早八点钟，都大臣等启程赴泰安、兖州一带，周中丞及司道各员均送行，翻译官江云章随同前往。

从《都帅行辕纪事》一文中可看出，在济南六天，特鲁泊一行安排得满满的：拜会、赴宴、校场阅操，参观工厂、工艺局、山东大学堂、美国教堂，游览千佛山、趵突泉、大明湖、李公祠、黄河济南段……山东巡抚衙门接待之周详可谓滴水不漏，而且周馥日日相陪。

谒孔庙，登泰山

4月28日的《胶州报》以《颂不忘君》为题，报道周馥宴请特鲁泊的致辞，除了官场上的礼仪客套“今承都大臣不远千里，惠然肯来，似此殷殷雅意，不惟我心喜悦，即凡官民人等亦鼓舞欢欣”外，周馥还展现出真诚和温情：“（都大臣一行）光我山东，中途值雨，道路泥泞，我心甚为歉然。”

周馥回顾首访青岛时的见闻和感受，以及对山东官民主动“师夷长技”的希冀：“（青岛）一切布置以及工程商务等项条条妥善，足见都大臣才大心细，规划周详，令我佩服。深愿我官民皆知趋步。”

以官方身份致辞，自然少不了德国与大清国、胶澳租借地与山东这个大主题，而且致辞由政治层面转向务实的经济层面。

宴之入座时，周馥祝颂：“现在华德公司所办铁路矿务，我愿两国和衷共济，作为一家商业必致兴盛。”

5月5日，《胶州报》还以《都帅游历纪程》为题，报道特鲁泊一行离开济南后的行程：

> 三月初十一日，由省城起程，行三十五里至黄山店，又行四十五里至张夏。十二日，行六十里至垫台，又行六十里至夏张。十三日，行五十里至陈家店，又行

四十里至宁阳县。十四日，行六十里至兖州府，驻节天主堂。十五日，仍驻一天。十六日，行六十里至济宁府，驻节天主堂。十七日，行六十里回兖州府。十八日，行三十里至曲阜，谒孔庙。十九日，早晨谒孔林后，起程行六十里至宁阳县，驻节该县书院。二十日，行四十五里至泰安府，当日登岱。二十二日，下山在玉皇阁午餐，午后游岱庙。二十三日，行五十里至水白，又何庄，又行三十里至博山县。二十五日早，往博山玻璃厂游览，午后行四十里至淄川县。二十六日早，往黄庄矿煤井游览，午后行四十里至张庄。二十七日，因雨阻仍驻张庄。二十八日，到青州。二十九日，乘火车返青岛矣。

《胶州报》报道："（1903年）3月15日，（胶济）铁路由昌乐至青州府告竣，已卖票开市矣。"3月28日，特鲁泊一行抵青州并停留一天，其是否考察青州府站，目前尚无史料证实。

递进效应

共同的政治、经济诉求，在周馥和特鲁泊的示范互动下产生了递进效应。

1914年11月德国败于日本以至于青岛易手前，继任的五位山东巡抚中，杨士骧、袁树勋和孙宝琦均有青岛行踪。其间，特鲁泊也数次访问济南。

《青岛通鉴》等史料显示，1905年6月22日，新任巡抚杨士骧访问青岛；11月28日，杨士骧在青岛与胶澳代理总督冯·塞麦恩签订《胶（州）高（密）撤兵善后条款》，根据该条款，驻胶州、高密德军撤回青岛，胶济铁路沿线由中国警察保护。次年，杨士骧再度来青岛并考察礼贤书院，对书院创办人、德国传教士卫礼贤兴办新式教育赞赏有加。事后，杨士骧专章奏请清廷颁赐四品顶戴，以彰其功。

1907年3月，特鲁泊再访济南，拜会杨士骧。一个月后，杨士骧高调赴青岛回访，山东铁路公司为其及随从安排专列（包括豪华车厢、公务车厢、一等车厢、二等车厢、三等车厢、行李车厢、餐车各一）。

在青岛，杨士骧与特鲁泊会晤，并一起出席三江会馆开馆仪式。在特鲁泊陪同下，他还专程考察胶澳海军修船厂、“皇家造船厂”（青岛船坞工艺场），对德国先进的造船技术深为惊叹。

杨士骧一行还在德方人员陪同下，游览山海胜景崂山，并留有题记，镌刻在华严寺内墙上，如今尚在，清晰可辨。

> 大清光绪龙飞三十有三年三月二十四日，山东巡抚杨士骧巡视青胶道，经即墨，登崂山，宿华严寺，题名子毓琨。同来者潘延祖、萧应椿、余则达、祁颂威、李德顺、刘传枢、张镒、陈庆秋、李先荣、胡宝善、于峻驹、刘晋、黎树贵、洪乐笙、沈保儒，凡十五人。

《崂山志》载，杨士骧一行游崂山时，由北路起行，游至华严寺，忽遇暴风，行路不便，便派人到太清宫，请道长韩太初携琴前来演奏，并留宿寺内。韩太初弹奏数曲后，杨士骧欣然赋诗《崂山听韩太初琴》：“我闻太清宫，道士善弹琴。访得韩道长，琴床眠龙吟。为我再一弹，领略太古音。右手弹古调，左手合正音。泛音击清磬，实音捣寒砧。声声入淡远，余音绕柮林。指点断文古，传留到如今。不求悦俗耳，但求养自心。斯言合我意，清谈忘夜深。”

返回济南后，杨士骧向清廷汇报访问青岛的经过及感受：“本年二月间，胶澳提督都沛禄（特鲁泊）来省拜晤，词气备极谦婉，此次赴青岛答拜，彼亦优礼接待，益征辑睦。臣留心察看该处情形，其近日办事，义主和平，注重商务；驻界守兵，仅足自卫；市廛房屋，兴盛日臻；中外民商，亦均和洽。”

1909到1911年，继任巡抚孙宝琦于任期内数次来青岛，与胶澳总督协商勘界以免越界占有盐田、与德商山东路矿公司订立《收回山东铁路矿权合同》等。1910年5月，孙宝琦“来胶巡视并访问胶抚”，因为曾任大清国驻德公使，熟悉德国政体政要、风土人情，在总督官邸，他与特鲁泊相谈甚欢。宴毕，他还与特鲁泊一家在总督官邸西门前合影。

同年11月9日，特鲁泊访问济南，孙宝琦隆重接待。

在对话机制下，青岛与山东内地的贸易关系得以加强，

孙宝琦访问胶澳时与特鲁泊及其家人合影

并且在医疗、警察事务、林业、防治鼠疫等方面进行过有效合作。

1903年起，胶澳租借地先后在胶州、李村、台东、即墨各建起一处华人医院（门诊部），其领导由德国分遣队医生担任。1904年8月13日，由周馥倡导，在济南开张一处华人医院，院长由胶澳海军医生担任。

这年初冬，已出任该院院长的德国军医因患伤寒被送回青岛，继任山东巡抚杨士骧致函胶澳督署，请求再派一名德国海军医生前往接任。《胶澳发展备忘录》（1905年10月至1906年10年）称，这名新任院长工作甚有成效，本年度该院诊治2.8万名患者，下年度接诊患者增至3.7万人。

这一年，中国官员和军官多次来青岛参观警察学校、华人监狱和刑事警察的鉴定机构；山东巡抚还派出5名官员前来进行为期半年的学习考察，目的是学习青岛警察局各方面业务技能；德国林业官员应邀对山东造林项目进行专业评审……

1914年12月，日本人田原天南编著完成《胶州湾》。该书中称，1911年1月21日，芝罘及津浦铁路沿线发生鼠疫的警报传至青岛；24日，疫情报告传至距济南30公里的地方。胶澳总督命令山东铁路（日本人称胶济铁路为山东铁路）坚决防疫，对在济南站乘坐山东铁路火车的一切乘客由总督府委托海军军医检疫，并以坊子站为第二防疫线、青岛站为第三防疫线层层设防。对进入青岛船舶，凡经过华北各港者，皆命其停泊10日以内。1月27日，病毒侵入离济南60公里的王村站后，总督府要求，只要发现一名病人，也要立即拒绝等车乘客上车。2月4日，胶济全线停止办理客运，并围绕青岛半岛布置带刺的铁丝网，命士兵昼夜警戒，在警戒线上只留一个进出口。为通过该处的人员消毒后，即在棚内收容10天，以隔断交往。总督府还通过税关介绍，从本国招聘3名医师（其中一人是著名的细菌学家）。3月中旬，医师们抵青后立即分赴鼠疫发生地调查研究，并采取布控措施。到3月19日，完全扑灭疫情。4月6日，胶济线恢复运输。

山东发生鼠疫，胶澳当局“至为尽力”，巡抚孙宝琦特以公函表达谢意，“山东省内死于鼠疫者为三百人，如果不是胶州总督府防疫措施得宜，恐将出现十倍如此的病人，必将出现惨情无疑”。

（注：《胶州报》文章本无标点，本文引用内容的标点符号均为笔者所加。）

延伸阅读

特鲁泊即墨辞行

青岛市即墨区档案馆等部门2007年编辑出版的《即墨古城图片档案》“知县张同皋”的介绍中有一幅照片：胶澳总督特鲁泊离任前来即墨拜访，张同皋与其及双方随员在县署大堂前合影留念。

中德档案文献载，1910年12月28日，特鲁泊被帝国海军署解职，黑乃尔代理总督；翌年5月14日，特鲁泊乘“格耐森瑙”号巡洋舰离青。

从照片中中方人员身着棉服，德方人员穿长可过膝的军大衣，以及右侧树枝没有一片叶子这些细节看，特鲁泊来即墨县署辞行的时间应为1910年冬或1911年春寒料峭时节。

特鲁泊访问即墨时与知县等人合影

特鲁泊是德占青岛17年中四任胶澳总督中的第三任。在四任总督中，他任职时间最长，近10年之久，超过其他三任总和；他级别最高，以海军少将军衔任总督（1905年晋升为少将），其余三任均为海军上校。

特鲁泊最早出现在青岛档案中的时间是1898年1月26日。其时，他45岁，身份是海军上校。

为稳固刚刚占领的青岛以及将其“建设成德国在东亚重要的军事基地”，德皇威廉二世决定增派军事力量。在这一背景下，特鲁泊率“克莱菲尔特”号和“达姆施塔特”号军舰，将1155名步兵和303名炮兵运抵青岛。

2月11日，特鲁泊以胶州地区德军司令的身份，接管海军上校施图本·劳赫指挥的占领军，同时成为占领区最高首脑。

3月6日，德国与清政府签订《胶澳租借条约》。

4月16日，德国宣布建立皇家胶澳总督府，作为保护区的最高军政当局，任命海军上校罗森达尔为首任总督。

1899年2月19日，德意志帝国海军上校叶世克抵达青岛，出任胶澳租借地第二任总督。3月16日，罗森达尔与叶世克进行了职权交接。

《青岛通鉴》称，罗森达尔曾命驻青德军入侵胶州城和即墨，还曾着手青岛要塞规划和建设。

德国本埠及胶澳督署对罗森达尔执政青岛给予了肯定。

缘于此，德国在青岛制造的第一辆机车被命名为“罗森达尔”号。

《1897—1914青岛大事记》显示，在短短11个月任期内，罗森达尔主要做了三件大事，涉及司法、土地买卖、税收，它们事关胶澳发展未来。

1898年7月，胶澳总督府在青岛、李村设立区法院（又称华民审判厅），分别审理胶澳租借地的华人案件。

9月2日，胶澳总督公布《置买田地章程》，规定由胶澳行政当局垄断土地买卖；胶澳总督发布租借地税收法令，规定：未经总督府购买的土地，按中国土地税征收；总督府出卖的土地，征收相当于土地价值6%的土地税；出入租借地的商船须交纳航标灯费和码头费，每吨付2.5生丁（法国辅币，一百生丁合一法郎）等。

叶世克出任胶澳总督三个月后，抵制胶济铁路修建、矿山开采、宗教传播的乡民与“拳民”汇成一流，他便兵戎相见、血腥镇压。由此，刚愎、凌厉、动辄以枪炮解决争端的喋血军人成为叶世克的“标签”。

1901年1月27日，胶澳租借地第二任总督叶世克在胶澳野战医院病逝。2月20日，特鲁泊被任命为胶澳总督。由于身在德国，其职由海军上校罗尔曼代理。6月8日，特鲁泊莅青上任。

特鲁泊执政胶澳十年，期间有两次回国休假：一是1904年11月22日至1906年9月3日，由海军上校冯·塞麦恩代理总督；二是1909年4月6日至1910年4月2日，由海军上校迈耶·瓦尔代克代理总督。

有论者认为，任胶澳总督十年，特鲁泊与山东巡抚及地方官员建立对话机制，“是在某种程度上实现了由冲突到融合的人物”。其间，经西伯利亚连接胶澳与德国的邮路开通，胶济铁路全线通车，台东—柳树台公路修竣开通，胶海关在青岛港设立保税区，胶澳总督办公楼启用，美、英、俄在青岛分设领事馆，胶澳督署档案馆设立，德华银行在青岛发行纸币，胶澳地区发行辅币，大清银行青岛分行及大城银行开办，胶澳租借地实现由军事中心向贸易中心转变，德华大学、观象台等一批设施开建。

鉴于特鲁泊的业绩，胶澳租借地曾将青岛城区的一座山命名为特鲁泊山（今信号山）。

1909年10月25日，清政府与德国合办的青岛特别高等专门学堂（德华大学）开学。在办学理念上，作为胶澳总督，特鲁泊主张实行实用技能教育，反对校方制定的基础科学教育。

1910年秋，德华大学制定校规时，特鲁泊企图施加更多的行政干预，但教授们主张学校独立自主和学术自由，一些不妥协的教授遭解职，全体教师罢教抵抗。

鉴于此，12月28日，德国海军署国务秘书蒂尔皮茨向病榻上的特鲁泊下达解职的电令。

翌年1月27日，特鲁泊晋升为海军上将。此举被视为德皇威廉二世对其十年胶澳总督工作的肯定，同时，也是对其遭解职的宽慰。

5月14日，特鲁泊登上离青的"格耐森瑙"号巡洋舰，总督职务由海军大佐黑乃尔代理。

8月，回到德国的特鲁泊"授爵休职，迈耶·瓦尔代克继任胶澳总督"。

1931年，78岁的特鲁泊在柏林病逝。

卫礼贤的背影

1930年3月1日，德国图宾根热带研究所，著名汉学家、青岛礼贤书院创办人卫礼贤的生命永远定格在了56圈的年轮上。

他被安葬于巴德波尔一处墓地，球状的墓碑上镌刻着：“卫礼贤，1873年5月10日至1930年3月1日。”中国传统文化经典《易经》的基本要素——八卦符号，环绕着他的坟墓。

曾以传教士身份在中国生活了25年“不曾为任何人洗礼”，却以在青岛创建礼贤书院兴办新式教育，翻译以《道德经》《论语》《易经》为代表的中国传统文化经典而声名远播。入土为安时，八卦符号环绕身边，这或许是卫礼贤对中国传统文化中“落叶归根”的另一种解读吧。

“走进中国人内心深处”

1873年5月10日凌晨1点半，卫礼贤出生于德国斯图加特。“之所以命名为理查德·威廉，是因为妈妈崇拜狮心王理查德。”在孙女贝蒂娜·威廉拍摄的纪录片《沧海桑田——卫礼贤与〈易经〉》中，他自述道。

1882年，卫礼贤9岁时，以绘制教堂彩窗为业的父亲英年早逝。“本来指望他将来接管父亲的作坊”，父亲去世后，母亲

卫礼贤

决定让他未来从事新教牧师职业。

1891年，卫礼贤在图宾根新教神学院修读神学。而1793年，德国古典哲学史上伟大的哲学家黑格尔就毕业于这座神学院。毕业后，卫礼贤成了巴德波尔一名牧师。此时，他遇见良师、神父布鲁马哈德特。从他身上，“我看到了自由而强劲的精神，两人志同道合”。

后来，卫礼贤爱上布鲁马哈德特的女儿莎罗密，“起初他反对，后来同意了我们结婚”。

1898年，德国和瑞典组建的同善会登报招募派往新取得的胶澳租借地的传教士，在布鲁马哈德特鼓励下，卫礼贤提出了申请。

1899年1月11日，卫礼贤被同善会主席团选中，拟派往伦敦学习英语并熟悉传教业务。19日，他与莎罗密在斯图加特举行订婚仪式。当晚，卫礼贤出发赴伦敦。

4月4日，卫礼贤从意大利北部港口热那亚起程，乘坐蒸汽轮船向中国进发。在香港作短暂停留后，他到达上海。“这座

花之安

城市是英国人的刻板作风和一个孤立无援的中国海港居民的嘈杂相互妥协的产物”，这是卫礼贤对当时这座城市的理解。

5月12日，卫礼贤以同善会传教士身份由沪赴青，以接替拒绝接受同善会传教理念的卡兰茨。“我乘坐的是一种往返于上海与北方外港海岸的小火轮。一日，烟雾笼罩的崂山忽然升起在海面之上，不一会儿，小火轮抵达青岛。”在1926年完成的《中国心灵》一书中，卫礼贤写道。

初来青岛，卫礼贤协助“他慈父般的朋友”法伯（又译福柏，汉文名字“花之安”）博士打理日常事务。“一开始，法伯就鼓励我学好汉语，他那宝贵的汉语翻译作品及他对汉语的理解，一直是我学习的榜样”。

卫礼贤所言法伯“宝贵的汉语翻译作品”，指的是1898年法伯用中文写就的《自西徂东》，这是该时期西方传教士撰写的颇有影响的作品，曾在1879年10月至1883年的《万国公报》上刊载。

1899年9月20日，旅居中国30年的法伯因传染病在青岛去世，终年60岁，葬于欧人公墓（后称万国公墓）。“从此只能靠自己，但他（卫礼贤）对中国古老文化的兴趣被唤醒了”，纪录片《沧海桑田——卫礼贤与〈易经〉》如是解说。

德国汉学家吴素乐在《卫礼贤传略》中记述，花之安染痢疾身亡后不久卫礼贤也染上了，他来到上海哈克曼牧师家里请求救治并逐渐康复，年底时返回青岛。其间，他向同善会要求再派一名神学家。次年4月，W·许勒牧师到青岛。

几乎与此同时，卫礼贤的未婚妻莎罗密起程赴华。5月7日，两人在上海结婚，哈克曼是证婚人。5月12日，新婚伉俪来到青岛并迁入新居。

卫礼贤甫抵青岛时就与很多欧洲人不同。比如，殖民统治者说中国雇工懒惰，满嘴谎言，不愿配合。但卫礼贤说：“我意识到，这根本没有什么，他们也是人，不得不通过自己的小聪明和忍耐来谋生，走正路也走歪道，他们在自己人身上也使用这些手段，很开心，并无害人之心。这一发现为我打开了走进中国人内心深处的道路——如果你把对方当成人来看待，没有为自己谋得利益的私心，不谋算他们的钱，不剥削他们，那么他们对待你再友善不过。”

平等、尊重，卫礼贤拿着这把钥匙，穿越东西方文化、思想、习俗的迷雾，走进了“中国人内心深处”。

描摹即墨大集生动和谐的民生图景

1899年，在“田野里长满了玉米和高粱，骑在马背上都望不过它的顶”的时节，卫礼贤来到距离青岛市区70余里的即墨县城，感受这座千年古城的风情。

卫礼贤游历即墨没有政治因素和色彩，是天马行空率性而为，因此，在时隔近30年后写就的《中国心灵》中，他以《即墨镇的一天》为题，生动地叙述了这一天他的所见所闻。

根据卫礼贤描述的骑在马背上望不过玉米、高粱的顶，可估算出他游历即墨的时间为1899年8月，盛夏时节。行前，因为1898年农历大年初一发生了驻胶澳德兵侵扰即墨、一水兵被当地人所杀事件，驻青德国人纷纷劝卫礼贤不要单人前往，以免遭受当地人袭击报复。卫礼贤不听，执意前行。卫礼贤或许不会想到，淳朴的即墨人对他没有敌意，而是充满友好。

兹将卫礼贤所作《即墨镇的一天》摘录如下：

> 今日恰好逢集，是五日一集。街道上挤满了人群，驮满货物的毛驴，吱吱作响的独轮车，肩扛扁担的人们，还有一群猪，都在平静地向前移动。一辆双轮马车夹杂其间，没有警察协助，但在人们的相互忍耐和间或的戏谑中，一切都在平和地进行着。极端混乱中交通的有条不紊是中国文明水准的一个标志，新来者往往对此感到震惊。没有什么是禁止的，这里你几乎可以做任何事，所有的一切都以平静有序的方式进行。
>
> 听说当地的清朝地方官（注：即墨知县）身体不舒服，我就（很幸运地）躲过了拜见。

在即墨大集游历完毕，玩累了的卫礼贤没有折回青岛，他在大集附近的小店里住了一宿。接下来，他写道：

> 一大群小孩围着我，我用纸剪出小人儿跟他们玩，孩子的父母在他们后面或蹲或坐，他们静静地抽着旱烟

袋，对我所来自的遥远国度问这问那。世界上没有哪个国家的小孩像中国小孩一样，被允许如此自然的发展，没有束缚，而又得到如此之多的关照和疼爱。人们对这种自由自在的教育方式赞誉有加，说不受束缚长大的孩子最终会成为有用并且高尚的人。通过孩子我很快和他们的长辈拉上了关系，我们进行了非常愉快的交谈，尽管我对他们的语言所知不多。

卫礼贤的身上有日耳曼民族的严谨、刻板，但也有超乎本民族的幽默、生动和细致入微。即墨小店的一夜，他为我们留下了既诙谐生动又充满当地民生色彩的一幅自然画卷，当然，还有“某些浪漫而感人的因素”。

这天晚上我一眼未合。先是无数的蚊子在空中飞舞，嗡嗡之声如同尖厉的小号。用烟熏了一通后，有一部分从门窗出去了，却剩下足够多不怕烟熏的、更可恶的家伙。马在院子里烦躁不安，多愁善感的驴子则用长嚎表达它们的爱情，那声音里似乎包含了世界上的全部苦难。而且一旦一头开始叫，其他同伴立刻就会跟着悲鸣。以至于后来不得不给它们的尾巴上拴上石头，因为驴子嚎叫时总要翘尾巴。此计大妙，果然消停了一点。但这时狗又来了，在街上对咬。最后是公鸡啼鸣，迎来了早晨。

即便是这样的小店，这样的夜晚，这样的声音，也有某些浪漫而感人的因素，直到后来井绳哗啦哗啦地响，清水一桶一桶地从圆圆的井口上打上来。天亮了，行人吃过一顿简单的早饭，又要打点上路了。

回去的路走得很快，让我的老朋友惊讶的是，什么事情都没有发生。

卫礼贤此次游历即墨的文章被译作《即墨镇的一天》，笔者认为，即墨以“城”出现在中国历史上已有数千年之久，因此翻译为“即墨城”更为贴切。

赴高密调停筑路冲突

《胶澳志·大事记》载：“1899年10月，胶济铁路收买民地、迁坟、移屋颇不慊于居民，高密芝兰庄民要求铁路公司多开涵洞，以免水患，公司置之不理。乡民积忿，乃图以武力阻之，德兵骤往，开枪杀伤甚重。巡抚毓贤束手无策，嗣由青岛华商傅炳昭等挽德人尉礼贤出，调停抚恤，其事始解。”（注：标点为笔者所加）

“开始的中文名字叫尉礼贤，后因嫌‘尉’字与军事有关而改。”与卫礼贤家族有半个多世纪友谊的晚清名臣周馥后人、著名历史学家周一良在自传《天地一书生》中解释说。

《中国心灵》《沧海桑田——卫礼贤与〈易经〉》中，对卫礼贤“赴高密调停”一事均有记录。

“我的汉语老师李医生（李本经，音译）告诉我，那些军队正在造成重大伤害，当地人听不懂军人命令，士兵们就开枪。”卫礼贤没有接受德国人的劝阻，他和李医生乘坐小船赶至胶州湾塔埠头港，然后换乘骡子继续上路。

11月6日，他们抵达高密介入其中调停，并在寺庙设立临时医院，为那些伤者治疗。至此，乡民们的眼神里不再是憎恨、猜疑。

他还与德国上尉协商，要求结束进攻。“我成功地把村长召集在一起，向他们解释目前状况，他们委托我把写好的请愿投降书交给上尉。上尉安慰几句，放走了他们。”

卫礼贤的义举赢得当地人的赞许。“这里的人们表现出令人感动的感激之情，我收到许多丝绸刺绣装饰品，他们用这种方式感谢我的救命之恩。”

1900年10月，高密乡民与德国人冲突平息后，卫礼贤在遭遇德国军队血腥镇压的杜家沙窝村创办一所小学，实行免费教育。

调停高密乡人与德人冲突时，卫礼贤就对这座胶济线上的内陆小城以及生活在这里的人们有了亲近之感。

胶济铁路青岛至潍县段开通后，卫礼贤乘坐火车，多次前往高密游历，并参加了神圣虔诚的祭孔典礼。事后，他写就《高密老城中的祭孔礼》：

> 高密是神话故事中的沉睡之城。它的城墙建在小山顶上。一条小河岸边，满是长满树丛的坟堆，这里被称作“老城”。该地区地势平坦，海拔很低。城北有一个大湖，但在几个世纪的过程中已经干涸了……
>
> 北城墙上，树起一块木质的牌匾，上面有孔子的庙号。在其前方的左右两边，有两个烛台和两个花瓶，中间则放着香炉，里面堆着香炷烧成的白亮的灰。我按照西方传统三鞠躬，表达了自己对这位大师的尊敬后，庆典的主持人走到前面，先是诵祷，然后开始举行其他仪式。老师和学生在方形垫子上跪下，叩头三次，每次以

头触地。典礼就此结束，而后进行的是神圣的学生拜师仪式……

《青岛教育纪事长编》载，1904年，山东内地学校与青岛礼贤书院有联系的有高密县学、（高密）沙窝初小、（高密）栾家庄学校、（平度）兰底学校，课程有德语、数学、地理、中国古文；1905年，高密县立学堂成立，聘请青岛礼贤书院卫礼贤“兼理校务”。

到1914年时，卫礼贤与高密人已有较深厚的友情。这年8月23日，日本对德国正式宣战，青岛上空战云密布，离青岛城区二百余里之遥的高密一时人心惶惶，他们向卫礼贤伸出了求救之手。

卫礼贤在日记中写道：“8月28日，从高密传来消息，称那里的人们希望得到我的帮助，建立一个红十字会。第二天，我来到高密。只要条件具备，我们将会采取预防措施以收容难民和伤员。我们选中一座已经废弃的德国军营做收容所，但营房因为缺乏任何必要的维护而濒临坍塌。”

创办新式样板学堂

在青岛生活22年，卫礼贤留给这座城市的重要遗产是创办新式学堂——礼贤书院。

从纪录片《沧海桑田——卫礼贤与〈易经〉》《青岛通鉴》以及当事人的回忆中，我们可以约略梳理出礼贤书院的成长历程。

1901年6月20日，卫礼贤在家中创办一所新式学堂，以其中文名字命名为“礼贤书院”。

1902年，在瑞典同善会资助下，卫礼贤在胶州街（今胶州路）柏林会教堂旁建立讲堂、宿舍各一所，定名为“礼贤书院”，提出“有教无类、一视同仁”“中学为体、西学为用”的办学方针，学程七年（前三年是小学，后四年为中学），课程有德文、中文、科学和商业技能等。

是年岁末，山东巡抚周馥莅临礼贤书院，对其新式教育予以肯定，并允诺学生可直接升入山东大学堂读书。

1903年，礼贤书院移至小鲍岛东山（今上海路），有讲堂、宿舍数十间，招收学生60余人，增设德文高级班，其余按清政府钦定高等学堂课程授课。

1904年，礼贤书院潍县籍学生谭玉峰参加山东大学堂考试，以优异成绩选拔为优贡。这对尚处于起步期的礼贤书院而言无疑是一件大喜事，教职员与谭玉峰在书院门前合影以示纪念。

礼贤书院外景

自此，青岛礼贤书院声名鹊起，山东各地学子竞相报考。

1905年，礼贤书院增设以卫礼贤夫人中文名字命名的“美懿（女子）书院”，该校后来与文德女子中学合并。

“祖母办女校时23岁，已有两个孩子。祖母教德语，她的妹妹欣德教体育。除了教学，她们还积极宣传，不让中国女孩裹脚。”贝蒂娜·威廉在《沧海桑田——卫礼贤与〈易经〉》片中解说道。

是年9月2日，晚清重臣袁世凯、张之洞奏请立停科举，以便推广学堂，咸趋实学。清廷诏准。

自1906年起，全国所有乡会试一律叫停，各省岁科考试随即停止。清廷还令学务大臣迅速颁发各种教科书，责成各督抚实力通筹，严饬府厅州县赶紧于乡城各处遍设蒙小学堂。

“废科举，兴新学”，闻名遐迩的礼贤书院无疑为新式教育提供了样本。1906年，山东巡抚杨士骧莅临礼贤书院考察，对卫礼贤兴办教育极为推崇。事后，他专章奏请清廷为卫礼贤颁赐四品顶戴。

1984年6月，青岛市政协文史委编辑出版的《青岛文史资料》中，曾在礼贤书院任科学教习的邵次明撰文回忆说：“1906年腊月初八，礼贤书院举行第一届毕业典礼，卫礼贤身穿清廷赏赐的官服出席。”

潜心翻译中国儒家经典

在兴办新式教育的同时，卫礼贤潜心于中国传统文化经典的研究、翻译。

在《卫礼贤传略》中，吴素乐称，1902年，卫礼贤在上海一家德文画报上发表第一篇译作《三字经》。1903年，他在青岛报纸和其他杂志上发表各种古汉语文献译文。1904年起，卫礼贤对翻译中国重要的古典作品并使之流行于德国产生浓厚兴趣，他和另外两名德国人计划在北京建立德中文化研究所，并以李希霍芬的名字为其命名。1914年8月，日、德青岛之战突然爆发打乱了这一计划。

在翻译儒家经典《论语》时，卫礼贤说，要想真正了解像孔子这样陌生的人物，只有充满爱心深入他的著作，不带有任何偏见，“穿越世间诸多时代，我遇见了孔子；穿过凌乱的岁月和欧洲种种关于他的蹩脚资料，他现身在我的面前，活灵活现，笼罩他的仁爱的伟大。我翻译他名言的时候，常常为他在场而感动”。接下来，他还翻译了《道德经》。

受卫礼贤“致力于中国传统文化研究”的感染，1913年秋叶飘零时节，在青岛做寓公的周馥向其推荐自己出任两江总督时的幕僚——后任晚清学部副大臣、京师大学堂监督劳乃宣——一个真正的中国学者，由他来引导卫礼贤探讨中国文化和中国精神的深刻之处。

在所著《中国心灵》第十一章《青岛的故人们》中，卫礼贤详细地解释了周馥向他荐师的原因和过程。

> 一直和我保持友好关系的前巡抚周馥说：你们欧洲人只了解中国文化的浅层和表面，没有一个人明白它的真正含义和真实深刻之处。原因在于你们从未接触过真正的中国学者。你曾拜作老师的乡村教师，他们也只了解些表面东西。因此毫不奇怪，欧洲人有关中国的知识只是一大堆垃圾，我给你引见一位老师，他的思想真正根植于中国精神之中。你觉得怎么样？你就能翻译各种

劳乃宣

各样的东西，自己也写一写，中国也就不会总在世界面前蒙羞了。

“当然，没有人会比我更高兴。”卫礼贤直抒胸臆。

在周馥向居住在僻静之乡——直隶省涞水县北郭下村的劳乃宣发出邀请时，卫礼贤已为劳乃宣准备好了合适的住处，“几周后，他携全家人到来了”。

对这一过程，劳乃宣在《韧叟老人自订年谱》及其与罗振玉的书信中均有较详细的记述。

山东青岛为德国租借地，国变后中国遗老多往居之。德人尉礼贤笃志中国孔孟之道，讲求经学，设书院于岛境有年与（欤）。吾国诸寓公立尊孔文社，浼周玉山制军来函，见招主持社事。适馆授餐情谊优渥，于十月移家至岛。

不过，来青岛月余，忠君爱主思想浓厚的劳乃宣又以老迈之躯北上易州西陵参加光绪皇帝、隆裕太后“奉安大典”。返回青岛后，他方聚精会神，“日与尉君讲论经义，诸寓公子弟亦有来受业者”。

劳乃宣与罗振玉的通信，即《劳乃宣与罗振玉书札十六通》，现存于罗振玉殁地旅顺市博物馆内。1999年，该馆工作人员韩行方、房学惠在《文献》期刊上将其一一公布。

劳乃宣在信中说，寓居青岛的周馥、刘廷琛（注：字幼云，京师大学堂监督、学部副大臣）等老友来信说，德人卫礼贤久居中国，对我国学术流别研究颇深，周秦诸子皆有译本，尤其对孔子推崇备至，就像之前所说的“服孔子教者”。近期听闻京师人讨论废孔教，很是悲伤，于是约请中西方学者开设“尊孔文社”，著书论学，以昌明正学为宗，并登报传布，暨泽西文，流传西国。“尊孔文社”需要讲学编译之人，周馥、刘廷琛极力鼓动他前来，并告知卫礼贤已代备居室一所，还答应月赠笔资数十元。

从信中看出，劳乃宣除维护孔教、盛情难却外，还有来青岛避乱的考虑。

> 当此时局，中国区域法律礼数日遂败坏，芸芸民生虽不足以托命，惟各国租界在外人势力范围，于避乱最宜。青岛山川清淑，不当孔道，有津沪之稳固，而无津沪之喧嚣，尤胜于彼。惟闻屋租奇昂，非窭人所能处。今既可不自出房租又略有津贴，于弟颇属相宜，因即复函允之。

在接下来的这封信件中，劳乃宣清楚地记录了来青岛的时间、居住之地，以及此时愉悦的心情：“弟于10月23日到青岛”，“岛地山川清旷，所居之屋，室中可以看山，廊下可以望海，甚是适怀”。

劳乃宣的愉悦心情还来自其他三个方面：一是“此来为归故乡亦”——斯地为“劳山”（今为“崂山”）之麓。《通志·氏族略》云：“劳氏其先居东海劳山，因氏焉。是劳山者，寒家最古之祖居也”；二是卫礼贤的谦虚与彬彬有礼，“尉君以弟子自居，其人恂恂有儒者气象，殊难得也”；三是一家人的衣食无忧，“弟所居屋宇为尉君代租，有屋十间，月租价洋六十元，无庸自出，又月束脩五十元，此间食用较居乡为昂，每月约需八九十元，不敷者三四十元，以里中产所出接济，足以自给”。

同时，他向罗振玉介绍卫礼贤及其办学状况：“尉君乃牧师出身，而不问传教之事，专办学堂。现办礼贤书院，出自教会之款，而尉君经营十余年，日见扩充。今设‘尊孔文社’，则由旅岛诸寓公捐助发起，集款无多，一时尚不能大办，先从编译入手。又拟一藏书楼，日来正在经营。”

劳乃宣所言的“尊孔文社”，是一个文人雅集的自由学术团体，主要由两部分人组成：寓居青岛的逊清遗老和在德华大学任教的德国学者。他们在一起展开东西方文化对话，故而“尊孔文社”又称“中西文社”。

劳乃宣还记录了与卫礼贤一起译经的细节：“尉君自以《孟子》翻译德文，每日来弟寓，由弟讲授一小时，归而笔译。又以德国哲学家康德所著之书译中文，由尉君与周玉翁之孙叔弢（注：本名周暹，字叔弢，以字行，著名政治家、实业家、收藏家，曾任全国政协副主席）同译，而弟为之修饬而润色之。”

信札最后，劳乃宣告诉罗振玉自己的住址：青岛小豹岛（注：小鲍岛）吴淞街（今上海路）后路西劳寓。这一住址毗邻礼贤书院。

在劳乃宣指点下，卫礼贤“理解确切而透彻”地翻译起《易经》。

1914年暮春，“尊孔文社”藏书楼建起，这是青岛第一个现代图书馆，也是中国早期图书馆之一。“藏书楼”三字匾额由寓青的晚清恭亲王溥伟题写。藏书楼广收经、史、子、集，收藏现代图书、外文书籍。

1925年10月出版的《全国图书馆调查录》载：“尊孔文社”藏书楼“藏书有六千余册中文，三千余册德文，两千余册英法文，共一万两千多册。其中有不少善本”。藏书楼对外开展借阅活动，除向尊孔文社成员开放外，还向礼贤书院教师及社会上层人士开放。“我们希望通过翻译、讲座和出版的方式，在东西方文化之间架起一座桥梁，康德的著作被翻译成中文，中国的经典也被翻译成德文……”在《中国心灵》中，卫礼贤如是表述。

与劳乃宣患难相依

1914年8月初，骤然而起的第一次世界大战的枪炮声打破了卫礼贤和寓居青岛耆老硕儒们的美好愿望，“战争终于爆发了，就像是一声号叫撕裂天空，所有花季一样的生活结束了”，人们开始仓皇逃难。

8月21日，卫礼贤收到山东劝业道萧应椿（笔者考证，此人为著名史学家周一良的外祖父，字绍庭，清末在东北和山东做官，善书法，精鉴藏）发来的邀请电报，希望他将家人转移到济南。“我们从这封电报里嗅出了今后到底该做如何打算。”在当天的日记中，卫礼贤写道。

次日，夫人莎罗密及孩子、妻妹跟随最后一批中国熟人踏上赴济南的火车。卫礼贤选择了留下。

8月中旬，日本人开始围攻青岛，德军及城中留守人员面临重大伤亡的危险。寓居青岛的晚清驻德公使、中国红十字会会长吕海寰，著名商人傅炳昭等13人发起组建红十字会青岛分会，卫礼贤任会长，会址设在已停课的礼贤书院，同善会医院（花之安医院）和礼贤书院西偏房作为伤员养护、治疗之所，美懿女子学堂作为妇幼避难所。

身为红十字会会长，在整个日、德青岛争夺战中，卫礼贤组织会员庇护妇女儿童，救治伤员，掩埋死者尸体……

战事乍起，劳乃宣即退避曲阜，闲暇之余，续写《共和正解》。在自订年谱中，劳乃宣记载：“青岛战事起，迁济南小住，又迁曲阜赁屋寄居。辛亥曾作《共和正解》，至是复作……”

“欧西风云波及东亚、世外桃源青岛，八月初间匆匆出境，在济南勾留月余，不欲即归故乡，于八月下旬移家曲阜。”在给罗振玉的信中，劳乃宣亦提及离开青岛的背景。

就在卫礼贤担心“（翻译《易经》）恐怕永远也不会完工”时，出乎意料地收到了劳乃宣的来信，“说他想返回青岛，完成《易经》的翻译，问是否能够提供膳宿。当他真的到来时，可以想象我心中的高兴”。

劳乃宣重返青岛，蒙难避祸应是第一因素，是不得已而为之。因此，他拒绝卫礼贤给予的修脯（酬金）。时间则是1917年张勋复辟失败后，参与和支持复辟的劳乃宣处境险恶。

劳乃宣在自订年谱中记载："五月，奉复制之，上日（初一）简授法部尚书，具疏以衰老请开缺，俾以闲散备咨议，未达而变。曲阜令蓝君告以得见逮之，牍劝出走，又移居青岛，居礼贤书院，复与尉君理讲经旧……"

与罗振玉通信时，劳乃宣解释了再来青岛的缘由：

> 六月中，曲阜令来说，接到山东检察厅公文，转奉京师总检察厅电文，以复辟嫌疑名捕十二人，贱名亦在其列，秘以相示，劝之出走，不得已来青岛。

因参与张勋复辟成功，劳乃宣被再披龙袍的溥仪封为法部尚书。劳乃宣以年老体衰为由不愿就职，朝廷乃封其咨议闲差，未等就任，为期12天的复辟闹剧即草草收场。

作为参与复辟的成员之一，劳乃宣的大名登上京师总检察厅的"搜捕榜"，曲阜知县从山东检察厅得悉后，暗自告诉劳乃宣，劝其尽快出走避祸。于是，劳乃宣想到了尚在青岛的卫礼贤。

劳乃宣还向罗振玉介绍了此时卫礼贤的境况："战后，尉君以未服兵役得免干涉，仍开学校，重见欣然……尉君物力不如前，因不受其修脯，将居曲阜眷口接来入居校屋，日于山光海色之间，与尉君商量旧学，播越之余，得此殊为望外……"

因"居礼贤书院"，劳乃宣在信的末尾处留言："如蒙赐函，邮至中国山东青岛小豹岛上海町礼贤书院内交收为幸。"

1918年8月13日，阴历七夕这一天，寓居青岛的劳乃宣给罗振玉写信，流露出前途未卜之情绪：“弟羁踪岛上，瞬已两年。与居停尉君患难相依，极为相得。今欧战告终，岛境究竟如何处理尚不可知……”

1919年6月28日，《凡尔赛条约》签署，德国在华租界被转让给日本。

是年，77岁的劳乃宣在自订年谱中记有两件“青岛的事儿”：一是闰七月游崂山，“以山中不靖未敢深入，至上下九水、柳树台而返”；二是11月儿子劳健章任礼贤书院教员。

1920年，莎罗密带着四个孩子返回斯图加特。不久，卫礼贤追随而去。

劳乃宣自订年谱显示，在离开青岛前，卫礼贤与他还有交往。

是年3月，在卫礼贤介绍下，前来中国游览写生的奥国画师郎亚文作了劳乃宣的画像后携之离青；卫礼贤以欧洲战事已结束提出回国一趟，并“期明年来”。

1921年7月，劳乃宣在青岛病逝，终年79岁。此时，卫礼贤尚在家乡斯图加特与妻儿们欢聚。

“期明年来”这一计划随之落空。

不为人熟知的艺术特长

卫礼贤曾带着传教的使命来到中国，但在中国的25年中，他没有给任何人洗礼。因为在他看来，在一个已经具有自己文明的国家，不应当向当地人强迫灌输宗教思想。

在青岛期间，卫礼贤还偶尔展示他不为人所熟知的艺术特长——小提琴演奏。德国学者W·F·奥托在《卫礼贤——人格肖像》一文中透露了一个细节：卫礼贤在中学时曾跟随一位年老的夫人学习小提琴演奏。这位夫人原是巴黎著名演奏家和作曲家阿拉特的学生。卫礼贤喜欢与几个挑选出来的同学一起演奏乐器。他曾作为高年级学生演奏贝多芬的四重奏曲第18号第1节，“尽管技术尚不完美，但演奏热情高，对作品理解也较准确。”

1901年，19岁的潍县人谭岳峰与五哥谭玉峰一起进入礼贤书院求学。课余，谭岳峰跟随卫礼贤学拉小提琴，放学回家后时常练习。“儿子谭抒真（著名音乐教育家、小提琴家、小提琴制作家）在母亲腹中乃至整个童年都有父亲小提琴声相伴，爱好音乐的基因传给儿子，谭抒真与小提琴结下终生不解之缘。”在《世纪琴缘——谭抒真传》一书中，作者如是表述。

这段表述得到了谭岳峰之孙、国家一级小提琴演奏员谭国璋教授的认可。笔者就“谭氏家族与青岛、与卫礼贤渊源”采访时，他愉快地讲述了这一片段。

在《中国心灵》中，卫礼贤还以《琴曲知音》为小题，回忆了与寓居青岛的晚清恭亲王溥伟琴笛和鸣的情景。

> 有一天，亲王来找我，想让我用小提琴表演一段欧洲音乐。我努力将欧洲音乐的精华都展示给他，我的努力确实令他如醉如痴。他说，这与中国最优秀的音乐是相通的。接着便坐在屋中一角，聚精会神地用一只笛子演奏起动听的曲子。它好像是古代神庙中的祭曲，专门用来纪念皇帝亲手推动铁犁，开始耕出第一畦田地。不知不觉中夜幕渐渐降临，屋内陈设逐渐黯淡，一股恍若

隔世的深情伴着悠扬的笛声四处飘荡。虽然这优美的旋律将来或许不再记起，但今天谁也不会在意，这段珍贵的回忆，已使人生旅程充满了令人留恋的亮色。

最后的人生岁月

纪录片《沧海桑田——卫礼贤与〈易经〉》叙述，回到德国后，卫礼贤忙碌着到处为东亚传教所作报告。他遇见了心理学家荣格，荣格被他翻译的《易经》深深吸引。

1922年1月，卫礼贤独自一人返回中国——这次不是当传教士，而是在德驻华使馆当科学顾问。

此时的北京给卫礼贤的印象是虽然军阀为权力而战，但学术依然繁荣，“最近几年变化令人吃惊，现在面对的是一个全新的充满新思维的世界”。

6月16日，北京大学校长蔡元培致信卫礼贤，恳请其出面设法通融，帮助该校驻德代表朱家骅，以德国内价格购买一批物理学科教学仪器。从信函中看出，两人关系熟稔，时常面晤。该信件后被选入《蔡元培文集》。

> 日前畅谈甚快。北京大学在德购办仪器事，经贵国公使允许力与援助，至为欣幸。大学前拟在德购买物理学仪器，曾由大学驻德代表朱骝先（字家骅）先生向各工厂接洽，迄以价目及付价方法，各厂要求太奢，大学款项有限，未能商议妥协。兹拟恳请先生由贵国驻京使署一面对于贵国国内关系机关有所主张，如能使大学用德国国内价目购得，自为最善。不然，亦请设法通融。至于详细办法可由贵国国内关系机关与北大驻德代表朱

家骅先生就近接洽商办。至应购仪器名称、数目另有详单，兹并奉览。

两个月后，应蔡元培之邀，卫礼贤前往北京大学作报告。

1923年3月，李贻燕奉教育部之命来青岛调查教育事宜，事毕，回京复命并写就《调查青岛教育报告书》。该报告《礼贤书院》一节记述道："礼贤书院于光绪二十七年由瑞士同善会设立，内分小学、中学二级，修业年限小学五年，中学四年。学费小学每年10元，中学每年30元。书院经常费每年约3000余元，大部分由亚细亚新教会、同善会补助。书院于日德宣战时停闭，民国四年春复学，中学加授日语，添聘青岛著名商家数人为校董，任补助经费不足之责。目下教职员十余人，学生数十人。创立此校之卫礼贤，现在北京德国使馆充文化参赞。"

受经济危机影响，1923年11月，德国外交服务人员精简，不属于外交官序列的卫礼贤被解雇。此前，他签订一年合同担任重组的北大德语系教授，因此继续留在北京。

第二次逗留中国期间，卫礼贤和蔡元培、胡适、张君劢等新派中国学者建立了密切联系。卫礼贤一度计划翻译胡适的《中国哲学史大纲》（1922年的胡适日记中对此有所记载），但未能实现。最终，这本书由他的儿子、曾在北大任教的卫德明译出。

1923年3月，徐志摩作了一首名为《小花篮》的诗，副题是《送卫礼贤先生》。此前，徐志摩与陈源（陈西滢）曾由卫礼贤陪同游历魏玛和耶拿，访问了歌德和希勒的故居。

在北京的日子里，除了教学，卫礼贤继续翻译《易经》，深入研究其哲学思想。他还开始撰写回忆录。

单威廉

1924年初，德占青岛时期胶澳民政官、青岛第一部土地法规制定者单威廉，应孙中山之邀，自德国起程赴广州出任城市建设顾问。5月初，单威廉乘西伯利亚火车经莫斯科、哈尔滨、沈阳至北京，并看望了好友卫礼贤。

“尽管他很乐观，但是家庭问题和经济压力，迫使他决定回国。”离开中国前的这年7月，卫礼贤回到青岛，跟由他一手创办的学校及师生们告别。《青岛教育长编》载有寥寥数语：“7月11日，卫礼贤‘由京来校，旋回国’，礼贤中学举行恭送仪式。”

《青岛通鉴》载，1924年，卫礼贤离青回国时，从已并入礼贤书院的“尊孔文社”藏书楼中拿走了部分藏书。

自此一别，卫礼贤再也没有回来。

短暂停留时，卫礼贤还专程拜访寓居青岛的康有为。康有为向他赠送著作《大同书》和其他一些作品。

7月下旬，卫礼贤乘船自青赴沪，然后中转福州和香港回到德国。上海，这座“充满嘈杂声”的城市，曾是他踏上东方的第一站。

是年8月8日，单威廉在广州写信给卫礼贤：“烦吾兄委托华友或学生，在京代为搜购全部新订的法规或司法、行政措施等资料（中文，能有译文更好）。”此时的卫礼贤已离开中国，且“离港西行”。

不过，对于卫礼贤回国的选择，单威廉表示支持。在1925年4月8日致卫礼贤的信中，他写道：“足下作此决定极为正确，因在故国始能有较此更大之贡献也……足下返国，必可大展鸿图，在学术上大放异彩。”

单威廉“在学术上大放异彩”的预言，在数十年后得到了验证。

《卫礼贤之名——对一个边际文化符号的观察》评价说：“他最终离开中国时，已成为中国文化最热烈的西方鼓吹者，一位从思想到情感都融入中国的儒家信徒，将东方之光一同带回了欧洲。”

回国后，在法兰克福大学，卫礼贤成为汉语研究的首任教授。自此，他脱离教会，进入德国正统学术界。一些人对此表示欢迎，也有学界人士反对，认为他的作品不够科学，“人们互相攻击，我介入其中不知所措，那些攻击并不限于指出翻译错误”。

这一年，卫礼贤耗时11年翻译的《易经》出版，成为西方最权威的版本。随后，荣格将其中的大部分内容转译成英语；它还被翻译成多种语言文字，在世界上广为传播。

“20世纪70年代，《易经》这部经典作品鼓舞了很多（欧洲）人，人们从中寻求行为指导，他们不想被动地听天由命。”

纪录片《沧海桑田——卫礼贤与〈易经〉》解说道。

1925年11月，卫礼贤在法兰克福大学创建中国学社。法兰克福大学医学博士、回国后曾两度出任同济大学校长的丁文渊作为副社长从旁襄助，他们出版《中国学刊》，专门介绍中国文化，由此架起中、德文化交流的桥梁。

1926年，在中国学社举行的中国年会上，中国新文化运动的领军人物胡适应邀出席，并作了题为《中国的小说》的演讲。1928年底，有“中国近代佛教改革运动理论家和实践家”之誉的太虚大师访欧，卫礼贤闻讯后派人到法国邀其赴德。太虚大师在法兰克福大学和中国学社演讲时，卫礼贤亲自担任翻译。

是年，卫礼贤出版《中国心灵》。他在前言中写道：“我有幸在中国度过了二十五年的光阴。像每一个在这块土地上生活了许久的人一样，我学会了爱这个国家，爱它的人民。”

进入50岁后，卫礼贤经常生病。尽管如此，他还在奔波，为计划中的中国学社寻找赞助人，为中国学社及其出版的刊物操劳。终于，他获得了来自希尔斯托普夫女伯爵和瑞典一名艺术收藏家的赞助。

夫人莎罗密在编撰的《卫礼贤——中国与欧洲之间的精神中介》一书中写有这样两个片段：1928年末，直到家庭圣诞庆典和除夕晚会开始前几分钟，卫礼贤都在为新年初将付印的《中德年鉴》辛苦工作；1929年1月，莎罗密生日那天，卫礼贤的《中国文化史》初稿在凌晨两点时落下最后一个句点，妻子在一旁为他誊清，手稿的完成遂成为生日礼物。

1930年3月1日，卫礼贤辞世。

在德国的中国留学生，以古礼为卫礼贤举行哀悼会。3月8日，北京大学以《本校旧教授Richard Wilhelm先生逝世》为题发布讣告，陈大齐、何鸿基、王烈、沈兼士、马衡等人发起追悼演讲会。主编《大公报·文艺副刊》的吴宓，邀请任教于清华大学的石坦安撰写《卫礼贤博士行述》，并刊载于该报。

延伸阅读

周馥家族与卫礼贤家族的友情

1902年12月，时任山东巡抚周馥以开放的思维肯定了卫礼贤及其西式学堂。

1911年年底，卸任两广总督近四年的周馥举家迁往青岛。1913年秋，他向卫礼贤推荐晚清学部副大臣、京师大学堂监督劳乃宣，助其研究、翻译中国传统文化经典。

可以说，卫礼贤由办学到译经，由西学东渐到东学西渐，周馥不经意间当起了推手，架起了桥梁。周氏家族与卫礼贤家族的友谊也由此次第展开。

1913年1月19日，周馥的曾长孙周一良在青岛出生。次日，母亲萧琬去世。“当时父亲年轻，悲痛之余，不知所措。他的朋友卫礼贤夫妇见义勇为，把无人照看、嗷嗷待哺的新生婴儿抱回自己家，由卫夫人用牛奶喂养了一年，再送回来。”周一良在其自传《天地一书生》中记录了他与卫礼贤一家的过从与友情。

笔者查寻卫礼贤档案史料时获悉一个细节：卫礼贤在青岛生活期间，一家人仍保持着西方人喝牛奶的习惯。其时，胶澳督署雇佣中国人饲养奶牛，向驻青德国人供应。1914年10月，日、德青岛争夺战中，青岛被围困，德国败势尽现。“16日，放牛人把奶牛群赶到台东镇卖掉，揣着钱悄悄地从战区潜行溜走。从现在起，没有牛奶喝了。”卫礼贤在日记中写道。

也许是出于感恩回馈，当1914年8月日、德青岛之战爆发时，山东劝业道、周一良外祖父萧应椿向卫礼贤一家人发出到济南避难的邀请。在日军占领济南火车站前夕，萧应椿又安排卫礼贤妻儿一行走津浦线转赴北京。

卫礼贤的儿子、1905年出生于青岛的卫德明也是著名汉学家，曾在北京大学教授德文，编辑过德华字典，翻译过胡适的《中国哲学史大纲》。周一良在燕京大学读书时，两人曾有过来往。

在自传《天地一书生》中，周一良回忆，1936年暑假，他忽得同学俞大维寄自南京的信件，告知经陈寅恪推荐，他被“中央研究院”历史语言研究所聘请工作。此时，卫德明被聘任国民政府顾问，其母亲也在南京，他便前去访问。德国老太太看到20多年前自己哺育过的中国婴儿长大成人异常高兴，相聚甚欢。她还告诉周一良，在其所写的《卫礼贤——中国与欧洲之间的精神中介》一书中记录了此事。

后来，卫德明赴美国，在西雅图的华盛顿大学讲授中国文化、思想、历史，不少美国著名学者出其门下。毛彦文在自传《往事》中写道，1955年，华盛顿大学教授萧公权写信给卫德明，介绍她来该校中国问题研究机构工作，时为研究机构主持人的卫德明欣然答应。“6月13日上午，我去华盛顿大学远东系见卫德明，初次见面，很为和气，没有一点架子。”

1982年，周一良访问西雅图，“皤然二叟，共话沧桑”。卫德明还记得，约在70年前，他7岁那年，妈妈告诉他，接来了一个中国小弟弟（周一良）。

亨利亲王青岛行

德国强租胶澳17年间，德皇威廉二世弟弟、德国东亚舰队司令亨利亲王曾三次来青岛：

第一次是自新加坡、中国香港北上，访问北京觐见光绪帝、慈禧太后时往返途经青岛停留，时间为1898年5月；1899年3月，亲王夫妇游览浮山后离开青岛。

第二次是1899年秋，来青岛出席胶济铁路开工仪式。

第三次是1912年9月6日，由青岛赴日本参加明治天皇葬礼，礼毕后返回青岛逗留40余日。

过胶澳，访北京，见帝后

亨利亲王第一次中国之行，晚清重臣翁同龢的日记中有清晰的记录。

1897年12月7日（阴历十一月十四日），德国驻华公使海靖告诉因胶州湾事件与其交涉的翁同龢，亨利亲王准备来中国，并请中方“以礼相待”。翁同龢惊问亨利中国之行的原因时，海靖答复：向列强显示德方对曹州教案事件的重视。看到翁同龢惊异的神色，海靖安抚说，曹州教案已办结，亲王此行不会再生波澜，直管放心迎接。

亨利亲王

是日，翁同龢记录："因申言王弟来华何时，盍止此行。伊云此示各国我德国看重教案之意，今教案既结，可保不生波澜，但请中国礼接。"

19日，翁同龢日记载，驻德公使许景澄电报清廷亨利亲王正月来华，翁氏就此评论："胶事毕，始来京也。"

翌日，翁同龢在日记中引用路透社电文称，德皇威廉二世给弟弟亨利亲王送行时说："如中国阻扰我事，以老拳挥之。"

1898年2月10日（阴历正月二十日）起，"亨利亲王来华"成为翁同龢日记中的重要内容。是日，他记录："电旨一，派奎俊接待德王弟。"奎俊，荣禄叔父，时任江苏巡抚。

13日，奎俊电报总理各国事务衙门（简称"总署"）："王弟仍在新加坡。"

28日，驻德公使许景澄致电总署汇报迎接亨利亲王的仪式。

3月2日，奎俊向总署报告，亨利亲王于阴历二月二十日到华，他准备以行装前往迎接，"旨令以公服往，由总署遵旨电"。

10日，奎俊电告总署："德王弟到（香）港。"当日，海靖照会总署，称亨利亲王游历广州，要求安排公馆，并就迎接仪节提出意见，总署"发电告广督抚"。

14日，两广总督谭钟麟电告总署："德弟廿五至广州。"

29日（三月初八），清廷大员为亨利亲王觐见光绪帝的礼仪进行讨论，焦点有三：一是两人见面是否握手；二是光绪帝是否回拜；三是觐见地点安排在宫中还是颐和园内。众人意见不一，未能确定。晚上八九点钟，章京杨宜治回到总署后，将光绪帝与诸大臣讨论亲王觐见之事复述给庆亲王奕劻，庆亲王认为握手礼与回拜均不可行。张荫桓则担心海靖胡搅蛮缠，顽固地要求握手、回拜。

当晚，翁同龢将过程及细节一一记录："……内有握手回拜两端，诸臣皆以为不可，至在宫在园，亦未敢定。初更，杨虞裳自城来，回觐见事，庆邸亦以此两端为不可，张公则云海使固执，恐不能改。"

31日，朝堂，"德亲王觐见"仍是君臣议题。翁同龢记述："所论者德亲王仪节及巴使持国电请觐二事耳。"

4月3日上午，光绪帝和重臣们围绕亨利亲王觐见礼继续讨论。光绪帝猜测，太后会选择在宫中觐见，于是提议安排在毓庆宫，并就觐见路线、用餐等细节谈了自己的意见。重臣们随声附和："优待极矣。"但兵部尚书、协办大学士刚毅认为不妥，并提出五点理由，光绪帝听后"盛怒，皆驳之"，十二时一刻钟君臣始散。

翁同龢在日记中记录双方的冲突："上云：德亲王进见，在园不便，恐其请见慈圣，懿旨著在宫内。又云著在毓庆宫，开前星门，于东配殿赐食，准其乘轿入东华门。臣对优待极矣，然有窒碍，毓庆前殿曰惇本殿，东间供孝静皇后御容，万不能辟中间为过路，一也。配殿极隘无容席地，二也。参随无别处可见，三也。前星门近百年未启，框木沉陷，四也。乘轿入门非礼，五也。上皆驳之，并盛怒，责刚毅，谓尔总不以为然，试问尔条陈者能行乎否乎？午正一刻散。”

7日，经请示太后，亨利亲王觐见地点终于确定：非宫中，在园内。“是日，德王在何处进见折上，奉硃批，朕钦奉皇太后懿旨，著在园内进见。”

8日，慈禧太后在乐寿堂召见总署大臣张荫桓，“详论洋务，拟先召见德王于乐寿堂”。

11日，奎俊致电总署：“报德亲王廿六到沪。”

21日，奎俊致电总署：“德王在沪，待香港二船再北上。”

25日，奎俊致电总署：“德王（闰三月）初五赴闽。”接电后，总署“发电闽督，告以德赴闽，且侦之”。

30日，翁同龢在日记中记述：“昨日海靖到署面议，德王觐见慈圣，欲得赐座也，庆邸持不可，臣等见起复力言之。闻庆邸今日见东朝，蒙谕若必欲坐只得不见。”

5月5日（农历闰三月十五日），在上海停留三天的亨利亲王与夫人伊伦娜乘船率员抵达青岛，翁同龢当日记载：“电，德王带大兵船三、兵二千，十五日到胶。”

5月10日，得知这一消息的登莱道李希杰立即电禀山东巡抚张汝梅，张汝梅则赶紧向总理各国事务衙门报告：

> 顷据登莱道李希杰电禀，探闻德亲王十五（5月5日）午刻到胶澳，带兵船三艘、兵二千余人等语。合电陈。

13日，翁同龢日记载："电，北洋，报德王到大沽沙外，因风未入口。"

虽然尚未查到亨利亲王第一次来青岛勾留的具体天数，但从这则日记可推算出，亨利亲王赴京前在青岛待了不少于5天。

翁同龢日记中有《记德亲王亨利到京事》，记录亲王北京行踪：

> 廿四由津乘火车至马家铺，至京，是日住德馆，兵丁另住，派内务府大臣世续照料，廿五进园进见。廿六日至天坛瞻仰，头道门即下舆，各处殿座皆到，皆免冠鞠躬，海靖挈其妇往，亨利阻之，至荷兰国馆吃饭，游西什库内教堂。廿七日乘马进雍和宫，出安定门至东皇寺，奥国请吃饭，游西皇寺归，进景西门，登景山，至意馆吃饭，夜赴英馆茶会。廿八步行至东交民巷祈罗弗洋行及玉珍古玩局，未刻赴俄使馆吃饭，丑初散。廿九日出德胜门，过沙河，日使馆吃饭，霸昌道以下皆迎接，复行至南口兴义店公馆住宿，住一日进山，巳初居庸关，大风起，午初至八达岭，将炮台八处皆照，复行至岔道公馆，延庆州迎接，吃饭，至此折回，宿南日公馆，初二日游明陵，住汤山，初三由汤山旋京，初四日到总署，初五日进见，初六日出京，乘火车去。

逛即墨大集，允建俱乐部，出席迪德里希纪念碑落成典礼

访北京在青岛逗留期间，亨利亲王下榻在原大清国驻青总兵衙门。5月10日一早，亨利亲王一行前往即墨，感受这座曾一

直管辖胶澳租借地的千年古城的风情。

亲王一行游览即墨古城，并登上城墙俯瞰，随后裹挟在人流中，走到摊点林立的河滩大集，品尝即墨小吃。此时，得到禀报的即墨知县许涵敬盛装率员前来迎接。因为此行是游玩，非官方访问，亲王谢绝去县署晤谈，两人便在大集上聊起四个多月前驻胶澳德军侵扰即墨时一水兵被杀以及德兵在即墨孔庙毁坏圣像这一事件。会面约10分钟，亨利起身告辞。

对于侵扰即墨一德兵被杀事件，笔者根据中、德双方的电报和电令予以还原：

1898年1月22日（农历正月初一）夜，驻胶澳德军三百余人突入即墨县城，驻扎于文庙和西关商户店铺内，强迫县令朱衣绣交出地丁册籍和地方志书，朱以未奉上谕不敢擅专而拒绝。翌日夜，一名在县城西门站岗巡逻的德兵，因酗酒滋事，被居民李象凤杀死。事发后，德军深夜闯入县署，将朱衣绣掳去扣押，并立逼其将李象凤擒拿处死。

德兵此次侵扰即墨城，不仅劫掠去大量财物，还将即墨文庙中的圣像四体伤坏，将先贤仲子的双目挖去。朱衣绣只将李象凤杀死德兵一事据实上禀，而对德兵毁圣像一事匿而不报。缘此，遭革职查办。

毁坏孔庙圣像事件为康有为、梁启超等维新派所利用，在其策划鼓动下，引发轰动京师的“公车上书”事件。

德兵侵扰即墨，其险恶用心是以此事端逼迫清政府签署由其添筑自胶澳（青岛）至沂州府城再由沂州府城至省城济南的铁路。这一目的达到后，德国即从即墨撤兵。

亨利亲王游历即墨时，德兵已撤回青岛三个月，德水兵被杀及德兵毁坏孔庙圣像事件基本处理完毕，因此，他与许涵敬重谈此事已无实质性意义。

作为德国东亚舰队最高长官，亲王在询问胶澳德国士兵需求时，有人提出建设水兵俱乐部的想法，亲王一口应允。是年10月18日，德国海军俱乐部奠基。

对德国海军俱乐部（又称水师饭店），《胶澳发展备忘录》（1901年10月至1902年10月）留有记录：

> 1902年5月10日，一座壮丽的水师饭店开张，门庭若市。它由基尔的“帝国海军士官士兵海员之家，非盈利公益性有限责任公司”设立，目的是为海员（也为商船队水手）提供一个休闲场所，以免他们受到无目的的街头游荡、不良小酒店和酗酒等道德败坏的生活影响。此外，水师饭店还可被用作驻守在东亚的海军或陆军部队初愈病人的疗养所。在适当情况下也接受平民入住。
>
> 这种公益性造福社会的设施，首先要归功于海因里希亲王殿下和公主的创意，他们曾有机会亲临青岛，看到建立水师饭店的必要性。

1910年，英国人F·帕默、M·克里格在游记长文《青岛（1898—1910）》中，曾将海军俱乐部列为景点进行介绍：“越过太子路（今湖北路）后，右首就是海军俱乐部，这是警卫部队和巡洋舰队下级军官和士兵休息娱乐的场所，是1898年奉普鲁士亲王海因里希殿下之命而建的。当时他任巡洋舰队司令，抵达青岛后，命令要满足驻青岛的德国士兵这一要求。”

如今，这座德国新文艺复兴式风格的建筑仍较完好地矗立在中山路与湖北路交界处的东北角。

1898年11月14日，德占青岛一周年。上午，胶澳海军在特鲁泊山（今信号山）举行迪德里希纪念碑落成典礼，以此纪念一年前率领德海军远东舰队侵占青岛并在信号山一块突出的悬崖上插下赢战旗的海军将军封·迪德里希。亨利亲王出席纪念碑落成典礼。

11月21日出版的德属《胶州官报》以《迪德里希碑落成典礼》为题报道典礼情况。

该报道载，迪德里希纪念碑坐落于信号山半山腰，由天然岩石混合着少量人造岩石构成，高8.5米，长22米，由德国工兵上尉、青岛防御工事负责人米勒设计。

纪念碑揭幕典礼举行时，军乐队演奏普鲁士进行曲。音乐甫落，代理总督迪尔少校来到纪念碑前，“以充满力量和自信的话语”致揭幕词。他向威廉二世陛下表示最衷心的谢意，感谢他以远见的眼光把胶州湾作为帝国的贸易和海军基地。接下来，他回忆了占领胶州湾的场景，以及在纪念碑设立处移交青岛的中、德双方谈判。

庆典结束，奥地利人伴着进行曲，回到停泊在栈桥兵营附近的“伏伦茨伯格”号。

当日下午，根据亲王命令并在其亲自出席下，胶澳总督署在大操场上为下级军官和连队士兵举行拔河、障碍赛马、跳远、投掷保龄球等比赛项目，并向获胜者颁发纪念册、银钟、银表链、茶具、相框等奖品。

1899年3月，亨利亲王夫妇一行在浮山（胶澳督署将其命名为亨利亲王山）游玩后，乘军舰离开青岛。

曾留学德国、现任职于青岛大学外国语学院的朱轶杰告诉笔者，亨利亲王首次来青岛逗留时间较长，因此其在华活动有非常详细的文字和图像记录。据此，德国曾出版《海因里希亲王在胶澳》一书。首次来青岛时，亨利亲王将马球运动带入青岛，建立青岛马球俱乐部，并在位于台西的德国军营训练场举办了青岛第一次马球比赛，随行的德国记者对此留有文字记录。自此，作为当时青岛上层社会重要的社交活动，马球比赛每年举办，法国驻沪领事曾来青岛参赛。

掘下胶济铁路“开工第一铲土”

亨利亲王第二次来青岛是1899年秋，主要活动是出席胶济铁路开工仪式。

是年8月25日，胶济铁路动工。9月23日，象征意义的开工典礼举行，亨利亲王掘下“开工第一铲土”，并祝愿工程顺利进行。

亨利亲王第三次来青岛是1912年9月5日，他乘巡洋舰“沙恩霍斯特”号抵达青岛，翌日赴日本参加明治天皇葬礼，礼毕返回青岛逗留。

在青岛期间，亨利亲王检阅驻青德军。他还前往李村视察，胶澳督署李村机构组织周边村庄老人、蒙养学堂教师、沧口商人以及一众僧道前来迎接。20世纪30年代，曾任胶澳督署李村华人事务专员的格罗瑟撰文回忆当时场景。他记述，亨利亲王对沧口港周边区域城市化很关注，比如，“市面清洁，主要街道两边都镶嵌角石”等。在沧口待了数日后，他又前往胶澳边界白沙河，一路之上遍访村落，参观农户桑蚕养殖。返回青岛时，经过大崂观，他又前往麦克伦堡疗养院参观，并游览了崂山。

为争取德国对复辟的支援，寓居青岛的恭亲王溥伟等清皇室贵族及前清遗老与亨利亲王往来甚密，“当时，各处外国人方面以为，中国反动派（指复辟分子）把其事业的希望与殿下（指亨利）的逗留青岛联系起来”。亨利亲王曾当面向溥伟等人允诺，“将竭力支持清朝的复辟”。

在亨利亲王逗留时，中国革命先驱孙中山正在青岛访问，但两人没有见面。对此，时任胶澳总督迈耶·瓦尔代克在致德国海军署国务秘书蒂尔皮茨的信中有所证实：“海因里希亲王殿下没有见他。”

离开青岛前，在亲王饭店举行的告别宴上，亨利亲王特别敦促在青岛德国人：“如果日本人来了，你们要坚持住。”或许，此时他已意识到，日本人在伺机抢夺青岛。

亲王此番来青岛，《胶澳志》留有记录：“9月，亨利亲王过青，翌日赴日本会葬明治之丧。亨利亲王又莅临青岛；10月，亨利亲王检阅戍胶德军，月杪取道西比利亚归国。”

从《胶澳志》中的这段表述来计算，亨利亲王此次在青岛待了40多天。

寻找谭岳峰

2013年8月，在1909年中、德合办德华大学的一份教务人员名单中，笔者发现了谭玉峰、谭岳峰的名字，两人籍贯均为潍县。“两人是否为昆仲？”一个问号在笔者脑海中闪现。

对于谭玉峰，在撰写卫礼贤与礼贤书院时已有所介绍：1904年，谭玉峰参加山东大学堂考试，并被选拔为优贡，为新式教育的礼贤书院增光添彩。

为求证谭玉峰、谭岳峰的兄弟关系，笔者开始了最简单的网络搜索，出乎意料的是进入了居住在上海、国家一级小提琴演奏员谭国璋教授的博客。

在博客中，谭国璋教授碎片化地写到祖父谭岳峰及其五哥谭玉峰，还有曾经的潍县谭氏家族。

于是，笔者与谭国璋教授取得联系，结合他提供的史料和线索，开始了在谭岳峰曾经辗转的青岛、上海、开封三地之间的档案查找，并最终让不为青岛人所熟知的谭岳峰走进了大众视野：他是一个颇有传奇故事的人，在53年较短暂的生命中，仅学习和任教的学校就有礼贤书院、中国公学、德华大学、上海德华医工高等专门学校（同济大学前身）、河南留学欧美预备学校（河南大学前身）。最终，他弃教从医，并在开封、青

谭岳峰和谭抒真（右）在上海

岛开张两处颇有规模的西药房。

他还有一个特殊的身份——著名音乐教育家、小提琴家、乐器专家谭抒真的父亲。

到青岛谋生并求学礼贤书院

谭国璋告诉笔者，他的曾祖父谭奉赞是山东潍县的一个木匠，有11个孩子。因为家丁兴旺，他们吃了上顿没下顿，有时举债度日，还不起债时他还被抓去坐了三年大牢。

谭岳峰生于1882年，是六兄弟中最小的一个，他的五哥是谭玉峰。

从1898年起，胶澳督署开始铺设城市排水管道，修建大港环形防波堤，兴建市区道路以及海因里希亲王饭店、胶澳督署医院、胶澳帝国法院及青岛监狱、总督府办公楼等。这些工程项目需要大量的特别是有技能的民工参与。

此时，谭奉赞已在贫病交加中去世，四个承父业做木匠的儿子穷则思变，背井离乡，跋涉300多里来到青岛谋生计，建筑工地为他们提供了用武之地。

谭岳峰年龄最小，没有木匠手艺，哥哥们就让他摆个小摊，卖一点儿杂货。

真正让谭家时来运转并发迹的，是既会画设计图样又会雕刻门窗花纹的三哥开办起包工作坊。家境好转后，1901年，谭玉峰走进同善会传教士卫礼贤创办的礼贤书院读书。

这一年，19岁的谭岳峰结婚，因没上过学不识字，小他一岁的妻子念过书，便对他进行启蒙教育。

婚后不久，和五哥谭玉峰一样，谭岳峰也走进礼贤书院。

课余，谭岳峰跟随卫礼贤学拉小提琴，放学回家后时常练习。“儿子谭抒真在母亲腹中乃至整个童年都有父亲小提琴声相伴，爱好音乐的基因传给儿子，谭抒真与小提琴结下终生不解之缘。”在《世纪琴缘——谭抒真传》中，作者如是表述。

1907年1月18日，谭岳峰从礼贤书院毕业。

是年6月10日，谭抒真出生。

辗转于上海、青岛、开封

1905年12月，因抗议日本文部省颁布《关于许清国人入学之公私立学校之规程》，一些愤而回国的留日学生在上海创办中国公学，“以谋造成真国民之资格，真救时之人才也”。

1906年4月10日，中国公学正式开学。

1908年春天，中国公学向谭岳峰伸出“橄榄枝”，邀其前来担任德文教习，待遇是月薪100两银子。

谭岳峰偕妻小前往，一家人住在上海四川路。当年冬天，谭岳峰辞职回到青岛大家庭，“儿子年幼，一家人在上海举目无亲，又不习惯这儿的生活”。

1908年4月2日，中国公学更换监督（校长），新任监督夏敬观改组校董会，否认学生有修订校章之权，校园危机重重。是年秋，新、旧中国公学分裂风潮突发。任教的学校动荡不定，云谲波诡，且经费时断时续，或许是谭岳峰心灰意冷坚决离去的真正原因。

谭国璋向笔者提供了一张合影——1908年，中国公学教职员集体照。“前面坐者左起第二人是谭岳峰，站立者右起第一人是近现代政治家、教育家、书法家于右任。当时，于右任在该校任国文教习。”

回到青岛时，中、德双方依照规章约定，在各领域合作交流日益频繁。因为精通德文，谭岳峰当上翻译，并广受欢迎。

1909年10月25日，经过长达一年半多的会谈、筹备，青岛特别高等专门学堂（德华大学）举行开学典礼暨建筑校舍开工庆典，首批来自山东及其他省的63名学生走进课堂。先后毕业于礼贤书院、山东高等学堂的谭玉峰免试入学。

《青岛高等教育史》记载，谭玉峰进入德华大学的时间是1909年9月，所从事的工作是工科翻译，每周译课24小时，月薪100元。

该书解释称：“德华大学初立时，学校专门建立一个翻译机构，由通晓两种语言的德国学者和中国学者将德文教科书和其他有关著作翻译成中文教科书。礼贤书院毕业的谭玉峰等学生因为熟练掌握德语，也被吸纳到翻译室。”

《青岛高等教育史》还记载，1911年6月，青岛礼贤书院毕业生谭岳峰进入德华大学，从事医科翻译，每周译课24小时，

谭玉峰（坐）、谭岳峰（左）与礼贤书院同学王真光（中）在北京合影（1924年）

月薪70元。

也就在这一年，德华大学医科专业招生，谭岳峰一边当翻译，一边在医科专业学习。

1913年下半年，谭玉峰、姜本忠、栾宝德等7人成为工科机械班第一届毕业生。毕业后，谭玉峰留校任教。

1912年9月30日下午，在青岛的孙中山来到湖南路参观访问。谭岳峰参与接待和翻译，并与孙中山一行合影留念。

1914年11月，日本侵占青岛，德国人败走，青岛特别高等专门学堂被迫解散，200余名在校生辗转归并至德国人在上海创办的德文医工学堂继续学习。

对这一变故，2017年11月13日，中国欧洲学会德国分会副会长、《德国研究》杂志副主编、同济大学博士生导师李乐曾教授，应邀做客青岛大学外语学院“外国语言文学系列学术沙龙”时，以《考察与解读：一战期间上海德文医工学堂对青岛德华大学学生的接纳》为题作了讲解。

1914年8月，青岛德华大学预科班已有学生转读上海德文医工学堂德文科，其中最著名的是后来成为美学大家的宗白华。一战爆发后，青岛德华学生分期分批转至上海德文医工学堂，时间是1914年9月至1917年9月。

李乐曾说，德华大学1911年招收医科学生，1914年尚无毕业生。学校停办后，三年级学生谭岳峰、刘树诚、姜如心、何传修、王宝恭、赵启华、周瑞麟转入上海德文医工学堂医正科学习。

在接纳德华大学学生过程中，上海德文医工学堂面临三个困难：教学场地不足，语言及专业教师匮乏，办学资金短缺。在前两个困难得到缓解的同时，1915年3月，经德方提议，中国政府同意将原定拨给德华大学的4万马克财政经费拆分，其中1.5万马克拨给上海德文医工学堂。同年，上海德文医工学堂实习工厂有了盈利，学校经费困难问题在一定程度上得到缓解，因此，上海德文医工学堂适当减免了德华学生学费。不久，山东地方政府向转学前获得德华奖学金的学生继续提供奖学金。有这两方面利好，德华学生不再为学费发愁。

据统计，1914年至1916年，上海德文医工学堂共接纳113名德华学生。其中，预科班（德文科）53人、工科43人、医科8人、法政科9人。

史料载，上海德文医工学堂医科专业学习期共5年，包括预科2年、正科3年，正科第3年为实习期，学生们在宝隆医院实操训练。

1916年，谭岳峰毕业时，位于河南省会开封市的河南留学欧美预备学校来上海招聘。谭岳峰受聘前往任教，月薪200元，教授德文和化学课。

一年后，谭岳峰不愿教授化学，“主要是感觉专业不对口，自己毕竟学的是医学”。谭国璋说，祖父辞职后，在开封开办了一家诊所给病人诊治。此外，他还开办了一家西药房，因他字子东，故为药房取名为“东升春”。

《世纪琴缘——谭抒真传》一书载，1925年，谭岳峰已是开封名医，国民党元老张继乘火车时与河南驻军发生争吵被打伤，在卫辉县治疗，开封市政府紧急联系谭岳峰前往医治。

消失的谭氏大宅院

生意做大后，谭岳峰在开封城区繁华地段购买了一幢很大的宅院。这幢宅院仅沿街就有7间门面，他把大门开在正中，东边3间开设诊所和药房，西边3间对外租赁。

2005年出版的《河南老城系列丛书·老开封：汴梁旧事》中就有“早期著名西医医师谭子东教授宅院旧址”介绍：

> 寺后街路北现门牌20号院，曾是民国年间河南省著名西医医师谭子东教授的宅院。
>
> 谭子东先生，字岳峰，山东人。他1916年在上海同济德华医工大学医科毕业后，接受河南大学的前身——河南留学欧美预备学校的聘请就任教授，同时担任河南邮务管理局常任医生。

据《开封市卫生志》载：“谭子东可医治内科、外科、小儿科、妇科难产、耳目喉鼻等各种病症。除行医外，兼在北书店街开设‘东生春西药房’。”在当时，他是河南省颇有名气的西医大夫。

1926年左右，谭先生购买此处房产，该处建筑由临街楼房、平房、中楼，后院上房及东、西楼组成三进院落。除其中一部分自住外，还在院内开设诊所，另有三间门面开设“德华大药房”。

该处原有建筑现部分尚保存完好，其中临街门面为七开间两层楼房，中间下层为宅院大门，两侧为店铺。该楼立面将西式门窗拱券及扶墙圆柱、方柱等和中国的古典建筑形式结合起来，造型活泼多样，色彩鲜艳。尤其那种西方花瓶式竖柱的女儿墙，更使得整个楼房显得高大雄伟，是开封民国时期较为完美的建筑。

这份材料记载稍有出入：谭岳峰，字子东，作者误为“谭子东先生，字岳峰”。

谭岳峰再建大药房时命名为“德华”，足见其与青岛德华大学情结之深。

这幢“开封民国时期较为完美的建筑”如今已在旧城改造中消失了。

接手俄国人“青岛大药房”

1932年，“一·二八”事变突发，中、日双方军队展开激战。谭抒真夫妇关掉在上海的乐器店，一起回到开封避难。此时，已处于知天命之年的谭岳峰想让儿子、儿媳回青岛发展。

谭岳峰的这一决定主要出于两方面考虑：一是开封不是其祖籍，在外漂泊的人终究要叶落归根，特别是自己年届五旬，这种思想愈加强烈；二是开封靠近黄河而且低于河床，自然环境差，沙尘多，淡水咸，而且常年受水患威胁。青岛依山傍海，风光旖旎，又是民国时期五个特别市之一，且打下了良好的城市建设基础。

如何让儿子在青岛立足？谭岳峰的思路是，在青岛繁华地段开一处药店，由儿子独立经营。于是，他和谭抒真夫妇来到青岛，筹备药店开张事宜。

谭岳峰先开一家眼镜店，他从青岛一家大公司购买一套德国蔡司光学仪器厂生产的眼镜验光设备。儿子谭抒真边查看外文说明书边学习操作，熟练掌握后传授给招聘来的女学徒。

2013年12月11日，谭国璋教授将这套珍藏了80年的验光设备捐赠给祖父的母校——同济大学校史馆。这套验光设备由1911年诺贝尔生理学—医学奖获得者阿尔瓦·古尔斯特兰德发明，专门用于观测眼睛内部和检查视网膜，故被称为“古尔斯特兰德”检眼镜，是当时国际上最先进的眼睛检查设备。

眼镜店开张不久，谭岳峰获悉俄国人米海列夫在中山路繁华路段经营的西药房准备转让，于是立即前往洽谈。俄国人开价1万多金元，经再三讨价还价，双方最后以7200金元成交。

青岛市档案史料显示，这处药店位于今天的中山路和湖南路拐角处，当时有4间门面，湖南路上有一扇大橱窗，中山路上有两扇橱窗，店名为“青岛大药房”。

谭岳峰将眼镜店搬迁至药店内，设在4间店面中间，并添置一台磨镜片机器，还聘请了一名磨镜片的技术员。眼镜店既能科学配镜，又能自磨镜片，时为青岛第一家。

青岛大药房经营稳妥后，他放心地回到开封。

1932年，谭岳峰父子在莱芜二路买下一块地皮拟建住宅，并邀请胶济铁路局一位工程师负责设计施工。次年春天，住宅竣工。

1933年11月，青岛《正报》刊登青岛大药房图文并茂的广告，文字是：“青岛大药房精配光学眼镜，青岛唯一的科学眼镜店，附设磨片厂，中山路六号”；图片是工作人员用设备为就医者检查眼睛。同年11月，《青岛时报》刊登蔡司伊康相机青岛经销图文广告，文字是：“本市销售处中山路鸿新照相馆、天真照相馆、青岛大药房。”

1935年1月，谭岳峰突患脑膜炎（小时候因生天花留有中耳炎后遗症），耳朵里的脓液流进脑子致其昏迷，女儿、女婿紧急将他送至北京协和医院救治，未见明显好转。几天后，谭岳峰转入东交民巷使馆区一家德国医院，仍无济于事。

青岛大药房（位于今中山路、湖南路路口）

是月27日，谭岳峰病逝，棺木由北京运抵青岛并举行大殓，后葬于欧人公墓（万国公墓）。

大药房物归原主

谭岳峰入土为安后，家人清账时发现，因在开封和青岛建房、收购俄国人大药房等耗资巨大，谭岳峰欠债颇多。为偿还债务减轻家庭负担，谭抒真决定转让青岛的摊子，他找到药房原主人、俄国人米海列夫，双方协商后，米海列夫以7200金元原价购回。那幢建在莱芜二路的洋房则由姐姐买下，房款用来还债。

是年4月，一切尘埃落定，谭氏一家人回到开封。

巧合的是，笔者在青岛市档案馆查到了重新收购青岛大药房后，俄国人在青岛市社会局申办营业证的申请表。

> 窃商民米海列夫在本市开设商号，谨遵商业法之规定，以左列各项申请登记，恳祈核准给证。

该表显示，青岛大药房重新申请设立的日期为1936年3月，地址是中山路19号，资本总额1万金元，由58岁的米海列夫（住中山路19号）和43岁的史瓦赤金（住广西路43号）各出资5000金元合作经营，营业种类为西药、化妆品和医疗器械，经理人为史瓦赤金。

该表同时标注，大药房有3间房子由“中央信托社”租赁。

是年4月30日，青岛市社会局向米海列夫颁发第6390号营业登记执照，在证照原因一栏中填写的是“换证”。

青岛市档案馆还保存有史瓦赤金与米海列夫两人签订的青

岛大药房经营合同，共计有10项条款，签约时期为1948年10月20日。

这一信息表明，俄国人经营青岛大药房至青岛解放（1949年6月2日）前后。

孙中山访问青岛

1912年9月底，孙中山访问青岛。笔者根据中德档案史料和当事人回忆，还原这一事件的来龙去脉。

感受德国发展模式

对于孙中山访问青岛，史学界有两种说法：一是孙中山以“全国铁路督办”身份勾画全国铁路建设，由北京南行考察，至济南时，青岛商界和市民闻讯纷纷邀请来访；二是基于后来发掘的、时任胶澳督署总督迈耶·瓦尔代克的报告，称孙中山考虑到“辫帅”张勋盘踞兖州府，因此放弃从北京沿津浦路返回上海的意图，从而转道青岛。

两种说法各有道理，也均有史料支撑。笔者还发现了孙中山访问青岛的另一动机：探寻中国发展路径。

1912年9月，在访问青岛前，孙中山在济南发表过一段讲话：“最近不少人宣传说，中国应全面效仿法国和美国，美国人和法国人具有强烈的自由意识，中国不应当鹦鹉学舌，照搬这些国家的发展模式，因为中国民众的现代教育尚处于初级阶段，对于真正的自由本质尚无清楚的思想，若不小心，只会造成反抗和破坏。德意志人民崛起最终是以其方法的优越为基础，循序渐进，其成功来得缓慢，但国家未受到激烈的冲击和震动。”

显然，孙中山对德国的发展路径表示认可。

一个月后，孙中山由济南来青岛，一个不言而喻的目的是，想通过青岛这块鲜活的“切片”，观察和感受德意志帝国发展路径蕴藏的“活力”。

高密车站的谈话

孙中山青岛之行的一个重要节点——高密——不容忽视，因为孙中山在这里留有“立志做大事、不做大官”的名言。对此，当年的见证人侯芝庭记忆深刻。

1956年11月13日，孙中山诞辰90周年时，《青岛日报》开辟纪念专版，侯芝庭应邀撰文《我和中山先生的一次会见》，兹摘录如下：

> 孙中山由北京来青岛，路经高密，身为高密同盟会分会会长、高密高等小学堂堂长，我同全城学生及群众赴车站欢迎。先生时穿着旧洋服，和蔼可亲，下车一一致谢，对青年学生及教育事业犹多垂询，抚爱殷殷，令人感念不忘。
>
> 我上车报告情况中，言及臧翰臣、刘季瞻等同志相继牺牲时，先生怅然久时。袁逆背叛革命征象已露，令人愤慨，我会以同志抛头颅、洒热血得来之革命成果而轻易让人，与先生随行之刘冠三同志质疑，中山闻之慨然曰：“我们革命是为民众谋福利，使民众能够安居乐业，免受战争灾难，使国家日臻富强，决不计个人名位

得失；我们革命志士应立志做大事、不做大官以自勉、勉人。”虽仅寥寥数言，而亦足见先生大公无私之胸襟。

阔别时，秘书宋庆龄（注：此处有误，应为宋霭龄）拿出中山六寸半身照片，孙先生亲笔题赠，后被袁逆解散国民党时掠去。当时，我要求送至青岛，先生止之曰：“你有职务，应好好启发教育学生，异日继革命三大业者唯赖青年。”

青岛档案史料记载了孙中山的青岛行踪。

9月28日傍晚，孙中山一行40余人抵达青岛，2000多民众到青岛火车站迎接。寓居青岛、身为三江会馆会长的清末山东巡抚、两江总督、两广总督周馥安排敞篷四轮马车，载着孙中山前往其下榻的沙滩旅馆。

29日午后，孙中山拜会胶澳总督迈耶·瓦尔代克。傍晚时，迈耶·瓦尔代克到旅馆礼节性回拜。

对这一过程，10月14日，迈耶·瓦尔代克致函帝国海军署国务秘书蒂尔皮茨进行详细汇报，该报告名为《关于孙中山访胶澳情况》。翌日，胶澳督署还把德国驻济南领事馆送达的《关于孙中山访问济南情况》抄送给了蒂尔皮茨。难得的是，这两份“情况”底稿尚存于青岛市档案馆。

在《关于孙中山访胶澳情况》中，迈耶·瓦尔代克写道：

总督府是把没有任何官方身份和官方使命而短暂逗留青岛的孙博士作为私人来接待的，并给予他通常对声望和重要的外国人所给的尊敬。9月29日星期天下午两

孙中山在青岛与各界人士合影

点左右，经预先通报后，他由一位秘书陪同，在总督官邸对我作了约一刻钟的拜会……

迈耶·瓦尔代克向蒂尔皮茨解释说，他与孙中山在谈话中未涉及政治问题及当时中国的形势，“孙博士在整个用英语进行的谈话中表现出异常的克制”。

30日上午，孙中山参加三江会馆集会，拜会海关；下午，访问德华大学；晚上，出席粤东同乡会晚宴。

10月1日上午，孙中山赴崂山游览。当晚，孙中山一行乘“龙门”号轮船离青赴沪。

访问德华大学

对孙中山访问德华大学这一重要活动，1912年10月26日迈耶·瓦尔代克致德国驻华公使馆的函中曾提及：

> 孙中山访问德华大学，学生们听到来访的消息后，马上在华人居住区租赁了一个很大的会议室（笔者考证，系大鲍岛戏院），准备接待。校方领导人表示反对，因为这相当于一个政治集会。德国监督发布告示，严禁学生参加“当前任何党派的公开集会”。学生们认为，“若不举行欢迎，不仅他们，而且整个共和国都会丢面子”。全体学生遂决定离校并交出学生证。总督府把这个情况告诉了孙中山，他让特使通知学生说，他不想参加学生们的集会，而是要接受德国监督的邀请，对学校进行官方访问。

1912年10月14日，迈耶·瓦尔代克在给帝国海军署国务秘书蒂尔皮茨的信中详细谈了孙中山访问德华大学的情景：

> 孙中山在会谈中对学生讲，他很高兴地接受了学堂的邀请，对学堂进行一次访问并向学生们发表讲话。年轻的共和国还处在刚刚开始发展阶段，这意味着必须调动所有力量，使之得到完善。学生必须用极大的勤奋、热情和忘我精神投入到学习中，以便在完成学业后能走向生活，以其所学知识为人民大众的福利服务。

从迈耶·瓦尔代克致函德国驻华公使、致信帝国海军署国务秘书蒂尔皮茨这一史实不难看出，对孙中山访问胶澳租借地，德方是何等“重视”。

孙中山访问期间，德皇威廉二世的弟弟、海因里希亲王也在青岛。在致蒂尔皮茨的信中，迈耶·瓦尔代克说：“海因里希亲王殿下没有见他。”

1956年11月初，德华大学第一届工科机械班毕业生（1913年毕业）、时任青岛市政协委员的栾宝德，以亲历者的身份讲述孙中山来访的过程：

> 民国元年，我在德华大学读书，这一年秋冬间，孙中山和宋霭龄乘火车来青。到青后，住在青岛大饭店（注：此处有误，应为汇泉湾附近的沙滩旅馆）。
>
> 孙中山来青的消息，惊动了青岛市各界人民，同时惊动了德国当局。不过，所不同的是，民众对中山先生是欢迎，德国当局却是怕。所以德华大学学生们组织欢迎会时，学校方面坚决反对。大学生们也不示弱，一致要求组织欢迎会，否则就罢课。正在这时，孙中山知道了，立刻找到学生代表说：“你们现在的任务是好好读书，准备将来建设中国，千万不要为这件事耽误学习。你们回去好好学习吧，我一定想办法去看你们。”
>
> 过了两天，孙中山先生果然到德华大学来了。据说，在学生压力下，学校不得已才答应的。这一天，他穿一身藏青色中山服，在学生雷鸣一般的掌声中走进会场。当时，学校方面怕他煽动学生，派了很多德国人到场监视。孙中山先生对这一举动一点也不理睬，很坦然地走上讲台向学生们讲话。讲话时间很短，主要是勉励大学生好好学习，建设一个独立富强的新中国。

青岛档案史料载，孙中山演讲结束后，青岛特别高等专门学堂（德华大学）总稽查蒋楷代表师生致答谢词。

结束了对德华大学的访问，孙中山又在教堂演讲，之后与大家合影留念，参加合影的有教会负责人等10余人，谭岳峰站在前面，与孙中山中间只隔一人。合影照片在谭家挂了10多年。冯玉祥在河南当督办时，在省会开封市大相国寺八角殿建立所谓“博物馆”，此时在河南留学欧美预备学校（河南大学前身）任教的谭岳峰，曾把这张照片放大复制后送去并展览。

“后来，日本人入侵我的老家潍县，害怕被日本人发现，家人将这张照片原件销毁了。”谭岳峰嫡孙、国家一级小提琴演奏员谭国璋惋惜地告诉笔者。

王大桢与青岛回归风雨同舟

对于民国时期日本问题研究专家、曾成功预判“七七”事变和日本偷袭珍珠港事件的王大桢，大多数青岛人知之甚少。但在青岛悲怆曲折的回归路上，王大桢曾留下清晰的印迹。

1922年7月起，29岁的王大桢以“鲁案”督办公署行政处副主任，“鲁案”谈判中方专门佐理员、佐理员，铁路财产评价分委员会委员等身份，参与中日解决“鲁案”“善后”长达5个多月的系列谈判。

12月10日，王大桢以接收青岛行政委员会及公产委员会主任委员等头衔，见证青岛接收庆典。

1923年2月、4月，王大桢以中国代理行政接收委员长、胶澳商埠督办公署政务处处长等身份，参与处理青岛回归后的善后事宜。

这一年，为纪念青岛回归这一重大政治事件，胶澳商埠督办公署将位于太平路海边的叶世克纪念碑改扩建成“青岛接收纪念亭”，并敬制铜质纪念碑镶嵌于纪念亭内。王大桢郑重命笔，撰写《胶澳接收纪念碑铭》。铭文4字为韵，计112韵，展示了王大桢出众的国学功底。

王大桢如何因缘际会参与“鲁案”谈判？青岛回归后他缘

何离青？梳理组合王大桢台湾的表侄陈尔靖的讲述及其提供的史料、青岛市档案馆馆藏档案，笔者不仅找出了其中答案，而且让王大桢的面貌变得清晰起来。

曲折艰辛的求学历程

“他本名王大桢，字芃生，后以字行，因此，很多的史料中出现的是‘王芃生’。”2014年5月，略带湖南乡音、85岁的陈尔靖在电话中告诉笔者。

陈尔靖自述，他的祖母是王大桢的姑母，父亲陈适生长王大桢10岁，抗战时期曾在王大桢执掌的对日情报机构——国际问题研究所任职。

陈尔靖提供的史料载，光绪十九年（1893年）农历正月十七日，王大桢出生在湖南省醴陵县北乡七里山的一个僻静山村，父亲名叫王昌治，清廪贡生，曾在山东巡抚衙门任职，去

参与接收青岛人员合影（前排右四为王大桢）

职后从事教育工作。

因为出生于耕读世家，王大桢自幼接受良好教育，虽“家道中落，日食颇艰”，虽学业中途曾有短暂停止，但他半工半读，始终没有放弃。

6岁时，入私塾；11岁时，在醴陵参加清末最后一次童子试；12岁时，入醴陵县立高等小学第一期甲班；16岁，县立高小最后一期时，因家贫无力交学费，王大桢转入熊希龄倡办的醴陵姜湾瓷业学堂艺徒班，习陶画及陶业化学，是年底毕业。

王大桢在瓷业学堂虽仅有一年，但这段历史对其一生的影响不容小觑。

对熊希龄倡办的瓷业学堂，1990年出版的熊希龄诞辰120周年纪念文集中有所记载。

1904年，欲振兴湖南实业的熊希龄赴日本考察后认为，湖南省实业要振兴，必须像日本那样先从创办模仿工业开始；而要兴办模仿工业，必须以兴办学堂为先义。为此，他规划了应筹设的各实业学堂门类，提出拟在湖南物产相宜之区设立艺徒、染织、农林、陶器、图画等五校。当他将规划方案呈报新任巡抚端方时，后者颔首赞许，“次第施行”，但“事属伊始，先速办一二校以观厥成”。

“思前陈各校为湘所无，大皆主创，惟醴陵瓷器一宗，近夫因民之利而利，较易设法改良。”熊希龄遂决定从瓷业入手。

1905年，依靠巡抚端方拨借的1.8万两善后库银，醴陵瓷业学堂开学，熊希龄自任学堂监督，“聘日本人安田乙吉、大元礼吉、松本弥三、八田安大郎为教师，分辘轳、模型、陶画各科”。

王大桢大事年表载：“其时，受日本教师安田乙吉、大元礼吉和松本影响，并闻本县留日归国诸先辈谈及明治维新，遂对日本问题开始注意。”

1910年，17岁的王大桢在熊希龄创办的醴陵瓷厂边做工边自修，以积累资金投考军校。次年，他赴长沙考入湖南陆军小学堂，开始参加反清革命活动，并加入同盟会外围组织——嘤鸣社，后经刘敦榘介绍加入该会。

1912年2月15日，袁世凯出任大总统，王大桢万念俱灰，欲赴上海谋职。此时，辛亥革命先驱黄兴电召湖南陆军小学堂赴南京进入伍生队，他欣然应招，进入复成桥军需学校学习。同年5月，该校迁入北平煤渣胡同贵胄法政学堂旧址。

“学业稳定后，王大桢放弃学习英文、德文，转向日文，并利用课余学习外交史，练习阅读日本原著，着手研究日本问题。”陈尔靖说，为改变经济拮据之状，王大桢还在课余时间为安徽法学堂翻译《日本物权》《海上商法》，同时为武德杂志社翻译日文军事小说。

1914年7月，王大桢以优异成绩毕业于陆军军需学校，并被分派至北苑第七师见习3个月，“见习期未满，即提前返校任教”。

1916年冬，由校长张叙忠提名保送，王大桢东渡日本陆军经理学校高等科留学。

其时，一战犹酣，王大桢在课余投入大量精力搜集日本政治、军事、经济、文化等资料和欧美军事报告，认真研究日本与国际动态，并详读了日本禁阅的《乙种日露战史》。

《乙种日露战史》一书以极为翔实的资料记载日、俄战争期间各战役情况，书中所附495张地图详细记录和标注了每日的行军、作战情况，精确到几时几分、双方每支军队所在的位置、行军路线、交战地点等，“凡军旅之事，莫不备焉”。

1918年夏天，王大桢自日本陆军经理学校毕业，在日本陆军被服厂、粮袜厂和千住制呢所见习3个月。不久，日本参与英、美、法等协约国出兵西伯利亚，他以见习日军后方勤务名义，是年冬随军经朝鲜、中国东北三省赴西伯利亚考察。

受命赴会华盛顿

1919年1月18日，巴黎和会召开。和会决定将德国在山东的权益转让给日本。消息传至国内，举国震怒，“五四”运动旋即爆发。斯时，王大桢自西伯利亚回北平母校，“誓死力争，还我青岛”余响犹在。

1920年春天，王大桢以军需学校教官原薪入东京帝国大学经济学部学习。为立体化了解日本，他沉浸在图书馆，阅读钻研日本文化的起源和政治制度的得失，注重搜集购买日本朝野各种书刊。基于在日本所见所闻和深入考量，他撰写了《中日关系之科学研究》《台湾交涉真相秘录》等著作。

在东京帝国大学学习期间，王大桢还担任东京留日学生学术研究会外交研究部部长。此时，美国议员团皮尔思一行到日本考察。离日赴华前，皮尔思很想了解中国留学生对中日问题的看法和主张。王大桢闻讯后，与留日学生学术研究会外交研究部同仁连夜商讨，由他主笔撰写的文稿真切地反映了留日学生对中日时局的看法。

1921年8月，美国总统威尔逊发起召开华盛顿会议，王大桢等留日学生鉴于巴黎和会的惨痛教训，认为此次会议是翻案良机，于是他耗时两周起草2万多字的《华盛顿会议之预测与中国应有之准备》（纲目）小册子。与他共同收集资料、考求证据的留日同学龚德柏携带小册子回国，几经辗转最终交给民间组织“华盛顿会议中国后援会”理事、曾任北洋政府国务总理的汪大燮。

在陈尔靖提供的史料中有晚年龚德柏对此事的回忆：

> 闻讯华盛顿会议，认为是个机会，借助美国力量牵制日本。当时驻日本公使馆中，人员多不熟知日本情形，远不及王大桢。两人商量，由王大桢作一篇论文，讨论这次会议之前因后果，由我自费赴北京，为他运动，使他参加这次会议，并以他的知识，为中国谋一防制日本侵略之策略。王大桢同意，起草作文，耗费两周多时间，写就2万多字。
>
> 8月下旬，我自神户乘船抵天津，即日入北京，想寻找部长级人物帮忙。茫然无计之际，忽见报载教育部长范源濂入京消息，范系湘人，即赴其家中访他，并说自日本而来，有要事相托，他即刻出见。当时，日本问题非常严重，我诚恳地为王大桢说项，而不是为自己吹牛，故答应找外长颜惠庆。
>
> 次日上午，范源濂打来电话，说昨日遇见汪伯荣（大燮），他是老外交家，颜骏人（惠庆）正要求他到华盛顿当顾问，“他愿意与你谈谈，并为你帮忙”，要求我上午7点前去汪家。
>
> 第二天上午7点，我来到汪家，两人谈到12点。我说，王大桢比我高明得多，更能令他满意，他说立即写信给颜惠庆推荐王大桢。颜同意，王大桢以咨议名义赴华盛顿。

王大桢受命后即整理参考资料和秘密文件回国，准备赴会。

因派赴华盛顿，王大桢提前毕业，毕业论文是《由社会眼经济眼论日本民法》。

在美国操控下，华盛顿会议期间，山东问题被列为“边缘”谈判。11月30日，华盛顿会议主席休斯宣布：“请中、日代表觌面商议，以期解决鲁案。”12月1日，中、日两国与会全权代表开始谈判山东问题，美英各派代表列席。经过两个多月30多轮艰难谈判，1922年2月4日，中、日双方正式签署《解决山东悬案条约》。

在华盛顿会议期间，王大桢以咨议身份在幕后做了大量资料收集、整理和编译工作。

参与解决“鲁案”善后事宜

1922年6月2日，中、日双方在北京交换批准书，主要内容包括：（1）胶州德国旧租借地交还中国。（2）日本军队撤出山东。（3）中国赎回胶济铁路。（4）自条约实施起，1915年8月6日中、日所订关于重开青岛中国海关之临时协定无效，“青岛海关应即完全为中国海关之一部分”；原由日本占有或经营的矿山、盐场、海底电缆、无线电台等均移交给中国。

青岛市档案馆馆藏《鲁案善后月报》载，为解决“鲁案”善后事宜，6月7日，北京政府大总统徐世昌签署命令：特派王正廷为“鲁案”中日联合委员会委员长。

陈尔靖告诉笔者，1922年初夏，王大桢还在为就业颇费踌躇时，鉴于熟谙日本国情和在华盛顿会议期间的表现，王宠惠将他介绍给王正廷。接下来，王大桢以中方委员、“鲁案”督办公署行政处副主任等身份，参与“鲁案”善后事宜谈判。

青岛市档案馆馆藏《鲁案中日联合委员会会议录》载：1922年7月3日，中日联合委员会举行第二次会议，日本提出公产草目录，双方议定组织公产分委员会进行调查，撰写报告，提交大会决定。7月17日，第六次会议双方委任公产分委员会委员，分会遂告成立。在中方会上提交的中国委员8人名单中，王大桢在列。

这份会议录显示，"鲁案"督办公署行政处副主任、铁路财产评价分委员会委员王大桢参与审查日方提交的铁路财产目录；公产分委员会委员王大桢参与审查"日本总领事馆应保留之公产目录"。8月24日，中方公布青岛行政接收准备分委员会委员9人名单，王大桢在列。11月20日，中、日双方就盐输出、海底电缆、邮电、码头财产处分等谈判交涉，王大桢任中方起草委员会委员。

在青岛回归后渐萌退意

12月10日，青岛行政权交接仪式举行。《申报》报道："王正廷、熊炳琦于晨间十一时抵公署，由日本军民长官接见。署内行事，并未公开。正午时，华人数百名团集署前，于鼓掌声中树中国国旗，中国警察向日兵行礼，中国巡舰鸣炮二十一响。"

按照日程，12月20日，中方正式接收自来水、港务、埠头、发电所、警务、农林试验场、商品陈列馆、无线电等事项。12月18日，中方对外公布接收职员名单，王大桢为接收民政部副主任委员。

12月24日，媒体发布青岛行政机关——胶澳商埠督办公署组织机构及负责人名单，王大桢任公署政务处处长。该处为行政公署所辖六处之一，分行政、实业、学务三课。

1923年1月，胶澳商埠督办公署发布《督办公署关于督办赴省职务由王大桢处长代理的训令》，王大桢便以代理行政接收委员长的身份处理接收善后事宜。

其间，代理行政接收委员长王大桢先后就“公产移交签字”“接收并非我方违约延期”致电省长熊炳琦，并就日驻青总领事森安三郎“关于建设日本总领事馆通道”的来函、日本行政移交委员长秋山雅之介“有关接受物品价格”的来函进行处理，他还以此身份向熊炳琦督办呈文汇报公产接收及交付图籍表册情况。

1923年2月，中、日双方就接收青岛残务——动产评价进行议决。当月20日，中方公布动产评价委员名单，王大桢任主任委员，孔祥熙、凌道扬、唐恩良等25人分别担任电话局、发电所、屠兽场、码头、港务、水道、林务、医院、农林试验场等项的评价委员。

1923年11月，青岛回归一周年日近，王大桢作《清平乐》词七首抒怀记事，总结这一历史性事件。其第七首《青岛接收周年纪念日志感》注释中显现，斯时，因北平各方势力插手青岛事务，攘夺利益，王大桢行事阻力殊多，便以薛居州自喻，发出慨叹：“一个好人薛居州，又能把宋王怎么样？”借此表达其孤掌难鸣之窘况，同时流露出对政治已是意兴阑珊，退意萌生。

> 接收后，予承乏胶澳督办公署“政务处长”兼“法规编查委员长”。虽于行政立法，略具规格，然内外阻力殊多，深感事倍而功不半。熊督办润丞（注：熊炳琦

> 字润丞）虽初交，颇能言听计从，无如北平各部，殊无以青岛树收复失地模范之念，分来攘夺，余深有“一薛居州”之感。自是浩然有归志矣。

1924年2月，王大桢因力劝熊炳琦抵制吴佩孚提出的由胶澳商埠督办向商家借垫洋50万元以做军饷、开拔费、修船费，换取背叛孙中山的温树德率粤海军北归，引起吴佩孚大怒，王大桢与熊炳琦被迫同时辞职。

青岛市档案馆馆藏的1924年4月4日出版的《中国青岛报》有《王大桢忽然被控说》一文，揭示了胶澳商埠督署新旧权力交接时，王大桢处境险恶，已被列为攻击目标。

> 督办署前任行政处课长王大桢办事认真，素称勤劳。日前忽闻人言，本埠绅商各界以查得接收之时，该前课长颇有营私舞弊损失权利情事，也已呈控于高督办，请予彻底查究，云云。是否果有其事，及是否系疑案，容再探听后志。

从该文中可看出，此时高恩洪已接替熊炳琦出任胶澳商埠督办。笔者在青岛市档案馆内没有查阅到此文的后续。显然，这极可能是别有用心者的造谣生事。

王大桢大事年表载，1924年夏秋，已辞职的王大桢客居青岛，百无聊赖，只能与诗友唱和以排遣胸中积郁的块垒，“大有前途渺茫之慨”。

是年冬，王大桢改任山东省公署统计处处长兼山东统计讲习所所长，主讲“中国历代统计制度及思想源流”。

1925年4月，张宗昌督鲁。王大桢参与山东高等审判庭庭长张怀斌、东鲁中学创办人夏朴斋等人谋划的“驱张行动”，孰料事情败露，张怀斌被杀。王大桢微服连夜逃离济南，后辗转东渡日本。

王大桢的档案史料以及陈尔靖的回忆，至1946年王大桢猝然离世前，均无其再返青岛的记述。

这意味着王大桢自1925年匆匆别离青岛后，与这座城市的缘分就已走到了尽头。

但是，王大桢为青岛回归之奔走、付出，这座城市将永远铭记。

延伸阅读

他“是国家的一个宝贝”

王大桢（注：王芃生）是一个颇具传奇色彩的人，著名报人、《大公报》总编辑王芸生评价说，他“是国家的一个宝贝”，“像这样的‘日本通’却很少见”。

王大桢的传奇可从其家乡醴陵市政协文史委1990年5月编撰的《王芃生大事年表》及其挚友的回忆中印证。

1927年12月1日，蒋介石、宋美龄在上海结婚，王大桢代表军阀何健前往赠送贺礼，并应邀参加婚礼。

1929年3月4日，王大桢陪同友人梅屋庄吉一行护送孙中山铜像（为梅氏筹资铸造）由东京抵上海，7日抵南京，10日乘火车送达北平。

1931年5月中旬，王大桢对日本情势作综合观察后，判断日本将在9月中旬武力侵华，欲求见张学良提供情报。时张学良在北平住院，左右不让见，王大桢遂转向南京。7月下旬，王大桢以日本“将在9月中旬东北寻衅”之情报呈送蒋介石。

“九·一八”事变后，中国向国际联盟提出申诉，要求执行盟约，公正处理中、日冲突。11月28日，顾维钧出任外长，电邀王大桢回南京商洽对策。12月底，国际联盟行政院决定派调查团来华。

1932年1月12日，以李顿为首的国际联盟调查团组成，王大桢应邀聘为东北外交研究委员会委员，负责主编《外交月报》，先后为调查团提供有关资料及说帖54种。

1935年冬，许世英任驻日大使，提名王大桢为使馆参赞。

1936年11月，王大桢奉召回国述职，向蒋介石报告有关日方重要情报，并随蒋介石专车赴西安。12月12日，西安事变突发，王大桢与蒋介石一起被扣押，后返回南京，年底重返驻日使馆。

1937年5月17日，王大桢向蒋介石报告，推断日军7月上旬会发动华北事变。“七七事变”爆发，蒋介石命其专做对日情报工作。11月，王大桢向蒋介石建议，中、日战争全面爆发后，日军必将断绝我海上交通，应考虑在西南边境开辟国防交通线。蒋介石任命其为交通部次长，组织协调滇缅公路建设。

1938年4月，蒋介石在军事委员会下设立“最高调查委员会”，并自任主任委员，陈立夫、陈诚、王大桢等40人为委员。最高调查委员会下设会务处，王大桢为处长。后因意见不一，最高调查委员会未能成立，改设军事委员会国际问题研究所。7月，汉口告急，国际问题研究所迁至重庆，扩充建制，王大桢任研究所主任，下设五组三室。

1939年2月18日，王大桢在《大公报》上发表《抗战过程应有的基本认识》，批驳投降派的妥协论调；7月7日发表《不降必胜的道理》一文，再次重申坚决抗战的态度。

1940年3月13日，王大桢发表《看清日本的真相》，揭露日本军阀造谣欺骗阴谋，告诉人们不要上“诱降”的当，抗战之心不能懈。

1941年3月24日，王大桢发表《中日战争之文化史观》，从日本学术、教育、军事、政治等方面判定日本必败，希望日本警省悔悟。5月20日，向蒋介石提出报告，谓德国将在一个月内对苏联发动战争。6月22日，德、苏战争爆发。9月，发表《敬告罗斯福总统》，单刀直入地指出日本必然发动太平洋战争，美国不要为日、美谈判的幌子所迷惑。11月22日，获取日本情报，推断日本将发动太平洋战争，备集资料后向蒋介石报告，并通报美、英等国，对方均不予重视。

1945年5月，王大桢综合日本各方情报，判断日军将于秋冬间向我投降，将报告呈送蒋介石。

接踵而来的事实证明，王大桢对“七七事变”、德国入侵苏联、太平洋战争、日本战败投降等重大事件的预判均正确。

1946年春，王大桢赴宁、沪、平、津等地，视察处理日俘、日侨事宜，途中病卧北平。5月16日，王大桢自北平乘机抵南京，次日晚10时许，因高血压、心脏病猝逝。

5月19日，《大公报》报道王大桢病逝消息。

同日，王芸生在《大公报》发表长文悼念王大桢。兹摘录如下：

> 我常说，芃生兄是国家的一个宝贝，中国的日本留学生成千累万，但像这样的“日本通”却很少见。他熟知日本故事，精通日本人情，尤其对日本古代史的研究，可说是一时无两。
>
> 我与芃生兄交往密切，是由武汉开始。他常到报社看望季鸾先生和我，我和季鸾先生也常去访他。见面就是谈国事、究敌情、讲笑话。有时请他做不署名的社论，帮我逃课。有时他索兴到报馆编辑部来写，常常写到天大亮，太阳出来。他所蓄甚富，写起日本问题来，摇笔即来，絮絮不休……

王芸生在文中继续写道：

> 我跟他说，你本是一个学者，为了抗战给最高统帅做

顾问是可以的，但因兼做情报工作，被人看作特务人员，很贬损你的声价，也很阻碍你的前途，还是把这个主任及早摆脱了吧。他当时很感动，说抗战胜利后决定摆脱此事，想对战后对日处分尽些力。如轮不到他，就决定跳出政界，来给《大公报》当一名小记者。我笑着与他握手，准备欢迎你来！

5月20日，《中国邮报》刊发《王芃生在南京逝世　蒋主席派贺耀祖主持治丧》，稿件还详细提及其逝世过程、原因：

王氏十六日自平飞京，有协和医院女看护一人随行。渠叮嘱看护，如有不测，代管其所携重要公文箱。抵京后精神极佳。十七日午后与左右策划工作，长谈数小时不倦。入晚充血症突发，即嘱左右速为延医，然已不及。注射强心针后，曾提笔写遗嘱，仅六字而搁笔。此一代敌情权威，竟此长逝……

王大桢逝世后，国民政府发褒扬令，蒋介石亲自撰写祭文，并书挽额“尽怀茂绩”。

5月22日，“中央”社发布《公祭王芃生》。

7月上旬，王大桢被安葬在紫金山附近的小白龙山下。

作为政论家，1945年6月，王大桢所著《时局论业》在重庆出版。该书收集了从“七七事变”至1945年3月王大桢公开发表的文词，共分抗战理论、国际评论、敌情分析、美谈漫话4部分，全书32篇、15万言。

孔祥熙执掌胶澳电话局

1919年5月4日，当“誓死力争，还我青岛”的呐喊声响彻云霄时，尚在家乡办学间或经商的孔祥熙也许不曾想到，三年后，他会辗转于北京、青岛两地，成为青岛回归谈判和接收的重要一员。

这一切能成为现实，缘于孔祥熙是“鲁案”善后督办王正廷的校友兼“恩人”。

应邀出山

1922年2月4日，中、日签署《解决山东问题悬案条约》及附约。3月2日，北京政府大总统徐世昌签发《关于委派王正廷为鲁案善后督办的令》：

> 据外交总长呈关于鲁案此次在华盛顿议定之解决办法，亟须分别履行。所有接收管理一切事宜，端绪纷繁，责任綦重，拟请特派大员综持一切等语。应准如所请，特派王正廷督办鲁案善后事宜，所有应行筹备各事，责成该督办妥慎办理，随时呈报。

3月22日，王正廷递交《关于请求筹备接收布置各端请分明职权以专责任致北京政府大总统的呈文》。呈文称，关于“鲁案”善后各事项，如市政、铁路、邮电、盐矿以及开埠、护路、海关及筹款赎胶济铁路各端，统由督办负责办理，俟接收后布置就绪再移交各该管机关接管。

25日，徐世昌签发指令，“准如所拟办理”。

王正廷加紧组建“鲁案”善后谈判和接收青岛团队，于是一纸电报飞驰山西太原，他要邀请长自己两岁、时年42岁的孔祥熙出山相助。

斯时，孔祥熙尚在勾画铭贤学校增设大学预科班事宜。收到王正廷电报后，他很快作出回应。接下来，安顿好校事，别妻离子，孔祥熙匆匆前往设在济南的督办“鲁案”公署。

孔祥熙的这一决定，是爱国主义情怀使然，还是为朋友两肋插刀，抑或有其他政治图谋？目前尚未查到档案说明。

孔祥熙与王正廷，一个是山西太谷人，一个是浙江奉化人，祖居地相距数千里，两人能够成为挚友，《孔祥熙传》一书给出的说法是：孔祥熙是王正廷的校友兼“恩人”。

1907年，孔祥熙毕业于美国耶鲁大学。翌年，王正廷负笈美国，进入耶鲁大学，是为校友之据。

1913年8月，孔祥熙应邀赴东京，担任中华留日基督教青年会总干事，接替“因政治失误遭到留日学生围攻”的王正廷。孔祥熙的到来，使身心俱疲的王正廷得以解脱，故有“恩人”之说。

参与“鲁案”善后谈判

孔祥熙甫抵济南，时逢第一次直奉战争爆发（1922年4

月），津浦铁路运输中断，胶济铁路戒严，督办“鲁案”公署与中枢联系受阻，不得不由济迁京。搬迁甫定，在王正廷主持下，孔祥熙与梁上栋、林澄波、徐东藩等40余人一起，着手“鲁案”善后谈判诸项准备工作。

6月2日，中、日双方在北京交换批准书，主要内容包括：（1）胶州德国旧租借地交还中国。（2）日本军队撤出山东。（3）中国赎回胶济铁路。（4）自条约实施起，1915年8月6日中、日所订关于重开青岛中国海关之临时协定无效，“青岛海关应即完全为中国海关之一部分”；原由日本占有或经营的矿山、盐场、海底电缆、无线电台等均移交给中国。

青岛市档案馆馆藏《鲁案善后月报》载，为解决“鲁案”善后事宜，6月7日，北京政府大总统徐世昌签署命令，任命王正廷为“鲁案”中日联合委员会委员长，该委员会分第一部委员会、第二部委员会，前者讨论关于青岛行政接收等一切议案，包括港务、矿山、邮电（无线电台）、发电所、盐田、实业等具体项目，故又称行政委员会；后者讨论胶济铁路之一切问题，故称铁路委员会，中、日双方各派代表参加。

26日，中、日联合委员会会议决定：每周一、周四为第一部委员会开会日期，周二、周五为第二部委员会开会日期，周三、周六为双方委员接洽沟通，并着手准备下一周会议日期。孔祥熙被分配在第一部委员会，自6月29日起，他以佐理员、分委员会委员身份，参与海关、邮电、码头、盐业、发电所等专项谈判。

8月14日，“鲁案”中、日联合委员会第一部委员会召开第14次会议，公布邮电分委员会委员名单，孔祥熙列中方第一委员，其职务是“督办鲁案公署实业处主任”。

24日，“鲁案”中、日联合会第一部委员会召开第17次会议，公布行政接收准备分委员会委员名单，中方委员9人，孔祥熙排名第三。

9月4日下午1时，“鲁案”中、日联合委员会第一部委员会第20次会议结束。至此，该部委员会前后讨论的20个议案大体完竣。接下来，孔祥熙等中方委员转赴青岛。

《中华民国史事纪要（1923年1—6月）》“青岛接收及其交涉经过”部分记述，1922年9月、10月间，孔祥熙等9名行政接收准备分委员会委员在青岛与日方委员连日谈判接收办法以及筛选专门人才，组建总务、行政、工程等接收组织。

> 是项委员会（行政接收准备分委员会）中方委员梁上栋、稽镜、孔祥熙、徐祖善、王大桢、崔士杰、程立等皆鲁案善后督办公署之重要职员，素称熟悉青岛情形。委员会曾于九月十月间在青岛日军司令部迭开会议，协议将来接收之办法，决定先行派遣中国之专门人才入各机关厂所实地视察及实习。中国分委员会即在青岛组织机关，由主任梁上栋向各机关借调专门人才，分总务、行政、工程、港务、实业、盐田、矿山等七股办事。且考察青岛行政及所属各机关组织法、办事细则、人员分配并技术上之各种事务，向日人调用各种法规、档案、图籍、簿记、契约、计划书等，以为接收之准备。

10月30日，为加快推进“鲁案”善后各项谈判和青岛行政权交接，第一部委员会召开第21次会议，中日双方委员协商决定：11月1日起，将每周两天的会议谈判改为每日举行。

11月20日，“鲁案”中、日联合会第一部召开第38次会议，双方委员就青岛盐输出案中盐价、交货地点及输出商、青岛—佐世保海底电线处分办法等交换意见，同时公布第一部协定起草委员会委员，孔祥熙入选，参与细目协定拟订工作。

12月1日上午11时，“鲁案”中、日联合会第一部委员在北京外交部举行会议，彼此校定《山东悬案细目协议》正文及附件。正午，双方正式签字交换，并定于12月10日正午交接青岛行政权。

10日正午12时，在北洋政府外交部、“鲁案”善后督办公署、山东省军民要员倾力擘画和青岛接收委员共同努力下，青岛顺利交接。两天后，《申报》等媒体发布：20日，中、日双方就自来水、港务所、发电所、农事试验场、商品陈列馆、警务、法院、测候所等进行交接，并附中方接收人员名单，孔祥熙为接收递信部主任委员。

各项事务顺利交接完毕，《中华民国史事纪要》对“鲁案”中、日联合委员会作如是评价：“此次鲁案细目协定交涉，两部委员会之委员折冲樽俎，为国家争得不少利益；各分委员会之委员，亦尽心专任之事，委员会得其极大之助力，其功不可没也。”

1956年，74岁的王正廷居住香港时撰写《顾往观来——王正廷自传》，书中有其出任“鲁案”善后督办并带领“鲁案”善后谈判人员接收青岛的记述，在肯定这个“经验老到”的专业团队时，还特别提及“老朋友”孔祥熙。

我被任命为谈判总负责人，在北京设立办公室，以便和外交办公室联系。回想那个多事之秋，我真的很幸运能够拥有一支优秀团队协助我，他们在各自领域经验老到，分别从事于铁路管理、土木或机械工程、铁路养护、矿井管理、制盐工业、城市管理、港务管理、陆地和海上警务等不同行业。

在助手陪同下，我在预定的行政权移交几日前到达青岛。而那些即将要跟我一起分担管理这座城市重任的同事们已在这里有一阵子了，他们提前到这里为了了解当地情况。这些人中，有许多是跟我一起参与谈判的，其中我一定要提的就是我的老朋友，也是与我一同参与过许多领域工作的孔祥熙博士。在与日本人谈判中，他对我的帮助最大。而他又同意继续过来（青岛），帮我完成我们共同的目标，也就是将中国曾丧失的权利收回来。

出任胶澳商埠电话局局长，兼任发电所临时监理官

12月24日，胶澳商埠督办公署组织机构及负责人名单发布，这标志着青岛城市建设管理运行步入正轨。

1923年1月6日，孔祥熙以胶澳商埠电话局局长的身份致函胶澳商埠林务局，请其自1923年1月1日起照章交纳电话费。此前，青岛处在日本占领时代，采用的是日本临时军政制度，盈亏不计，官厅电话广设滥用，致使电话收入每年亏损数万元。青岛回归后，胶澳商埠摈弃旧制，各官厅所用电话一律交费。同时，除主要负责人留用电话外，其余电话一律撤销。

1月11日，孔祥熙就“胶澳商埠电话局成立及启用关防”致函青岛地方检察厅：

> 迳启者　案奉胶澳商埠督办公署第三七号训令内开：查该局业经组织成立，应即刊发关防以昭信守。兹经本署刊就关防一颗，文曰“胶澳商埠电话局之关防”，合行令发该局，仰即查收启用，并将启用日期具报备查，此令。敝局遵于本月六日敬谨启用。

孔祥熙出任局长后，胶澳商埠电话局办事细则、暂行简章相继出台。在建章立制的同时，孔祥熙还受命于胶澳督办公署，参与处理中、日接收青岛善后事宜。

1月16日，代理青岛接收行政委员长姚作宾关于公产评价调查复函日本行政移交委员长秋山雅之介，并附接收委员名单。孔祥熙的身份是“接收邮务主任”。

2月20日，山东省省长兼青岛行政接收委员长熊炳琦致函秋山雅之介，通告动产评价中方委员名单，“孔祥熙为委员，负责电话局、发电所评价”。

是月底，突如其来的胶澳电话局司机生（接线员）罢工事件让孔祥熙颇为难堪，继而意兴阑珊。《青岛通鉴》记有罢工经过：

> 1922年末，北洋政府收回青岛时，胶澳商埠电话局有交换机20台，公众电话号码增至2126号。中日职员18人，司机生81人，其中中国司机生仅8人。根据中日邮电协定，电话局留用了日本司机生38人，以后逐渐由中国司机生替补。至翌年初，中国司机生增至42人，但工作生活环境低劣，备受监管人员侮辱和欺压。2月底，女司机生中年纪稍大的王雪婷、方馨亭、王淑美等

人组织发起罢工，与局长孔祥熙交涉，提出发放工服、开办食堂等8项要求。近百名司机生同时停止接线。孔祥熙调来军警镇压，但军警怕影响市内通话，引起事态扩大，未敢贸然行事。孔祥熙最终答应了其中5项要求，女司机生遂复工。

或许是受罢工事件影响，3月5日，胶澳商埠电话局出台司机生服务规则，共23条，如“司机生对于职务上须勤谨忠诚，遵守领班或管理员之指挥监督”，“对于被指定之事务须各自坚守，须于指定之勤务时刻以前到局，于出勤簿上盖印后即速作上班之准备，不得耽误”，“服务时不准擅自离位，如确有紧急事件须告知领班派邻位监管，但离班时间在五分钟以上者须觅人代替”……这些条款措辞严厉，带有命令口吻，显然是有针对性的。

而“服务时须穿制服，尤宜清洁整齐；与用户言语以和平庄重为主；遇有用户出言不逊，司机生不得直接回答，急将原由报告领班，由领班向其理喻；于下班时须将话器用消毒水洗濯一次，以资清洁……”这些条款涉及着装、服务用语、处事技巧，可视为青岛电信业标准化服务之滥觞。

在出任胶澳商埠电话局局长、接收邮务主任职务的同时，孔祥熙还兼任发电所临时监理官。

1923年1月29日，发电所临时监理官孔祥熙呈文山东省省长兼胶澳商埠督办公署督办熊炳琦，请示“一月份电费收受办法”。斯时，因商人安善甫、隋石卿、包幼卿等拟出资接手青岛发电所，成立股份制胶澳电汽公司，但该公司尚未正式成立，应缴纳给督署的费用亦未缴齐，因此发电所没有移交。

在呈文中，孔祥熙认为，在此背景下，发电所各项电费应暂归官家（即督办公署）收受。为此，他安排发电所人员监督安善甫、隋石卿等商人对1922年12月份电费的收取，一并上缴督署。1923年1月份的电费收取日期临近，商人们提出，电费应由其收缴，“究竟可否准其收受，抑或仍按上月办法办理”，孔祥熙“未敢擅理”，于是向熊炳琦书面请示。呈文中，他提醒说，倘若由督署派人收取，请下文让商人遵照办理，以免引发纠纷。

不知何故，熊炳琦没有给孔祥熙明确的1月份电费由谁来收取的答复。商人们动手了，他们逐一登门向用户收取电费。2月6日，“行将收竣”时，孔祥熙再度向熊炳琦呈文：“请迅示电费收受办法，俾得遵循。”

数日后，因为胶澳电汽公司股东出现变化，安善甫、隋石卿、包幼卿等人呈请胶澳商埠督署，“恳转饬孔监理官将发电所一切物品器具速点交中日双方股东代表”。督署允准，以第111号训令要求孔祥熙照办。孔祥熙遵令，将发电所物品、簿册、房屋等查点清楚，登记造册，“凡德国原有及日人增设者均在其中”。

2月22日，孔祥熙与接收发电所委员胡睿恒一起，将发电所各项移交证书送交胶澳电汽公司资本团中、日方代表安善甫、包幼卿、上岛清藏等人，现场将所列各项点交，包括公有财产、事业用品、经营事业、房屋、李村出张所建物、台东镇发电所土地建物、山东町出张所建物等共计11册。验收无误后，双方在移交证书上签字，一式二份，各执一份，所有移交手续办理完竣。2月27日，孔祥熙将移交经过呈报熊炳琦。

有史料称，“1923年春，孔祥熙离青”。但从8月17日，胶澳督办公署委任令第551号中可推算出，孔祥熙离青时间应是5月底或6月初，因其请假续假已超过两个月。

> 本埠电话局局长孔祥熙，迭请续假已逾两月，该局职务重要，亟应派员代理，以专责成。兹委本署参议聂庆惠暂往兼代。

8月18日，聂庆惠走马上任。

从《孔祥熙传》获知，孔祥熙离开青岛后，先赴山西省亲，后追随王正廷参与处理中、俄关系。斯时，黎元洪政府成立中、俄交涉事务公署，专任苏联谈判解决蒙古与“中东”问题，以建立正常的中、俄邦交关系。王正廷被任命为中、俄交涉事务公署总办，鉴于孔祥熙在“鲁案”善后谈判和青岛行政权接收时的表现，王正廷再度向他递来“橄榄枝”。

去向已定，孔祥熙遂向胶澳商埠督办公署递交辞呈。商埠督办熊炳琦签发第2031号训令，令财政局局长郭珠泉监督孔祥熙、聂庆惠交接工作：

> 查该前电话局长孔祥熙呈请辞职业已照准。遗职以聂庆惠该局长代理在案，所有该局一切经手事项，亟应交接清楚。除令财政局长郭珠泉监交，并分令聂、孔（前）局长遵照办理外，合行令仰该前局长，即便将局内一切案卷物品款项尅日交接清，缮造清册印结，会同具报，以凭查核。勿稍延误。

9月22日，熊炳琦又签发第559号训令，令“郭珠泉监视电话局前后任局长交待结算清楚”。

1924年1月21日，郭珠泉呈文督办公署：“敝局对电话局前后任交代一案，现已办理清楚，缮造各项清册各二份，拟一份存敝局，一份会报督办公署。”

2月2日，胶澳商埠督办公署以第322号训令，令财政局对卸任电话局局长孔祥熙、继任局长聂庆惠交接清册进行审核，清册内有营业款项、经费领交等项目。此外，对孔祥熙任内应送收支计算书一并审核。

这意味着审核通过后孔祥熙的青岛岁月将正式画上句号。

孔祥熙走了，他位于安徽路与广西路交界处的胶澳德意志帝国邮局旧址二楼的办公室犹在。

2009年，联通青岛分公司出资近千万元修建青岛邮电博物馆时，利用孔祥熙曾使用的日式办公桌、密电码本等物品，复原孔祥熙办公室，供游人观瞻。

延伸阅读

25年后来青岛重提当年之勇

1947年7月，67岁的孔祥熙来青岛。在青岛各界欢迎晚宴上，孔祥熙兴致高涨，即席发表近两小时的演说。

青岛《军民日报》记述孔祥熙来青岛的背景：1947年6月，前往北平主持燕京大学毕业典礼的孔祥熙，顺便视察华北一带中国银行业务。“忙里偷闲”，他回到山西家乡扫墓，赴太原访问省政府主席阎锡山，并料理独资创办的铭贤中学……

7月11日，孔祥熙偕随员谭光等人由天津乘中航公司专机来青岛，下午6时抵达沧口机场。国民党青岛市党部主委葛覃，妇运会主任刘巨全，第二绥靖区副司令官兼青岛警备部司令丁治磐代表、青岛警备部副司令赵季勋，李先良市长代表、市政府秘书长姜可训，青岛警备部秘书主任徐人众，市财政局局长孔福民，教育局局长孟云桥，公安局局长王志超及金融界孔士谔、孔祥勉、王绍季、沈铭磐、戴翘林等百余人在此等候。下机后，孔祥熙即赴正阳关路私邸稍事休息。

晚7时，孔祥熙出席青岛市各界在迎宾馆举行的盛大宴会，“本市各界首长及鲁临参会议长裴鸣宇等共百余人，迎宾馆冠盖云集，极一时之盛”。

席间，葛覃致词，对孔祥熙过去在青岛的经历作了详细介绍。孔祥熙随即发表近两小时的演说，谓：“自民国二十三年离青，迄今已十有三年，此次能重游故地，不禁感慨万端。”孔祥熙还对1922年受好友王正廷之邀参与青岛接收及追随孙中山从事革命工作等作了详细回顾。

孔祥熙并对时局发表意见：“目前国内外局势较之抗战时

期尤为严重，吾人应精诚合作，集中力量，挽救危局。”他还谈了东北局势，称：“东北各省山东父母兄弟最多，亦为山东人谋生之地，山东得救后，须为东北奋斗。”

孔祥熙最后说，他今后除开办学校外，还将从事工业建设，以协助国家复兴。

裴鸣宇、刘巨全、赵季勋相继致辞，对孔祥熙历年来为国效劳颇表赞扬。至10时许，宾主尽欢而散。

当日，丁治磐在日记中写道：“孔院长庸之到青，余病不能往，赵季勋副司令代表迎接。今日病大好，然精力甚疲，不能勿药。”

孔祥熙提及的“民国二十三年离青”，是为1934年11月，身为财政部部长的孔祥熙与宋美龄来青岛。在市长沈鸿烈、公安局局长王时泽等人陪同下，孔祥熙、宋美龄一行游览了青岛市区及崂山。

“市公安局保安警察队呈请发给汽车费由”中留有记录，时间是该月21日。

> 窃以此次蒋夫人孔部长莅青，先后奉钧局电传，着由职队遣派长警两分队，赴沧口飞机场保护接送，以运输队伍。除用本队汽车外，先后复雇佣汽车二辆，计车资洋二十四元，恳请发给，俾利公务。附汽车费单据二纸。

宋美龄、孔祥熙来青岛有何事？笔者尚未查到档案记录。

12日上午9时，在中国银行青岛分行经理孔士谔引导下，孔祥熙分赴中国食油公司青岛植物油厂、颐中烟草公司参观。

“嗣后，他至中央银行训话，语多恳勉；旋以董事长资格，视察中国银行青岛分行、中国实业银行青岛分行业务。”12时，应美国西太平洋舰队司令柯克上将之邀，孔祥熙出席在“艾斯杜拉杜”号旗舰上的午宴。

下午2时30分，青市党政军各界百余人在汇泉青岛咖啡欢宴孔祥熙。市参议会议长李代芳致词，对孔祥熙为国为民劳碌倍加赞扬。孔祥熙致答词，并以后裔身份对孔子大同思想大加发挥，散席后驱车返回寓所。下午4时40分，孔祥熙一行飞南京。“闻在京拟勾留三周，即赴美国治疗胃病和糖尿病。”

鉴于孔祥熙素来热心慈善事业，青岛市临时救济委员会以“鲁东各县受战事影响，难民学生皆集本市，鲁青分署救济物资已尽，而该会自成立起，救济物资来源尚无着落，数万难民学生嗷嗷待哺，状至堪悯”为由，特意推选参议长李代芳，委员崔士杰、刘金钰，参事张秀峰等一起谒见孔祥熙，“陈述流亡青市难胞之困苦情况，盼慨解义囊救助”。听毕，孔祥熙当即捐款4000万元。

13日，《青岛公民报》《平民报》《民言报》《军民日报》等本埠报纸，以《孔祥熙关怀难民慨捐四千万元》为题，赞扬孔祥熙善举。

4000万元，今天听起来是个庞大的数字，但在通货膨胀的1947年，这4000万元买不了20袋普通的面粉。笔者查阅发现，1947年，齐鲁公司生产的一袋通粉价格是220万元。

而1947年，青岛究竟有多少难民？青岛警备司令丁治磐在是年11月22日的日记中写道：“战灾延及20省难民3000万人，占全国人口7%。在青岛难民最近统计约20万人。”

成立于1945年12月1日的行政院善后救济总署鲁青分署负

责办理难民遣送业务，该分署记载："抗战胜利后，外省流入青岛市之难民约计4528人。1946—1947年，分署共遣送3.58万人，其中入境2.92万人，出境1181人，境内互遣5360人。"这组数字印证了青岛当时难民之多。

17日，《民报》刊发一篇文章——《孔祥熙青岛归去后一段有趣谈话》。

7月12日，孔祥熙由青飞沪，14日对各报记者谈华北之行观感。略谓：此行历冀、晋、鲁三省，耳闻目睹，北方人民生活颇苦，山西尤甚。华北前期大旱，麦子长不及尺，一片焦黄，如最近仍无雨水，秋收殆将绝产，北方人民现在陷入求生不得、求死不能的境地。

有人问孔氏，所经各地均捐有巨款，总数究有若干？孔氏笑答："我哪里有那么多钱捐？把全部产业都卖了也没有多些。"

有人问，孔氏的财富自己可数得清楚？孔氏对此项问题颇有愠色，强调"我把英美存款统出来，我好办教育事业，这些年不知倒了多少霉，仅铭贤学校，每年赔四千万，至于慈幼事业，更不在话下"。

孔氏曾对魏德迈将军使华极表欢迎。渠称："我们对美国不能妄想过高，帮忙是否在人家，专门依靠人家，岂不成了叫花子？"

孔氏对英美报章批评"战时美国进出口银行赞助中国五亿元，却被毫无计划地花费"极表愤慨，称这种批评应算胡说八道，那五亿元用途，一亿用于美金公债，两亿买了美金，一亿用作印制钞票及购买粮食……

这篇文章有八卦娱乐色彩，揶揄的无非是作为“四大家族”之一、拥有大量产业财富的孔祥熙长期漠视民生疾苦，关键节点以慈善作秀，引发社会各界不满。

程立的青岛情缘

程立，别号松山，安徽省黟县人，生卒年不详。

程立走进青岛并在这座城市留下深深的印记委实偶然。

1922年5月，有感于借调青岛充当胶济铁路警察的北京保安队“训练有素，秩序整然”，胶澳善后督办王正廷萌生在胶济铁路重要站点——坊子开办巡警教练所，聘请京师警察厅教职员前来系统授课的想法。源于此，前京师警察厅教官、陕西省警察厅厅长程立应邀自陕赴鲁，出任坊子巡警教练所所长，自此开启与青岛近一年的情缘。

其间，他不仅参与青岛行政接收细目谈判，而且在云谲波诡、险象环生的处境下，出色地完成了青岛接收前后的城市安保。出任胶澳商埠督署第一任警察厅厅长后，他迎难而上，交涉抗议日本驻青总领事馆非法设置警察派出所，并巧借国际舆论力量，迫使日人尴尬收场……

坊子练兵，参与青岛回归细目谈判

1922年3月28日，胶澳善后督办王正廷与日本驻华公使小幡酉吉在北京签订《关于胶济铁路沿线之撤兵协定》。《协定》约定：“中国配置巡警或军队及日本撤退军队之区域，即胶澳租借地以外女姑口站以西胶济铁路干支线，自西向东分三个区间进行，巡警配置自4月10日起至30日结束，中国巡警配置完毕第二天正午，日本军队警备任务完成，胶济沿线日军退至青岛。”

胶济铁路安保一下子交由中国警察负责，巡警队伍安出？因第一次直奉战争突发，已由济南迁至北京办公的督办“鲁案”公署颇费思量。在时间紧迫的情形下，督办王正廷决定借调北京保安队，将其改编为胶济铁路巡警。4月10日，第一批胶济铁路中国巡警如期上岗，因“训练有素，秩序整然”颇获赞誉。王正廷深受触动，“益感收回胶澳须有优良之警察”。进而言之，这支警察队伍必须本土化，异地借调终非长久之计。于是，他决定在潍县坊子设立巡警教练所，从京师警察厅聘请教职员，招考学员进行系统培训。

对于教练所所长一职，王正廷缘何选定陕西省警察厅厅长程立，笔者尚未查到相关档案解释。

而巡警教练所落户坊子，主要原因一是此时青岛尚未回归，而坊子是胶济铁路重要站点，离青岛100余公里，往来便利；二是巡警教练所拟招募的学警主要来自潍县、青州、济南三地，均距离坊子较近。

1934年9月青岛市公安局出版的《青岛警察沿革》中记有坊子巡警教练所学警招考及培训内容：“自济南、青州、潍县等地招考体力坚强、文字通顺之学警800名，授以现行法令、刑法大意、勤务章程、警察要旨、行政警察、司法警察、卫生警察、违警罚法、战术要义、侦探学、简明地理、浅近测绘、外国语、操法等项课目，六个月毕业，并附设调查部，即派教练所之教员更番来青，调查日人对于本埠警务之布置实况，随时参酌用为训练之资料。”

从上述资料看，巡警教练所学以致用，未雨绸缪，将日本人在青岛的警务设置实况也纳入培训内容，为数月后顺利接管青岛警务作铺垫。

除任职巡警教练所所长外，程立还担任青岛行政接收准备分委员会委员。《中华民国史事纪要（1923年1—6月）》“青岛接收及其交涉经过”部分记述，1922年9月、10月间，梁上栋、程立等9名行政接收准备分委员会委员在青岛与日方委员连日谈判接收办法以及筛选专门人才，组建总务、行政、工程等接收组织。

青岛接收在即，治安问题极为重要，但警察饷需、购置服装等项资金因“国库空虚，无从筹拨”，无奈之下，王正廷商请青岛总商会、青岛自治筹备会借给大洋15万元，月息按一分七厘计。10月30日，王正廷代表胶澳商埠督办公署，分别与青岛总商会代表隋石卿、张立珂，青岛自治筹备会代表隋石卿、包允荣订立借款合同，山东省督军田中玉为借款证明人。

有了这笔借款，参与青岛接收的坊子巡警教练所学警们配发了整齐划一的制服，但此前由“鲁案”督办公署向日本订购的步枪1500枝，以及马枪、机关枪、手枪等件，因日商屡次衍期，未能履行合同约定的“十一月以前交货”。经“鲁案”督办公署协调，临时从山东军警督办借拨枪支配发给学警。11月底，程立率600名坊子学警和北洋政府配备的500名保安队员一起进入青岛市内。

按照中、日双方约定，12月1日，“鲁案”中、日联合委员会第一部委员在北京举行会议，签字交换《山东悬案细目协定》正文及附件。就在这个关键节点临近时，11月30日晚7时，受日本人唆使的土匪孙百万部闯入天津路东华旅社，将青岛总商会会长隋石卿、山东督军田中玉代表茅少甫一并绑架，去向不明。随之，谣言四起，青岛商民闭门塞窗，店铺歇业，不少人转移资产，前往异地避祸。

《青岛警察沿革》记述道："是时，我国警察虽已入居市内，因市政尚未接收，警察尚未履行任务，于此新旧交替之际，祸机隐伏，一夕数惊。"

接收警务，出任胶澳商埠警察厅厅长

12月10日，为青岛行政权接收日。一大早，山东督军田中玉致电北京北洋政府，报告青岛治安形势。电文主要内容是，王正廷督办、熊炳琦省长偕同山东第七混成旅旅长胡翼儒于8日、9日先后抵达青岛。除青岛原有警察保安队外，熊省长还率省会警察卫队300人、改穿警服的军队两个营，均已进入市区并分别布防。青岛界内的土匪，一部分被政府"招安"并退出市区，开至沙子口等候编遣。如果形势紧张必须续调军队，已电令驻防胶县的孙宗先部严阵以待，随时听候王督办、熊省长就近指挥。

几乎与此同时，山东省省长熊炳琦给程立下达严加戒备的训令：

> 现当青岛接收之际，危机四伏，人心浮动。凡属军警官佐固应严加戒备，尤须力持镇静，以固军心，而维市廛。遇有警报，各该军警等务要各守防地，不得擅离，致滋纷扰。至应如何相机应付之处，届时自当给予紧急命令，俾资遵守。如有匪徒潜入市区，希图扰乱治安破坏秩序者，立即擒获究办，以遏乱萌，勿得稍涉疏虞。

上午11时，青岛行政移交及接收仪式在日本守备军司令部（原胶澳总督府）举行。“鲁案”善后督办王正廷、山东省省长熊炳琦与日本守备军司令由比光卫、日本移交委员长秋山雅之介及中、日双方各职员共40余人出席。11时30分，交接仪式结束。

青岛市内警备，“则于上午10时许，我国派出警察至各派出所要地静待接收。至12时，闻午炮声，当即与日本宪兵交接，担任警备之责”。

青岛市档案馆馆藏的《胶澳商埠警察厅关于接收当日警力布防情形的呈文》《胶澳商埠警察厅关于接收巡查路线的呈文》，系胶澳商埠警察厅督察长梁逢启呈报给厅长程立的。呈文显示，胶澳商埠警察厅及其机构主要组成人员此时已确定，因青岛尚未回归，故未对外正式发布。

呈文为我们还原了青岛接收日的警务布防状况：

敬禀者　窃查本日接收，职处稽查官员、长警分配布防，业由职筹备妥协，将青岛市主要街巷分为四段，每段路线酌量该段情形，以定警额数目，并派稽查员一员或二员率领长警巡查。每昼夜分八班，每班巡查三小时，督察员二员分为两班，总查四段。及未列入于段内之地域，职无非昼夜督率各督察员、稽查员巡视青岛市全区。除饬令各督察员、巡查员遵照外，理合造具巡查路线、分配勤务册及各段路线简明图，禀请厅长核夺。

督察长梁逢启　谨呈

中华民国十一年十二月十日

《胶澳商埠警察厅关于接收巡查路线的呈文》内容包括：主要街巷四段及经过路线；设置督察员和稽查员，两名督察员分两班总查四段，一、二、三段各设两名稽查员，第四段设四名稽查员。

该呈文标注，胶澳商埠警察厅共有巡长19名、巡警137名，除督办行辕守卫、本处守卫、坊子留守等外，出勤巡长16名、巡警96名。其中，一至四段安排巡长15人、巡警90人。留有巡长1人、巡警5名预备调遣。

青岛市档案史料载，日本占领青岛时共设宪兵派出所24处，10日午炮声后一起移交。

各派出所接收后，胶澳商埠督办公署“假中山路、肥城路角王继兴之大厦，匆促成立胶澳商埠警察厅，委任程立为厅长”。胶澳商埠警察厅隶属于胶澳商埠督办公署，主要掌管青岛地区的户口调查、登记、治安、消防及新闻出版、交通、卫生管理等事宜，内设总务、行政、司法、卫生四科，以及勤务督察处、差遣队、侦缉队，辖青岛、台东镇、李村三个警察署，另设消防队、保安队。原日本水上宪兵分队旧址更名为胶澳水上警察署，隶属于胶澳商埠警察厅。

当日，台东镇警察署署长余炳勋向厅长程立提交《台东镇警察署关于呈报接收经过情形的呈文》，记录该署所辖派出所接收经过。

> 窃署长于本日午前九时召集巡官，示以接防手续、办事标准，并限各派出所巡官于午前十一时各带长警分往派出所接收。署长即于十一时三十分率同署员郭兴贵、常庆云前赴台东镇宪兵分队，当由该队分队长茅野

正大移交表册七件。关于器具移交，即经点收清楚，时届正午，遂派马办事员国梁按照拟订守望地点，带警分别设置，该宪兵亦于同时撤退。所有移交巡捕十八名，当由署长说明大义，安慰再三，只因军服尚未领到，遂令其暂行便衣，四处侦查。至所移交盗犯二名，俟当另文呈解钧厅核办。

复据职署各派出所巡官报告，各派出所均已同时接收。除将接收各种表另文译呈外，所有接收经过情形，理合备文呈请鉴核。

在北洋政府、“鲁案”善后督办公署和山东省政府周密部署、倾力擘画下，青岛行政权接收有惊无险，顺利完成。

昼夜擘画，竭力做好城市“维稳”

青岛回归尘埃落定，“鲁案”善后督办公署先前自日本订购的警察枪械终于到了。综合前后档案史料判断，这极有可能是日商故意拖延，为青岛回归制造麻烦。

《申报》载，此项军火11日夜间由日陆军专用船“色丹丸”装载来青，共有步枪1500杆，每杆子弹500粒；马枪100支，每支子弹100粒；马队军刀100口，手枪200支，每支子弹500粒，机关枪8具，弹药10万发。“闻日军方面已经高波少佐、会中村大尉，全数交于胶澳商埠警察厅长程立。”

青岛行政权接收前夕，多股土匪散落于市区及青岛西部水灵山岛、李村东部、沙子口一带。“鲁案”善后督署虽招抚收编匪首孙百万，但小股土匪与警察仍时有交火。12月14日，《申报》刊发青岛接收后治安状况的报道，称：“青岛接收迄今逾三日，土匪与警队仍时有冲突。12日夜10时至13日午前1时，东李村方面有枪炮声，附近居民不敢安眠。所幸为时不久，即无动静。据闻，系因城阳方面之官军前来李村管内，向土匪射击示威，双方不无伤害。中国警队自10日午刻接收后，即下令派警十余队巡行管内，一排东南行，在浮山山岭上缉获匪徒一名；一排东北行，在李村东路缉获匪徒两名，业已将其枪械子弹存于署内，并将各匪交于署长究办。"

"人心不靖，伏莽堪虞。"鉴于青岛时局未稳，身为警察厅厅长的程立不敢有丝毫懈怠，部署警队昼夜巡行严行防范，一旦发现可疑迹象迅速上报。

16日，督察长梁逢启报告："本日稽查市区情形，查至市场一町目（注：今市场一路），见有数日人穿中国服装结伴闲游，踪至新町（今阳谷路一带），该日人等入日本妓馆。又，早雾町（今冠县路）南头又数匪徒，在一烧饼铺门前购数烧饼，悍不给钱。该铺主和辞申求，该匪徒等即掏出现洋一元，令该铺兑找。该铺主诉言无钱可兑，该匪徒等掏出手枪恫骇，声势汹汹，嗣经人劝散。该铺主亦不敢再索物价。"

程立就此批复："日人身穿中国服装者，应传各署岗巡特别注意；尤匪人如用枪恫吓人者，应严加干涉取缔。"

17日，胶澳商埠督办公署给警察厅下达训令：

> 据报，本埠各警区夜间岗位太少，现当接收之际，人心不靖，伏莽堪虞，黄夜之间，尤恐盗贼生心，乘机肆扰，非多设岗警严加防范，不足以资震慑。务即酌量各区情形，增加岗位，妥速布置，严行戒备，以重警务而防不虞。所有英美侨民，更宜派警保护，并将布防增

岗情形，复报核夺。

接到督署训令后，程立迅速批示相关人员传阅，并拨派市警察厅、区警察署长警60人，将稽查班次、时间重加厘定，每班稽查分制服稽查、便衣稽查，各轮派稽查员一二人，周而复始，制服稽查统率值班长警巡逻青岛各冲要街市。每日下午6时至次日早晨6时，在警察厅左方比治山町（今新泰路）、右方大阪町（今泗水路）各南北口设立岗位，严密防范。厅内设机关枪两架，遴选干练警员操练，已能使用自如，昼夜预备，以防不虞。并派便衣稽查，以秘密方法手段侦缉一切情形。

除安排属下巡逻稽查外，程立还亲自上阵，明察暗访。他在巡视中发现，各区岗警对于站岗形式尚欠讲求，有持枪者，有肩扛枪者，有背枪者，姿态各异。12月19日，程立命令各岗警“概行肩枪，以昭划而免歧异”。

程立在暗访中得知：“12月18日，有腿缠白布之警察二三成群，闯入某店，希图为挟妓之举。遇有本地某党中人，彼此往返相寻，几至酿成冲突。查该警察等皆系坊子巡警教练所毕业，亲受训练而来青岛。”

程立对自己曾执掌的坊子巡警教练所出现如此粗鄙学警很是伤心。20日，他给警厅各区署长、职能处室负责人等下达禁止巡警冶游的密令。

面对厅长颇为用情的密令，督察长梁逢启连夜调查迅速落实。21日，梁氏呈文程立：“并无长警冶游。”

梁逢启说，他接到密令后立即集合职处长警，剀切诰训，并命令督察员、稽查员严密调查，以明真相而彰警纪。稽查员等人调查后表示，自莅青以来除规定每天限制4名警察中午12时以前穿便衣准予请假外，其他12时以后请假者必报督察长核准方可外出。青岛接收以来10天内，督察处并没有接到并批准中午12时以后请假的长警。而12时以前请假外出者穿便衣，“腿缠白布，二三成群闯入某店之巡警，非本处之长警可知”。

梁逢启表示，自坊子来青岛后，即担心有在外发生事端的情形，于是严格限制请假时间和人数以及外出穿用便衣的要求，“此次腿缠白布之警察容非职处所属”。不过，即使如此，他仍对长警一一训话，强调警察之天职，重申邪恶之弊害。最后要求有则改之，无则加勉，并严厉告诫督察员、稽查员格外注意管束，不得稍越规绳之上。

拟定章则，月余公布32种

一系列的警情提示，青岛华洋杂处，回归后，各种邪恶势力犹在，因此，摸清城区居住人口成分尤为重要。程立遂于胶澳商埠警察厅行政科下设立户籍股管理户口，户口登记工作由各警察分驻所负责。第一次人口普查结果：青岛回归之初，市内共有289411人。

经过回归后一个月的治理整顿，“青岛地方渐趋安宁”，程立遂将精力转移到一座城市的制度规则建立上，努力实现人治与法治并举。

《青岛警察沿革》一书中有程立200余字的简介，文内有“不一月间，各种单行章则居然先后拟定公布数十种”，以此说明其行事勤勉、高效。

自1923年1月12日至2月23日，胶澳商埠警察厅先后发布章则32项，涉及饮食、理发、交通、洗浴、人力车管理、报刊出版发行、戏院戏班管理、乐户娼妓管理、旧货营业、坟茔墓地管理等。这些规则大都通过报纸广而告之。

这32项章则详条及发布日期均在青岛市档案馆内留有记录。兹简略抄录：

1月12日，胶澳商埠警察厅管理饮食物营业规则（14条）、管理理发营业规则（17条）发布。

13日，胶澳商埠警察厅发布管理煤油营业规则（12条）、管理火柴营业规则（14条）、道路取缔规则（15条）、管理重载大车、货车、一轮车暂行规则（20条）、取缔自行车暂行规则（9条）、管理人力车暂行规则（18条）、管理汽车规则（30条）、取缔货运车规则（8条）、管理马车车夫暂行规则（12条）、巡守长警指挥汽车通行简章（13条）、请愿巡警暂行章程（14条）、取缔新闻杂志及各种出版物品暂行规则（11条）、取缔各种营业规则（22条）、取缔贩卖铳炮军械火药类营业暂行规则（11条）、酒类营业取缔暂行规则（8条），共计15项。

21日，胶澳商埠警察厅发布管理乳业营业规则（26条）、管理浴堂营业规则（20条）、取缔各项肉质规则（15条）。

27日，胶澳商埠警察厅发布取缔墓地茔葬规则（12条）、调查户口暂行细则（12章84条）。

2月1日，胶澳商埠警察厅发布管理旅店规则（共5章37条）。

2月5日，胶澳商埠警察厅发布取缔狩猎自卫枪支暂行规则（14条）。

2月15日，胶澳商埠警察厅发布关于禁止燃放鞭炮的布告。

2月16日，胶澳商埠警察厅发布管理戏班规则（13条）、管理戏院规则（24条）、管理电影院规则（15条）、管理乐户规则（19条）、管理娼妓规则（15条）、取缔俄人登陆办法（6条）。

23日，胶澳商埠警察厅发布取缔旧货营业规则（10条）。

迎难而上，交涉日驻青领事馆非法设置派出所

1922年12月10日正午，青岛行政权移交和接收仪式结束后，午炮一声响，日军司令部（注：德占时期的胶澳总督府，日占时期为守备军司令部）楼顶高悬中华民国五色国旗，司令部大门前则交叉挂起五色大国旗两面，青岛正式回到中国人手中。几乎与此同时，位于今太平路14号（原为德华银行青岛分行旧址）的日本驻青总领事馆楼顶上，升起日本国旗。

根据《维也纳领事关系公约》，领事馆是一国驻在他国某个城市的领事代表机关的总称，负责管理当地本国侨民和其他领事事务。作为日本驻青总领事，森安三郎理应熟悉国际法约，但其竟然置此于不顾，于12月10日午后、胶澳商埠各界接收青岛忙乱时，在总领事馆内非法设置“日本帝国警察署”，并下辖吴淞街、若鹤街（今辽宁路）、山东街（今中山路）、早舟街（今曲阜路）、马关街（今肥城路）、沧口街、台东镇、李村、四方等9处分驻所（注：警察派出所，为便于阅读，以下均称派出所）。

日驻青总领事馆荒唐粗暴之举，令胶澳商埠督办公署及社会各界颇为惊骇。商埠警察厅厅长程立奉命立即派员前往调查，负责接待解释的“日本帝国警察署”和久井警部人员将私自设立的9处派出所地址写在纸片上后交付来访者。

对于日本人的无理做法，中方非常气愤。12日，程立赴日驻青总领事馆与森安三郎交涉，明确表示胶澳商埠“对于此事不承认”。

14日，胶澳商埠督署郑重其事令警察厅给日本驻青总领事馆发送照会。

16日，收阅照会的日驻青总领事馆致函胶澳商埠警察厅，狡辩称“此种派出所之设立，乃本总领事馆因有领事裁判权之处置，毫无何等问题，并无照会贵国承认之必要”。

19日，程立向胶澳商埠督署递交《关于日领事警署交涉违章在青添设派出所的呈文》，汇报交涉经过。对于日总领事馆拿“领事裁判权”作挡箭牌，胶澳商埠督署督办熊炳琦非常气愤，饬令警察厅继续交涉，务必使其取消警署。

经过10天的酝酿筹划，29日，胶澳商埠警察厅再度出击，致函日本驻青总领事森安三郎：

> 查胶澳移交后，一切行政上的权力及责任均归中国政府，日本兵警应一律撤尽，载于协定。贵总领事只能依照约章成案，执行领事职权范围以内的事。无论领事裁判权已否撤销，均无在馆外设立警察派出所，致侵犯中国行政权之理由。今当胶澳行政甫经移交，深盼贵我两国官民尊重约章、主权，彼此不相侵犯，以增睦谊而重邦交。为此，相应函请贵总领事迅将各警察派出所一律撤销，免滋纷议，是所至盼。

30日，胶澳商埠督办熊炳琦乘势而上，向日本驻青总领事森安三郎提出严重抗议，照会与胶澳商埠警察厅致函内容几无二致，故不再赘述。

严重抗议提出后，恰值新年，日本总领事馆方面杳无消息。对此，熊炳琦、程立等胶澳商埠督办公署高层坐不住了，决定利用舆论“以夷制夷”。1月9日，商埠督办公署致函驻华外国领事馆、公使馆及《中国英文报》，抗议日本在青岛强设警察署：“惟日本领事馆自设警察分驻所后，公然执行一切警察职务，压迫中国人民，专恣暴厉已极。惟此事关国家主权，凡我中华人民当全国一致，誓死力争，务使此项损失国权之事根本撤销。”

该函件附带胶澳商埠督办熊炳琦致森安三郎的抗议书。

函件公布后，全国各界民众纷纷抗议日本在青岛设立警察署。

1月18日，山东省议会致电北洋政府国务院，进一步抗议日驻青总领事馆：“青岛交还，主权属我，乃日人擅于交还之后设立警察派出所九处，违背协约，侵犯内政，决难承认。务请严重交涉，迅令取消，以重主权。”

27日，国务院“就严重交涉青岛日人违约设警事”致函熊炳琦。

熊炳琦奉令行事，日驻青总领事馆却将皮球踢给本国政府，辩称“此为执行本国政府命令”，此事件将由两国政府间交涉。

面对日驻青总领事将事件升级，胶澳商埠督署如法炮制，31日，程立率领警察厅保安队长、各科长、各署长及全体官警电呈大总统黎元洪、国务院、各部院长、参众两院、步军统领、卫戍司令、京师警察总监、京兆尹、陆军检阅使、各法团、各报馆，控告日驻青总领事馆设立警署及派出所。

2月13日，北洋政府交通总长吴毓麟收到程立通电后，电咨熊炳琦请其“查核办理”。

胶澳自治促进会会长江敦禄、李筱坡等人致电治所在洛阳的直鲁豫巡阅使吴佩孚，控告驻青日总领事馆非法设警，恳请吴佩孚电请大总统转饬外交部，迅与严重交涉，以解悬案。

吴佩孚收悉电报后，当日“就查照办理交涉日本在青设警破坏主权事致电山东省长兼胶澳督办熊炳琦”。

23日，程立向胶澳督办公署提交呈文，报告关于日本设警交涉进展经过。文中称：“日人理屈词穷，始则借口于领事裁判权之处置，继则诿为执行本国政府之命令，冀事延宕，以遂野心。”

在呈文中，程立列举日驻青总领事馆及其私设警察派出所干涉胶澳警察厅执法的案例。

呈文最后说：“此外，关于轻微违警事应为我国人而为该派出所处理者，有为职厅处理而该派出所出面干涉者，种种纠纷不一而足。”

2月23日的这份呈文是青岛市档案馆内目前能查到的有关程立青岛岁月的最后一份档案（按时间排列）。《胶澳商埠督办公署档案汇编》《青岛警察沿革》均载，1923年3月5日，成维靖取代程立执掌胶澳商埠督署警察厅。

《青岛警察沿革》一书中对程立有七字评语：“有胆识，会中西文。”

“有胆识”这个评价客观公正，现存档案史料足以证实。

了犹未了，任内汽油欠费引发马拉松式追讨

程立匆匆卸任离青，有人欢喜有人忧。英国亚细亚火油公

司青岛分公司工作人员属后者——程立在任时，胶澳商埠警察厅曾向该公司赊欠汽油费233.18元。

面对匆匆登门要钱的亚细亚火油公司业务员，新任厅长成维靖的答复是："向前任索取去！"多次前来，"毫无收得之望"，亚细亚火油公司青岛分公司负责人绝望了，遂找到英国驻青领事美哲，请其帮忙协调。

1923年9月11日，美哲致函胶澳商埠督办公署坐办龚积柄予以催讨。

一个堂堂政府部门，连区区200多元汽油费都得赊账，足见其资金窘迫之状。为缓解资金困局，胶澳商埠督署试图通过精简机构减少财政开支。

1923年3月1日，熊炳琦发布胶澳商埠督办公署各机关改组训令：

> 查自本埠组织以来，百端草创，规模较大，财政遂绌。综核各机关预算，岁支三百七十余万，入不敷出，所差甚巨，不得不严加整顿，彻底改组，力求撙节，以固基础，而策进行。现经修改商埠组织章程，将码头局、港务局并为港政局，林务局、农事试验场并为农林事务所……

3月16日，《申报》刊发胶澳商埠督署合并机构的消息，称："青岛收回后，直隶中央，体制甚宏，计其组织，督办、会办以下有辅佐机关5个、主要行政机关7个、临时机关2个、附属机关10余所，胶澳市区人口不及25万，每年税收不足150万，行政部属机关数十计，从政者以千计，年需行政经费370余万，其将何以自存？乃不得不出于裁员改组。综其所裁并与缩小范围，约可节省行政经费三分之一。”

裁员改组运行已满半年，财政艰困之状仍未缓解。收到美哲公函后，龚积柄通知警察厅从速结清，无奈“财政奇绌”，警察厅厅长成维靖“置之不理”。

美哲很是失望，感觉龚积柄力度不够，遂致函胶澳商埠督署督办熊炳琦。熊炳琦回复：“当令饬该厅从速清结。”

因迟迟没有得到回复，在亚细亚火油青岛分公司负责人再三催请下，翌年1月7日，美哲再度致函熊炳琦，要求“从速清结”。

美哲没有等来支付欠款的佳音，却等来了熊炳琦、龚积柄、成维靖相继离职的消息。3月中旬，熊炳琦辞去督办兼职，龚积柄返济再任省财政厅厅长。3月31日，高恩洪任胶澳商埠督办。4月9日，张殿魁取代成维靖任警察厅厅长。

高恩洪甫一到任，美哲即将催要汽油费的公函送达。

5月2日，鉴于“熊督办一再令催，前警察厅长成维靖仍置之不理”，胶澳商埠督办公署令财政局“从前厅长（成维靖）未领经费内照数以扣，转给该英商承领，以资结束”。

当亚细亚火油青岛分公司人员满心欢喜前往胶澳商埠督署财政局领取所欠汽油费时，对方告知“未奉督办令，拒绝付款”，前后去过数次，答复如出一辙。万般无奈，亚细亚火油青岛分公司负责人再向美哲求助。7月28日，重复的一幕再次上演：美哲致函高恩洪，高恩洪饬督署行政处拟训令送至张殿魁……

8月26日，张殿魁呈文高恩洪：“窃奉第1757号训令，饬将程前厅长欠付亚细亚火油公司欠油价洋二百三十三元一角八分查明代为垫付，取具收据二纸呈请鉴核。”

前后折腾两年半，期间经历三任警察厅厅长、两任胶澳督署督办、一任督署坐办，亚细亚火油青岛分公司终于拿到了汽油费欠款。

悲情骆金铭

1946年9月8日，青岛《平民报》刊发一条消息，标题是《失足千古恨　骆金铭暴卒》。

> 湖北路三号住户骆金铭前充伪警察局秘书，现已被裁，彼之长子于七七事变后，随沈市长转战至汉口，在前线阵亡。次子自航空学校毕业后，充任驾驶员（即飞行员），敌人未降前，赴前线侦查敌情被敌高射炮击伤，及至返回重庆，亦因伤重身亡。六日下午二时，彼在家中写字，忽闻门前流亡难民游行高喊肃奸口号，骆思及儿子为国牺牲，自身也曾参加伪组织，一时悲愧交加，遽而暴卒云。

是日，青岛《公言报》也报道了骆金铭猝逝的消息，主标题以父子奸忠作对比，情绪渲染比《民言报》更强烈——《痛娇儿抗战为国死　愧作奸悲愤遽暴卒　骆金铭死的没儿子好》。

应王正廷之邀来青岛任职警署

骆金铭走进笔者的视野，源于2014年8月查寻档案撰写《消

骆金铭

失的青岛警察公墓》。

1930年7月31日，青岛市公安局第一科文书股主任骆金铭呈文局长，请其呈请市政府“拨给相当官地十亩，创设警察公墓，并春秋致祭，以使死者含笑九泉，感盛德于千秋不朽矣”。对此，时任局长余晋龢批示：“所见甚是，即拟呈文请赐拨。”

从呈文中看，骆金铭文字功底深厚，又不乏真情。兹择要抄录：

> 本局员官长警丁夫在职人数既众，平日所负任务，无非为地方策安全，为人民谋幸福。孜孜不倦者，正以职责所在，寒暑无间，罔敢懈怠，仍较其他为苦。祇以人非铁石，焉无搆疾之理，甚而积劳，至于伤亡，均属意中之事。设有眷属在侧，一旦不起，尚可搬柩回籍，俾归故土。其只身入伍者，溯在前警厅时代，死亡后抬往湖岛掩埋，岂知

骨殖未寒，而长官已去，失却稽考，是否抛弃，不能复按，稍具备知觉者，难免兔死狐悲，抚今追昔，宁毋怆伤。为追念在职员官长警生前勤劳起见，应请市政府拨给官地，以为永久厝葬之所，庶几魂安异乡，一劳永逸，藉以保存，不致淹没。并拟警察长官，例应率属，春秋致祭，以慰幽灵，如有生前功绩，或有相当事实，足树楷模，可风后世者，自当由共济社为之表扬，盖亦崇德报功，理所宜然。

1930年6月登记的《青岛特别市政府公安局职员考绩表》载有骆金铭较详细的履历：

第一科科员骆金铭，别名宝庆，浙江杭县人，光绪十四年（1888年）一月七日生，民国十一年十一月十四日到差。系浙江官立法政学堂政治科四期毕业，民国十三年毕业证书在江浙战争迁徙中遗失，委令四件、训令六件抄件全附（予以证实），月薪水140元。

民国八年入浙江国民党支部，承办文书、铨叙两股事项。历任前清浙江省城警局收发委员、全省巡警道署书记长，民国历充浙江余杭太平、湖北黄安等县科员、科长、县警察署长，陕西省会警厅会计主任、捐务主任，浙江内河外海水警区书记官、天台县政务主任、代理县知事，民国十一年七月卸任，同年十一月任胶澳商埠警察署员，民国十二年三月起，任警察署行政科主任、科员教员、青岛戒严司令部秘书，民国十八年六月任特别市公安局第一科科员，民国十九年六月兼代第一科文书、铨叙两股主任科员，本局甄别委员会委员、整理户籍委员会委员、《警务周刊》（后更名《公安月刊》）总编辑、市府编纂委员会协修。

1922年11月14日，骆金铭自浙江来青岛履新，适值“鲁案”善后督办王正廷广纳贤才，参与青岛行政权移交和接收中、日双方细目谈判。骆金铭系杭县人，王正廷系奉化人，他们是浙江同乡。骆金铭辗转数千里来青岛，是否应王正廷之邀？随着档案查寻的深入，答案浮出水面。

1945年10月13日，曾供职伪警察局的骆金铭遭受登记调查。为“澄清”自己，他撰写声请书委托市政府秘书长梁伯训转呈市长李先良、副市长葛覃。他在文中写道：“民国元年即入吾浙国民党，部长为褚辅成、令狐健，此后从事警政县政，交卸浙江天台县知事后，12月随‘鲁案’善后督办王正廷来青，接收日本交还青岛。”

从这段表述中看出，骆金铭确系应王正廷之邀来青岛，具体细节，笔者尚未查到记录。

显而易见，王正廷邀请骆金铭原因有二：一是两人为浙江同乡，语言、生活习俗相同，有天然的亲近感。二是骆金铭是法政专业出身，长期从事警务政务工作，且担任过县警察署署长、县长，管理经验丰富。青岛交接前后，亟须一批专业警务人员上岗，骆金铭无疑是难得的人才。

1922年12月10日，中国政府收回青岛。嗣后，胶澳商埠督办公署正式成立，骆金铭任职商埠警察厅。1923年3月5日，成维靖接替程立出任警察厅厅长，在接下来的人员调整中，骆金铭任警察厅行政科主任、科员教员。1925年9月，青岛戒严司令部成立，尹德山任司令，骆金铭任秘书。1928年夏，蒋介石北伐山东攻打军阀张宗昌时，有人在张宗昌同乡、胶澳商埠局总办赵琪面前诬告骆金铭私通国民党。骆金铭即遭停职，被警方监视回原籍杭县。翌年春，南京国民政府占领山东，骆金铭“承昔日同人之推荐，复又来局任职”。4月15日，南京国民政府接管青岛，设立青岛特别市。6月，骆金铭任青岛特别市公安局第一科科员。1930年3月9日，骆金铭兼代第一科科长；6月，兼代第一科铨叙股主任科员。

1931年12月16日，东北海军副司令沈鸿烈兼任青岛市市长后，对全市公务员家庭情况进行调查。以下是青岛市档案馆内保存的此次调查的骆金铭家庭情况：

骆金铭：43岁。现住址：广西路5号；永久住址：杭县城内道员巷19号。

任职日期：民国十一年十二月。

原配：谢之璞，1928年病故，39岁；继配：曹佩兰，1929年续娶，29岁，山东省立女子师范毕业，现为青岛北平路两级小学教员。

子女：骆春霖，21岁，青岛中国青年会模范小学高小毕业；骆春霆，15岁，青岛市立初中第二学年；漱华，1岁。

弟弟：骆金钺，38岁，生意人。

从这份调查表中可以看出，1928年，40岁的骆金铭命途多舛，先是遭诬告被开缺遣送原籍，接下来家庭发生变故，原配夫人撒手人寰。翌年春，恢复原职，并迎娶第二任妻子曹佩兰。

该调查表“备注”一栏内记有“（骆金铭）著有《六桥随笔》，未出版”。

名副其实的青岛警界“全才”

骆金铭在青岛从警近24年。其间，他主要从事文职，是警察系统有名的“笔杆子”，不仅主编在全国警界颇有影响的《警察周刊》，编著《青岛警察沿革》《青岛风光》《六桥随笔》等书，而且还是岛城著名书画家，是名副其实的青岛警界“全才”。

1934年6月，骆金铭办公之余，利用8个月时间编著的《青岛警察沿革》书稿完成。

骆金铭详细记录了从1922年12月青岛回归至1934年6月30日间的青岛警界变迁、发展、得失，“积藁盈尺”，于公余之暇认真梳理，编辑成册。

骆金铭完成《青岛警察沿革》书稿十多天后迎来了赴青岛度假的著名作家郁达夫一家。是年7月6日，应在青岛市立中学任教的汪静之、卢叔桓之邀，郁达夫偕妻子王映霞、儿子郁飞自杭州乘船北上，13日抵达青岛，“当晚暂宿于卢叔桓寓内，次日便租住至广西路38号马克西姆大楼楼上”。

郁达夫后作《青岛杂事诗十首》，其第八首写道：“共君日夜话钱塘，不觉他乡异故乡。颇感唐人诗意切，并州风物似咸阳。”此诗附有原注：“居停主人骆氏六桥，钱塘人，日日话杭州，几忘身在渤海（笔者注：应为黄海）也。”

从注释中可以看出，寓居青岛时，郁达夫与骆金铭天天见面，两人用家乡话谈论杭州故人旧事、城市风情，几乎忘记身在异乡。

9月，时任公安局局长王时泽为《青岛警察沿革》作序，称该书“最为简而赅、详而不杂也”。

11月，青岛市政府令市公安局呈送骆金铭编著《青岛警察沿革》一书登记，市公安局遵令行事，“骆金铭兹因发行《青岛警察沿革》，谨遵出版法第七条之规定，并填具表格申请登记”。

不久，市政府回复市公安局：“（《青岛警察沿革》）核与出版法尚无不合，函咨请内政部审查见复矣。”

是年底，《青岛警察沿革》一书出版，“全三厚册，定价三元”。

《青岛警察沿革》书内刊登少量广告，其中有“六桥卖字”，广告词是“代写堂幅、堂屏、楹联、纨扇，先润后墨，劣纸不应”。“六桥”，即骆金铭，这是骆金铭为自己打的广告。

1933年，魏镜编辑、平原书店印行的《青岛指南》中《美术品》出品者名单中有“骆六桥”；1937年，青岛市政府招待处编著出版《青岛概览》，该书《书画家》栏目中也有“骆六桥”的介绍，足见骆金铭在岛城书画界颇有知名度。

1935年3月23日，市政府公布《乡区建设办事处规则》。《规则》经第135次市政会议通过，规定在李村、沧口、阴岛先行试办3个办事处，由市政府及市工务局、社会局、教育局、公安局、农林事务所各派1人组成，市政府委任各办事处主任。自4月起，乡区建设办事处设置提速。5月3日，骆金铭被委任为海滨区建设办事处主任。海滨区建设办事处办公地点选在常州路15号内，5月16日启用新钤记，正式对外办公。

骆金铭虽然已是新单位领导，但仍放不下写作。

1934年6月20日至7月底，为期40天的第3届全国铁路沿线出货品展览会（简称铁展会）在北平举行，“成绩斐然，社会誉扬”。会后，组委会决定，1935年夏季为期一月的第4届铁展会在青岛举行。

得悉这一消息后，骆金铭决定在铁展会来临前利用公余时间编撰出版一本导游青岛的书籍。此书即是后来影响一时的《青岛风光》。

1935年农历五月中旬，骆金铭完成《青岛风光》文稿编撰，他在序言中写道：

> （青岛）是以遐迩闻风，中外倾慕，每当夏季，来青避暑者踪指相接。惟原有导游记载各书，种类虽多，繁而不备，一鳞半爪，全豹难窥，以此导游，不无缺憾。本年夏间，更有铁路展览会之举，游人必更增多。际兹盛会当前，鄙人利用公余时间，向各方详细调查、征集材料，依据最近社会状况，搜罗成书，以助游兴，携此一册，既少就问之烦，即可按图索骥，择胜而访，岂不便哉。爰不揣固陋，辑是书而为诸君前马。

《青岛风光》凡例称本书完全为青岛导游性质，对于中外人士来青游览所必需之衣食住行均指示周详。地理、名胜、古迹、中外旅馆、中西菜馆以及一切娱乐场所应有尽有，甚至时间价目靡不网罗无遗。本市机关、团体、文化暨年来市政建设所列尤详，悉有依据。唯商号一项限于篇幅未能一一备载，兹择其营业较大者分别纂入，以便游人采购，有所认识。

1935年6月，兴华印刷局刊行《青岛风光》，编著者为“杭县骆金铭”，校对者为“泗阳曹佩兰”。由此看来，骆金铭妻子曹佩兰担任了该书校对。

任海滨区办事处主任刚满半年，骆金铭即被免职，返市公安局任原职——文书铨叙股主任。

11月5日，奉市府（总）第1221号训令，“海滨区办事处主任骆金铭应着回公安局文书铨叙股主任原职，遗缺着以本府科员梁永凯补充。合行令仰即知照。并着即日到差视事，除分令外，办事处主任相应移交公物，即日分别造册函交梁主任”。

7日，《平民报》对此作了简要报道：“市府通令所属更调办事处主任，共计海滨、薛家岛、劳西、劳东四区，骆金铭仍回公安局服务。”

1936年1月，青岛市政府对时任公务员作家庭情况调查。骆金铭登记的信息显示此时他与家人住在广西路52号，已与曹佩兰生下4个孩子：为龙，为麟，为强，为凤。

1937年12月18日，日本陆军参谋部下达侵占青岛的命令。21日，国民党驻青岛部队首批撤离。31日，在实施“焦土抗战”炸毁拥有45万纱锭的日本九大纱厂及啤酒厂、铃木丝厂、丰田油房、太阳鑫和雨橡胶厂等日本在青岛重点工厂，自沉舰船堵塞港口和主航道后，市长沈鸿烈率部下9000余人撤离。

骆金铭没有追随沈鸿烈，他选择了留在青岛。对此，1945年10月13日，骆金铭撰写的给市长李先良、副市长葛覃的声请书中有所解释："（1937年）12月30日，金铭长子春霖随同沈公（注：市长沈鸿烈）撤退，金铭因感寒易咳，既无抗战能力，未予同行，且家中小儿女及孙辈人多，无法远离，以致流落于沦陷区域，一般友好咸畏次子（骆春霆）从事中央空军有抗战性质，甚而不同函问，姑且作闭门课子鬻字为生。"

任职伪警察组织晚景凄凉

青岛沦陷后，骆金铭闭门在家辅导儿孙、卖字画维持生计约一年，青岛进入伪特别市时代。

1939年1月，青岛治安维持会被撤销，伪青岛特别市公署成立，原维持会警察部改称伪青岛特别市警察局，并大举扩容，内设警务、保安、特务、警法、卫生、经济6个科和督察处、教练所、诊疗所、警察队、消防队、清洁队等班，辖市南、市北、海西、台东、四沧、李村6个分局和36个分驻所、63个派出所、4个检查站。

1月27日，52岁的骆金铭复出加入伪警察组织，任伪青岛特别市警察局警务科员，科长为日本人锻治谷信夫。骆金铭的职责是庶务股文稿撰写，月俸90元。其工作概况是，"主办本局警务科庶务股一切文稿，兼任市公署临时法规审议委员会委员，讨论审查市法规草案，并搜集市政公报材料"。

骆金铭缘何附逆？在致李先良、葛覃的声请书中，他如是记述：

> 其时次子（骆春霆）参加山西风陵渡一役，在蒲河镇失事，又云阵亡，或闻被俘，今尚未能证实。长子春霖在沂水、蒙阴一带防次，闻耗端为手足情深，请假直赴山陕查访，跋涉长途，了无确息，结果因劳累病倒汉口，旋于同年7月乞资由宁汉路转道香港带病返青，满身水肿，缠绵9月去世。而次子之接济家用，亦告断绝……我私心苦闷，非等寻常，晚景无依，兼之家口嗷嗷食之者众，生之者寡，罗掘俱穷，点金乏术，为饥饿所迫，不得已于二十八年一月始行参加伪组织工作，立意仅图糊口，不求闻达。

中央航校第6期毕业、国民党空军5大队17中队少尉飞行员骆春霆在山西风陵渡、蒲河一带英勇参加空战，生死不明。当哥哥的念及手足深情，长途跋涉，千里寻弟，结果中途染病，辗转回青岛不久病逝。为了一家老小生存，骆金铭不得不放弃尊严走进伪警察局任职。

骆金铭因写作特长得到了伪青岛警察组织的赏识。1939年8月3日，伪青岛特别市警察局局长傅鑫鉴于本局给伪市公署公报提供的文稿迟迟未能完成，特派局总务科科员骆金铭负责统筹，“着各该科先将自7月1日起应行送登材料克日查卷补抄一份，交由骆科员汇集以凭付梓，审核后在稿上加盖‘送登市公报’木戳”。

1941年春，因为成绩突出，伪青岛特别市警察局副局长、日本人对马百之推荐骆金铭任沧口分局局长。骆金铭自述，

“闻讯之下异常惶恐，一再固辞，初不许之，旋答以不会打仗一语，始行罢议”。

1942年7月1日，骆金铭奉令退休。他在相关材料中写道：“前次因公感冒咳嗽多年，并患支气管炎喘息症复犯，竟至行动维艰，形同废人，惟此恶疾，正深受苦恼，旋于本年6月间奉特别市公署令，所属职员年龄50岁以上，应行退职，案内并退职，最后月俸130元。”

12月9日，退休5个月的骆金铭从伪华北政务委员会1941年11月5日（政法）第7398号通令中获悉，“公务员退职除依暂行规则给予退职金，如合于恤金条例有关规定者可依恤金条例给予恤金”后，遂向伪青岛市警察局申请抚恤金。

1943年4月6日，伪青岛特别市警察局呈文伪华北政务委员会，“为已退职科员骆金铭在职时积劳过度染患为疾恳请抚恤”，后经批准，每年发给骆金铭恤金780元。

1944年1月31日，徐养之接替傅鑫任伪青岛特别市警察局局长。3月15日，经动员邀请，骆金铭再度走进伪市警察局，任秘书。骆金铭“病愈”再度任职，其享受的年抚恤金资格理应取消。3月，伪华北政务委员会委员长王荫泰签发“关于警察局退职受恤科员骆金铭恤金证书予以注销的指令”。

1945年8月15日，日本宣布无条件投降。18日，远在重庆的蒋介石电令在崂山一带坚持抗战的李先良担任青岛市市长，代表“中央政府”接受日军投降。23日，国民党青岛接收委员会成立，李先良兼任接收委主任委员。

9月13日，奉蒋介石电令，李先良率青岛保安部队由崂山进驻市区，司令部设在江苏路17号。17日，正式接收伪青岛特别市政府及伪保安武装，国民党青岛市政府警察局随即成立，战前曾任青岛第一警察分局局长的孙秉贤任局长。

鉴于骆金铭在青岛市从警已达23年，经历过不同时代，是该领域的权威，并且青岛刚从日本人手中接收，百废待兴，所以孙秉贤挽留骆金铭继续发挥余热。

10月13日，青岛市政府秘书处以府（秘）字第13号通告二十六年事变（注：1937年7月7日卢沟桥事变）时停薪留职人员限期登记，这自然包括骆金铭。为此，他撰写长达千余字的声请书，委托市政府秘书长梁伯训转呈市长李先良、副市长葛覃，直言“违反办法第一条之规定似非甘心附逆，实有不得已之苦衷”。

在声请书中，骆金铭自豪地写道，1937年10月18日，沈鸿烈市长召见他并当面告知，其次子骆春霆在上海陷落前，“以空军参加淞沪出征一役，击落敌人木更津航空队重型轰炸机一部，并毙敌数人，（沈公）盛赞为国杀敌，训勉有加”。

11月13日，骆金铭致函市政府秘书处第二科，并附送公务员证、疏散证。其公务员证为“市府第511号”，疏散证为1937年9月8日颁发，系“警察局（总）字第514号”。

在市政府疏散人员登记函中，骆金铭旧事重提：

> 金铭于二十六年底撤退时，两子均已分别随军抗战，家中仅有妇孺，本身体弱，曾经陈明前沈市长、廖警察局长，允许未与随行。二十七年闲习字课子，再不参加任何工作。及长子亡、次子音信不通，救济断续，迫于生计，不得已仍在警察局充任科员秘书，迄今完全为维持全家生计……

同月23日，市政府登记完毕，将公务员证、疏散证一并归还骆金铭。

1946年6月，青岛市政府警察局公务员任用审查表中有骆金铭的个人登记表。此时，骆金铭任市警察局秘书室一级科员，每月实支200元。该表“性行”栏中写有“和蔼端正”四字，这是市警察局对骆金铭的评定，意味着市府不再追究其“附逆”这段历史。

9月6日下午2时，骆金铭在家中写字时猝逝，终年58岁。

骆金铭至死时也不知道次子骆春霆的准确下落。

有史料载，1938年3月8日，骆春霆奉命驾机自西安飞往山西风陵渡附近日军炮兵阵地执行轰炸任务，完成任务返航时，在华阴、渭南一带上空遭遇日本敌机，在与同行飞行编队击落两架敌机的情形下，其所驾飞机被击中坠落。

事后，日军竹野联队搜寻中方坠毁飞机的残骸。一名腿部受重伤的飞行员看到日军逼近，拒绝被俘，拔出手枪壮烈自尽。日军从这架飞机残骸中仅搜到骆春霆的遗物，便以为自尽的飞行员是骆春霆，遂将其安葬，并立木碑，上书“故中国航空士骆春霆之墓”。

骆春霆遗体因未被寻见而被“后方”报为“失踪”。

1957年10月29日，青岛市人民政府追认骆春霆为烈士，给予其母曹佩兰烈属待遇。

1998年，骆春霆遗腹女骆宜慧历尽艰辛寻访得知，其父骆春霆在那场空战中侥幸活了下来。

原来，所驾飞机被日寇击中后，骆春霆跳伞坠入黄河，凭借良好的身体素质和幼时练就的游泳技能，他奋力游上岸。或许在坠机过程中头部受伤，致使神志时有不清，他无法说明家乡地址，故流落在山西芮城县一带，后被当地农户收留，直至1979年病逝。

骆春霆生前的一张照片写有如下文字：“骆春霆，22岁，籍贯浙江杭县，通讯处青岛市泗水路6号。”

余晋龢与青岛警务

无论是当时打量还是当下回望，余晋龢的人生虽有截然相反的两个阶段，但任职青岛市公安局局长那41个月，其功其德均可圈可点。

余晋龢时代，青岛公安利用指纹破案、警犬训练等经验在全国警界推而广之；其创设的警察公墓，每年春秋两季祭奠，开全国风气之先。

鉴于上访者“知识薄弱”，余晋龢每天派员办公时间在市公安局传达室免费为其缮写递呈，取消代书这一牟利行业。他还明令取消棍责，改为禁闭，给违纪者以尊严。

更为难得的是，余晋龢设身处地体恤属下，“几竭心血，力谋经营”，使青岛公安系统实现了“病者有治疗之方，死者有埋葬之地，困难有互助之处，妻子有聚居之所”。

从港务到警政

余晋龢，别号幼庚，浙江绍兴人，早年赴日留学，1906年入学东京宪兵练习所，1911年从陆军士官学校毕业。归国后，历任北洋政府陆军部参事、宪兵学校教官等职。

余晋龢一生中有11年在青岛度过，这与同从宁绍平原走出来的胶澳善后督办王正廷有关。在今天看来，当初王正廷邀请余晋龢参与1922年12月10日青岛行政权交接，以及此前中、日双方细目谈判，主要源于三点：一是同乡之谊，二是余晋龢的留日背景，三是余晋龢的宪兵学校教官身份。而后两者尤为王正廷所看重——与日方谈判，锱铢必较，急需日语娴熟且熟谙日本法政的人员；接收青岛需要训练有素的中国警察，而警察的系统培训仰仗专业教官。

1922年12月10日，虽枝节横生，但因擘画周详，青岛自日本占领者手中顺利回归，胶澳商埠督办公署组织机构随即产生，城市运行进入正常轨道。因接收青岛有功，余晋龢被中枢选定留青，出任胶澳商埠督办公署码头局局长。

24日，《申报》报道胶澳督办公署组织就绪：

> 胶澳督办公署已移至旧德国衙门，至该署之组织业已拟定，自督办、会办以下，设厅局所。其中，警察厅长程立、发电所长孔祥熙、码头局长余晋龢、森林（林务）局长凌道扬……

1923年2月20日，山东省省长兼中国行政接收青岛委员长熊炳琦致函日本青岛行政移交委员长秋山雅之介，通报中方青岛动产评价委员名单，码头局局长余晋龢为委员之一。

此时，经过3个月移交接收（自1922年12月10日正午起），尚存动产评价、盐田接收、测候所所长及职员派遣三方面未进行。1月14日，日方将民管、陆管各项动产评价表册移交给胶澳商埠督办公署，督署审核后“发交各关系局所迅速核议具复，以凭办理”，双方随后约定日期对动产逐一评价。

1923年3月1日，熊炳琦发布胶澳商埠督办公署关于各机关已分别改组的训令：

> 查自本埠组织以来，百端草创，规模较大，财政遂绌。综核各机关预算，岁支370余万，入不敷出，所差甚巨，不得不严加整顿，彻底改组，力求撙节，以固基础，而策进行。现经修改商埠组织章程，并将各机关分别改组。其中，将码头局、港务局并为港政局，余晋龢任局长；林务局、农事试验场改并为农林事务所，凌道扬任所长……

3月16日，《申报》解读胶澳商埠督署改组裁员的原因——部门林立，人浮于事，收支相差悬殊：

> 青岛收回后，直隶中央，体制甚宏。计其组织，督办、会办以下，有辅佐机关五个、主要行政机关七个、临时机关两个、附属机关十余所，胶澳市区人口不及25万，每年税收不足150万，行政部属机关数十计，从政者以千计，年需行政经费370余万，其将何以自存？乃不得不出于裁员改组。

1929年4月15日，随着北伐胜利，南京国民政府接管青岛，北洋政府管理的胶澳商埠时代结束，青岛成为由南京国民政府直接管辖的特别市。

7月1日，青岛特别市代理市长吴思豫签发令："兹派余晋龢为接收青市港政局委员。"翌日上午，余晋龢奉令前往接收青岛市港政局。

余晋龢在青岛市港政局仅待了半年，1930年3月10日，青岛特别市发布第1号委任令，任命余晋龢为公安局代理局长。是日下午3时，余晋龢到局接任视事。

建立四级警务体系

《青岛警察沿革》载，余晋龢“接事后，赓续厉尔康任内计划进行之马路派出所”。此前，公安局局长厉尔康规划在市内重要区域建设38处马路派出所。

厉尔康，浙江杭县人，1888年生，清代著名文学家厉鹗后人，晚清知名篆刻家厉良玉次子，早年就读于浙江武备学堂、东京振武学校，1908年与阎锡山、孙传芳等人毕业于日本陆军士官学校第6期步科，后回国效力。1909年，清政府陆军部组织对留日回国士官生进行考试，厉尔康和阎锡山、孙传芳等因成绩优异被授予陆军步兵科举人。此后，厉尔康跻身军政，1924年起历任浙江陆军测量局局长、训练总监部军学编译处少将主任编辑。1929年初，受南京国民政府派遣赴济南、青岛接收日本人代管之兵工厂及兵营设备，同年5月23日，任青岛特别市公安局局长，系南京国民政府接管青岛后废除警察厅改为公安局的第二任局长（注：首任局长为吕子人，在任月余）。

上任不久，一个叫刘恩华的身份不明者大白天被暗杀在云南路国民桥（又称定安桥），8月10日夜和16日傍晚时分，丁惟尊、王复元相继被枪杀在费县路与滋阳路路口、中山路新盛泰皮鞋店内，“以此冲要繁华处所，白昼迭出暗杀命案，居然凶手均未弋获”，青岛一时人心惶惶。

厉尔康深感压力巨大，除加紧部署防务、抽调人员破案外，还积极与市警务改善委员会人员商讨治本对策。最后商定：仿照北平市办法筹设马路派出所，但建设马路派出所耗资较大，特别市新立财政捉襟见肘。一筹莫展间，青岛市商会诸公“为桑梓谋安全，具表同情”，并在商会内部设立警卡协款委员会设法筹款，资金之困顿解。市公安局警务委员会成立马路派出所设计委员会，派员分头查勘派出所地点，最终敲定在市公安第一区、第二区全部和第三区、第四区部分地段，设立马路派出所共38处，除将原有分驻所裁并改设外，拟建筑木制板房派出所29处。随后，从北平招募警察380余人，假大连路兵器厂训练，后分拨各区，作为马路派出所成立的基干人才。

马路派出所建设付诸实施时，11月底，厉尔康奉令调往国民革命军总预备军团总指挥部，出任中将参谋长。12月5日，第15路军参谋长罗震继任。罗震在位三月有余，期间曾就推进马路派出所建设事宜与青岛总商会对接，无奈任期太短，“所商未得要领，因而陷入停顿”。

罗震奉命调回第15路军继续任参谋长后，余晋龢接任。“因其曾经两度出长港务事，久于斯市，地方情形较熟”，马路派出所建设于是赓续迈进。1930年5月，38处马路派出所筹设完竣，共投资1.2万余元。因对每处马路派出所安装电话一部，此项目共投资8000元。经市府核准，拨给市公安局电话材料费、安装费等项共4000余元。如此算来，建设马路派出所累计投资2.5万余元。

马路派出所竣工前夕，市公安局制定出台分驻所派出所暂行章程，共分组织、权限、警务办法、服务规则、休息及请假、附则6章，总计42条。同时，按照巡守制度，市公安局对拟配置的警员进行岗前集中训练。6月15日，38处马路派出所正式启用。自此，青岛市公安系统形成了“市局、区分局、分驻所、马路派出所”四级警务体系。

《青岛警察沿革》记述：“每处派出所设警长两人（即所主任、佐理）、警士八人，以二人为一组，分三组由警长带领出勤，一警值日备差、专查所辖户口，一警休息。故每日必有警士来回巡逻，周而复始。故每八日之中，必有一人轮及整日休息，警长休息由分驻所派人替班。数载以来，渐见完善。”

青岛警务创新迭出

自1930年3月10日接任青岛市公安局局长，至1933年9月16日履新北平市公安局局长，余晋龢在青岛警界供职三年半。其间，青岛警务创新迭出，一些做法被全国各地复制、推广。

推广指纹破案法。青岛警界采用指纹破案，始自1926年胶澳商埠局总办赵琪聘任德国顾问安德河。是年冬，商埠局警察厅长吕敩亮决定将这一做法组织化——添置指纹存储柜、按印器、分析器、摄影器材等设施，并安排三名警员专职管理，由安德河负责指挥。1930年12月12日，余晋龢因势利导在市公安局成立指纹班，负责指纹破案业务。不久，分批选调干练长警组成指纹传习班，系统学习指纹破案知识，经考试合格后发给结业证书。至1931年年底，市公安局已有百余名指纹破案专业人才。有计划、有组织地培养指纹专业人才，青岛开全国之先。1932年12月，《青岛市公安局指纹处理规程》编制完成并颁布，共33条，各省市公安机关纷纷借鉴使用。

取消代书。旧时青岛乃至全国各地，人民知识贫乏，到衙门办事常常请人代书诉状文案，由此催生一门职业。一些代书者唯利是图，甚至颠倒黑白诈人钱财。余晋龢在批阅所递各呈时发现，“不但语句不通，恒多昧于事理，以此情形，官民交受其害”，于是命令相关处室拟定出改革办法，最后决定：自1931年7月15日起，凡属于警察范围递呈或请求者，由市公安局派员每天于办公时间在本局传达处代为缮写，不收取分文；所有代书，是日即取消。弱民闻讯，无不拍手叫好。

废除棍责，改为禁闭。对违纪者进行棍责是官衙沿袭的惯例。余晋龢认为，通行棍责辱没人的尊严，明令废止。1930年冬天起，按照所犯情节轻重，改为酌予禁闭，并修订赏罚章程，作为定例。“多年遗毒，一旦铲除，不亦快哉！”《青岛警察沿革》如是评价。

提倡安设警铃。1930年11月的一天上午，青岛市公安局会议室内警铃声阵阵响起。这不是有险情按铃报警，而是一场现身说法的演示。围观者为青岛市银行、钱庄等负责人。此举系局长余晋龢借鉴上海、北平等地以及西欧各国做法，拟在青岛各单位及富商家庭中推广警铃安装。这一时期，农业灾害不断，军阀混战，全国经济凋敝，由此匪氛嚣然，治安堪虞。本市一些银行、钱庄常为各路贼人觊觎，警察昼夜巡逻，疲于应付。余晋龢想到推广装设警铃，“一旦屋内有警，立时可达官厅”。前来参观演示者对此法大为赞赏，市公安局为此出台《安设报警铃计划书》，使采购安装各环节有章可循。“年来，各银行钱庄及各大商号逐渐装设，入室案件大降。”

制定轮船检查办法。青岛是华北重要港口城市，樯帆林立，时常有不肖之徒私带违禁物品乘机窝藏在帆船中，出没于大港、小港码头。曾两度出任港务局局长的余晋龢熟知这些伎俩，出任市公安局局长伊始，他让市公安局会同港务局先后制定《青岛市检查轮船旅客暂行办法》（共计19条）、《青岛市检查小港船只简则》，1930年7月呈市府批准后实施。按照规定，每天上午6时至下午6时为检查时间，旅客须填写《下船旅客移报表》，“凡属往来本港之轮船、渔船、帆船，均须会同派员分别严密检查后，时准入港”。

指挥交通走向规范、法治。1930年前的青岛城市警察指挥交通完全徒手，欠有定式。余晋龢出任市公安局局长后，组织警员参照陆上交通管理规则，编制《青岛市公安局交通指挥法》，并附《警棍佩带及持用法》。前者包括指挥注意事项35条、指挥方法及手势5条，附图示；后者分警棍佩带、摘取、握持、指挥交通、使用、敬礼六部分，各配图示。

《青岛市公安局交通指挥法》出台后，市公安局抽调各区长警于1930年11月成立交通警察组，并延聘专门人才训练一月。嗣后，分别召集汽车司机、人力车、马车、载货马车车夫到市公安局听取专人讲解交通指挥法，使其“知所趋避”。翌年6月10日起，青市各岗警所持步枪一律改配手枪，悬之于前肋左肋之间，并各佩带警棍，依照《青岛市公安局交通指挥法》指挥马路交通。新法实施之始，为做到整齐划一，市公安局交通警察组织人员分头现场检查指导，并对优秀者予以奖励。

扩充警犬、犬舍。青岛采用警犬破案始自安德河。1926年冬，安德河建议胶澳商埠警察厅添置警犬。翌年春，商埠局出资自德国购进纯血狼犬3只，一公两母，并建筑犬舍5间，购置训练用具，聘请内务部警官高等学校警犬专科毕业生李家驹协助安德河督察长专职训练。1928年6月，警察厅又从德国购买母犬2只。由此，警犬繁育增多，原有犬舍与助手均不敷用，警察厅增派人手并增筑犬舍3处，成立警犬班负责警犬养护、繁育、训练事宜。余晋龢上任后，继续完善警犬养护、繁育、训练事宜，组织编制《青岛市公安局警犬班服务办法》（共13条）；协助警犬班收集世界先进警犬训练书籍，分别编辑翻译，筛选汇成《青岛市公安局警犬教练法》，包括调教、训练、管理、饲育、疾病诊治等内容。1931年冬，市公安局呈文获准，市政府拨款增筑犬舍6间、犬用厨房1间、犬病隔离室1间，增添用具，并建起围墙，形成院落。每天在屋前、屋后按规定时间对所有警犬进行基本训练、应用训练和嗅觉训练，每次二三小时。为保证警犬血统纯正，市公安局明文规定：母警犬所生幼崽绝不能再与同血统的交配，因此每隔一二年须购进新血统母犬。1932年起，定期自德国一次购进母犬一只。青岛市公安局警犬饲育、训练走在全国前列，不少省市公安局前来学习。

创办警务期刊和外语培训班

罗震任市公安局局长时，鉴于公安系统“各种行政，绝少记载，稽诸档案，类多残缺”，组织属下编辑《公安月刊》杂志，以革前弊。第一期出版不久，罗震离任，该刊遂停。余晋龢上任后重启《公安月刊》采编工作，并委派第一科文书股主任骆金铭兼任总编辑，“凡属公安局一切重要文件，以及关于警察常识并应行研讨各论，靡不网络在内”。为保证刊物定期出版发行，市公安局设立专项资金，不足费用从各职员薪水中按月扣捐，分2元、1元、5角、3角4个等级，因一线警员月薪微薄，免予扣捐。因为经费有保障，1931年1月起，《公安月刊》更名为《警务周刊》，每周出刊一次，内容分论著、法规、公文、榜示、公告、统计、记录、图表等八门，自秘书至警士人手一册，不再另行收费。包括分赠各省市公安局交流在内，每期发行3500~4000册。至1933年6月第130期出版时，累计发出50

余万册。嗣以“需费浩大，手续繁重”，是年7月起恢复月刊，取消扣捐，每期印刷减至1000册。

在余晋龢任内，市公安局还印刷出版1930年、1931年、1932年各年度业务报告。此外，他组织同事利用公余时间编辑出版的警察用书、教授课本等不下30种，主要介绍先进国家的警察知识、经验所得，“俱切实用，故各省市公安局机关承购者颇不乏人”。

青岛建置不久，先后经历德租日据，“华洋杂处”是其鲜明标签。青岛回归后，有英、美、俄、德、法、日、意等20多个国家的侨民，“日人为最，俄人次之”，日本人投资建设的纱厂散布于沧口、四方一带，“执此间纺织业之牛耳”。侨民多而杂，警察在执法时因语言不通容易发生误会，“小则惹起纠纷，大而妨碍国际”。鉴于此，余晋龢决定在市公安系统创设外国语学组，设组长、副组长各1人，教官4人，班长1人，事务员1人，并制定《青岛市公安局员警学习外国语办法》，每期挑选粗通外语且有志愿之警员105人，分英语（70人）、日语（30人）两班，遴选职员中有外语特长者分别教授。

1930年12月1日，市公安局外语班正式开课，每星期授课两次，每次1小时30分，修业期为一年。学习期间，按月考和季度考分数酌给奖金。修业期满后，学员仍在原处执行勤务，但每月发给津贴，其中警士5元、警长7元、巡官10元。

依据《青岛市公安局员警学习外国语办法》，其学额分配及入学资格如下：

学额分配：第一分局计20派出所，各选长警42名，分3班，每班14名；第二分局计12派出所，各选长警24

名，分3班，每班8名；第三分局计2派出所，各选长警6名，分3班，每班2名；第四分局计4派出所（除仲家洼、大湛山村外），长警9名，每班3名；其他本局分局办事员及保安警察队长警志愿学习者计24名，分3班，每班8名。

入学资格：志愿者、成绩优秀文字通顺者。

修学期限定为一年，除按月举行月考外，六个月举行半学期考试一次，不能深造者退学。

教室设于本局，每班每星期授课两次，每次教授时间自晚七时至八时半。修业期终了，举行修业考试，发给修业证书，并按成绩分别给奖励外，准予登记警籍名簿及进级名次序列簿，以作进级及考绩等之参考。

“几竭心血”改善警员薪资待遇

“病者有治疗之方，死者有埋葬之地，困难有互助之处，妻子有聚居之所。”这是《青岛警察沿革》针对余晋龢体恤属下积极争取为其提高待遇、解决实际困难所作的评价。

余晋龢出任市公安局局长时正赶上青岛物价飞涨。物价高到何种程度？从当时的记录中可窥一斑：“青岛百货奇昂，日用零星均以一角起码，虽有铜元，极少用处。”

物价飞涨，迭经呈请的提高月薪迟迟不能兑现，余晋龢想到了系统内“抱团取暖”——按照财团法人通例，成立警察共济社，取代此前的警察集义会。

早在1923年，胶澳商埠警察厅即成立警察集义会，对系统内职员因公殒命或积劳病故者进行救济。集义会规定：警察厅职员薪饷在百元以上者，按百分之二纳赙，百元以下者按百分之一纳赙，长警免纳；各区队长警，本厅暨所属各署、队职员长警，均一律按薪饷二百分之一纳赙。1930年初，青岛公安系统人员多达4000人，按照集义会标准，对因公殒命者也“仅仅限于衣棺之费”。余晋龢发起按照财团法人通例成立警察共济社，出台《青岛市警察共济社规则》，共18条，明确本社目的有二：一、励志：包括品学、学术、技能、节约、体育之励进；二、扶济：包括医疗、死亡、废疾、遭故、退职及其遗族之扶助。

1930年7月1日，经市政府核准备案、市社会局立案发照，青岛市警察共济社正式成立，公推余晋龢为社长，市长胡若愚为总裁。《青岛市警察共济社规则》规定：普通社员每月按所得薪额捐助百分之一，但40元以下者捐助千分之五，长警丁夫饷工每月均照千分之五扣捐。“如此基金有备，在职员官长警死亡、医药以及无资告归者，均纳赙补助。”

救济补助仅能解一时之困，改革饷制、提高月薪方能治本。青岛行政权接收后，胶澳商埠督办公署参照京师警察月薪制度制定青岛警察饷制。即：三等警士月薪9元、二等警士月薪10元、一等警士月薪11元，三等警长月薪13元、二等警长月薪15元、一等警长月薪17元，三等巡官月薪25元、二等巡官月薪30元、一等巡官月薪35元，伙夫8元。1926年后，物价飞涨，警察厅多次呈请加饷，因财政困窘和政权更迭，一直未能落实。余晋龢执掌警政后积极争取，特别市政府遂于1931年5月起改订饷章，给警员加薪，给学警发放津贴。新的月薪标准是：三等警士13元、二等警士14元、一等警士15元，三等警长17元、二等警长19元、一等警长21元，三等巡官30元、二等巡官40元、一等巡官50元，夫役10元，清洁队员12元、清洁队班长20元，教练所学警津贴10元。

1931年，青岛警察们不仅实现了争取多年而未得的加薪，而且在余晋龢协调下，市公安局组建医务室，警察及家属们在单位内就可免费看病、低价取药。

相较于吃饭、医疗等日常难题，居住才是警员们的第一难事。青岛警察档案载，1930年初，青岛市公安局警员、丁夫累计近4000人，因工资多年未涨，警员们生活窘迫，其有家眷者，近一半居住在台西挪庄、西岭一带，自行用席棚、木板搭盖临时房，与贫民们混居。而临时房易发火灾，在政府取缔之列。市政府虽在爱心人士捐助下建起千余间平民住所，但均以“每方步年租一角”租赁给了赤贫之户。对于非平民住所的租赁，警员们只能摇头叹息——“即以偏僻小屋而论，每间月须三四元，际兹米珠薪桂，长警月饷微薄，赡养已属匪易，焉有余力担任如许租金？”

警员们的窘迫、辛酸让余晋龢寝食难安。“如何纾其困难，俾得专心其职，减少身家内顾之忧，务尽捍卫地方之责？”余晋龢颇费一番思量。最后，明知不可为而强为之：为警察家属筹建宿舍，解决其居无住所之苦。呈文送至市长胡若愚的案头，因地方财政寅吃卯粮，胡若愚无力出资，仅能给地，于是令市财政局划出团岛二路、大连路两段公地用于市公安局建筑宿舍。建房工程浩大，款无所出，情急之下，余晋龢慷慨解囊，个人捐出2000元，然后协调警察共济社两次拨款共计8000元，一并作为建房启动资金。

“广厦之建，非一木之材；千金之裘，非一狐之腋。”区区万元资金只是杯水车薪。于是，余晋龢呼吁社会各界发起劝募。万国体育会慷慨相助，先后跑马加赛两次，共得洋4万余元，一并捐给市公安局。在其示范带动下，青岛绅商踊跃捐款。各路资金汇总后，由青岛长顺工厂承包建设，包价约为7万元。建房所需石料就地取材，所需沙子请准财政局免费开采。材料中所需洋灰最多，经协商通融天津启新洋灰公司减价供给。1933年9月，在团岛二路地块建造的砖石洋灰铁筋平房94处和在大连路地块建造的砖石洋灰铁筋平房212处相继竣工，每处房屋分前后两间，水电齐全。青岛警察终于有了自己的家。

1930年7月31日，市公安局第一科文书股主任骆金铭上书余晋龢，请其呈请市政府"拨给相当官地十亩，创设警察公墓，并春秋致祭，以使死者含笑九泉，感盛德于千秋不朽矣"。余晋龢阅后批示："所见甚是，即拟呈文请赐拨。"

8月15日，市公安局向市政府呈文"拟请拨给官地创设警察公墓"。

窃查贱局按现编制，官员、长警、丁夫连第三保安队归后，综计人数达四千人左右，冒暑冲寒，披星戴月，其职务之苦无可讳言。贱局官员、长警、丁夫本市之人甚少，隶籍南北，假设遇死，上有家属者固可搬柩回籍，得以魂归故土。且年年时局不靖，往往因受战事影响，途为之梗不得返，浮厝一时。甚有只身无家可归者，一旦死亡，由来埋葬湖岛，一经埋葬，稍一年久，不但无人忆及，竟至失考无所，究竟是否抛弃不得而知，稍具知觉者睹物伤其类，思之不寒而栗。钧长准予令饬财政局拨相当官地十亩，俾作警察公墓，责成共济社经营，先草创规模，以为警察葬身之地，一俟共济社基金充裕，再行建筑围墙，派丁管理，未来长警政者，例应率同僚属春秋致祭以慰幽魂。拟请拨给官地创设警察公墓。

市长胡若愚阅后允准，令饬财政局拨给四方孤山一带官地10亩。1931年，由青岛市警察共济社募集资金5000余元，鸠工庀材，先后建起警察公墓大门、围墙和祭堂3间、停柩室3间、管理人住室2间，并栽种花木，拟订出《青岛市公安局管理墓地准则》（共15条）、《青岛市公安局警察公墓看守办法》（共15条）。将青岛警察墓地划分为不同等次，即甲等员官、乙等长警和丙等丁夫。雇用看守人负责大门启闭、院落洒扫和墓地树木培植、整理等事宜，并派第五分局第二分驻所巡官为管理员，就近监督一切。从此，埋葬有序，岁祭有时。市公安局规定：每年4月10日为春祭日，每年10月10日为秋祭日，届时公安局局长率下属致祭，以昭诚敬。至1933年时，青岛警察公墓已筑墓20多座。

在“几竭心血”改善警员薪资待遇的同时，余晋龢还极力完善考核选拔制度，给一线警员公平公正的晋升机会。

余晋龢执掌青岛警界前，全市警察的履历填写极其简略，“不过姓名、年龄、籍贯、三代、箕斗、保人姓名而已，个人出身、先后职业、在职经历、赏罚甚至兄弟、妻儿、本人生日、原籍住址等均乏考查”，遇有升迁降调以及抚恤奖赏等均无从考证。1930年秋，余晋龢安排市公安局相关科室编制《青岛市公安局警籍简则》，经市政府批准公布后，市公安局通令全市警察认真填写警籍表，并派员管理警籍档案，自此警察升迁考察等均有依据。

自胶澳商埠督署时代起，青岛警察提拔欠重资历业绩而多重派系、出身，难昭公允，“徒启钻营之门，往往为人情所屈服，长此偏枯，是非刷新警政之道”。1930年秋，余晋龢革除前弊，成立青岛市公安局甄别委员会，制定甄别巡官长警的《青岛市公安局甄别委员会简则》（共8条）、《青岛市公安局巡官长警任免简则》（共13条）、《青岛市公安局巡官进级简则》（共14条）、《青岛市公安局长警进级简则》（共13条）。根据以上简则，“市公安局定期甄别长警，注重国文、术科、品行以及平时服务成绩，四门总分平均60分以上为及格，依次编立序名本，以为升迁之根本。”

截然相反的选择

1933年9月15日，就在青岛市公安局团岛二路、大连路两处警察宿舍竣工、警员们喜气洋洋准备搬迁时，成绩卓著、颇有声望的余晋龢迎来新职——北平市政府公安局局长。

是日，国民政府令：北平市政府公安局鲍毓麟另有任用，应免本职，青岛特别市公安局局长余晋龢充任。

9月16日，余晋龢匆匆赴北平接任。同年12月，兼任北平特别市参议、外交室主任。1935年12月，余晋龢任厦门市市长，不久便离任。1936年，任国民政府外交部特派员。

1937年7月卢沟桥事变后，华北沦陷，余晋龢出人意料地参加了伪中华民国临时政府，其人生自此形成截然相反的两个阶段。从此，余晋龢的人格尊严快速滑落，最终沦为令人唾弃的汉奸。

青岛市档案馆现有档案文献内有余晋龢附逆后的记录，尚欠完整。

1938年1月10日，颇受日寇赏识的余晋龢出任伪北京特别市市长。

1940年3月，汪精卫建立伪南京国民政府，余晋龢留任伪北京特别市市长。11月2日，《青岛新民报》在显要位置刊载："北京市长余晋龢日内即行东渡，出席都市联盟会。该会11月7日在东京举行，余晋龢在日滞留约半月，18日或19日返京。"

1941年1月1日，《青岛新民报》编印新年特刊，伪南京国民政府主席汪精卫，伪国民政府宣传部部长林柏生、社会部部长丁默邨，伪北京市市长余晋龢等相继提笔，撰写新年献词。

1942年1月1日，《青岛新民报》出版新年特刊，刊发社论，伪青岛市市长赵琪应邀撰写新年感言；伪北京市市长余晋龢在特刊上撰文回顾北京市建设行政一年来的成绩，分社会、财政、工务、教育、卫生等六部分；伪华北行政专员公署齐燮元撰文介绍上年度民政实施概况。

1943年1月20日，伪国民政府特派余晋龢为华北政务委员会常务委员兼建设总署督办，2月1日，余晋龢就职。2月4日，伪华北政务委员会实业总署督办王荫泰将这一重要人事任命以训令形式告知青岛商品检验局。2月13日，伪国民政府最高国防临时会议决定，筹堵黄河中牟决口委员会主任委员殷同因病出缺，拟派余晋龢接任。2月22日，余晋龢接篆视事。3月，余晋龢又任伪国民政府经济委员会常务委员。

1945年8月15日，日本宣布无条件投降。不久，国民政府出台汉奸惩治条例，成立战争罪犯调查委员会，对汉奸进行检举、调查，并开展大规模搜捕行动。

是年12月5日，伪华北政务委员会委员长王荫泰遍撒请帖，邀50余名大汉奸至北平兵马司胡同1号伪华北政委会经济总署督办兼联合准备银行总裁汪时璟豪宅欢宴。晚8时许，众汉奸觥筹交错时，军统局局长戴笠率人赶至，王荫泰、王克敏、王揖唐、余晋龢、殷汝耕等悉数被捕。嗣后，余晋龢被收监，后病殁于狱中。

徐祖善的青岛往事

徐祖善，字燕谋，无锡人，1890年6月生，1957年卒，著述署名多用“梁溪徐祖善”（注：梁溪是无锡别称）。

一生游走于军政两界的徐祖善在民国时期曾两度来青岛。

第一次是1922年青岛回归前后。是年5月，32岁的徐祖善奉北洋政府之命在烟台训练水上警察，为青岛行政权交接做海上安保；9月，他以督办“鲁案”公署参议的身份来青岛，参与青岛回归中、日谈判，并出席12月10日青岛行政权交接仪式。12月14日，徐祖善出任胶海关监督，翌年10月离开青岛，赴津门任天津海关监督。

第二次是1948年夏秋时节。是年8月2日，大连市市长龚学遂转任青岛市市长，时任大连市政府顾问、已近耳顺之年的徐祖善受龚学遂邀请出任青岛市政府秘书长。孰料时局艰难，徐祖善分身乏术，渐趋绝望，乃于11月初递交辞呈，毅然挂冠赴沪，一去不返。

在烟台训练水上警察，参与青岛行政权交接

1922年2月4日，经过长达两个多月30多轮艰难谈判，中、日双方代表在华盛顿签署《解决山东悬案条约》及附约，这意

徐祖善

味着中国政府收回青岛的日程正式开启。

鉴于时局不靖，匪患频起，且“青岛一隅本为盗匪之逋逃薮”，为保证青岛行政权顺利交接，北洋政府决计统筹做好陆海安全保卫。1922年春夏之交，“鲁案”善后督办王正廷委派前陕西省会警察厅厅长程立，在潍县坊子设立巡警教练所，系统培训接收青岛警察600名；在烟台设立水警教练所，委派北洋政府海军部军事科科长徐祖善前往执教，系统培训水上警察260人。

时年32岁的徐祖善能够堪当大任，在于其丰富的海军履历和熟悉第一次世界大战、巴黎和会情况。

1905年，徐祖善考入南洋水师学堂船舶驾驶专业，后因病辍学，一年后复学改学轮机专业。1909年，他以优等第一名成绩毕业，被派往“海琛”号实习，随舰前往东南亚一带巡游六月余，回国后任海军提督萨镇冰侍从副官。

1911年夏，徐祖善被派往美国麻省理工大学学习海军工程专业，专攻军舰制造方向，并在美海军兵工厂实习工作两年。

1915年9月，徐祖善学习期满获硕士学位，年底回国。1916年初，奉命赴欧洲担任一战海军观战员，翌年任驻英使馆海军副武官。1918年春，参与意大利海军在地中海作战行动，并兼任巴黎和会专门委员。1919年3月，徐祖善回国，任职于海军部军事科。

烟台水警训练4个月后，徐祖善被选为“鲁案”中、日联合委员会第一部委员会委员。第一部委员会因主要讨论青岛行政接收等一切议案，包括港务、矿山、邮电（无线电台）、发电所、盐田、实业等具体项目，故又称“行政委员会”。

1922年8月24日，“鲁案”中、日联合委员会公布行政接收准备分委员会委员名单，徐祖善委员的身份是“督办鲁案公署参议”。

《中华民国史事纪要（1923年1—6月）》“青岛接收及其交涉经过”部分记述，1922年9月、10月间，徐祖善等9名行政接收准备分委员会委员在青岛与日方委员连日谈判接收办法以及筛选专门人才，组建总务、行政、工程等接收组织：

> 是项委员会中方委员梁上栋、稽镜、孔祥熙、徐祖善、王大桢、崔士杰、程立等皆鲁案善后督办公署之重要职员，素称熟悉青岛情形。委员会曾于九月十月间在青岛日军司令部迭开会议，协议将来接收之办法，决定先行派遣中国之专门人才入各机关厂所实地视察及实习。中国分委员会即在青岛组织机关，由主任梁上栋向各机关借调专门人才，分总务、行政、工程、港务、实业、盐田、矿山等七股办事。且考察青岛行政及所属各机关组织法、办事细则、人员分配并技术上之各种事

务，向日人调用各种法规、档案、图籍、簿记、契约、计划书等，以为接收之准备。

在北洋政府外交部、“鲁案”善后督办公署、山东省军民要员倾力擘画和青岛接收委员共同努力下，1922年12月10日正午12时，青岛行政权顺利交接。14日，大总统黎元洪任命徐祖善为胶海关监督。1923年10月，徐祖善调任天津海关监督，原职由徐世襄接任。

接收威海卫并出任管理专员，移植青岛成功做法

徐祖善一生在军政两界游走，其最大的荣光是在不惑之年与外交部次长王家桢一起代表南京国民政府收回威海卫行政权，并出任威海卫管理公署专员。

毫无疑问，在“鲁案”善后督办王正廷领导下，1922年参与青岛回归水上警察训练、中日双方议案谈判、青岛行政权交接仪式以及接下来出任胶海关监督等经历，使徐祖善成为接收威海卫并出任管理公署专员的最佳人选。徐祖善具有青岛报人记载的“精明强干”风格，同时又具有行事低调与思维缜密的特点。

对于威海卫回归的细节，民国时期外交家顾维钧回忆录（第一卷）有相关记载。

1922年岁末年初，在解决山东问题（所谓“悬案”）的华盛顿会议上，英国代表、外交大臣贝尔福勋爵发表声明：将租借地威海卫交还中国。

顾维钧分析英国主动归还威海卫的原因是：“此地1898年7月租借，为期25年。到了1922年初，根据租约，25年期限已近结

束。这是英国有必要发表声明的原因之一。”“英国人的声明是非常适时的。它不仅得到中国的称赞，而且获得美国舆论界的好评。这是英国在外交上深谋远虑、机警明智的典型例子。”

由于1924年军阀混战，北洋政权更迭，中、英签署协议草案一事被推迟。直到1930年春中国政局稳定后，南京国民政府外交部部长王正廷与英国驻华公使兰普森签订《中英收交威海卫专约》及协定，归还威海卫终于尘埃落定。

1931年10月1日，威海卫回归一周年之际，《威海卫收回周年特刊》出版，徐祖善作序并题写书名。该书记述了中、英交接威海卫经过：

> 1930年4月，南京国民政府外交部长王正廷与英国驻华公使兰普森签订《中英收交威海卫专约》及协定。徐祖善奉命办理筹备接收事宜，嗣于6月率随员赴威海卫调查并与英驻威海卫办事长官庄士敦商洽交接细目。时值讨逆军在济南失利，英方虽竭诚欢迎，而能否如期交还殊无把握，经再三交涉规定10月1日接收，决不展缓。

书中所言“商洽交接细目”主要包括：英戍军撤退我军接防日期、聘用英国医官薪津问题、刘公岛续租公产详细装修清单。其中，对于接收后拟增添警察200名所需的枪械，徐祖善提议可仿照青岛回归时胶澳商埠督办公署向日方购买枪械的做法，由威海卫管理公署出资向英国购买。后来，因英方出价过高这一计划落空。

9月20日，英驻华公使兰普森正式照会中国外交部，《中英收交威海卫专约》及协定已经英国会批准，国民政府立法院立即跟进批准，双方遂于南京换文如期接收。

斯时，东北军张学良“易帜”，率军入关并占领北平。南京国民政府为防止山东军阀捣乱，决意调动东北海军参与接收威海卫。23日，南京国民政府任命外交部次长王家桢（原东北边防军司令长官公署外交机要处主任）为接收威海卫专员，徐祖善为威海卫管理公署专员。

1984年10月，烟台市政协文史委编辑的《烟台文史资料》第三期刊载王家桢所写《收回威海卫英租地历见记》，文中分析了威海卫接收前的局势：

> 当时，以蒋介石为首的南京政府与冯玉祥、阎锡山的中原大战尚未完全结束，山东未能完全控制，胶东军阀刘珍年正在扩张势力。刘珍年一听说英国要交还威海卫，就跑到南京去运作由他接管。他曾来外交部找我，但是我既不知道他是什么样的军人，也没有意愿和力量帮助他。
>
> 南京政府经过慎重考虑和研究决定，将收回的威海卫改为特别区，由外交部直辖。因是第一个和平收回的租借地，一定要做个模范政治典型，所以派外交部司长徐祖善为特区管理专员，选派我为接收专员，原因一是我可以调动青岛的东北舰队陆战队去平安接收，以免军阀刘珍年捣乱；二是我为东北军拥护南京国民政府做过贡献，有一点酬劳的意思。

王家桢回忆：“1930年9月下半月，我率徐祖善专员、外交部科长邝广林、科员崔存璘由沪赴青。出发的当天晚上，上海霓虹灯上反复映出接收威海卫这条新闻消息。”

《威海卫收回周年特刊》记述，王家桢、徐祖善一行抵达青岛后，与驻青东北海军副司令沈鸿烈接洽各项事宜。因英国交还威海卫手续异常迅速，有关交通、司法、财政等重要事项，经电请行政院转饬有关部门务于接收期前派员前往交接，其余10月1日下午2时应接收的事项则由青岛电派赴威海人员分别办理：一派朱世全、李翼之、王耀东接收《中英收交威海卫专约》第七条及附件规定的应移交物品，主要包括：烟台—威海卫海线及所存储公有物品，公所及住所中器具之一部，电报线（海岛及大陆），“亚历山大”号小轮一艘及小船两艘，卫生车骡及器具，街道之电杆及路灯及英国威海卫行政公署关于路灯之储藏品，救火机器，警察号服，警务各种储藏品，电话线（海岛及大陆），自行车电话机电杆及交换机电线，枪支等项（警察现用者）及其子弹；一派邝广林、吴采衡接收营房及附属品；一派杨敬焕、贺书绅接收官产及附属品，并先期与英财政秘书接洽；一派丁延龄、邱均接收坞口、验货局。

军事接防关系地方治安，为确保万无一失，沈鸿烈派遣东北海军陆战队大队长李润青率300人赴威海卫，协助当地警察维持秩序。一切安排妥当，9月30日晚，王家桢、徐祖善等人乘坐“海琛”号、“镇海”号由青岛开赴威海卫，舰长方念祖、刘田甫率员护送。

翌日上午9时，两军舰抵达威海卫，10时30分登岸。威海卫英国租借地总督庄士敦及下属、威海卫各团体商民代表列队欢迎。王家桢在回忆文章中记录了一个有趣的细节：“庄士敦将其驻威海军及苏格兰陆战队等兵种全部召列起来，举行临时阅兵式。庄士敦陪同我和徐祖善在台上检阅一个多小时，11点半多了，庄士敦和军队要登船离去。我说：‘请吃午饭再走吧。’庄氏用华语风趣地说：‘不行呀，天无二日，民无二主。过了正午就是你们的天了。’”

庄士敦一行乘军舰前往香港，王家桢、徐祖善恭送如仪。下午2时，徐祖善在官舍行就职典礼。嗣后，与王家桢一起将接收情形分别电呈国民政府主席蒋介石、行政院和外交部。

为让民众不忘威海卫曾经的屈辱历史，徐祖善借鉴青岛改建回归纪念亭的做法，牵头兴建收回威海卫纪念塔。1931年10月1日威海卫回归一周年之际，收回威海卫纪念塔落成，为“新威海八景”之一。

收回威海卫纪念塔为三棱形，由45块大理石拼砌而成。塔高32英尺，以志威海卫被英国强租32年。塔正面朝东，上部镌刻“收回威海卫纪念塔”八个镏金大字，下部三面分别刻碑文、中英交收威海卫专约、孙中山的“三民主义”等文字。

在《威海卫收回周年特刊》中，徐祖善撰写《收回威海卫纪念塔记》，介绍该塔建设背景、过程及意义。

1933年12月29日，因地方行政与党务之争，徐祖善被免去威海卫管理公署专员职务，出任皖赣湘鄂川五省交涉使。

在威海卫管理公署专员任上，徐祖善与青岛最大的交集是参与挽留引咎辞职隐退威海卫的青岛市市长沈鸿烈。

1933年6月24日，东北海军“海圻”“海琛”“肇和”三艘主力舰南逃转投粤军阀陈济堂，负领导责任的沈鸿烈电请“中央”辞职。

请辞未获回音。7月17日凌晨3时，沈鸿烈秘密乘车赴威海卫隐退，临行前留一手谕：政务由市政府秘书长胡家凤代理。

18日下午，接到威海卫商会“沈市长昨午后太平抵威”的电报后，策划组织社会各界挽留沈鸿烈的青岛市商会迅速确定应对策略，当即分电蒋介石、汪精卫、黄郛、韩复榘、于学忠、徐祖善等各级官员，挽留沈鸿烈：

> 沈市长辞职一节，前经本市市民大会，电请政府恳于慰留，毕奉电准，市民等方额手相庆。不料，沈市长竟于□日离青赴威，虽军政负责人员照旧维持，但人情惶惑，岌岌可危，务请钧座顾念青岛市华洋杂处，地方重要，给予始终俯准慰留。企祷之至，除分别电陈并派代表驰往攀留外，迫切电陈，伏乞鉴核。

19日凌晨3时，青岛市民大会主席团代表分乘六辆汽车前往威海卫，作“攀辕之挽留”。

8时，青岛代表前往海军威海卫办公处谒见沈鸿烈。沈鸿烈闻讯站在门前欢迎，并与代表一一握手寒暄，随后举行谈话会。

20日，沈鸿烈在威海卫东海饭店宴请青岛、烟台、威海卫各界代表。席间，代表们恳请沈鸿烈打消退意。沈鸿烈以未奉“中央”指示推辞。

当晚，各地代表又电请蒋介石、汪精卫、黄郛迅速予以慰留。翌日，蒋、汪、黄慰留电报相继下达，威海卫管理专员徐祖善当众出示电报后，沈鸿烈即与挽留代表一起自威海返青岛。波及青岛、烟台、威海卫、日照四地的“攀辕挽留沈市长”大戏落幕。

出任青岛市府秘书长，因时局艰困挂冠而去

1948年7月21日上午，国民政府行政院召开第八次会议，通过重要人事任命：青岛市市长李先良另有任用，应予免职；大连市市长龚学遂任青岛市市长。

履新前夕，龚学遂动员大连市政府顾问徐祖善，请其出任青岛市府秘书长。徐祖善欣然允诺。

8月2日上午8时50分，新任市长龚学遂偕新任秘书长徐祖善自迎宾馆乘车出发，9时整至青岛市政府礼堂，出席新旧市长交接仪式。

翌日，青岛本埠报纸在报道新旧市长交接时还特意向读者介绍新任市府秘书长徐祖善。文中称："徐氏57岁，江苏无锡人，学识渊博，经验丰富，为人精明强干，从政多年，成绩卓著。民国十一年接收青岛时，徐氏即为接收委员之一。曾任青市第一任港务局长（注：此处有误，应为第一任胶海关监督），此次故地重游，襄助市政，可谓得人。"

3日上午，原市政府秘书长姜可训辞职获准，徐祖善正式接任。市府秘书处同时发布：徐道明、贾延禔为秘书，包勋五暂代第一科科长。

徐祖善上任后做的第一件事就是遵奉行政院令精简市政府行政机构：裁撤市卫生局，增设卫生科，掌管原卫生局业务，科长仍由郭致文局长担任；市民政局所辖户籍、兵役、禁政业务移交给市警察局，其他业务在市社会局增设两个科；市地政局业务悉交市财政局，在该局另添一科办理原有业务；人事处处长芮麟任市府参事兼人事室主任，新闻处处长萧继宗免职。

因姜可训已辞职，9月9日，市政府员工消费合作社召开第二届第五次社务会议。经公推，常务理事徐祖善取代姜可训任

理事主席，常务理事冯瑞昌继任合作社经理。

9月17日是青岛市政接收三周年纪念日，青岛市政府特举行纪念会，各局、处、台、所主任科员以上职员及中小学校长百余人参加。因市长龚学遂中秋节赴城阳、即墨慰问守军，大会由市府秘书长徐祖善主持。徐祖善首先讲述前市长李先良在崂山艰苦支撑八年的抗战，继而谈及龚市长履职月余的三点成绩，最后提出三点要求，勉励同人：一面工作，一面学习；勇于负责，努力从公；体念时艰，自爱爱人。

此前一天，华东野战军向国民党军重兵守备的济南发起大规模攻坚战，来青难民、流亡学生剧增。随着行政院币制改革失败和“八一九”防线突破，青岛通货膨胀加剧，煤荒、粮荒等雪上加霜，市民哄抢成风。

10月2日下午，与市府参事张宝山及一外籍朋友乘坐吉普车游崂山的徐祖善刚刚返回市区，即接到次日搭机赴北平洽谈向门头沟采购煤炭的紧急任务。青岛本埠报纸称：“本市煤荒近来严重，尤以冬季将临，筹煤量更形增多，闻本市存煤尚不足20日之用。为解决煤荒，龚市长特派徐祖善3日赴平转洽由门头沟运煤问题。”

13日上午10时，徐祖善乘中航机返回青岛，多家报馆记者闻讯赶来。徐祖善畅谈购煤经过：

> 当前水电非煤不能解决，前由燃料管理委员会拨下6000吨煤，在天津被军事当局扣留，本人乃于3日赴京，拜谒傅作义司令员和张励生（行政院）副院长，大体已圆满解决。5日又赶赴天津，与中央水运处及民船公司接洽，商定由“发兴”、“大汉”、“外运”等三

> 轮专运燃煤来青，不日可运达。为防万一、开拓煤源起见，本人曾两度走访华北煤炭供委会，该会决定每月发给青岛有烟煤10000吨、无烟煤5000吨，经常供给，已于最末一次会议（11日）原则上通过。运输方面，已与中央水运处及民船公司接洽，大体上已有决定。关于经济方面，平津黑市亦甚剧烈，黑市面粉超出限价8倍以上。至于本市食粮问题，本人平均每天与张副院长晤面一次，已将本人行前之青岛情形转达。依情形而论，青岛煤粮问题可能得以解决。

徐祖善还解释了记者关心的其“9月底赴京”：“本人9月底赴沪转京，纯系代表龚市长述职性质。”

是月底，在青岛乡区设计委员会三周年纪念会上，徐祖善与市社会局局长高伯玉、市教育局局长隋星源等四人当选为该委员会委员。

进入11月，通货膨胀日益加剧，民怨沸腾，青岛市政府不得不把公教人员薪金提高150%，但市财政入不敷出，市财政局负责人向媒体抱怨：“按目前即将市库悉数空出，尚不足发放三分之一，虽然拟具增加税收标准提请参议会审查，但等到实行尚须时间，亦不济目前之急。”远水不解近渴，市长龚学遂只得致电行政院“吁陈困难情形”，并于3日特派徐祖善飞赴南京请求“中央”借款救急。

市财政局局长孔福民因府库“空空如也”，11月8日，以身体多病为由呈请辞职，“龚市长除慰留外，准假三个月以资休养”。也许是受孔福民辞职刺激，早已对四处打躬作揖求煤炭求拨款、尊严全失的工作心生厌倦的徐祖善也提交辞呈，龚学遂一再慰留，“闻徐曾打消辞意”。

接下来的事实证明，报纸所言的“闻徐曾打消辞意”只是徐祖善碍于面子、以退为进的策略。

11月15日，徐祖善向市长龚学遂“再请短假两周”。23日，徐祖善向龚学遂呈请准借出差旅费金圆1200元，龚学遂当即批准。24日下午3时，徐祖善偕夫人搭乘“景兴”轮赴沪。《大民报》分析称：“徐氏此去有挂冠坚辞之意。记者侧面打听，因觉得青岛事情难办，并且没办出成绩来。”

《联青报》对此的报道更为深入：“徐氏称，此次请假两周并无公事。另据非正式消息，徐氏辞意已久，此行当为长辞。至于市府秘书长一职，即将由郭大雄接任。”

徐祖善离青不归，时值冬季，青岛燃煤紧缺。为稳定民心，当局通过报纸放出口风：“青岛拟用食盐换日本煤炭，徐祖善进京就为这个事。”

> 本市燃煤问题由于交通运输困难，值兹时届冬令，需量骤增，煤荒益形严重，尤以电用煤炭来源不畅，更为拮据，随时可能停电。截至目前，市府向美军洽商购买之日煤2万吨已分批运青接济，即可陆续到港。预计是项燃煤运到后，电厂可维持3月无虞。
>
> 另悉，当局为谋根本解决本市煤荒，刻正积极筹划拟以食盐向日本易煤。闻徐祖善此次赴京，即为是项问题分向中央各有关院部请示，倘进行顺利，当即办理出国手续赴日洽商。

徐祖善一去不返。时局动荡，市府一大堆事务亟须打理，焦头烂额的龚学遂决定邀请其任职交通部时的老部下、交通部第八区公路管理局副局长郭大雄来青岛继任市府秘书长。1949年1月9日，郭大雄自北平乘中航机来青岛，“10日正式视事，并召集秘书处同人谈话”。

郭大雄，是年44岁，潮州人，曾任南京市政府工务局科长，抗战期间任交通部成都空运物资运输处副处长等职。

为使郭大雄秘书长一职名正言顺，此前市政府免去徐祖善秘书长职务，改聘为市政府顾问。

得知郭大雄已继任市府秘书长，1月19日，身在汉口德明饭店的徐祖善给龚学遂发来“以私事实不能克即返青，务恳迅赐批准辞去本职”的电报。

徐祖善或许不知，就在其自汉口向龚学遂电请批准辞职的10天前，龚学遂也以“环境艰困、应付无能”为由向行政院递交辞呈。

离开青岛后，依靠任职海关时积累的人脉资源，徐祖善被上海华中轮船公司聘为常务董事兼船务处处长。不久，上海解放。1953年，华中轮船公司实行公私合营，此时已63岁的徐祖善离职。4年后，徐祖善在无锡老家病故。

“青漂”顾随

2020年10月，历时三年拍摄的古典文学诗词研究专家叶嘉莹的纪录片《掬水月在手》上映。影片中，叶嘉莹透过泛黄的旧稿、书信、照片，数次追忆恩师——中国韵文散文作家、理论批评家、美学鉴赏家、“苦水词人”顾随先生。

1942年秋，考入辅仁大学国文系后，叶嘉莹师从顾随，“听了六年课，记下八大本笔记”。自此，她讲课、作文与为人均有鲜明的顾氏印记。中国古典诗词曲研究家郑骞评价说，“叶嘉莹走的是顾先生的路子，传了顾先生的衣钵”。

鲜为人知的是，1924年7月2日至1926年9月18日，青年顾随曾在青岛工作生活——在好友刘次箫举荐下，他在私立青岛胶澳中学执教，在《青岛时报》中文版任编辑主任。在青岛期间，顾随创作《青岛第一公园观樱花》等旧体诗词多篇，后结集为《无病词》（1927年出版），创作小说《海上斜阳》《浮沉》《孔子的自白》《废墟》等。他还创建了青岛第一个文学诗社——青社。缘于此，他被视为“青岛讲授五四新文学的第一人”。

顾随

告别为流言所伤的济南女中

1924年7月2日，顾随告别生活工作三年多的济南，乘火车赴青岛。同行者是其北京大学校友、河北同乡，后来成为著名诗人、学者、翻译家的冯至。

顾随缘何与冯至走在一起？顾随六女儿顾之京在《女儿眼中的父亲：大师顾随》一书中解释道：

> 1921年春，顾随在山东省立第十中学（青州）时，认识了刚到校任教、年长的河北涿州人卢伯屏——一位真正的仁厚的长者，忠诚正直而谦和。他们在青州中学虽只相处三个月，却从此开启了终其一生、情逾同胞的兄弟情义。经卢伯屏介绍，结识了伯屏弟弟季韶和涿州同乡冯至。

《顾随全集·书信日记卷》载，顾随结识卢季韶的时间是1921年5月28日。是日，顾随主动致信卢季韶：“我和你虽然没见面，然而得卢伯屏兄介绍，我贸然通信，或者你不以为唐突罢；并且咱俩是前后的同学——你去年暑假考进北大，我是去年暑假离开的。”此后，顾随通过卢季韶为其供职的济南《民治日报·半周刊》约稿，由此结识冯至。自1921年7月起，冯至初期诗作、小说多篇均由顾随编辑刊发于《半周刊》。

1922年暑假，顾随在北京与卢伯屏相遇，后一起赴卢伯屏老家涿州，得以与卢季韶、冯至见面。

1924年5月下旬，顾随为任教的山东省立第一女子中学流言所伤，愤而辞职。学生们为挽留他闹起风潮。校长再三安抚，但他去意坚决。事后，在致卢季韶的信中，他写道:“女中的风潮，是我一手鼓动起来的。”“甚至于我退身的地步都安置好了——先开信给次箫，要求他暑假后聘我。”“我在三二年级的班上，将辞职书读解给她们听。她们大有擦掌握拳、预备厮杀之慨。”“那封（辞职）书上，是说我‘忠而被谤，信而见疑’；二三小人，散布流言，欲挤我而去（真的！并非托词）。并且说，我非恝然于女中，实在是个‘不得已尔’。”

5月31日，女中校长在校务会议上明确表态：“暑假后一位同人也不更动，大家都好好教书做事吧！”谁知，树欲静而风不止，“但排挤我的人，觉得我的地位重复巩固了，于是四处投稿，破坏我的名誉”。

顾随致卢伯屏的信中显示，早在5月19日，顾随就已打定主意来青岛。他在当日的信中说：“我的身体太糟，暑假后，如能到青岛，则必从事于运动修养。三年而成，锻炼成一条铁汉，那时卷土重来，再与社会血战一场。明日后日，要收拾东西。大后日君培要来，一礼拜中怕不能写长信呢。”

这封信中还有一条重要信息，即诗人冯至（注：其字君培）5月22日来济南——“大后日君培要来”。

7月1日，顾随写下其在济南致卢伯屏的最后一封短信。信中说，本计划7月1日坐晚车与冯至一起赶往青岛，因朋友张清独途经济南邀请小聚，故推迟至翌日起程。他在信的末尾写道：“如赐函，寄胶澳中学令次箫转可也。”

应好友刘次箫之邀欣然来青岛

顾随在致卢伯屏、卢季韶兄弟的信中均提及“次箫”——这是其在济南、青岛工作生活时重要的交际人物。

次箫，全名刘次箫，字矢石，山东安丘人，毕业于日本广岛高等师范学校，回国后先后在山东省立第一师范学校、山东女子师范学校、山东省立一中任教，并任省教育厅视学。

1921年7月初，顾随与刘次箫相识于济南民治日报馆。其时，刘次箫在该报兼职，他年长顾随8岁，刚过而立之年。

1920年9月，毕业于北京大学英语系的顾随应聘至山东省立第十中学任国语教员。翌年暑假前夕，因不满学校内部人事纷争而辞职，应供职于《民治日报》的朋友王少韩之邀，顾随漂泊至济南。

对于这段经历，顾随在致卢伯屏的信中留有记录：“我是（坐）廿九日下午二点半的车上的济南，六点半到济，吃了饭后，来报馆找少韩。报馆地址很好……真好啊！一片镜面似的大明湖水都来到眼底下呢！我今晚搬进报馆里来，大概暑假未必能回家，你来信就写济南城内鹊华桥民治日报馆。”

顾随走进民治日报馆时，适值该报拟创办副刊《半周刊》，即每星期三、六出版一次。他被任命为《半周刊》编辑，和他搭档主持《半周刊》的就是刘次箫。因经历相似、性情相投，两人一见如故，遂成好友。

自1922年7月11日起，在顾随与卢氏兄弟的通信中，刘次箫的名字频频出现。

8月1日，顾随致信卢伯屏，兴奋地向他介绍刘次箫：“我在济南还得了一个好友，名叫刘次箫，安丘人，现在充当省视学。他胸无城府，天真烂漫，同我极谈得来。他不但私下托王乐平（注：民治日报馆经理）给我出力（注：找一份稳定的教师工作），而且逢人说项，替我吹嘘。刻下推荐我到女子职业学校中学班里当国文教员，现在已竟有八九成了。那边的钟点是每周八时，薪水是廿五至卅，报酬虽不多，然而有余闲可以写字，看书，睡觉，岂不是一乐？况且又有报馆里的一份薄酬（月廿元），也可以维持生活了。”

与刘次箫友情日深，顾随偶尔到刘宅蹭饭，由此认识刘次箫夫人——从事教育工作的崔纫秋。“次箫邀我去他家吃便饭，夫人崔纫秋也一同吃。刘崔纫秋——也很和我谈得来。”在致卢伯屏的信中，顾随还讲了刘次箫的性情爱好：健谈，喜欢打乒乓球、打牌，“在报馆，最爱打牌，每天总是打”。

1922年4月1日上午，山东教育厅厅长覃孝方公布刘次箫任山东女子师范学校校长。受人暗中唆使，该校教员全体辞职抵制，并发出宣言书列举覃孝方罪状，领头人谢挹尘上书山东督军田中玉，请其下令覃孝方收回成命，仍以原校长李兰斋回校继任。覃孝方强硬回复：“覃某在山东一日，李某即一日不能回校；刘某可去，而李某必不可来。”

5月16日，刘次箫知难而退，向学校请假，覃孝方愤而辞职，省政府秘书齐徵代理教育厅厅长。18日，刘次箫辞去省立女师校长，回省教育厅任视学。22日，刘次箫“意气颓唐，连省视学的差使也辞掉了”。

辞职的刘次箫曾在济南、青岛两地谋职，均不如意，后辗转赴京。

1923年2月28日，顾随收到刘次箫发自北京的书信，谓已就北京高等师范日文教授，月薪80元，暑假后或兼授他课。

同年9月上旬，刘次箫辞掉北京高等师范学校教职，回到济南。28日，顾随在致卢季韶的信中提及刘次箫近况：“次箫来济南，直到现在才将寓宅租妥，但不日又将择邻而处。济南第一中学又聘次箫为英文教员，已上课三日。次箫甚忙，拟稍暇便作一长信寄老弟与君培。”

刘次箫在济南第一中学任职时间不长，即应山东省国民党党员丁惟汾、陈名豫等人邀请，参与创办青岛胶澳中学，并任校董事兼教务主任。

对于青岛胶澳中学创办的背景，青岛市档案馆内存有丁惟汾手书的档案记录：

> 山东省国民党员丁惟汾、陈名豫、王乐平、刘次箫、于法起、于恩波、隋即吾诸同志，鉴于北方民众对于总理遗教缺乏认识，乃于民国十二年春发起创立青岛胶澳中学，作为推行党化教育，建立本党在青岛培育革命青年、发扬三民主义、扩大国民革命活动之机构。陈名豫任校长，王乐平任董事长，其余诸人任董事。

《青岛教育纪事长编》载，1923年3月8日，私立青岛胶澳中学开办，其时招初中一、二年级各1个班，学生139人，教职员19人。

青岛胶澳中学创办初期急需名师，以吸引各地生源。缘于此，当1924年5月中旬为同事流言所伤的顾随致信刘次箫表示拟来投奔时，刘次箫盛情相邀。一直生活在冀鲁平原的顾随，连同前来济南游玩的冯至，均对青岛这座华洋杂处的山海之城很是向往。于是，两人欣然结伴前往。

7月8日，顾随致信卢伯屏，解释“多时未能作函致左右”的原因：“弟与君培7月2日到青，当日即患‘裆湿’甚剧，继以坐癣，蔓延臀部，久坐为苦。”

初来乍到，顾随被青岛优美的自然风光吸引，“其处富于自然，山、海、森林在在可以征服我而使我沉醉”，“至于大海之壮伟，森林之葱郁，尤为北方所罕见”。在致卢伯屏的信中，顾随忍不住赞美青岛。而年少好玩的冯至则“每日下海，洗海水浴，入市作浪漫游，作诗、作散文游记、读德文、读中国小词，无入而不自得”。

在忧虑中开启青岛岁月

因为来青岛后即住在登州路29号由原德占时期毛奇兵营部分屋舍改造的青岛胶澳中学，顾随获取学校信息方便快捷，种种不利消息使其初来乍到的愉悦惬意很快消失。

7月24日，顾随致信卢伯屏，流露出对青岛胶澳中学前景的担忧：“胶中局面甚小，款项尤绌，将来能否发展，或维持长久，还是问题。王乐平（注：青岛胶澳中学董事长）纯是政客手腕，办学更非所长，且其目的不在办（学）也。弟求事心太急，且碍于次箫面子，不得不暂在此歇足，将来还须另觅法子。”

8月2日，顾随收到青岛胶澳中学的聘书。当晚，他写信告诉卢伯屏。聘书由刘次箫转送，聘书明确约定顾随在该校教授国文和英文，月薪50元，12月份起计算工作量，钟点为16。薪水不多，因上英文、国文两课，故工作量较大，毕竟学校提供食宿，“然弟亦不好意思再说什么也”。

8月中旬，胶澳商埠督办公署督办高恩洪萌生收回胶澳中学校舍、恢复兵营原来功能之意，以安置即将来青岛的北洋大兵。为此，督署人员与校方开始讨论学校搬迁。23日，顾随在信中向卢伯屏讲述此事，并对学校前景表示担忧：“胶中忽发生校舍问题，大约9月中须另移校舍。此时尚未交涉妥当也。青岛甚好，惟学校岌岌可危，前途暗礁甚多。高恩鸣（注：此处有误，应为高恩洪）手下诸人，与胶中教职员意见如水火不容，日后（学校）不出于关门，便归于合并。我以与次箫、乐平交谊之关系，自不便舍此而他去。既来之，则安之，听之可耳。”

对于学校腾让之事，曾任省政府教育科科长的胶澳中学校长陈名豫，利用其参政员的身份极力斡旋，高恩洪作出让步，此事暂时消停。不过，胶澳商埠督办公署因财政资金入不敷出，不仅长期拖欠每月拨付学校的600元补助费，而且传出拟取消的声音，这令顾随忧心忡忡，“从此经费益加窘急，将来不知何以维持下去也”。

顾随所言胶澳中学经费“窘急”绝非信口开河。青岛市档案馆馆藏档案文献中有多件该校请督署拨付长期拖欠补助费的呈文。兹抄录两例为证：1924年6月19日，胶澳中学校长陈名豫亲自致函胶澳商埠督署财政部门，请求尽快拨付1923年5月份的补助费银洋600元；1925年4月，陈名豫又请求拨付1924年2月份600元财政补助。

9月1日，消停一周的学校腾让事件又甚嚣尘上，顾随当日将这一消息写信告诉卢伯屏：“胶中校舍问题甚厉害，高督办大有取消此校之意，而一二宵小又从而推波助澜。胶中校舍问题又拖宕下去，督办公署见不能以势力取胜，刻又转而托人说合。现下乐平丁母忧，只有陈雪南（注：陈名豫，其字雪南）在校，仍无具体办法。”

19日，顾随在信中又向卢伯屏谈及校舍腾让:“胶中校舍事，至今尚无解决之兆象，真令人愁煞。”同时，他写到了学校同事、学生的若无其事：“且喜同人与学生，都活泼泼的教书、上学也。”

24日，来自济南、潍县等地的三营士兵乘火车抵达青岛。翌日，顾随致信卢伯屏：“于是胶中遂不得不搬家矣。大约三五日内，便须将房子腾出住兵。一俟搬家定局后，当有详函报告一切。”

经胶澳商埠督办公署与学校协商，10月1日，青岛胶澳中学搬迁至文登路7号原德占时期的伊尔蒂斯兵营。9日，顾随致信卢伯屏，文字中流露出欣喜之情：“胶中已于上礼拜三完全搬到汇泉文登路七号，此处山环水抱，登楼一望，眼界胸襟，俱为一阔。”

“我在此间每周卷子卅二三本，颇从容，学生笔下，亦见清利顺适，将来不愁不长进。惟大多数呆如木鸡，不肯发问，是以不提人兴趣耳。”10月17日，在致卢伯屏的信中，顾随生动地写道。校舍稳定了，顾随长舒一口气，已将全身心投入到教学中。他不仅给学生讲授五四运动后涌现的新作家及作品，还给他们选讲英文小说，以开阔学生眼界。

顾随在给青岛胶澳中学学生批阅英文、国文卷子的同时，还经常给曾任教的济南女中学生批改作文。12月9日，他在信中告诉卢伯屏："女中石桂芬、王素馨、王秀英寄作文来，昨夜一夜才改完，原说今日寄回，以天冷不愿出门，遂作罢。"

搬迁到新址的青岛胶澳中学毗邻汇泉湾，忙中偷闲，顾随时常前往，"下午一时至海滨观潮，如晤故人"，"今昨两日，自己夹着书本，跑到太平湾里洗澡，海面汪洋，浪花飞舞，上是晴天，下是绿水，四顾无人，只我自己浮沉水面，好不痛快人也"。他还和刘次箫等同事"中下午略打乒乓球"。

"我在此处，盖同事学生之间，处处得相当之敬重，并可以放言高论，无所顾忌，较在（济南）女中时尤甚。"显然，顾随对青岛胶澳中学的人际关系、青岛的舆论环境很满意，他感受到了自由的气息。

创办文学组织青社及进行文学创作

青岛胶澳中学搬迁甫定，心情已开朗的顾随创办了文学诗社——"青社"，这个文学社团虽远不及数年后胶济铁路中学、市立中学创办的文学社名气大，但其具有开青岛新文学风气之先的意义。

实际上，约请志同道合者创办社团，早在三年前顾随就有此想法，只是当时漂泊不定，未能付诸实施。1921年11月28日，他在致卢季韶的信中写道："我病了一周，偶然告诉几个朋友。蒙你和伯屏兄、君培这样的关心，真是不知怎样才好，客气的话不好意思地说。你和君培——还有我——都是研究文学的，伯屏兄是研究教育的，我很想一帮人联合起来，组织一个什么会。"

顾随为青社倾注了大量热情和精力。1924年11月28日，在与卢伯屏信中解释久未复信的原因时，他说：“连日为诗社社课所苦。”此信附以诗社活动为背景的词作——《如此江山·青社第四次例课》，词前有序：

秋间与友人游太平湾一带，见德人所筑战垒炮台，遗迹犹有存者。欲以小令赋之，久而未就。会社课题为“咏青岛战迹”，乃填此阕，仍书旧游所感也。

序中“见德人所筑战垒炮台，遗迹犹有存者”的历史背景是，1897年，德国强占青岛后，在太平山、团岛等处修筑炮台，用于防御。1914年夏，第一次世界大战爆发后，德国卷入欧洲战场无暇顾及青岛，觊觎青岛已久的日本联手英国对德宣战，双方展开青岛争夺战，德军修筑的炮台悉被击毁。11月7日，德军战败投降，青岛易手于日本人。

睹物感怀，顾随以《咏青岛战迹》为题，组织青社成员创作诗词。

11月30日，顾随在致信卢伯屏说，同为青社成员的刘次箫、崔纫秋夫妇，虽同居青岛，但“服务两校，公而忘私，遂弃家室之乐”。刘次箫近期词作中有“一日三秋，咫尺天涯”之句，顾随读之深受触动，于是“青社同人共用其语，赋诗以慰之”。

在信中，顾随抄录其中四首请卢伯屏赏析。兹选取两首：

可怜咫尺是天涯，愁赋新词字体斜。
却忆当年湖畔住，小庭栽遍并头花。

迢迢银汉少浮槎，七日相逢一命车。
不笑双星经岁别，可怜咫尺是天涯。

从顾随与卢伯屏、卢季韶兄弟的书信中可以看出，作为青社成员的刘次箫闲暇之余喜欢创作诗词。比如，1925年3月24日，顾随特抄录刘次箫新作之一《西江月·自题小影》，寄给卢伯屏：

尽日怀铅握卷，算来一塌糊涂。而今牛马任人呼，也自掉头不顾。

销磨几多岁月，飘零些子眉须。休将故我证新吾，毕竟朱颜难驻。

自1924年7月抵达青岛至1925年放暑假，顾随在青岛创作小说多篇、诗词数十首。1925年9月新学期开始后，因教学繁忙，加之接替刘次箫出任校教务主任琐事太多，顾随创作热情大减，鲜有新作推出，这一状况直至1926年9月18日离开青岛。当然，其间，青岛胶澳中学动荡不定直至停办，顾随为糊口前往《青岛时报》兼职做中文主编、英文编辑，报馆事繁且有时效，均影响其创作。

1924年7月15日，顾随致信卢伯屏，谈写作不尽如人意："昨夜君培（注：诗人冯至）寝后，因臀部坐癣蔓延，不能久坐，勉强起草一篇小说，尽三纸，不能支，乃就寝。今晨起而读之，孱弱无力，大非作《生日》时手笔。"

7月21日，臀部坐癣褪去，已开始习惯青岛生活并感到"甚恬甚平静"的顾随，心情愉悦，致信卢伯屏，谈新作小说《乡

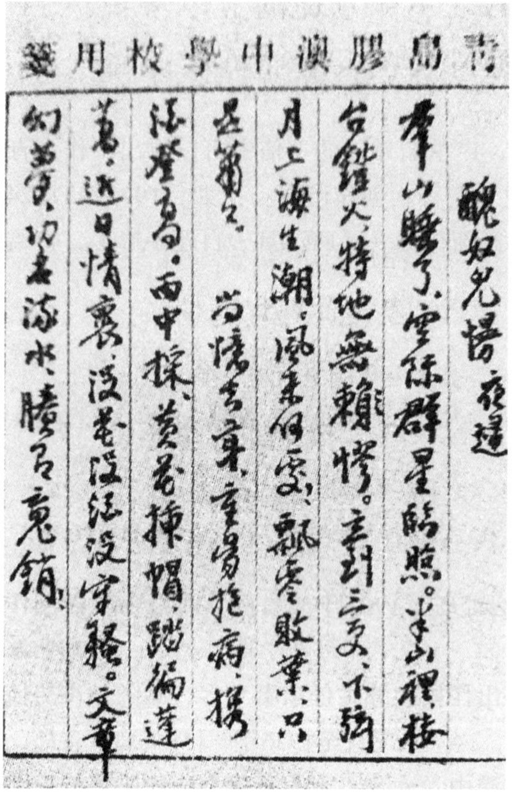

顾随任教私立胶澳中学时的手稿

愁》："写了一篇东西，叫《乡愁》，才脱稿。是仿《立水淹》《寂寞》那些东西而作的。但是可怜的很，写出来的一点幽默Humor的性质也没有，只是暗淡。"

24日，因忧虑即将任教的青岛胶澳中学前景，顾随意兴阑珊，受此影响，两篇小说新作"亦委委曲曲，无'剑拔弩张'之气，殊可怜也"。

8月6日，顾随将此前寄给卢伯屏的《南乡子》缩作《浣溪沙》：

红是相思绿是愁，绿肥红瘦起离忧，相思欲说又还休。

战垒空遗千古恨，浮生拼作一轻鸥。斜阳又上海边楼！

在是日写给卢伯屏的信中，顾随还谈了他早期小说代表作《海上斜阳》进展不畅。该作品主要叙述他从济南女中辞职经过：“日前曾综合在济南与来青岛之情况，写作一篇，名曰《海上斜阳》，未及一半，文思枯窒，遂又搁笔。”信末，他附带与刘次箫一起爬若鹤山（注：今贮水山）时写的诗：“雾将吐海风为助，云解移山树亦流。我欲因之浮海去，披云带雨立山头。”

8月26日，青岛胶澳中学校舍迁移尚在焦唇敝舌的交涉中，顾随作词两首《临江仙》《江城子》，寄卢伯屏。词作流露出此时苦闷彷徨、前途渺茫之情绪，同时表达了他对济南岁月的怀念。

10月10日夜，顾随文思泉涌，搁笔两月余的小说《海上斜阳》行云流水般展开。次日上午，他兴奋地向卢伯屏书信报喜：“君培在青时，曾草小说曰《海上斜阳》。自君培走后，搁置两月，未得赓续。昨夜忽然高兴，提起笔来，续写三千字，大约再有两日可脱稿。此篇为弟来青后第一巨工。此刻已写出万余字，预计再有一二千字即行交卷。较春间《生日》一篇尤为长。”

数日后，《海上斜阳》脱稿，因济南女中学生屡次来信向顾随索求新作，16日下午，顾随寄之。27日，他写道：“济南女生们看了，来信说：都要下泪。”

10月18日，顾随写信告诉卢伯屏：“自来青后，甚喜作词。”自此日起至1925年3月底，仅顾随寄给卢伯屏的词就有《江城子》《少年游自嘲》《虞美人》《破阵子·寄内》《八声甘州·春日寄荫庭》《钗头凤》《高阳台》等10余首。

1925年4月11日，青岛召开全体市民追悼孙中山大会，全市各校均放假一天，对政治毫无兴趣的顾随没有前往位于馆陶路上的齐燕会馆追悼大会现场，而是闲坐家中读西方小说。读累了，他致信卢伯屏，诉说创作苦闷，认为青岛这座悠闲的山海之城没有刺激其创作欲望。相反，诗人冯至适合青岛生活，小住一月，作品颇多。

> 近数日心绪至不宁静，酝酿一篇小说，亦写不下去，何况韵文？弟自今始知弟之性情，不宜于山林生活。日日在都市受各种颜色及嗅味之刺激，方能发为愤世嫉俗之文章——类如《蛇之草原》《头的照片》诸作即是。冯至在青去岁小住一月，以青岛为背景，作了许多诗和一篇戏剧。在此间将近一年，长篇东西，无论如何也嵌不进青岛去也。其实此间亦只宜老冯住耳。

顾随写不出韵文、小说，有一个重要原因：“课程既忙，卷子又多之累耳。每念及此，心伤成。”

青岛、上海相继发生纱厂工人罢工遭镇压的惨案后，青岛街头聚会游行声援此起彼伏，顾随置身事外，“日日读书，英译柴霍甫小说，已阅六七十篇。今兹操笔属文，文思亦颇不枯，则信乎粉条黑板之足以杀人也”。7月8日，他致信卢伯屏，重拾创作信心。

10月21日至12月初，顾随一发不可收拾，连续写出《采桑子·题溥仪夫人小照》《梦扬州》《蝶恋花·寄君培》《乙丑重九·还京乐》《圣无忧》《定风波》等词多篇，以及小说《孔子的自白》，此“系取《论语·述而》第七之一节而演义者”。

1925年春季开学后，顾随教学任务颇重，创作锐减。他致信卢伯屏谈及原因：“每周改不通之文卷六七十本，创作欲望亦因之而锐减，并一诗一词儿无之，可叹也。”

进入7月暑期，顾随腾出时间和精力创作早期代表作《浮沉》。为写好这篇小说，此前一个月内，他读了许多法国、俄国小说，包括英译的和汉译的。“这个《浮沉》，如果写完，色彩和布置一定和从前的东西不一样。”

7月15日，顾随致信卢伯屏，详谈《浮沉》进展以及下半部创作思路：“上半部已脱稿，然仍须大加削改，始能见人。上半部写一与世浮沉、随波逐流之青年，取材甚属易易——其实大部分，仍以我自身为影射。至于下半部，余颇思再写一强有力冷无情之青年，与上半部之主人公作一对照。但此项‘模特儿’，在现实中国甚为缺乏。思维再四，或将以武秋生（注：顾随、卢伯屏共同的朋友）君为粉本也。下半部之结构、之轮廓，盖亦有鉴于屠格涅夫之《父与子》。”

胶澳中学停办后离开青岛返回故里

进入1925年7月，胶澳商埠督办公署易名为胶澳商埠局，由原直隶北洋政府改为山东直管。赵琪出任胶澳商埠局总办，因为时局动荡，经济凋敝，胶澳商埠局“财政奇绌”，拖欠私立青岛胶澳中学、私立青岛大学的补助费甚于前任，有时甚至连续拖欠8个月之久。“私字号”学校无不东挪西借，苦苦支撑，教职员工的日子很是窘迫。

9月新学季开启后，青岛胶澳中学惨淡之状让顾随心忧。27日，他在致卢伯屏信中写道："惟学校现象不佳，而招生又极困难，为可虑。"20余日后，他在信中直言："惟时时存去青之志，恨机缘不凑巧也。"

10月22日，因"学校内部发生问题"，刘次箫私下告诉顾随，青岛胶澳中学或仅能维持到年底，需另作别图。"不料遭到这步田地，实非素愿所及。"顾随当日即致信卢伯屏，悲观地表示，"看来繁衍至寒假，弟亦须别寻枝栖"。

继而，他黯然写道，昔日在济南时，直隶省多家中学如遵化、易州一中等均曾来函邀其回乡执教，他因不想离开山东而拒绝，现在想离开了却又无人相邀，"天下事真少如人意者矣"。

终于捱到寒假，顾随回到家乡直隶省清河县前坝营村与妻女团聚，青岛胶澳中学的种种不如意尽抛于脑后。

翌年3月初寒假结束，青岛胶澳中学学子陆续返校。3月18日，顾随致信卢伯屏说："此间共到学生六十人，教职员亦到十之九。铃声人语，居然像个学校矣。"

新学期，顾随接替刘次箫担任青岛胶澳中学教务主任，既要教课，又要处理学校教务，很是繁忙。19日，他在致卢伯屏的信中讲述了自己的工作状态："雨丰（注：胶澳中学教师）与学生怄气，来诉于我，弟自不能不负责。明日又是教务会议，又是分班，又须定功课表，一发一团乱丝矣。"

"胶中教务担任得很觉勉强，里里外外，到处是荆棘。以次箫之才，尚且玩不转了，何况于憨头憨脑之老顾？"4月10日，顾随在信中向卢伯屏倒苦水。

学校工作千头万绪，顾随已感心有余而力不足。此时，济南女中学生曹淑英因家庭变故致信顾随提出要来青岛上学。“知我者谓我喜事，不知我者飞短流长，又将造出许多是非。”顾随颇为纠结。

4月15日，曹淑英乘火车抵达青岛。18日，考入青岛文德女中特别班，即选科生。“学费二十元，膳费十六元，一月薪金八十元足为其一学期求学之用。”此时，教课薪金50元、教务主任补贴30元，顾随月薪已达80元，负担曹淑英求学费用绰绰有余。

青岛胶澳中学创办人之一、国民党元老丁惟汾曾在1946年撰文说，1926年张宗昌督鲁后，“反对民党，横加摧残”，令省财政厅停拨私立青岛胶澳学校年补助费，“本校因此实难生存”，加之胶澳商埠局补助费长期中断，至当年春夏之交时青岛胶澳中学已步入山穷水尽的绝境。

5月12日，顾随在信中向卢伯屏透露学校窘况：学校补助费业已取消，将来大有闭门之势，无奈之下，校董事会议定三年级学生于5月23日以前毕业，二年级学生上到6月中旬便可放假。26日，顾随在给卢伯屏的信中写道：“三年级学生全数毕业返里，弟钟点减去一半，甚觉清闲。此间二年级学生，拟于端午节前后完事。”

青岛胶澳中学在穷途末路时，校董会迫不得已，“乃议决由胶澳商埠教育局接收校舍及设备，改为公立青岛胶澳中学”。

6月18日上午，青岛胶澳中学召开最后一次校务会议，讨论停办事宜。董事刘次箫宣布，学校仅存有军用票数千元，薪水拟发现金，但必须于7月20日才能从银行提出存款。

接下来，青岛胶澳中学教员打理行装，准备各奔东西，“同人相处有年，交谊非浅，一旦言别，俱有惘惘惜别之意。连日夜以继日，交谈倾倒”。

21日，顾随设宴为同事卓赞庭饯行，出军票五元，令厨役备酒菜，临时高呼谈笑，忘其为离筵也。

7月5日，顾随致信卢伯屏，感伤地写道：“我们这里天天有请客的，一两个礼拜了，说是吃到散伙为止。”半月后的一个上午，威海人王敬模奉令前来接收青岛胶澳中学校产。

学校停办了，顾随开始四处联系工作。同事王赞亚推荐他到河南洛阳师范学校教国文，月薪120元，而且是现洋。顾随怦然心动，但校方一直没给回信。

8月21日，顾随联系蓬莱八中隋校长落实薪水待遇。刘次箫却建议他继续留在青岛，因为蓬莱方面详情不明，“而且发起薪水，不是军票，就是库券”。正在犹豫之时，接收私立青岛胶澳中学校产暂命名为公办青岛胶澳中学不久易名为青岛市立中学的教务人员找到顾随，请他前往担任国文教员。顾随心知肚明：“他们借我的名声来号召旧生，他们知道，改组后大半学生将去之他处。”

9月7日，顾随收到父亲自老家转来的信件，致信人齐国樑系顾随读中学时的英文教师。原来，齐国樑由直隶教育厅派遣官费留美三年已回国，出任天津女子师范学校校长，他邀请顾随赴该校任教。

真是雪中送炭，顾随当即复信答应下来。11日，齐国樑给顾随寄来快件，催他速到校授课。因为市立中学校长王敬模因公赴济，顾随打长途电话向他请辞，电话未通。得知王敬模住在济南市普利门外清河客栈后，顾随委托在济南任教的卢伯屏前去代为辞职。此时，已出任胶澳商埠局教育科科长的刘次箫推荐王子约接替顾随，担任市立中学国文教员。

顾随列出辞职理由，请卢伯屏“本此说去，想王校长亦难驳回也”。这些理由是：那边系其老师，情谊不可却；回本省做事，服务桑梓；并不为报酬，那边报酬尚较此间为廉（60元）；冀万一有新发展；在本省找事做不易，恐时机一失再寻为难。

王敬模通情达理，允准顾随辞职。

9月13日晚，刘次箫、王赞忱等青岛胶澳中学三四同事旧友，在北京路顺兴楼设宴为顾随饯行。

翌日，顾随致信卢伯屏，告知18日晚坐火车离青赴济。21日是中秋节，顾随与卢伯屏等友人在泉城欢聚赏月。22日，顾随北上天津，翌日夜间抵达，24日在天津女子师范学校见到齐国樑及在该校任教的另外两位中学教师，“满耳乡音，我算是回了故乡”。

26日，顾随开始在天津女子师范学校执教。

28日，他致信卢伯屏，以生动形象的语言记录所教的天津与青岛两地学生的差异：

> 刻已上课两日，学生颇欢迎。学生甚活泼，但太能嚷——天津味儿也。一发问，则应者如雷。弟在青时，每作隽语，无一笑者——或不解，或不敢。此间则大异，隽语一出，笑声哄堂，上震屋瓦。

可以想象出来，此时的顾随一身轻松，意气风发。

报人的另一面

在济南、青岛两地的5年间，顾随主要从事教育工作，先后在济南女子职业学校、山东省立女子学校和青岛胶澳中学任教。除执教之外，他还先后在济南《民治日报》《青岛时报》任编辑。

顾随致卢伯屏书信显示，1921年7月5日夜间，他开始《民治日报》的编辑生活，《民治日报》注重本省新闻，其他国内外要闻等“拿剪子混绞一气就是了”。

7月11日，美国著名教育家、实用主义哲学家杜威及其夫人、女儿一行应邀考察济南。翌日，济南社会各界代表邀请杜威一行游览大明湖。顾随以民治日报馆记者身份参加，全程记录杜威在湖心亭与民众合影、参加雅园宴会等环节。顾随还将数日后杜威在泉城的演讲整理出来，以《杜威讲演录》为题全文刊登在《民治日报》上。鉴于杜威演讲中新教育理念、新教育思想颇有启发意义，顾随将这期《民治日报》寄给尚在山东省立十中任教的卢伯屏。在所附信中，他写道：“此录关于教育学说甚多，可以作老兄的参考书。”他还告诉卢伯屏：“前两天办杜威《讲演录》的稿子，累过了，用脑过度，发生了头晕病。”

成功地记录报道杜威济南之行后，顾随被挑选担任报馆新创办的《半周刊》编辑。7月27日，因梁漱溟来山东讲演，讲演稿由民治报馆承印，《半周刊》来不及印刷，故而停刊一个月。

10月中旬，因《半周刊》另一编辑刘次箫返回安丘老家照顾生病的母亲，顾随忙得不可开交。他致信卢季韶，请他通知冯至多提供一些稿件来。信中，附有冯至刊登在《民治日报》

之《周年纪念增刊》上的诗作。

1921年年底，《民治日报》因刊发违禁报道被济南警察厅勒令停办。此前，顾随与冯至等人策划依托《民治日报》出版《深夜》周刊，报馆关闭，《深夜》流产。刘次箫建议，以国民党山东组织的名义继续出刊《民治半周刊》，顾随担忧“系政党关系，‘深夜’社中人物未必喜欢耳”，于是请卢伯屏以书信告知冯至等人。

3月1日，峰回路转，刘次箫出面运作，拟通过《山东时报》代为出版《深夜》周刊。得知这一消息后，顾随连夜写信告知卢伯屏：“《深夜》进行已有眉目”。孰料，因合作未谈拢，《深夜》周刊再度流产。

6月初，《民治日报》原经理王乐平与刘次箫、顾随等人商定，依托国民党山东组织出版《十日》旬刊，推选刘次箫任总编辑，定于7月1日出版。此事敲定后，29日，顾随致信冯至：“如有稿子要发表，可寄济南，院后小兴隆街北首，渠邱刘寓刘次箫即可。”

7月22日，《十日》旬刊出版，因为依托国民党山东组织，且王乐平、刘次箫均为国民党员，所以该报内容“俱是些政治问题”，顾随、冯至等自由主义知识分子对此均无兴趣，“不高兴投稿”。此时，顾随愈加感到《深夜》更有出版之必要，“只可惜我们团体中人数太少，有稿不充足之虞”。为出版《深夜》周刊，顾随早已打磨出一篇精彩的发刊词，遗憾的是，《深夜》最终未面世。

1924年8月，来青岛一月的顾随已适应青岛气候、生活，身边朋友日益增多。刚结识的《青岛时报》朋友得知顾随曾在济南《民治日报》担任过副刊编辑，于是建议他来本报编辑文艺栏目。顾随听后热情高涨，立即致信卢季韶约稿：“弟如有作，正可借此机会，一试成败利钝也。惟我在济南时，屡屡有担任文艺于各报馆之机会——《民之日本》除外——而皆成画饼。不知此次究竟如何，或者时来运转，迁地为良，可以实现，亦在意中耳。”

10月9日，顾随在致卢伯屏信中提起兼职《青岛时报》文艺栏目一事的进展：“《青岛时报》邀我帮忙，情不可却，遂敛集旧作付印。我亦不言报酬，他亦不好送钱，刻报馆中人托次箫向我说，将月赠我廿元之书籍，此大雅事，吾亦首肯。”

顾随成为《青岛时报》拿月薪的编辑是在20个月后，其时，青岛胶澳中学风雨飘摇，董事会正思忖停办。

1926年6月1日，刘次箫出任《青岛时报》中文版编辑主任，便向顾随递来橄榄枝。

顾随进《青岛时报》第三天，刘次箫突然辞职，出任胶澳商埠教育局第二科科长，王子云继任中文版编辑主任。

在致卢伯屏的信中，顾随提及《青岛时报》人事更迭与人际间微妙关系：“前任编辑主任尹朴高，乃医士尹华农之弟，在馆以被挤去职。次箫与朴高甚熟，故不愿为其后任。于是此编辑主任，出乎意料地落在弟身上矣。”

缘于与刘次箫的关系，顾随不愿接任编辑主任：“弟今日本往该馆晤王君（注：王子云）说明不能干之理由，不意反被王君扣留干了一天活，算是就了职。事情并不累人，薪水定为月八十元，亦颇不菲。且暂占住这只船，再另想别法可耳。”

6月20日，《青岛时报》英文编辑部一人请长假，报社负责人得知顾随毕业于北京大学英文系，遂动员他兼任。因“报馆事甚别扭”，顾随决定辞职。23日，顾随致信卢伯屏：“今日下午曾向英文编辑凌先生（中国人，最为洋人所信任）微露此意，凌先生极力挽留。”

信中所言“凌先生”，即《青岛时报》英文编辑部主任凌达扬，他以英文教授身份兼职。凌达扬任职的私立青岛大学，因胶澳商埠局长期拖欠每月1000元补助款而“经费竭蹶，罗掘俱穷”苦苦挣扎。

7月1日下午，顾随“坐在报馆里，肚子里七上八下，想向洋经理辞职，鼓了几回勇气，终于作罢”。

半个多月后，供职的青岛胶澳中学停办，原校舍已被接收拟更名青岛市立中学，已离职的顾随不便在此居住，于是搬进青岛时报馆。“说起报馆，真是可怜，干吧，一点生趣没有；不干吧，往哪里去？”顾随感到凄凉无助。

9月11日，顾随收到天津女子师范学校校长齐国樑请他速到校授课的快件后，遂挺直腰板辞去《青岛时报》中文版编辑主任之职，其短暂的报人时光画上句号。

王尽美：尽善尽美唯解放

1985年8月19日，《青岛日报》刊登王尽美儿子王乃征、王乃恩的短诗《纪念王尽美烈士逝世六十年》：

先父创业留英名，人民怀念备尊敬。
子孙后代承遗志，但愿辈出不老松。

诗作附注释：“先父王尽美，中共一大代表，1925年8月19日病逝于青岛，时年27岁；‘不老松’引自董必武同志诗《忆王尽美同志》。”

1961年8月21日，75岁的董必武赴武汉途中深情念起王尽美，在列车上写下《忆王尽美同志》：

四十年前会上逢，南湖舟泛语从容。
济南名士知多少，君与恩铭不老松。

诗中回忆1921年出席中共一大时，他与山东代表王尽美、邓恩铭于沪上相逢，一起泛舟嘉兴南湖从容交谈的情景，赞扬王尽美、邓恩铭是真名士，其精神气质如顽强的青松永不老去。

王尽美

致力于在山东传播马克思主义

王尽美，原名王瑞俊，字灼斋，1898年6月14日生于山东莒县北杏村（今属诸城市）一个佃户家庭。他自幼聪明好学，先后在“见山堂”“谋耕堂”做地主儿子的陪读，时断时续。1910年，大北杏办起村塾，王尽美在此就读两年，嗣后在本村读完初小，在枳沟镇读完高小。1918年4月，王尽美考入济南山东省立第一师范学校。

1919年1月18日，在巴黎和会上列强代表决定将德国在山东的权益转让给日本。消息传至华夏，举国震怒，“五四”运动旋即爆发。

五四风潮波及济南，教育界群起响应，王尽美被选为省立一师北园分校代表，参加集会、游行和宣传活动。他挥笔书写标语“废除一成不变的旧教育”，“给青年们以社会活动新风气的合法自由”，倾吐学生们的心声。1920年11月21日，王尽美联络省立一中进步学生邓恩铭等人，效仿北京少年中国会、天津觉悟社，在济南商埠公园发起成立以“研究学理，促进文化”为宗旨的励新学会，创办《励新》半月刊，推动新文化、新思想的研究和传播。1921年春，在京、沪等共产党早期组织影响帮助下，王尽美、邓恩铭建立济南共产党早期组织，出版《济南劳动周刊》。同年7月，王尽美和邓恩铭出席中共一大。《中共山东编年史》载：“中国共产党的建立，更加坚定了他为实现尽善尽美的共产主义崇高理想献身的信心与决心，遂改名王尽美，取尽善尽美之意。”为此，他作诗《肇在造化——赠友人》：

贫富阶级见疆场，尽善尽美唯解放。
潍水泥沙统入海，乔有麓下看沧桑。

诗中“乔有”是王尽美家乡大北杏村村南崮状小山。考入省立一师离乡时，他曾登上乔有山，吟诗抒发豪迈之志。

1921年9月，王尽美组织成立马克思学说研究会，发展会员数十人。是年冬，他被省立一师以“危险分子”嫌疑开除学籍，自此走上职业革命家道路。

1922年秋，济南警察厅强行解散马克思学说研究会。翌年4月，中国社会主义青年团济南地方团执委会恢复该研究会活动，广泛发展会员，作为团组织的预备队。“五一”前夕，王尽美等人商定以马克思学说研究会之名，于5月5日举行纪念马克思诞辰105周年大会，公开宣传介绍马克思主义。他们在《平民日报》刊登启事，预订贡院墙根街教育学会礼堂作会场。当日下午，纪念大会如期举行，主席台中央悬挂着由王尽美所作、高约1米的马克思炭画像。王尽美穿一袭长袍，登台发表长篇演说，系统介绍马克思主义和俄国十月革命经验，揭露帝国主义侵略罪行和北洋军阀集团黑暗统治，呼吁进行反帝反封建的民主革命，“听者感奋”。

1923年6月，中国共产党在广州举行第三次全国代表大会，大会接受共产国际《关于中国共产党与国民党的关系问题的决议》，决定采取共产党员以个人身份加入国民党的方式实现国共合作，并通过《关于国民运动及国民党问题的议决案》等文件。11月，为进一步研究贯彻党的三大决议的具体办法，中国共产党在沪召开三届一次中央执行委员会会议，通过《国民运动进行计划议决案》等三个议案。全会指出“国民革命运动是目前党的全部工作，全党当以扩大国民党之组织及矫正其政治观念为首要工作”。

遵照党的指示，王尽美以个人身份加入国民党。1924年1月20日至30日，中国国民党第一次全国代表大会在广州举行。丁惟汾、王乐平、张苇村、王尽美、孟民言、杨泰峰作为山东代表与会。大会通过了由共产党人起草的以反帝反封建为主要内容的宣言，确定“联俄、联共、扶助农工”的三大政策。会后，王尽美返鲁，致力于山东统一战线工作。11月，中共山东省地方委员会成立，王尽美当选为书记。

为促成国民会议抱病来青岛宣讲

1924年10月25日，冯玉祥发动北京政变后电邀孙中山共商国是。孙中山应允，发表《北上宣言》，途经天津时接见王尽美、王乐平、王哲、阎容德，委任四人为国民会议特派宣传员，负责在山东发动群众，开展促成国民会议活动。

1925年元旦前夕，王尽美在济南与反动派连续辩论三天，因疲劳过度咯血，住进医院治疗。1月5日，山东国民会议促成会成立，促成国民会议活动蓬勃展开。王尽美毅然出院，抱病来青岛，住进天津路“连升栈”（今天津路59号居民大院）。11日，《大青岛报》登载《王尽美启事》：

> 敝人此次来青因无适当住处，致与各界接洽诸多不便殊深抱歉。现与国民会议促成会筹备处商妥，每日下午二时至五时假李村路二十九号神洲大药房内三层楼上该会会所招待各界，如有以国民会议事见询者，请届时驾临为盼。

启事刊发后，前来“见询者络绎不绝”。随后，经青岛国共两党出面组织，胶澳教职员联合会、新学生社、女界联合会等七团体联合发表《致青岛各公团函》，倡议成立青岛国民会议促成会。

1月17日，在胶澳教职员联合事务所内，青岛国民会议促成会成立，到会37个团体300余人。王尽美就召开国民会议的意义慷慨陈词。会后，他先后在大舞台电影馆（又名福禄寿剧院）、胶澳中学宣讲，呼吁广大工农群众及一切民主进步分子团结起来，推动国民会议召开。

中华人民共和国成立后，曾任山东省副省长的余修撰文回忆聆听王尽美在大舞台电影馆演讲时的情景：

> 1925年，正是海岛上春寒料峭的时候，青岛中山路南头，一座名叫“福禄寿”的剧场里，坐满了工商学各界的人士。在雷鸣般的掌声中，有一位身躯颀长的青年人，方面大耳，快步走上讲台。他年约二十七八，穿

一身灰布长袍，笔挺地站在讲台上，用锐利的目光，扫视全场听众的兴奋面孔。而他自己的脸上也是充满激昂的表情。等欢迎的掌声落下来，他便开始滔滔不绝地讲演。这位讲演者就是王尽美。他对时局的分析，精辟深透，他的革命立场鲜明坚定，他那政治家的风度、十分吸引人的讲演才能，都给我留下了很深的印象，以致若干年来都不能忘记他。

青岛国民会议促成运动是青岛共产党人和国民党人合作的第一次成功实践。在短短数月内，全市各界民众团体几乎全部参加国民会议促成会，集会，联谊，游行，演讲，拥护共产党和孙中山提出的召开国民会议的倡导，反对段祺瑞的善后会议，形成了一股反帝反封建的巨大洪流。

抱病为促成国民会议奔走宣讲的王尽美返济后，因劳累过度吐血晕倒，不得不住进一家日本医院治疗。

英年病逝，山海同悲

1924年12月31日，北洋政府交通部任命阚铎为胶济铁路管理局局长的指令下达后，山东和青岛迅即掀起抵制浪潮。翌年1月5日下午2时，阚铎在惴惴不安中就职。很快，山东地方势力派与江浙派的局长职位之争白热化，在“鲁人治鲁”“驱阚逐朱（注：副局长朱庭祺）”的呼号声中，胶济铁路全线员工罢工在酝酿、发酵。

2月初，青岛党组织负责人邓恩铭在四方私立小学召开会议，决定利用胶济路局两派争权夺利之机，发动四方机厂工人参加罢工，以达到公开成立工会之目的。会后，工人党员傅书堂等五位代表，向路局提出“承认工人有自己的工会、每人每月增薪6元”等五项条件。遭拒后，全体工人准备罢工。

2月8日，在山东地方势力派操纵下，零时起，胶济铁路员工举行大罢工，胶济全线瘫痪。3天后，山东地方派获胜，全线通车。

按照王尽美、邓恩铭指示，2月9日，罢工中的四机工会正式成立。四机工人罢工斗争持续至第9天时，路局终于答应工人提出的部分条件。党组织据情指出：“适可而止，只要答复条件的百分之六十就是胜利。”四机工厂决定翌日复工。

4月19日起，在上海日商纱厂工人大罢工鼓舞下，长期受压榨欺凌的青岛日商纱厂工人举行第一次同盟大罢工。山东地委主要成员王尽美、尹宽、刘俊才等先后抵达青岛组织领导。王尽美坚持斗争在第一线，昼夜擘画，不辞劳瘁，病情急剧恶化后卧床不起。组织上安排他住院治疗，他以花费太大为由婉言谢绝。后来考虑到自己已不能坚持工作，留在青岛给组织和同志们徒增负担，王尽美接受建议，返乡休养。

1981年，其子王乃征回忆说：“父亲最后一次回家是1925年6月，那时他因在青岛病重回家休养……父亲患的是肺结核病，当时的医疗条件对这种疾病毫无办法，所以回家后病情一天天严重起来。”

进入7月，王尽美时常处于昏迷状态。“为延续他的生命，家里变卖了可变卖的一切东西，用病床做成担架，上面罩上一架防烈日暴晒、苍蝇叮咬的帐子，由乡亲们抬着，母亲在身边护着，一步一步把他送到高密车站，乘火车到青岛，住进医院。”王乃征回忆说。

8月19日，王尽美因病医治无效在青岛病逝，生命永远定格在了27岁的年轮上。

遵照党组织安排，陈文其为王尽美置买寿衣，青岛国民党左派人士鲁佛民出资为其购买灵柩，中共党员、诸城人王象午护送其灵柩至大北杏村，安葬于村东南墓地。

邓恩铭：尽职尽责播火种

1917年8月，黔南小县荔波村寨16岁的水族少年邓恩铭，随婶母舟车劳顿辗转来到数千里之外的山东青州，投奔在此任职的过继叔父黄泽沛。

数年后，他和王尽美一起建立济南共产党早期组织，出席中共一大会议，组织成立马克思学说研究会，并接受党组织派遣赴青岛宣传马克思主义，建立青岛党团组织，推进青岛国共合作，领导工人开展轰轰烈烈的罢工运动。

传播马列主义，创建青岛党组织

青岛被德国强租17年，继而被日本占领8年，期间德、日投资开办了港口、铁路、机车、纺织、酿造、面粉、火柴等一批企业。这一时期，以华新纱厂为代表的青岛民族工商业崛起。“青岛工厂云集，工人超过四万，具有良好的革命条件。”早在1922年8月，中共济南支部建立不久，济南党组织即萌生派人来青岛开展工作的想法，因此时青岛仍为日本占领，管控严密，不得已作罢。12月10日正午12时，青岛行政权回归，胶澳商埠督办公署旋即挂牌。

党中央和济南党组织迅速作出反应，将青岛党团组织创建提上日程。

1923年1月，共产党员王象午由济南来青岛，就职于胶澳商埠督署工程课。

王象午，诸城人，毕业于济南工业专科学校，系王尽美、邓恩铭组织的励新学会成员，曾任《励新》半月刊编辑。

4月，受济南党组织派遣，邓恩铭抵达青岛，与王象午取得联系。通过省立一中老师、胶澳日报社社长王静一介绍，邓恩铭走进直隶路《胶澳日报》编辑部，负责副刊编辑。这是一份非政党机关报，因此没有明确的宗旨和坚定的立场。邓恩铭趁此宽松环境，以该报为载体，开始有计划地传播马克思主义。5月，《胶澳日报》副刊开展纪念马克思诞辰105周年征文活动，山东省立第四师范学生王蔚明寄来征文，不久即被采用。晚年，他撰文回忆：

> 1923年5月，我在青州山东省立第四师范上学，青岛《胶澳日报》副刊征文纪念马克思诞辰105周年，我以《马克思主义与中国革命》为题写了一篇文章。被采用后，副刊主编邓恩铭同志给我一封信大加赞扬，要我继续投稿，并说明不几天后将到青州面谈。不久，邓恩铭来了，还送给我《共产国际第二次代表大会决议》《共产党宣言》等书……

为进一步推进马克思主义传播，邓恩铭与王象午还在青岛设立书社满足读者需要。1923年年底，邓恩铭通过邓中夏、刘仁静与中央机关开办的上海书店、民智书店、泰东书店等联系，采取代售的办法先期将书运到青岛。翌年1月9日，邓恩铭

邓恩铭

写信给刘仁静："我们想使此书店成一独立机关，故不愿找非同志之助。""书籍太纯粹了不好，须杂些别的才好。"此后，邓恩铭与上海书店、民智书店、泰东书店商妥，在胶澳日报社、启新书社、青岛书店设立3个代销处。另外，通过国民党员鲁佛民与青岛中华书局商定代销《向导》《共产党宣言》《〈资本论〉入门》《共产主义初步》《三民主义》等进步书刊。同时，着手开办图书馆。7月，邓恩铭起草《山东青年图书馆简章》并寄给刘仁静，征求团中央的意见。图书馆开办宗旨是："为节省经济，便利同人阅书，使同人在这小规模的图书馆内得到相当有系统的智识。"馆内藏书来源以"励新学会存书，及王（尽美）邓（恩铭）二君与其他同人藏书"为基础。《简章》规定，在青岛该馆设干事二人；在有阅书同人五人以上的地方设地方干事一人；该馆干事负责"保存整理添购各种书籍，及对外通信收发书籍，计算收支各费，每季开列清单，报告同人一次"。地方干事负责"通信收发书籍，并担催缴常年费，募集特别捐等责任"。

邓恩铭还在《胶澳日报》副刊连载《列宁传略》，宣传俄国十月革命胜利和建立无产阶级国家，通过传播革命理论唤起民众觉悟。

根据中共三大修改的党章组织原则，邓恩铭、王象午成立青岛第一个共产党组织——中共青岛组，邓恩铭任书记，隶属于济南党组织，通联点设在王象午任职的胶澳商埠督署工程课。对于中共青岛组成立的具体时间，目前有两种说法：一是1923年8月，二是1924年5月。《中共山东编年史》对此笼统地表述为“1923年8月至1924年夏之间”。

1924年1月20日至30日，中国国民党第一次全国代表大会在广州召开。国民党全国一大的召开标志着第一次国共合作正式形成。为加快山东国共合作步伐，青岛党团组织大力开展统战工作，邓恩铭、王象午先后结识一批国民党人，发展其中的延伯真加入共产党，孙秀峰、王少文等加入青年团；邓恩铭、王象午和10余名团员先后加入国民党，努力团结和支持左派党员，初步形成左派力量在青岛国民党组织中的主导地位。

根据中央和山东地委要求，邓恩铭、延伯真、孙秀峰等努力帮助青岛国民党进行改组，邓恩铭以国民党党员的身份参加国民党青岛市临时执行委员会筹备工作。4月，在山东共产党组织帮助下，国民党山东临时执行委员会成立。5月，国民党青岛市临时执行委员会成立，邓恩铭当选为临时执行委员会委员。其间，青岛共产党组织积极协助国民党在教育、工商、政界以及市民中发展党员100余名，并建立7个区分部。

同年7月，按照党章新规和中央要求，青岛组改建为青岛独立组，邓恩铭任组长，隶属中央，由中央委托济南党组织领导。1925年2月，根据中共四大精神，山东地委成立。同时，根据四大修改的党章规定，青岛独立组改建为青岛支部，邓恩铭任书记，王象午负责组织，延伯真负责宣传。3月，邓恩铭致信邓中夏汇报青岛党员发展情况：“青岛已有正式党员13人、候补党员11人。根据形势、工作和党员人数，均有迅速成立地委之必要，同时将成立地委之理由报送山东地委并请转呈党中央。”

在创建青岛党组织的同时，邓恩铭着手青岛团组织的创建。1923年9月，邓恩铭约请七八个进步青年在胶澳商埠督署工程事务所所长唐恩良家中举行谈话会，并向其赠阅进步刊物。不久，邓恩铭又在胶澳商埠职业学校、商埠电话局、四方机厂、大港码头联络进步青年，宣传马克思主义。10月21日，邓恩铭致信团中央书记刘仁静：“（青岛）此间已得同志十余人，想在最近期内把地方组织成立。”

11月8日，团中央巡视员王振翼来青岛后，和邓恩铭多次召集进步青年座谈，一起到四方、沧口一带工厂调研。18日，中国社会主义青年团青岛支部在胶澳商埠督署工程课成立。团章规定20人以上方可成立地方团，因团员仅12人故设支部，邓恩铭任书记。团支部成立后，团员们积极阅读进步书刊，热情参与社会活动。邓恩铭兴奋不已，在向团中央报告时乐观地写道：“此地学生界情形极好，想不久当可把地方（团）组织成功也。”

改造圣诞会，组织发动工人运动

圣诞会，是四方机厂工人的自发组织。青岛党组织开展工人运动即从改造该会开始。

斯时，四方机厂有工人1520名，因长期受德、日经营者欺凌压迫，一批进步工人已认识到，只有团结起来才有力量，才能争取权益，为此积极在厂内串联动员。1923年1月，机厂“鲁班会”“老君会”等团体达成共识，成立圣诞会。力量陡然增大，但圣诞会封建行会性质的标签很明显。

邓恩铭来青岛后经常深入四方机厂工人群众中嘘寒问暖，传播马克思主义，释疑解惑，唤起其觉悟。通过在张店开展工人运动的共产党员王复元介绍，他与圣诞会会长郭恒祥很快由相识到相知。经郭恒祥推荐，邓恩铭被圣诞会聘为秘书。在王荷波、邓恩铭相继启发、帮教下，圣诞会领导人心悦诚服，甘愿接受党的领导。圣诞会成立为青岛第一个工会组织。

1924年2月起，焕然一新的圣诞会走出去，先后在张店车站铁路工人、青岛码头工人中成立分会，还在胶澳督署水道局、电灯公司、纱厂工人中筹建分会。3月18日，邓恩铭在致刘仁静信中欣喜地说：“总而言之，四方机厂工会俨然就是青岛总工会的象征。”

1925年2月，趁胶济铁路高层内讧之机，中共青岛支部领导四方机厂工人取得大罢工胜利。在机厂工会基础上，胶济铁路总工会宣告成立，下设青岛、高密、坊子、张店、济南和四方机厂6个分会。

3月起，上海日商纱厂工人大罢工的消息传至青岛，受四方机厂工人罢工胜利的鼓舞，青岛日商大康、内外棉、隆兴等纱厂工会相继秘密成立。日厂主得知后惊慌不已，派人密查，伺机破坏。4月18日，日本私设警察持枪突至大康纱厂工人宿舍破门搜查，索去工会文件，并逮捕3名工会活动分子。翌日晨，工人司铭章代表全厂工人向日厂主递交“二十一条”，要求24小时内答复，否则举行罢工。胶澳商埠督署慑于日方淫威，调派警力弹压。5000余名工人按照罢工委员会命令于19日晚举行大罢工，其他日资纱厂、丝厂闻讯迅速跟进，罢工者近2万人，日商6大纱厂20余万枚纱锭全部停止运转。罢工期间，邓恩铭时常深入各纱厂指挥行动，引起胶澳商埠警察和日方注意。大批暗探跟踪刺探，获悉邓恩铭住处为泰山路13号。5月4日，邓恩铭不幸被捕，11日被胶澳当局以“工潮首领”之罪驱逐出青岛。

5月9日，罢工工人代表向日厂主提出的9项复工条件获准，10日晚10时复工。复工未久，日厂主首先发难，不履行已签订的9项条件，强行开除50余名工会代表，由此引发第二次大罢工。28日晚，奉张宗昌之命，胶澳商埠督办温树德调集军队2000余人包围大康、内外棉、隆兴3家纱厂及工人宿舍。29日凌晨起，军队与工人发生冲突。军兵奉令开枪，当场打死工人8人，重伤17人，轻伤无数。

正在胶济铁路沿线巡视工会工作的邓恩铭闻讯，即于6月上旬化装秘密返回青岛，与李慰农领导青岛人民开展反帝斗争。7月26日，李慰农、《青岛公民报》主笔胡信之等人不幸被捕。29日，李慰农、胡信之被枪杀于团岛。

捉拿邓恩铭等人的通缉令贴满岛城大街小巷，邓恩铭不得不转移至外地。

1928年2月，邓恩铭出任青岛市委书记，同年夏调回省委。

1929年初，因叛徒出卖，邓恩铭在济南被捕。1931年4月5日晨，邓恩铭等22名同志在济南纬八路刑场英勇就义。

王振翼：山东革命，从青岛出发

在山东、青岛早期党团组织建设上，时年22岁的山西籍革命者王振翼高屋建瓴，提出了清晰可行的路径："山东活动应以铁路为中心，以青岛为出发点。""胶济铁路工作应以四方机厂为起点，此处弄好，至于沿线如博山、淄川、坊子、金岭镇亦马到成功。此为山东精华区，（山东）有功成之望也。"

1923年深秋，以团中央巡视员身份指导青岛团组织建立的王振翼在对青岛进行十余天详细调研、缜密思考后，如是向中央负责人书面建议。

《中共山东编年史》丛书对此评价说："王振翼以丰富的革命经验和敏锐的政治眼光，为山东党团组织梳理出了正确的工作思路和重点，明确科学，符合山东实际，这为两年后青岛掀起工运高潮打下了基础。"

改造济南团组织

1901年8月，王振翼出生于山西省天镇县一个地主家庭。1919年，五四运动的浪潮如火如荼，正在山西省立一中就读的王振翼闻讯积极参加学生运动。7日，太原11所大中院校2000余名学生在中山公园集会，王振翼登台讲演，慷慨激昂。不久，

王振翼

王振翼结识了北京大学山西籍学生高君宇，遂成挚友。8月，在高君宇支持和帮助下，王振翼在太原创办《山西平民周刊》并任主编，他以“虎啸”为笔名撰文揭露反动当局残酷剥削人民的黑暗统治，反击各种反动思潮和错误观点。因此，《山西平民周刊》被查封，王振翼远走北京，投奔高君宇。

1920年，北京大学马克思学说研究会成立。经高君宇、罗章龙介绍，王振翼被吸收为通讯会员。翌年5月，王振翼加入刚成立的山西团组织，中共一大后正式入党，任职于中国劳动组合书记部北方分部，负责北方大中城市工人运动，兼管全国铁路总工会工作。

1922年1月，王振翼与高君宇一起赴莫斯科出席共产国际会议，受到列宁接见。5月5日，王振翼参加社会主义青年团第一次全国代表大会，会后返回山西领导太原大国民印刷厂工人罢工斗争。

1923年，王振翼参加著名的“二七”大罢工最高领导小组，罢工遭到镇压后，他被派往上海继续从事工运。6月12日至20日出席在广州召开的中共三大。10月底，王振翼以团中央巡视员的身份来山东检查指导工作。其时，由于山东党组织负责人王尽美、邓恩铭、王复元等人分赴青岛、张店等地发展党组织，济南地方团出现领导不力、组织涣散的趋势，引起团中央关注；而黄海之滨“华洋杂处”的青岛，自日本占领者手中回归已有10个月，团组织亟待建立发展。以上两个因素成为王振翼山东之行的缘由。

10月30日，王振翼召集主持济南地方团改组大会并作报告。他结合时局形势，条分缕析，讲解加入国民党问题、青年团与共产党关系、青年团组织发展、青年团工作开展等问题。会上选举产生济南地方团新负责人，并将济南本埠团员划分为5个小组，对团组织定期活动作出明确规定。自此，“济南团组织面貌焕然一新”。

指导建立青岛团组织

11月9日，王振翼到达青岛。此时，先前来青岛的共产党人邓恩铭已着手组建青岛团组织，“此间已得同志十余人，想在最近期内把地方组织成立”。

王振翼与邓恩铭一起召集进步青年分子举行座谈会，讲述国内外形势，并动员他们联系进步青年前来谈话。11日晚，王振翼致信团中央负责人，汇报青岛工作开展情况，称：“谈的结果很好，决定在这一星期内，请他们再介绍些人谈话，并与到会的这些人在这星期内分开谈我们团体的纲领、组织等，谈的结果如很好，即于下星期正式组织成立，如不够二十人，即按章先组织支部。如足二十人，即成立地方团。”

除频频约谈进步青年传播马列主义唤起其觉悟外，王振翼还与邓恩铭对青岛城市状况、社会阶层等深入调查研究。11月

15日，他将掌握的情况及个人分析见解向团中央信函报告，首先肯定青岛良好的革命条件，认为“山东四个地方最重要，即济南、济宁、青岛、烟台，其中以青岛为最大，亦吾人最应注意者也”。

青岛革命条件好，其革命火种播撒地在四方，因为该处“差不多是工人世界”，具体而言在胶济铁路四方机厂，然后由其向四方日商纱厂、沧口纱厂、台东镇工厂、港口码头蔓延，并联系民风彪悍的盐户、民团，可渐成燎原之势。王振翼在汇报中作了详细介绍：

> 胶济铁路大厂在四方（即四方机厂），约一千六百余人，现已组成略具粗型之工会，名圣诞会（注：本厂工人自发形成的尚有封建行会性质的组织）……在四方还有纱厂三四个，工人约万余，青年男子占二分之一强，皆待教育；四方离青岛市区不过十余里，差不多是工人世界，其他职业的很少，可以说是工人的副产品。四方北数里即沧口，有纱厂五六个，工人亦在万余以上，情形与四方相同。青岛除市政(电灯、电话、自来水等)之外，还有船港工四百余，码头搬运工千余人。在东镇，还有制酒工厂等工厂。以上这些地方在胶澳区内，距离最远者不过二十公里，皆旁近铁路与码头。总之，这区域内约有新式工人三万余，附近此区盐户与民团之组织以勇敢名于世，亦应吾人十分注意之宣传组织也。此就实情，吾人须十分注意之点。

王振翼在信函中再三说明青岛工作的重要性，提出“山东活动应以青岛为出发点”。为此，他建议中央安排王尽美同志常住青岛，以推进青岛工作开展。

王振翼非常看重交通工人，向中央“特别提出重视交通工人之观点”，并予以详细分析：交通工人好组织，因为他们的智识完全具有新式工人的进取战斗思想与环境；其他各种工人都在交通路线旁，自然成了交通机关的副产，交通工人自然具有领袖其他工人的环境与智识。具体到青岛，四方机厂是胶济铁路唯一的机厂，人员最多，因此胶济铁路工作应以四方机厂为起点，此处弄好则沿线如博山、淄川、坊子、金岭镇等地亦可马到成功。

在以上分析基础上，王振翼指出，山东党团工作应以铁路为中心，分两支：一支是津浦线，一支是胶济线。在津浦线，济南是一重要地区，工作重点应放到津浦铁路大厂，其次是枣庄中兴煤矿；在胶济线，青岛是重要地区，工作重点应放到四方机厂，其次是沿线的淄博、潍坊地区。

在团组织发展上，王振翼努力扩大发展对象范围，走出学生局限，面向广大工农群众。这从其青岛走访谈话中可见一斑。在青岛团组织成立前夕，王振翼约见胶澳职业学校师生八九人，依次谈话5次。他还与港务局十余名工友、郊区十余名盐民座谈，与四方机厂圣诞会会长郭恒祥，青岛火车站水机领班、国民党党员王东生等人单独谈话。

11月18日，在王振翼主持下，青岛团组织成立会在胶澳商埠督办公署工程课举行。邓恩铭、王象午及胶澳职业学校学生许兴业、李松舟、李萃之、姜秩东、郝骏夫、傅健生、李树柏、张肃甫，青岛电话局职员王少文、孙秀峰等参加会议。团章规定20人以上方可成立地方团，青岛团组织因团员仅有12人故设支部，邓恩铭任书记。团支部下辖三个小组，其中胶澳职校两个小组，另一个为市内组。

离开山东后，王振翼致信团中央负责人恽代英等人，汇报11月下旬督察山东工作情况，对济南、青岛工作表示满意，尤其肯定两地马克思主义宣传工作。他高兴地写道："我们的刊物《向导》，每期在济南、青岛可卖二百余，正在推销；而《中国青年》月刊，青岛每期至少三十册。"接下来，他谈到青岛物价高昂，言下之意是，在如此窘况下能销售如此多刊物，已实属不易。

1925年5月，中共北方区委组建张家口地委，统一领导察哈尔、热河、绥远三个特区党的工作，王振翼任组织部部长。

1927年7月，王振翼被派往贺龙部负责政治训练工作，并参加"八一"南昌起义。9月，中共顺直省委改组，王振翼任省委工委书记。翌年1月，任顺直省委组织部部长。6月，任北方代表团代理书记，赴莫斯科出席中共六大，当选为中央候补委员。后被诬为右倾机会主义分子，撤销中央候补委员及顺直省委一切职务。

1930年年底，王振翼由上海、江苏辗转天津，继续从事党的活动。翌年2月16日，因叛徒出卖，王振翼以"匪魁"之名被捕，继而被列为"要犯"转押北平草岚子监狱。在狱中，他受尽敌人严刑拷打，精神和肉体遭受百般摧残，始终没有出卖组织和同志，10月31日因"摧残冻饿"去世，狱中地下党为其秘密举行追悼会。

李慰农：不要管我，保卫工会

“奉命于危难之间”，《出师表》中的这句话用在98年前、当年30岁的共产党人李慰农身上恰如其分。

彼时，青岛日商大康、内外棉、隆兴等纱厂工人同盟大罢工高潮渐起，日商6大纱厂20余万枚纱锭全部停止运转。气急败坏之下，日厂主、日驻青总领事馆联手向胶澳商埠督署施压，顷刻间黑云压城。1925年5月4日，青岛党组织负责人邓恩铭在住处被捕。一周后，胶澳商埠警察厅以“工潮首领”之罪将其驱逐出青岛。

中共山东地委迅速安排自莫斯科东方大学学成归来、赴鲁工作月余的李慰农，以胶济铁路总工会宣传指导员、青岛地执委书记身份赶赴青岛，接替邓恩铭负责党的工作。

继续组织纱厂工人同盟大罢工

化名王伦的李慰农抵达青岛时，日商纱厂厂主与罢工工人代表已达成“改善工人待遇、每人每天增加一分钱的伙食费、工伤由厂方支付医疗费”等9项复工条件，日厂主签字同意，工人已于5月10日晚10时复工。

日厂主、工人暂时相安无事，商埠渐趋平静。抓住工运时

李慰农

工人群众对党组织、工会组织归属感日益增强的有利时机，李慰农将精力投入到党团、工会组织建设和发展上。为便于与党员、入党积极分子和进步工人联系，他在工人集中的四方地区建立四方支部（李慰农任书记），随后在四方机厂、胶澳商埠水道局、日商三大纱厂发展新党员十余人。他还组织在四方党的秘密活动点三育小学开办夜校，吸纳党团员、工会积极分子前来集中学习。经过一番努力，四方一带又有十余家工厂建起工会，大康、内外棉、隆兴三家日商纱厂200余名女工集会成立了四方纱厂工会女子执行委员会。

进入5月下旬，形势突变。日厂主均无意于履行协议，以工会纵容工人怠工为由，指使胶澳商埠督署对三家纱厂工会的登记申请不予批准，必须解散。商埠警察厅厅长陈韬亲率保安队员300余人开赴四方，强行将大康、内外棉、隆兴三家纱厂工会牌子摘掉。工人们遵照此前青岛党组织、工会组织的决定立即同时停工，工人不出厂，不干活。是为第二次日商纱厂同盟大罢工。

27日，日驻华公使芳泽面见北洋政府外交总长沈瑞麟，要求中国政府“急派在济南山东督办之军队前往保护，取有效适当之处置”，并以“如不能取缔不法之暴动，则日本出于自卫实属势所当然”相威胁。

28日，日本政府调遣“樱”号、“桦”号两艘军舰自旅顺港赶至胶州湾，“鸣炮数十发，隆隆震耳”，向罢工工人示威。同日，山东督军张宗昌命张培勋旅自济南东开拔，并电令胶澳商埠督办温树德“有必要即可开枪”。当夜，温树德与胶澳戒严司令王翰章密议后，调海军陆战队、保安大队、陆军、消防队共2000人，封锁四方，包围三家纱厂与工人宿舍，监视水道局、发电厂、四方机厂。29日凌晨3时30分，军警和日本人向罢工纠察队猛烈开枪，当场打死8人，重伤17人，轻伤无数。下午，鉴于“各厂工人甚众，警察厅震慑长警一时尚难撤除，而前派队警连日颇形疲乏”，陈韬下令自29日起，每日下午6时至次日上午6时，水上警察署遴派干练长警20名携带武器，前往四方大康纱厂维持治安。水上警察署接令后，巡官尚鸿声即率长警尚凤林、恒荣肇等20人下午5时赶至大康纱厂。

翌日，上海发生“五卅惨案”，两起血案相连故称“青沪惨案”。惨案发生后，李慰农紧急组织胶济铁路总工会“青沪惨案”后援会，发动工人积极分子在青岛、潍坊、济南等地城镇街道、乡村集市和胶济线列车上，通过讲演、散发传单等形式揭露日本帝国主义枪杀中国工人的罪行，并发动捐款，救援罢工的阶级兄弟，加强工农团结，壮大革命力量。

6月初，驻青日领事馆函送商埠警察厅一纸“李村方面发现匿名油印文件”。

在日人面前自矮三分的厅长陈韬在属下面前则是官威十足，立即指责李村、四方警察署“巡官未获举报，警署亦漫无觉察，实属疏忽已极”，要求“传谕申斥巡官等人，记大过一次，以示惩戒；仍查取职名，当报备案”。

在反动军阀和日本帝国主义双重逼迫下，日资纱厂工人为糊口忍辱负重，6月10日后陆续复工，“但上工人数已不到原来的二分之一”。

6月中旬，日厂主命令工人重新登记，并填写保证书，“保证不参加工会，不参加罢工，绝对服从厂规”。7月22日，大康纱厂厂主继续开除工人，并无故将一名12岁的童工打得头破血流，不省人事。暴行激起工人们的愤怒，全厂工人商讨后提出10个条件，要求日厂主4小时内答复，否则罢工抗议。日厂主未予答复，大康工人遂联合内外棉、隆兴纱厂工人举行第三次同盟罢工。

24日，《新闻报》报道：“四方日纱厂殴伤工人头部，工人四千余名群起罢工。警察厅长陈韬托人调停。”

《益世报》转发路透社青岛24日电：“四方纱厂五千工人宣布罢工，将请求当局用力平息。”

拒不交代“同党”惨遭枪杀

青岛工人大罢工又起，国内外舆论关注。张宗昌在济南坐不住了，7月24日匆匆抵达青岛。对于张宗昌此次青岛之行，美国驻青领事馆常务副领事海勒姆·E·纽比尔有较详细记录。8月6日，他在致美驻华公使信函中写道：“7月24日，张宗昌乘坐特别列车抵青，大概有2500名官员和随从，动用6列特别的列车，其中一列是由200名白俄人组成的护卫队。”在接待张宗昌的晚宴上，地方政客、亲日商绅摇唇鼓舌，添油加醋，污蔑工人罢工斗争。张宗昌决定再开杀戒。

获悉张宗昌将武力镇压工人运动的情报后，工人代表、共产党员傅书堂提醒李慰农暂时躲避。李慰农态度坚决：“不要管我，目前最重要的是警惕起来，保卫工会。”

26日凌晨，奉张宗昌之命，尹锡吾率领大批军警包围三家纱厂，再次封锁胶济铁路总工会、各厂工会以及青岛工界援助各地惨案联合会、各界联合外交促进会、青岛学生联合会、青岛公民报社等爱国社团，大肆搜捕中共党员、工人领袖和爱国人士。

26日晚，李慰农在大鲍岛召开骨干分子紧急会议，商讨应变对策。会后，他匆匆赶往四方住处，途经四方河西侧时，发现该区域已被封锁，警察暗探正逐户搜查。此时返回市内躲避尚有机会，但李慰农想到住处有党的机密文件和全体党员花名册，于是毫不迟疑地加快脚步。回到住处后，他用桌子顶住房门，一一点燃文件。当敌人冲破房门涌入时，屋内余烟尚存，文件已化成灰烬。

被押三日，李慰农受尽严刑拷打，始终坚贞不屈。面对各种威逼利诱，他拒不交代“同党”。他还把法庭当讲坛，痛斥反动军阀勾结日本人残害同胞的罪行。

7月29日，张宗昌下令，以“煽动纱厂工人罢工风潮”和“肆意行邪论，鼓动风潮，扰乱社会，引起重大纠纷，群情慌惧”之罪，将李慰农、《青岛公民报》主笔胡信之枪决。

枪决李、胡二人，没有选择在光天化日之下，而是在是日晚7时——黄昏时分，此举一则避人耳目（“枪决时由军政执法处押至团岛，乘汽车急驰，市民不察也”），二则又不违背“公开执法”的法律要求，张宗昌们煞费苦心。

8月11日，中共中央、共青团中央在《向导周报》发表《为南京青岛的屠杀告工人学生和兵士》，痛斥敌人杀害李慰农等同志罪行，号召人们团结起来与帝国主义及其工具进行斗争。

1980年7月29日，李慰农牺牲55周年纪念日，《青岛日报》刊登李慰农遗诗两首——《登太白楼》《游采石乘轮出发》，以示纪念。

1912年，17岁的安徽巢县农村少年李尔珍考入省立第二甲种农业学校后，立志“以先进农业科学知识来拯救农业，慰藉苦难的农民大众”，于是他将在塾馆时先生为其取的名字李尔珍改为李慰农。

1917年，李慰农以优异成绩毕业留校任农场管理员，风华正茂，立志革命，以诗言志。他在《游采石乘轮出发》中写道：

> 浩浩长江天际流，风吹乐奏送行舟。
> 问谁敢击中流楫，舍却吾侪孰与俦。

胡信之：粉身碎骨也心悦

1925年7月29日晚7点，青岛城区西部团岛一僻静处，几声清脆的枪响后，《青岛公民报》主笔胡信之、工人运动领袖王伦（即李慰农）倒在了血泊中。

下令枪决胡信之、李慰农的人是山东督军张宗昌，其给予的罪名是“煽动纱厂工人罢工风潮”。

“（父亲）身中数弹，身上的麂皮衣服被血浸得彤红，好友熊冲为他买来新衣服，换装整容，还买来木板钉成棺材，入殓后埋入青岛义地公墓，并立石碑为记。”这是1978年胡信之女儿胡晓韬回忆的一个片段。

胡信之遇害时35岁，胡晓韬当时年仅12岁。

初来青岛行踪

据胡晓韬晚年讲述，1890年，胡信之生于北京，其父曾在清末做过知县，为人清廉，没有什么积蓄，仅在北京西直门外留有一块坟地，全家靠薄收租金维持生计。胡信之毕业于北京大学，因家庭负担重，在京谋生不易，乃迁居青岛，先入胶澳商埠观象台任职员，后在青岛报馆做记者，靠卖文和采访新闻为生。

胡信之

根据1925年7月8日《胡信之紧急声明》中的自述“鄙人服务新闻界垂二十载，来青先后将及十载”可推算出，胡信之来青岛时应是1915~1916年。笔者从一些当事人回忆史料获悉，在就职胶澳商埠观象台前，胡信之曾在青岛报界打拼。他先在创刊于1912年的《中国青岛报》任记者，“撰写社论、漫言等，揭露北洋政府腐败、谴责军阀混战”。

《青岛市报纸史初稿（1897—1949年）》载：“1923年，《青岛晨报》创刊，为日刊，对开一张，社长隋石卿，主笔胡信之，后胡因与隋意见不合退出。1924年，该报终刊。”

从青岛市档案馆保存的青岛总商会致《青岛晨报》开幕纪念祝词“十月之朔，贵报开幕，提倡舆论，先知先觉，国之輶轩，民之木铎，笔携风霜，胸罗丘壑，发聋振聩，暮鼓晨钟，崂山之麓，泰岱之东，恭祝贵报，声誉日隆”中可知，《青岛晨报》创刊于农历十月初一。

如果胡晓韬的回忆属实，那么胡信之就职胶澳商埠观象台约在1924年3月。此时，胡信之与《青岛晨报》投资人分道扬镳。

1922年12月10日，青岛行政权正式回归，但日本人拒不撤出测候所（观象台），双方进行多次交涉，直至1924年3月，中国政府才正式接管，并将日占时期命名的测候所更名为胶澳商埠观象台，蒋丙然任台长。

胶澳商埠观象台运行后，毕业于北京大学地质系的湖南人熊冲进入该台从事气象及地质研究工作，并在1925年创刊的《中国气象学会会刊》第一期发表《地震概说》和译文《古代气候之考证》。

熊冲次子熊湘伟告诉笔者，他父亲和胡信之是北京大学校友，是追随孙中山、坚信“三民主义”、志同道合的民主革命者，两人在胶澳商埠观象台曾短期共事过。1924年5月9日，即袁世凯承认日本提出的“二十一条”的“国耻纪念日”，胡信之、熊冲、谢石林、程序之等10人，在熊冲寓所集会，探讨救国救民之道，并成立以钻研学术、砥砺德行、救国救民为宗旨的“志学社”。胡信之被推选为“志学社”主要负责人，熊冲负责起草《宣言》。

熊湘伟提供了《志学社宣言》内容：

> 年来国政不纲，民德堕地，武夫放恣，帝国环逼，遑遑华胄，不困于饥寒，即扼于刀锋铁蹄之下，嗟我民权日蹙百里，民生幸福，民族光辉，扫地无余，瞻顾前途，亡国灭种，迫在眉睫，同人栖处漏舟，忧心如焚，爰秉孔氏志学志道之旨，践近世农化工化之义，广集同志，组成本社。远师濂洛关闽之励世易俗，近法土国青年之攘外安内，用挽危局，而振颓风。爱国力学之士，尚不以污远而愿合作者，曷兴乎来。

至于胡信之离开胶澳观象台的原因，熊湘伟坦陈不知情，也没有见过相关的史料。

一些当事人回忆，1924年9月，胡信之参与创办《青岛公民报》并任主笔。

《青岛公民报》创刊于是年9月10日。4天前，《青岛时报》刊登《青岛公民报》出版预告：

> 径启者　窃维实业之兴废，关乎国家之盛衰，故提倡实业，刻不容缓之图。同人等有见及此，特联合出资组织青岛公民报，专以提倡实业为宗旨，现已呈准官厅立案，择于九月十号出版。凡本埠及各埠各界及各机关、各团体，均送登广告三日，借表欢迎。如承订阅本报及刊登广告者，请径向敝报营业部接洽为盼，并望各界惠赐鸿文巨著以先篇幅，至为荣幸。先次预布，即希公鉴。

笔者在青岛市档案馆还查阅到青岛总商会会长隋石卿为《青岛公民报》创刊书写的贺词。贺文证实，该报创办日期为“9月10日”。

《青岛通鉴》载，《青岛公民报》对开4版，日报，初创时以“提倡实业”为宗旨。主笔胡信之为“公开言论，发表意见，宣传文化，抵制外侮”，开辟《公民俱乐园》《公民言论》等栏目，为民众提供发表意见、评论国事的园地。

青岛市档案馆内现存一期《青岛公民报》，时间是1925年5月7日，限于当时印刷技术和年代太久，字迹已模糊。这期报纸中没有胡信之的言论，只有他向读者推介《香江晨报》的一则启事：

《香江晨报》系编辑最美丽、材料最丰富的一份报，而且对于文化宣传的法子尤其令人易于了解，一切论文著述、小说、杂俎等文字，更是茶余饭后消遣的良友，并且于南洋华侨的情形亦一目了然，值此春光明媚的时候，是女士们手中所不可少的文化品啊。如蒙各界惠订，或函托本报，或直接与香港苏杭街一百零三号该报社函订亦可。

特辟专栏声援工人运动

胡信之为青岛市民特别是被压迫的工人阶级所熟知，缘于1925年春夏青岛日资纱厂轰轰烈烈的工人运动。

1925年4月，因不堪日本厂主虐待，青岛纱厂工人举行罢工。报界大多缄默，胡信之和《青岛公民报》坚决响应率先发声，他亲自撰写发表评论，谴责日本厂主暴行，号召各界“本良心之主持，援助可怜之工人”。同时，特辟《工潮专载》栏目，大量报道罢工动态及各界各地相援信息，鼓舞工人斗志。罢工规模日益壮大，至是月底，“有1.8万纱厂工人参加”。

1985年出版的《青岛惨案史料》一书中记载了接下来风起云涌的工人运动。

5月29日，在劝说、谈判诉求难以达成的背景下，胶澳商埠督办温树德决定武力镇压罢工者，事件共造成8人死亡，17人重伤，75人被捕，数百人被通缉，3000多名工人被遣送回原籍，是为“青岛惨案”。

次日，上海“五卅惨案”发生。两者并称为“青沪惨案”。

在血雨腥风中，报人胡信之挺身而出，除了口诛笔伐外，他还为工人的窘境积极奔走。

他邀集各报记者举行联席会议，要求同人齐心奋起声援罢工工人。同时，与青岛民众团体领袖鄷洗元、李筱坡等奔走胶澳商埠督办公署、警察厅，要求释放被捕的工人。

青岛工人运动不屈不挠，引起国内外关注。山东督军张宗昌下令胶澳商埠督办公署警察厅检查稿件、封杀舆论。媒体对此多有报道。

6月9日，《申报》报道："警厅通知报界，奉张督令，检查关于军事、工潮稿件。"

10日，《平民日报》报道："自本月八日起，每日上午九时起至十二时止、下午二时起至六时止，凡稍有涉及军事或揭载工潮各新闻访稿，一律依时送厅检查，并于次日将出版各报，检送一份到厅，以凭查考，其各遵照勿违云云。"

1914年3月2日，北洋政府出台《治安警察法》，规定警察对包括报刊在内的印写物品，有"扰乱秩序之安宁"之嫌的，有权予以禁止和扣留。同年4月2日，袁世凯签署《报刊条例》，共35条，主要包括：发行报刊须经警察官署认可，并交纳保证金100元至300元，禁止报纸刊载"淆乱政体者""妨害治安者""攻讦个人隐私，损害其名誉"等内容，该《条例》"以监督报馆之权，完全委之警察"。

在《治安警察法》《报刊条例》面前，1915年3月5日，胶澳商埠警察厅亦开始实行稿件预检制度。

1923年1月13日，胶澳商埠警察厅公布《取缔新闻杂志及各种出版物品暂行规则》，规定各种新闻杂志须在发行前呈报警察厅并转督办公署备案。《规则》同时规定，各新闻杂志及各种出版物不得登载出版下列内容：1. 淆乱政体者；2. 妨害治安者；3. 败坏风俗者；4. 披露军事、外交及其他机密文字图画，凡经官方许可者不在禁列；5. 预审案件未经公判者；6. 诉讼或会议禁止旁听者；7. 煽动或包庇犯罪人、被告和原告者；8. 攻击个人隐私损害他人名誉者。

本土化的新闻杂志及出版物取缔规则出台后，胶澳商埠警察管控舆论更是理直气壮。

青岛市档案馆内馆藏的《胡信之就释放记者事给青岛地方检察厅的函》显示，一王姓记者因违反《报刊条例》被保安二队抓获并送至青岛地方检察厅，身患痢疾的胡信之得知这一消息后立即致函检察厅长，希望他“得饶人处且饶人”，从轻处理。

这份函件署名寄韬，即胡信之笔名，时间是1925年6月12日。函中没有说明王姓记者供职于哪家报馆，误报的新闻是否涉及“工潮”这一敏感话题。

> 数日未晤，念甚。近因患痢，未克趋候。现闻报界同人言，日前保安二队将访员王某抓送贵厅惩办。但王某系一无知之人，儆一惩众，未有不可。无如值此满目荆棘之社会，对于此等事，可罚则罚，得饶人处且饶人，不宜于微末小节之事启社会之误会，此中情形谅早在洞鉴之中，可否由司法科略事惩讯，令觅保释放。至误登新闻之事，亦可去函，令所登之报更正，或由王某个人去稿更正，均无不可，似不宜小题大做也。愚见在此，即希卓裁并祈见复，是为至盼以上。

“认定步骤向前去干”

6月16日，青岛各界举行雪耻大会，胶济铁路总工会“青沪惨案”后援会等7个团体的成员及17所学校师生共3万余人参会。各界代表争先登台演讲，呼吁英、日工厂商店工人罢工，码头工人拒绝装卸英、日货物，强烈要求胶澳商埠督办公署对英、日严重交涉，释放因罢工被捕的全部纱厂工人代表。迫于强大的社会舆论压力，胶澳当局于17日释放了被关押半月多的58名罢工工人。

“五卅惨案”发生1个月后，青岛各界举行纪念大会，胡信之是积极参与者。

《民国日报》报道：“六月三十日早十点钟，在齐燕会馆举行青沪汉粤死难烈士追悼会，各商店休业一日，均下半旗，以示哀悼。”

6月间，青岛各界讨论对英、日进行经济绝交，商人代表提出“只对英不对日”的荒谬主张，立即遭到工人、学生代表强烈反对。

7月初，胡信之以“寄韬”笔名发表社论《还要认定步骤向前去干》，指出：“实行英日经济绝交，为排斥英日之利器，势在必行。”同时表达对媚日小丑们的愤慨：“坐食其肉，寝其皮，亦不足以蔽其辜也！”

曾任《青岛公民报》编辑的段子涵在20世纪60年代撰文回忆：“一天，工人代表傅书堂、伦克忠，学生会代表李萼相继来报社送信说，有人向张宗昌告发公民报，想借刀杀人，建议报社言论稍微和缓一些。第二天，鲁佛民也来送信，内容大同小异。”

对这些消息，胡信之没有予以重视，而是继续“认定步骤向前去干”。

鉴于“巨商股东勾结串通十三个团体联名上书，控告《青岛公民报》鼓动工潮，宣传异端，请求胶澳商埠督办公署严加制裁”，7月8日，胡信之在《青岛公民报》上发布著名的《胡信之紧急声明》，“然光脚不怕穿鞋的，我不得其死，彼又安得其生”，表达了慷慨赴死的决心。

> 启者　鄙人服务新闻界垂二十载，向持正大之宗旨，光明之态度，与社会恶魔相周旋，不畏势屈，不为利诱。来青先后将及十载，始为取引所问题取怨于某方，今为沪案问题又移恨鄙人。而某方也昧于责己，明于责人，主使某某有以对待丁敬臣之法对待鄙人，此其受某国之使命，而欲置鄙人于死地也无疑。不过鄙人千里来此，早置死于度外。死一胡信之，安知无似十胡信之再起而与恶魔斗？况鄙人以一介书生，与帝国主义下之资本主义战，为争社会之正义死，在鄙人固死得其所，然光脚不怕穿鞋的，我不得其死，彼又安得其生？！此后，如衅自彼开，或明谋暗算，鄙人亦唯有与之周旋而已，幸各界其重察之，勿谓鄙人之不能容物也，幸甚！

在发表紧急声明的同时，胡信之还据此向法院起诉，回击13个团体的诬告。

熊湘伟补充说，胡信之还给熊冲留下书面遗嘱：“国事家事，希我同志学友，偏劳照顾。”

7月24日，《新闻报》报道：“二十二夜，四方日纱厂殴伤工人头部，工人四千余名群起罢工。警察厅长陈韬托人调停。”

《益世报》转发路透社青岛24日电：“四方纱厂五千工人宣布罢工，将请求当局用力平息。”

青岛工潮又起，山东督军张宗昌在济南坐不住了，遂于24日率兵赶来。

李萼、段子涵在回忆文章中均称，25日晚，总商会在日本人开设的大辰旅馆（今市立医院西邻）盛宴招待张宗昌一行，一夜花掉5000元，按当时物价这是个不小数字。得知这一信息后，胡信之在26日的《青岛公民报》上刊发短评，大意是：“在五卅运动中，为援助罢工同胞商会不肯一破悭囊，而为献媚当轴，却肯一夜花掉5000元。再说，正值抵制日货高潮中，中国人自开的大酒楼大饭店有的是都不去照顾，却把5000巨款花在日本旅馆。”

李萼还忆及，25日晚，他见到胡信之时，胡信之说：“有人透信，叫我提高警惕。”李萼也进行一番劝说，但胡信之仍不在乎：“我是赤脚不怕穿鞋的。”

26日，张宗昌下令查封《青岛公民报》，抓捕胡信之、段子涵等人，罪名是“肆意行邪论，鼓动风潮，扰乱社会，引起重大纠纷，群情慌惧”。

笔者在青岛市档案馆查到1925年8月2日，胶澳商埠警察厅第一区警察署为巡官吴惠元查获胡信之请赏的呈文，文中较详细地记录了抓捕过程。

窃据第二分驻所一等巡官吴惠元呈称：窃于七月二十六日上午二时许，面奉厅长手谕内开：公民报主笔胡信之，屡在该报倡言共产，煽动工潮，应即拿办。仰该管巡官吴惠元严密逮捕，限一日内拿获送厅，勿误。若任逃逸，即与该巡官是问。拿获赏洋百元并升一级。等因。奉此。巡官遵即彻夜四处侦查，严密逮捕。至上午九时余，在该报馆即将该胡信之查获。

这份呈文之后，是胶澳警察厅厅长陈韬的指令："呈悉。该巡官吴惠元此次办理要案，深资得力，已另有令提升。呈内赏洋，应准照发。仰即转遵照。此令。"

因为是记者、主笔身份，胡信之的被捕、遭枪杀乃至报馆被封闭备受同行关注。

《民国日报》7月31日济南特讯："张宗昌昨日（实为7月24日）赴青岛，封闭胶路工会沪青汉粤惨案后援会，复逮捕青岛公民报经理胡信之、编辑段子涵，诬为鼓动工潮，宣传过激，严刑拷问三次，终无口供，乃于29日下午7时，将胡信之与一四方工头王某执行枪毙。事先青岛各界迭谒张保释，均被拒绝。张在青既已留下纪念，遂于30日午后4时偕同温树德乘'海圻'军舰赴烟。预计抵烟后，烟埠之救国运动将大受打击。"

8月4日，《晨报》报道，《青岛公民报》社长刘子乾、编辑段子涵，关系人丁子明、孙义昌、赵世恪，嫌疑人王慎卿、梁义林、吕芬云、吕鹤云、吕健华及地保金显诚、孙立我均由青岛解往济南，拘押于第一军军法处。

9日，《大公报》刊发《张宗昌枪杀记者详情》：

8月5日青岛通讯云：沪汉粤案发生，青岛民气复活，工商各界援助沪案，极为踊跃。青岛公民报主笔胡信之尤主持正论，对于罢工运动，尽力宣传，颇为各方注意。张宗昌抵青后，突于七月二十五日夜三点钟令奉军司令部协同警察署多人，将胡信之逮捕，交军政执法处，备受酷刑，并于二十九日下午七点枪决于青岛之西团岛。枪决时由执法处至团岛，乘汽车急驰，市民不察也。

胡系北京人，赋性亢直，不畏强御，博学能文，遗有七十老母及妻一女一，市民悲焉。同时又枪决四方工会职员王伦。传闻王伦原名李慰农，安徽人，法国勤工俭学毕业生，此次来青经营实业，与胡常往来，因涉嫌疑，亦及于难。临刑时胡无一言，三枪不仆；王则慷慨演说，其余株连被捕者二十余人。

8月6日，胶济铁路总工会代表伦克忠、韩文玉将张宗昌在山东枪毙工人首领及新闻记者一事广而告之北京民众。

公告称：《公民报》记者胡信之是青岛民众反帝国主义运动的指导者，他对被压迫的工人阶级深表同情。《公民报》上的言论无一处不站在民众的利益上，日本帝国主义对他威迫利诱无所不用其极。胡君人格高尚，信仰坚定，丝毫不为所动，屡对工人说：“只要工人阶级的利益能争得到，胡信之粉身碎骨，也心悦！”

《青岛公民报》编辑段子涵在回忆文章中还提及自己被捕关押乃至释放的过程：

我们被捕去后，押在警察厅看守所。7月29日晚，胡信之遇难后，我被押送执法处，在这里遇见了刘祖

> 谦，待了两天，两人一起被解送到济南，关押在军法处看守所。两三个月时间里，没有人再来问一问。1926年1月，我被送到第一监狱，在监狱待了一个多月。张宗昌被孙传芳打败，军队溃散，招不起兵来，有人建议，将轻微人犯提出来编成输送队。趁此机会，经济南新闻界同人周旋，我被营救出狱。刘祖谦则在军法处待了一年后，花了500块钱才被放出来。

在回忆文章的末尾，段子涵不无感伤地说：“《公民报》解散了。”

胡晓韬晚年口述，父亲胡信之去世时她才12岁，同父异母的弟弟才10岁。父亲好友熊冲每月寄来5元银币，但一家数口人生存维艰，继母不得已改嫁，带着幼子去了上海，她则跟随祖母去了南京。17岁时，经熊冲之弟熊梦介绍嫁作他人妇。“七七”事变后，她和祖母迁入湖南省邵阳县，在东廉桥安家落户。

延伸阅读

胶澳时期的青岛报纸

青岛报业发展始于德占时期，前后继起的报纸有12家，多为外文报纸。1914年11月日据青岛后，日文报纸接踵创刊，中文报纸较少。

青岛中文报纸初具规模是在1922年12月10日青岛回归后，原因大致有二：一是北洋政府允许私人创办报纸，青岛又刚刚被接收，一切都是新的开始，国人抱有厚望，办报热情和兴趣被激发出来；二是青岛经历德占日据华洋杂处，是中国北方知名的港口城市，发展前景被一些外地成熟的报纸看好，他们或将报馆迁至青岛，或赴青岛创办分支机构，在交流碰撞中推动青岛本土报业快速成长。

《胶海关十年贸易报告》载："回忆十年以前，本埠仅有中、日报章各一种。降至晚近，报章繁兴，印刷鼎盛，以视前期，不啻相去十倍。至于定期刊物，亦颇发达。"

据统计，自行政权回归日至1929年4月15日南京国民政府接收前，青岛先后创办的报纸有17家，而济南这一时期仅有报纸8家。

伊筱农们的幸福时光

1922年12月10日正午，青岛回归，胶澳商埠督办公署旋即挂牌。

《中国青岛报》社长伊筱农很快到胶澳商埠督办公署警察厅办理了报纸出版手续，一时有扬眉吐气之感。这家创办于民国元年（1912年）、社址在保定路19号的青岛本埠报纸，对开八版，周六出版。在日本侵略者取代德国人强占青岛的8年间，因时局动荡和日本同行挤兑、打压，该报时停时续。

从青岛市档案馆馆藏的《青岛总商会祝贺〈中国青岛报〉开业五周年贺词》中可推断出，经过一段时间停办，《中国青岛报》在1922年恢复出版。

该贺词写于1926年，具体月、日不详，摘录如下：

> 溯胶澳之接收兮，迄今四易寒暑。
> 惟贵报之复活逾五载兮，同欢欣而鼓舞。
> 五色国旗飞扬于本埠兮，若先后之交辉。
> 一纸风行无远弗届兮，俨殊途同归。
> 歌卿云与复旦兮，仿佛身游虞唐。
> 黄河如带泰山如砺兮，民值国土重光。
> 祝贵报之进步兮，永建业而无疆。

遗憾的是，《中国青岛报》没有像贺词期盼的那样“永建业而无疆”，它在不足两年后即寿终正寝。

1928年9月16日，胶澳商埠警察厅厅长王庆堂就《中国青岛报》改组《新民日报》一事呈文胶澳商埠局总办赵琪：

> 《中国青岛报》经理伊筱农呈称，敝报原为地方报性质，前于民国元年出版，迨青岛收还后，经照章呈准在案。嗣于本年五月敝人偶撄重疾，又以机器损坏，遂致停刊多日。既承多数阅报者来函催促，并地方人士赞助，更名为《新民日报》，拟于十月一日继续出版，以符众望。

1924年3月31日，北洋政府交通总长、代理教育总长高恩洪接替熊炳琦出任胶澳商埠督办。上任伊始，督办公署人员、林学专家高秉坊（又名高春如）想自办一份报纸，高恩洪欣然同意。适值英文报纸《青岛晨报》社长、日本人星野米藏拟退出报业，因高秉坊系个体不宜接手，其好友、胶澳商埠林务局局长凌道扬便以单位名义出面与星野米藏洽谈，最后斥资将《青岛晨报》全部资材接了过来。经过筹备，9月1日，《青岛时报》英文版、中文版同时出版，山东省议员梁弼卿任报社经理，李春选任总编辑，社址在新泰路1号，中文编辑部由高秉坊擘画一切，英文编辑部由凌道扬主事，其弟凌达扬（私立青岛大学教授）担任主编。

1925年，《青岛时报》被卖给了英国人沙敦，沙敦委派英人士大贵接管，尹朴斋出任中文版总编辑，一年后，王子云接替。1926年秋，在青岛领导工人运动的共产党人邓恩铭赢得王子云信任，在该报开展进步宣传活动，著文反对张宗昌创办的《讨赤报》，并在星期天增出特刊，发表瞿秋白等人文章。1927年初，因得罪张宗昌，王子云去职逃匿后，士大贵将《青岛时报》一分为二：英文版改名《青岛泰晤士报》，中文版《青岛时报》由尹朴斋等人合资接手，张博文任社长。

1928年，胶澳商埠警察厅厅长王庆堂就《青岛时报》社更换尹朴斋社长一事呈文胶澳商埠局总办赵琪：

> 窃据《青岛时报》社函，敝报社本月十八日改组，前社长张博文辞职，此后所有一切事务由尹朴斋、李瑞卿二人同负完全责任。谨此呈明。

出任社长后，尹朴斋将《青岛时报》社址迁至兰山路17号，并接受军阀刘桂堂（即刘黑七）津贴，报纸由原来两大张增为三大张，销量由每月两三千份增至五六千份。

1925年8月10日，《青岛平民白话报》创刊，是其时青岛唯一的大众化通俗白话报，社长为张乐古。

1928年4月20日，商埠警察厅厅长王庆堂就《青岛平民白话报》改为《青岛平民报》呈文总办赵琪：

> 窃据张国光呈称，《青岛平民白话报》因登载失实，违犯警章，业被查封在案，现已自知错误，后悔莫及，惠蒙启封。谨将报馆改组更名为《青岛平民报》并更换社长，以利进行。

更名获批后，《青岛平民报》慢慢地赢得了读者，日发行量达3000余份。

前仆后继者众

伊筱农们在报业市场搏杀，有欢笑，也有泪水，有开张也有倒闭。这些在投资者的眼里似是稀松平常的事儿，因此没有阻止他们进入这一陌生领域的脚步。

1923年，《胶澳日报》创刊。该报除本埠外还向日本、朝鲜及欧美国家发行。社址在直隶路，由社长、诸城人王静一组织数名“商专派”（山东公立商业专门学校毕业生，在青岛政府机关企业中均有人在，团结力颇强）创办，总编辑为崔信功（安丘县人）。该报是非政党机关报，因此没有明确的宗旨和坚定的立场。

隋石卿

因为与社长王静一有师生之谊，受中共党组织委派由济南来青岛建立党团组织的邓恩铭，曾以《胶澳日报》编辑作掩护，以该报为载体，有计划地传播马克思主义，并在该报副刊连载《列宁传略》，刊登关于“十月革命”的文章，颇受青年读者欢迎。后来，王静一谋得胶澳公立职业学校校长职位后离开，同乡郑吟谢接任社长。郑吟谢谋得青岛货物局大港分卡职务后，编辑部不少人追随他而去。1927年，因人手紧张且缺乏主心骨，该报关门歇业。

1923年10月，青岛总商会会长隋石卿投资创办《青岛晨报》，自任社长，聘请《中国青岛报》著名记者胡信之任总编辑。

9月27日，《青岛晨报》面世前，青岛总商会发来祝词：

十月之朔，贵报开幕。
提倡舆论，先知先觉。
国之輶轩，民之木铎。
笔携风霜，胸罗丘壑。

发聋振聩，暮鼓晨钟。
崂山之麓，泰岱之东。
恭祝贵报，声誉日隆。

《青岛晨报》创刊不久，社长、总编辑因意见不合屡起冲突，1924年春分道扬镳，报纸不久画上休止符。

1923年11月1日，《青岛晚报》和《东海日报》同时创刊，前者4开4版，社址在天津路；后者对开一大张，社址在胶州路37号。两报均昙花一现。

1923年，《青岛一等邮局事务年报》载，《胶澳公报》在该年度青岛邮局登记发行，负责人是淳于树铭。1924年，《青岛一等邮局事务年报》载，《社会改良报》在该年度青岛邮局登记发行，负责人是王凤池。但两报何时创刊、何时终刊均不详。

1924年6月1日，上任近两月力倡节俭的胶济铁路局局长邵恒浚调查时发现，该局各车站、各部门等任意订阅各报，毫无节制，甚至有未经主管处室批准私自订阅之报，且不知何人经手办理。“似此冒渎，实非慎重路款之道。”邵恒浚不悦，令饬路局各处“嗣后订阅各报，务须送由庶务课代订”，并重新制定报纸订阅办法。

翌日，《中国青岛报》刊登胶济铁路各车站订阅报纸办法：1．各处课应详查所阅各报，开单呈阅；2．由各处课开单注明增加何报及减去何报以及总数目；3．由各处课酌量本管处课情形，切实核减，并须由庶务课代订，以便统计；4．图书室特备中外各报，以补充各处课之不足；5．饬各处课保存故报，以备考查。

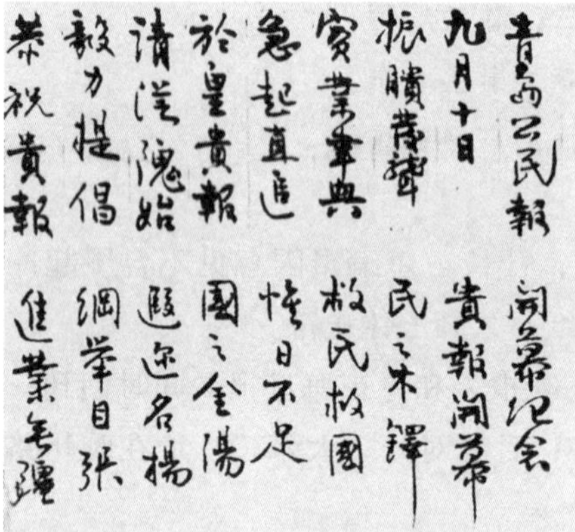

《青岛公民报》创刊贺词

9月10日，《青岛公民报》创刊，对开4版，日报，以“提倡实业”为宗旨。主笔为胡信之，他为“公开言论，发表意见，宣传文化，抵制外侮”，开辟了《公民言论》等栏目，以便民众发表意见、评论国事。

1925年4月15日，实业新闻社正式出版运行。此前，合伙人满怀豪情，函请青岛总商会会长隋石卿题词祝贺。

实业新闻社究竟刊登哪些内容，出版了多少期，在青岛市档案馆内均未查到记录。由此推断，合伙人空怀一腔热血，匆匆关门大吉。

1926年7月15日，《中华商报》创刊，4开4版，每周六期，周日休刊，社址在博山路67号，社长为马起栋。不久，更名为《中华报》，改为日报，对开两张，日发行1600份。

是年，《青岛日报》创刊，对开一张，后改为4开4版，发行数百份，社址在冠县路50号，社长为冯善亭。

《青岛市历年户口比较表》载，1926年12月底，青岛常住人口为27万多。一个27万余人的城市，凭借区区数百份、千余份发行量实难长久生存，故《中华报》《青岛日报》很快销声匿迹。

这一年，《胶东午报》创刊，日刊，4开小报，社长为王奉之，山东长清县人。因资金不足，《胶东午报》于当年停刊。

1928年4月初，居住在泗水路4号的李宏爱向报刊主管单位——胶澳商埠局警察厅申请创办《灿烂画报》。李宏爱已意识到传统报纸竞争激烈，供严重大于求，故错位经营。厅长王庆堂深以为然，遂于本月20日呈文总办赵琪：

泗水路四号李宏爱呈称，现拟组织画报社办理画报周刊，每星期发行画报一张，现已筹足资本金大洋四百元，以提倡文化、保存国粹、增进美术智识为宗旨，绝不记载时事、政治、军事等新闻，专刊古今名人书画、金石、器皿及关于一切美术作品，并详加注明，俾便考古证今，易于明了。

谨依照《版权法》之规定及其他法令之限制，理合检同《灿烂画报》社简章一份，呈请鉴核批示祇遵。据此，查该报以提倡文化、增进美术为宗旨，查阅简章，核与取缔新闻杂志及各种出版物品暂行规则尚无不合。

该呈文附有灿烂画报社简章一份：

宗旨：提倡文化，灌输美术，不涉政治评论、军事汇报。

刊期：每周三发刊一次。

内容：专刊古今书画、金石、器皿、照片以及文学、小说、笔记等作品。

基金：基本金通用大洋四百元。

职员：编辑、会计、绘图、交际、摄影记者各一人，各埠特纳记者京、津、沪、杭各一人，职员完全义务，概不支薪。

稿费：以基金薄弱，各职员之稿件概不支薪。外埠记者暨社外投稿人酌给薄酬，以稿物之价值随时增减。

胶澳时期热衷于办报纸的不只是中国人，侨居青岛的日本人也乐此不疲。

1923年，日本人三好真文创办了中文报纸——《青岛公报》。翌年，日本浪人中岛勇一创办《胶东新报》，聘请中国人张海鳌担任总编辑。1925年，《青岛新报》出版，社址在中山路，为日本人投资，每期8至12版，日发行约4000份，是青岛本埠发行量较大的报纸之一。

外地报纸纷至沓来

无论是中国人还是外国人，在青岛乃至中国创办报纸或更改报纸名称等均须经各地警察厅许可。

1914年4月2日，袁世凯签署《报刊条例》，共35条，主要包括：发行报刊须经警察官署认可，并交纳保证金100元至300元，禁止报纸刊载“淆乱政体者”“妨害治安者”“攻讦个人隐私，损害其名誉”等内容，该《条例》“以监督报馆之权，完全委之警察”。

青岛是华北地区重要商埠，有港口、铁路交通海内外，且华洋杂处。在许多外地成熟的报业经营者眼里，这是一个令人艳羡的市场，于是他们各出高招，涌来抢滩。

1923年4月，全国商业联合会致函青岛总商会，请其安排专人为北京《环球工商通信》社提供新闻线索、稿件，是为“名誉通讯员”：

拟请贵会文牍主任为该社名誉通讯员，随时将贵处工商界消息径寄该社，以便刊登，并附《环球工商通信》社简章一份。

1923年8月4日，为“推广销路”，《民声日刊》社由济南迁至青岛后，总经理淳于子鱼致函社会各界：

径启者　敝社自出版以来，蒙各界赞，日见发达，莫名感戴。兹为地点便利、推广销路起见，由济移青，谨定于九月一日出版，并扩充为一大张。消息务求灵通，立论一本正大，以酬诸君雅意。倘蒙赐教，无任翘企，专此布达，借颂公绥诸先生。总经理淳于子鱼敬启。

1925年5月7日，《青岛公民报》总编辑胡信之亲自向读者推介订阅《香江晨报》：

香江晨报系编辑最美丽、材料最丰富的一份报，而且对于文化宣传的法子尤其令人易于了解，一切论文著述、小说、杂俎等文字，更是茶余饭后消遣的良友，并且于南洋华侨的情形亦一目了然，值此春光明媚的时候，是女士们手中所不可少的文化品啊。如蒙各界惠订，或函托本报订阅，或直接与香港苏杭街一百零三号该报社函订。

1925—1928年，张宗昌统治山东期间创办《新鲁日报》，作为官府机关报。该报总部在济南，同时在青岛设立“新鲁通讯社”，由其参谋长全寿良兼任青岛社社长。

《济南日报》系日本人创办的中文报纸，社址在济南。1926年6月，为抢占青岛市场特意推出《济南日报》（青岛版），对开4版，社址在中山路160号。

外地报纸纷至沓来，不到30万人口的青岛有大小报馆20余家。如何在竞争中制胜，彼此都颇费一番思量。

1925年12月10日，青岛行政权回归三周年时，《中国青岛报》推出纪念册随报发行，小有斩获。1926年11月4日，青岛行政权回归四周年在即，该报再度出手，发行人伊筱农亲自上阵，致函社会各界：

兹借十二月十日领土珠还大典，依照前次办法，发行特别纪念册一本。现已呈明总座及省宪并地方官厅。除订阅各家依次送阅外，并加刊五千本，分送各埠，不另收费。内容记载拟按杂志性质，广征见闻，庄谐并录。至此项特刊拟用上好洋纸加工订制，以备久存。如登广告，不独普及周知，且可便于检阅。至本埠各著名字号及新旧街名并衙署机关、名胜等等，均拟载入。尊处如有欲登之件，或旧有之广告拟新加图示或另换词句，希于十一月二十五日前掷下，以便照办。

1926年冬创刊的《正报》，令青岛读者耳目一新：该报对开，每份一至三张，是当时青岛唯一在一版刊登新闻的报纸（一版上半版为社论和国内新闻，下半版为广告）。在副刊方面，以高稿酬征集高质量文艺作品开本埠报界风气之先。社长吴炳宸最有力的招数是，配备三名外勤记者，奔走于青岛大街小巷采写一手鲜活新闻；并自设无线电收报机，重金收集各方独家新闻、热点新闻。内容为王，后来者居上，该报日发行量连年递增，1934年时突破1万份，令业界瞩目。

1928年9月，《新桃源报》经理徐逊之因另有他就无暇营业，将该报出版权让渡给合伙人李鸣久，由其承办。李鸣久接手后，认为该报登载诗歌、小说、梨园、北里等事与国计民生关系不大，决定易名为《渤海日报》，并按照《取缔新闻杂志规则》重新确立编辑出版思路，突出时事新闻。10月2日，商埠警察厅厅长王庆堂向总办赵琪呈报该报变更事项，并附《渤海日报》简章。

名称：本报定名《渤海日报》。

宗旨：以开通民智、启迪社会、提倡实业为宗旨。

组织：设经理、编辑、发行、印刷各一人，以营业为目的，由经理一人独资经营，不发股票。

体例：本报日出两大张，专登专电、要闻、本埠新闻、各埠新闻、本埠琐闻、诗歌小说。

地址：即墨路14号。

资本：大洋5000元。

印刷：博山路中华印刷所代印。

职员：李鸣久（经理，时年32岁，直隶丰润县人，

宋雨亭

住宁阳路三盛栈）、李啸霖（编辑）、谷华亭（印刷）、刘少侠（发行）。

12月13日，将报纸顺利更名为《渤海日报》后，李鸣久一干人开始计划出版1929年新年特刊，为此致函青岛总商会会长宋雨亭请求赞助：

> 值此佳节瞬届，新年俗例，虽然弃新而迎旧，改革亦当迎新以庆祝。敝报为酬谢惠顾雅意，特援向例，增刊新年特号。除派专员晋谒当面接洽外，兹特函先容祈将台衔开列，以便照登，并乞于阳历本年二十六号以前掷下，俾便尽先刊载，以资庆祝而睦友谊。

李鸣久等人信心满满，无奈时局突变，令人猝不及防。

1929年4月15日，随着北伐胜利，南京国民政府接收青岛。不少报纸在各方干预下走向衰落乃至消亡，其中就包括《渤海日报》。

伦克忠：铮铮铁汉，视死如归

在1925年青岛四方机厂秘密工会成立和工人罢工、捐助青岛日商纱厂工人同盟大罢工、声援“青沪惨案”示威游行等运动中，他始终冲破险阻坚定地走在前面。

为揭露军阀张宗昌残害青岛人民罪行，他奉命赴京奔走各界，争取声援；在天安门广场集会上，他慷慨陈词，痛斥张宗昌罪恶。

因为屡屡触怒张宗昌，他被秘密赴京的爪牙逮捕，后押解济南惨遭杀害。

他正气凛然、视死如归，赢得了国内各党派、社会各界的普遍敬仰。

他就是青岛工运骨干伦克忠。

敢言敢为，始终走在工运前面

伦克忠，山东章丘县人，少年失怙，靠捡拾煤渣、打短工与寡母艰难度日。1913年，19岁的伦克忠告别家人到东北投靠堂兄，后在辽阳铁工厂当起学徒工。1916年，他随堂兄返乡，经人介绍在青岛四方机厂当炉工。

少年时是个“苦孩子”，及长外出闯荡，这造就了伦克忠

伦克忠

敢言敢为的性情。1923年1月，四方机厂工人为争取维护自身权益的自发组织——圣诞会成立，伦克忠是该会重要成员，多次参加圣诞会发动的要求增加工资、改善待遇等斗争，赢得了工人们的信任。翌年9月，江浙战争爆发后，胶济铁路管理局以局势紧张、防止“过激派”鼓动风潮为借口，强令取缔圣诞会。10月，在青岛创建党团组织的邓恩铭以圣诞会秘书身份召集四方机厂30余名工人活跃分子在三义学校开会，发动大家秘密发展会员，建立四方机厂秘密工会。伦克忠参加会议并被选为工会会员。会后，他与傅书堂、丁子明等人分头深入各车间，释疑解惑，发展会员。是年底，秘密入会者达800多人，占全厂职工六成多。

1925年2月初，趁胶济路局“鲁派”与“江浙派”争夺领导权之机，邓恩铭发动四方机厂工人参加铁路全线员工罢工，以达到公开成立工会之目的。会后，傅书堂、伦克忠等5人代表向路局提出“承认工人有自己的工会”等5项条件，遭到拒绝后全体工人罢工。罢工至第七天，荷枪实弹的路警进厂镇压，警务处长蛮横地指责工人“停工就是罢工，罢工就有罪”，并命令士兵拔枪对准工人恫吓。伦克忠挺身而出，理直气壮地反驳：“罢工有罪？铁路上带头罢工的处长有没有罪？”警务处长一时语塞。

2月9日，罢工中的四方机厂工会正式成立，1500余名工人相继加入工会。在此基础上，胶济铁路总工会宣告成立，伦克忠等10余人被推选为执行委员。

4月19日起，在上海日商纱厂工人大罢工鼓舞下，长期受压榨欺凌的青岛日商纱厂工人举行第一次同盟大罢工。罢工爆发后，工人面临生活无着的窘境。青岛党组织、胶济铁路总工会立即成立纱厂工人罢工后援会，并召开紧急会议，发布援助宣言，号召全路工友募捐支援。在四方机厂，伦克忠等人带头，工人们当即每人捐出一日工薪，汇总后送交罢工委员会。

青岛日商纱厂工人罢工如火如荼时，5月1日至9日，第二次全国劳动大会和广东省第一次农民代表大会在广州召开，傅书堂、伦克忠应邀出席并向大会汇报青岛纱厂罢工情况。会后，中华全国总工会副委员长刘少奇向傅书堂、伦克忠二人详细询问青岛工运情况。5月中旬，刘少奇在傅书堂、伦克忠陪同下来青岛慰问工人代表，讲述国内外形势，介绍俄国“十月革命”和全国各地工运经验，鼓舞工人斗志。

青岛日商纱厂工人罢工如升腾的烈焰映照着日驻华公使、北洋政府大员张张惶恐焦虑的脸，山东督军张宗昌决定强行扑火。5月28日，张宗昌令张培勋旅自济南东开，并电令胶澳商埠督办温树德“有必要即可开枪”。翌日晨3时30分，军警和日本警卫向罢工纠察队猛烈开枪，当场打死8人，重伤17人，轻伤无数。次日，上海发生“五卅惨案”。

“青沪惨案”发生后，胶济铁路总工会“青沪惨案”后援会迅速成立。6月14日，千余工人在伦克忠等17名工人代表率领下，赴胶澳商埠警察厅、胶澳督办公署和日人聚居区聊城路、市场一路、市场二路、市场三路示威游行，要求“惩办杀人凶手，释放被捕工人”。随后，伦克忠带队深入市民、工人和郊区农民中开展宣传和募捐活动。他终日往返胶州、高密农村，向农民宣讲纱厂工人罢工及遭遇残酷镇压真相，赢得广大农民同情。

6月16日，青岛市民雪耻大会在齐燕会馆举行。伦克忠受党组织委派，作为四方机厂工会代表在会上慷慨陈词，愤怒揭露日本帝国主义勾结反动军阀残杀工人暴行，呼吁各界罢工、罢市、罢课，支援纱厂工人继续斗争。

奉命赴京，揭露“青沪惨案”真相

1925年7月22日，日商大康纱厂厂主继续开除工人，并无故将一名12岁的童工打得头破血流，不省人事。暴行激起工人愤怒，青岛大罢工又起，引起国内外舆论广泛关注。张宗昌恼羞成怒，24日由济南匆匆抵达青岛。

对于张宗昌此次青岛之行，美国驻青领事馆常务副领事海勒姆·E·纽比尔有较详细的记录。8月6日，他在致美驻华公使信函中写道：

> 7月24日，张宗昌乘坐特别列车抵青，大概有2500名官员和随从，动用六列特别列车，其中一列由200名白俄人组成的护卫队。7月29日，张宗昌的武装专列和白俄军返回济南。7月30日，张宗昌登上巡洋舰“海圻”号离青赴芝罘，他的保镖登上渤海舰队“华甲”号

运输舰陪同前往。

巡视期间，张宗昌视察市区，检阅陆海军部队，支持赵琪于25日正式就职胶澳商埠局总办；他利用一切机会来展示他的军事力量，在他所经过的街道都站满了成排的武装士兵、海军陆战队队员和警察；他命令处决了两名中国新闻记者，即《青岛公民报》主笔胡信之及其一名员工（注：此处有误，应为中共四方支部书记李慰农），张将军认定他们为“危险的煽动者”……

海勒姆·E·纽比尔对“7月26日凌晨，尹锡吾奉张宗昌之命，率领大批军警包围工厂大肆捕人”一事只字未提。

是日，尹锡吾率兵包围日商三家纱厂，再次封闭胶济铁路总工会、各厂工会及青岛工界援助各地惨案联合会、青岛学生联合会等爱国社团，大肆搜捕中共党员、工人领袖和爱国人士，伦克忠等60余人在列。

为揭露张宗昌在青岛的暴行，争取广泛的社会同情和支持，8月初，受青岛党组织、胶济铁路总工会安排，伦克忠和胶济铁路总工会委员韩文玉一起赴北京向各界揭露张宗昌的滔天罪行。

抵京后，著名工人运动领袖罗章龙多次找他俩谈话，详细询问青岛惨案及后援行动并作出具体指示。在党组织和北京学联协助下，两人走访工人、机关、学校和群众团体，详细讲述青岛惨案真相，呼吁各界支援青岛工人斗争。8月16日，北京各界在天安门广场召开追悼青岛、上海、南京各地惨案中遇害者大会，李大钊、宋庆龄、于右任等人出席，伦克忠代表胶济铁路总工会作长篇演讲，控诉日本帝国主义与反动军阀勾结残害青岛人民的滔天罪行。北大学生根据他的发言编写《张宗昌祸鲁十大罪状》广为散发，天津《益世报》转载，在社会上引起强烈反响。

张宗昌得悉后暴跳如雷，饬令胶澳商埠局从速缉拿。商埠警察厅厅长陈韬紧急部署，“严缉要犯伦克忠、韩文玉等二名，如有拿获一名者赏洋200元提升一级”。8月27日，台东警察署派巡长张斌奎、巡警于善福会同胶澳商埠局稽查官王德鸿秘密赴京，将伦克忠、韩文玉逮捕。

伦克忠、韩文玉被捕后，当日即被张斌奎等人押送济南。在狱中，伦克忠被折磨得死去活来，衣服被汗水、血水浸透，但始终正气凛然。全国总工会和社会各界闻讯后纷纷致电张宗昌，申明伦克忠、韩文玉热心爱国，应予立即释放。张宗昌无视舆论谴责，9月6日在济南将伦克忠杀害。

1926年，青岛党组织追认伦克忠为中共党员。

叛徒王复元毙命“新盛泰”

1929年8月17日，《申报》上一则快讯颇为抢眼：

> 王复元十六日下午六点二十五分，在中山路被人暗杀，中三枪，当时殒命，凶手逃逸。

这则消息说的就是中共特工张英奉命自沪赴鲁追踪党内叛徒王复元，后密切配合助手王科仁，由其在青岛中山路110号“新盛泰”鞋店果断击毙王复元的事情。

辗转济青，终于得手

王复元是山东历城县人，胶济铁路档案、青岛党史资料等均载有其履历。兹略加编辑如下：

> 王复元，本名王全，字复元，后以字行，又名王立生，早年读过私塾，当过修表工。1919年在省立第一中学当电工兼传达员时，接触进步青年，阅读进步书刊。1921年在济南《大东日报》任校对，参与创办《山东劳动周刊》，经常在《励新》半月刊上发表文

章。同年9月参加济南马克思学说研究会，翌年1月出席在苏联召开的远东各国共产党及民族革命团体第一次代表大会。8月，相继加入中国社会主义青年团、中国共产党，并任济南地方团组织书记。1923年2月，济南党组织派王复元到张店以胶济铁路员司的公开身份，开展铁路工人运动。翌年冬，王复元协助来山东巡视铁路工运工作的中国劳动组合书记部北方分部主任罗章龙，介绍胶济铁路张店站电灯房工人李青山入党，李青山协助王复元发展邹光中、武考三、王启之、王明智入党，并成立张店车站党小组，王复元任组长。1925年2月，张店车站党小组改建为张店铁路支部，王复元任支部书记。3月，王复元奉命来青岛。4月，中共青岛支部领导发动青岛日商纱厂工人大罢工。失败后，青岛支部领导人李慰农、邓恩铭等或被捕，或遭通缉，党的工作陷于困境。8月，中共山东地方执行委员会决定重建青岛支部。重建后的中共青岛支部隶属中共山东地方执行委员会领导，王复元任书记。1926年1月，王复元被调到中共山东省委。同年10月，任中共山东区执行委员会委员，负责组织工作。1928年11月，叛党投敌。

对于王复元叛变的原因，济南、青岛两地的党史档案资料记述大致相同：王复元任中共山东区执行委员会委员后私欲膨胀。1927年4月27日，在武汉出席第五次全国党代会时，党中央让其捎带拨给山东党组织1000元活动经费，他谎称途中经费被窃，实据为己有。1928年4月，王复元又以赴沪与党组织联系为由，从山东省委机关印刷单位——集成石印书局支走现金2000

元，导致石印书局被迫停业。王复元贪污党费的恶行不久被省委书记邓恩铭发现，省委议决将其开除党籍。事情大白后，王复元狗急跳墙，叛变投敌。

王复元先后任国民党济南市党部民众训练委员会干事、胶济铁路特别党部特派员等职。受其蛊惑利诱，时任中共山东省委交通处主任的其兄王用章亦投敌。王氏兄弟迅速供出一批重要机密。自1929年1月起，省委书记邓恩铭、秘书长何自声，省委干部朱霄、杨一辰等多人被捕，山东省委遭受重创。4月，王复元到张店进行反革命活动，张店车站党支部亦遭破坏。6月10日，由于王复元出卖，中共坊子铁路支部遭重创，坊子机务段刘兆荣、孟广和等5人被捕，刘兆荣、孟广和先后被杀害。7月10日，中共岞山支部遭破坏，书记王兴选被捕入狱……

消息传至沪上，中共中央军委书记周恩来召开紧急会议研究对策，最后决定：一是将叛徒王复元兄弟认识的中共领导人迅速调离山东；二是选派中央特科成员张英紧急赴鲁清除叛徒。张英领命后，由山东省委派往中央学习的王兆恭陪同自沪赴青。

抵达青岛后，张英与青岛市委人员作了周密筹划。为掩护张英，青岛市委通过地下党员傅书堂的爱人，动员傅家大妹傅桂兰与张英扮作夫妻，一起赴济南寻找王复元。两人抵达后，住在济南商埠一大马路“老悦来”客栈。此时，山东省委秘书处驻地八卦楼被敌人侦得，省委秘书察觉异情正焚毁文件时敌人破门而入，从灰烬中寻出尚未烧毁的张英接头密信，信中有暗语：“我们在青岛无生意可做，今来济南打算在这里找生意做，请兄见信即来会晤。”

王复元、王用章弟兄得悉密信后，立即派匪徒李庆羲等3人及便衣、武装警察8人火速赶往“老悦来”客栈守候。傍晚，毫不知情的张英、傅桂兰一进客栈即遭逮捕。第二天，不知变故的王兆恭如约前来接头，亦被逮捕。

张英、傅桂兰被关进了济南市第一公安局。在狱中，张英受尽严刑拷打始终坚贞不屈。夜深人静趁看守人员懈倦时，他取出事前藏在鞋底的铁丝捅开镣铐越墙逃出，在老乡处化装后匆匆折回青岛。

青岛市委安排张英暂时调养。其间，他加紧指导助手王科仁练习枪法，为铲除王复元做准备。

鉴于王复元与青岛的中共叛徒丁惟尊暗地里联系，青岛市委人员做丁惟尊妻子、共产党员傅玉真的思想工作，先让她说服丈夫指认来青岛活动的王复元，然后鼓励其大义灭亲，由张英负责执行。8月10日夜，在傅玉真配合下，张英进入青岛汇兴西里二楼丁宅，称中央派人来找。丁惟尊犹豫再三，最终随张英走往滋阳路口。瞅准时机，张英扣动了手枪扳机。

听说丁惟尊被处决，王复元惶恐不安，谨小慎微地往返于济南和青岛之间。

8月15日，青岛党组织通过内线徐子兴获知王复元潜回青岛，并将于次日傍晚到中山路110号“新盛泰”鞋店取鞋的重大情报，有关人员迅速通知张英、王科仁。两人于是化装跟踪，严密监视。

16日下午6时许，王复元乘坐人力车来到“新盛泰”皮鞋店。该店处于中山路、保定路路口，往南就是四方路。张英据此地形迅速与王科仁商定，由他牵制路口警察并望风，王科仁进入皮鞋店执行任务，得手后往四方路方向奔逃。

王复元进入鞋店后警惕地巡视周围。王科仁沉着、大方，

“新盛泰”皮鞋店

没有引起他的注意。当王复元提着皮鞋盒子离店时，王科仁迅速靠近，用藏在袖子里的手枪向其心脏处射击。王复元中弹倒在店门附近。王科仁怕他不死，遂再补两枪。此时店内慌乱不堪，王科仁抽身快速离开。

值班岗警田宝德听到枪响后正要前往察看，被张英用枪顶住。待王科仁逃进四方路汇入熙熙攘攘的人流后，张英放掉田宝德迅速脱身。

张英其人

张英完成铲除叛徒王复元的使命后匆匆离开青岛，此后再也没有在青岛档案中留下痕迹。

1980年1月1日至21日，《人民日报》分15期连载作者峻骧（刘峻骧，今潍坊安丘市人）根据张英奉周恩来之命赴鲁处决叛徒王复元史实撰写的武侠小说《伍豪之剑》。

《伍豪之剑》在社会上引发较好反响，沉寂多年的张英及其清除叛徒事件因此再成话题。小说中的张英真人是谁？不少人在猜测。

“《伍豪之剑》在今潍坊北部寒亭一带引发热议，陪他一起来山东的王兆恭是潍县党组织武装力量的创始人，1928年4月20日，潍县县委组织赤卫队在大柳树集上砸县税务局就是他带的头儿。据此，不少当地人猜测张英极有可能是潍县人。”熟知这段历史的潍坊市寒亭区文史研究者刘志伟告诉笔者。

刘志伟说，1980年春，潍县县委收到一封来自中国人民解放军军事博物馆的信函：“请帮助查明张英同志的原籍情况，

张英

张英原名马宗显，潍县高里一带人，中等个头，高小文化程度。”信中特意说明：1929年3月，张英受周恩来派遣，来山东处决叛徒王复元，出生入死，事迹感人。写信人署名为“吉合”。

吉合，开国少将，原名田德修，河南省郾城县人。1925年，田德修赴苏联基辅加米涅夫军官学校学习时改名为吉合诺夫，简称吉合。

根据吉合提供的线索，潍县县委迅速锁定双杨镇（今潍坊市寒亭区双杨镇）马家村，并派专人立即前往调查。遗憾的是，就在调查人员进村的前几天，张英早年留在村里的妻子去世了。其兄提供了张英的情况：张英生于1902年，自幼习武，13岁到潍县高里新学堂读书，1920年离家，1922年通过亲戚来到北京参加冯玉祥部队。

有史料载，张英在冯玉祥部任中尉排长，1925年11月被派往苏联红军军官学校骑兵班学习，并加入中国共产党。1927年在苏联维斯特拉高级军官学校深造，年底回国。1928年赴沪，在党中央机关从事保卫工作。

吉合收到潍县县委的调查情况后，复信表示感谢，信中简略介绍了张英铲除王复元后的情况：

1929年12月16日，张英奉中央指示赴河南任中国工农红军新建32师师长，化名刘英。后来，他屡任红1师师长、红10师师长、第4方面军73师师长等职。他作战英勇，文武兼备，是徐向前的得力助手。1932年6月，张英在战斗中负伤，被组织送往上海疗养，途经武汉时被敌人逮捕，英勇就义于武昌城下。

1990年春，寒亭区委区政府为刘英烈士树立纪念碑。碑上雕刻着徐向前元帅于1987年6月题写的碑文：“赤胆忠心刘英烈士千古。”原来，徐向前元帅怀念爱将，更是尊重历史事实，把烈士的名字写成“刘英”。

“潍县党史载，在青岛完成除叛任务后，当年11月张英曾秘密来到前阙庄地下党员于砚田家中参加潍县县委改组会议，然后返沪复命。这是张英最后一次回故乡，前阙庄与他的出生地马家村只有数里之遥。”刘志伟说。

与张英联手清除叛徒的王科仁是青岛市郊浮山后村人（今市北区浮山后）。青岛市志载：“王科仁，1926年冬加入中国共产党，1929年2月任山东省委交通员，同年8月参与执行处决大叛徒王复元。1930年，任山东省职工运动委员会书记。”

胡家凤的“标签”

1956年1月30日，飘零至台湾的国学大师钱穆与小他34岁的胡美琦喜结良缘。胡美琦是胡家凤的七女儿。自此，钱穆成为胡家的一员，与胡家凤相处了6年多时光。

胡家凤长钱穆9岁，1962年12月去世。

“言民国以来廉循吏，必屈指首数公。”钱穆在《胡公秀松墓碑记》（注：胡家凤字秀松）中如是写道。

胡家凤一生中最为人称道的是“廉”。除此，“勤”也是其身上鲜明的标签。

胡家凤去世时，蒋介石送挽额：“勤廉著绩。”

1930年9月6日，44岁的胡家凤奉命来青岛出任市政府秘书长，直至1937年12月底与市政府一干人撤离。

7年间，胡家凤在这座山海之城先后相伴了胡若愚、沈鸿烈两任市长。

处事周详，代行市长之职

1930年3月10日，青岛特别市市长马福祥调任安徽省政府主席，葛敬恩接任市长。葛敬恩在就职演说中训勉僚属“廉洁刻苦、严整规律、自动奋发”。6月19日，因人力车夫大罢工引发

胡家凤

国民党青岛市党部和特别市市政府纷争，惊动朝野，执政百余日的葛敬恩向行政院递交辞呈。

葛敬恩离任，市长职位一度空缺，谁来接任？社会各界翘首以盼。

8月8日，《申报》发声，履新卫生部政务次长仅3个月的胡若愚将任青岛特别市市长："（北平）电话，胡若愚将就青岛市长，并在平物色技术人员数名，以便青岛建设。"

20日，《申报》刊发后续报道："（沈阳）张学铭已由国府任青岛警备司令，将偕新任市长胡若愚赴青，接收各机关。"

胡若愚任青岛市市长在9月1日落定，但张学良之弟张学铭任青岛警备司令却是一条假消息。不过，这也从中显示出张、胡二人关系非同一般——胡若愚的父亲长期供职奉系，胡若愚本人曾任张学良副官。

当日上午9时30分，胡若愚偕东北司令公署秘书蔡元、马弁4人乘坐"镇海"号军舰抵达青岛。10时，一行6人登岸，青岛党政各机关代表数百人齐集栈桥欢迎。胡若愚与各方代表寒暄后，便与蔡元一起乘汽车赴市长官舍休憩。胡若愚告诉随之而来的记者：“葛敬恩市长既已离青，本人亦即就职，原定由李石曾先生监督宣誓，现李北上，拟商请蔡元培监誓。”

9月3日，青岛特别市政府致函胶海关监督公署，请该单位派员出席胡若愚市长就职典礼：

> 案奉行政院第2418号训令内开：准国民政府文官处第4153号函开，案奉国民政府令，青岛市长葛敬恩呈请辞职，准免本职。此令。又奉令开：任命胡若愚为青岛市市长。奉此，兹者敝市长胡抵青，定于本月四日上午九时在本府大礼堂宣誓就职，除分函外，特达查照。并请指派代表，届时莅府参加典礼为荷。

4日上午9时，胡若愚宣誓就职青岛市市长典礼举行，到会中外来宾及各机关职员数百人，寓居青岛文登路4号的教育家蔡元培应邀前来监誓。蔡元培勉励新政府加强党政合作，提倡教育，注重地权。嗣后，国民党青岛市党部代表杨兴勤，来宾代表、胶济铁路管理局局长萨福均致辞。10时30分，典礼结束，胡若愚履职办公。

6日，青岛特别市政府秘书处第一科致函市工务局：“奉谕派胡家凤为本府秘书长，郭秉龢为财政局长，关浙生为港务局副局长，函达查照。”

胡家凤，字秀松，1886年生，南昌人。1912年，胡家凤毕业于北京法政专门学堂，任教育部主事，荐升视学。时值北洋军阀窃国，旅京之赣籍人士力争“赣人治赣”。缘于此，胡家凤出任江西省教育厅厅长，大加整顿，极力谋取教育经费独立。省督军蔡成勋不予同意，胡家凤毅然辞职，返京后历任中国大学、华北大学、北平大学农学院和警官高等学校教授，盐务学校教务长兼代校长，后弃教从政。

胡家凤任秘书长不足两月即在胡若愚出差时代行市长之职。

11月3日，胡若愚公函告知市政府各机关、驻青“中央”各机构：

> 敝市长本月四日赴沈，所有敝府事务暂令秘书长胡家凤代拆代行。

进入1931年，对青岛市情有了数月调查了解后，胡家凤有的放矢、大刀阔斧地革除青岛行政运行机体里的沉疴顽疾，并建章立制，让土地放租、工程建设、政府物品大宗采购等公开化。

1931年3月15日，《申报》报道“青岛市政府制定市有财产整理办法”。文章说，青岛自1922年12月10日接收以来，历任当局因循旧规，对市府所拥有的土地和房产未曾加以整理，因之积弊丛生，市民颇有烦言，“现为慎重市产、增加收入起见，特拟定整理办法，提交第81次市政会议议决，内容系分土地、房屋两项”。

对于土地，青岛市政府此前放租土地从不公开，从而生出许多弊端。根据市有财产整理办法，令市财政局“拟定竞租开放土地规则，先将放租土地区域、面积、等级预行布告周知，然后由市民投标竞领，公开招标，以出价最多者为租主，一洗从前积弊”。

青岛市有房产除胶澳商埠局时代少量变卖外，尚有260余所，但自德国人强租青岛建造房屋起，“迄未加整理”。对此，市政府根据房屋状况议决对应行修理翻造者订立办法：

> 一、查有朽坏须修葺者，由财政局派员勘估，随时呈请市府拨款兴修。
>
> 二、凡坍塌不堪无法修理且无翻造之必要者，估定价额，准由市民承买其土地，依照本市领租土地章程办理。
>
> 三、本市市产有地处繁盛区域，原建之房亟应翻造，以期振兴市面而裕收入，或由市民承领，责令自行改造，产权仍属市有（承领办法另行规定）。至于何处应加以修葺，何处可以变卖，何处由市民自行改造，均由财政局查明，呈请市府核办。

对于尚在出租的市府房产，按照新评估的出租价格收取租赁费。此时，青岛市房产租赁采纳的是1924年评估的价格，“时阅多年，亟应重行估定”。对中央驻青机关、地方团体借用或其他机关使用的市府房产，一律按照新评估的价格收缴租费；对“在胶济路沿线之房产，将商准胶济路局就该局市内房屋互相交换，俾易管理”。

3月15日上午9时，青岛中山路交通银行举行落成典礼，因胡若愚忙于北行兼代北平市市长，胡家凤代表市政府出席典礼、致辞并引导来宾参观。

《青岛民国日报》记述：“交通银行新屋落成，总行总经理胡孟嘉及姚仲拨行启门礼，胡家凤引导来宾入礼堂，胡孟嘉主席。胡孟嘉、姚仲拨均有报告，胡家凤致词，葛光庭、宋雨亭、张玉田等相继演说。礼毕，引导来宾至各部参观，设施极为完善，保管库尤为青岛首屈一指，各界前往道贺及参观者由早及晚，络绎不绝。”

17日，市政府发布胡家凤暂代青岛市市长消息：

> 北平市长张荫梧离任已久，遗缺奉国府明令以周大文继任，在未到任以前，并令由青岛市长胡若愚暂行代理。奉谕胡若愚兼代期内，所有青岛市长职务由胡家凤代拆代行。

3月20日，《青岛市政府购办委员会组织规则》对外发布。该委员会直辖于市政府，以本府秘书长、参事暨各局局长兼任委员，由市长从委员中指定三人为常务委员。

市政府购办委员会主要职责是：购置物品，估计物价及工程，核发物价，工程投标及验收，审核物料之消耗。该《组织规则》明确提出，本府及所属各机关所用物品，除经常购置金额在300元以下自行购置外，概由本委员会购置。

4月2日，青岛市政府购办委员会办事细则出台。该办事细则对该委员会所辖的事务长、文牍股、审核股、购办股、会计股的职责行为一一予以明确。

4月15日，《青岛市政府暨所属各机关办事通则》发布实施。《办事通则》分总则、办事权限、办公时间、请假及给假、处理文件、附则共6章、39条，对办事权限、办公时间、请假及给假、文件处理等四个方面均作出详细规定。

在办公时间签到上，要求“各职员须于上午及下午按照法定到值散值时间，亲笔签字其上，不得迟到、早退，并不得请人代签，违者以旷职论”。

在请假理由及时间上要求“职员非因婚丧、疾病及确系不得已事故，不得请假。凡科员以下请假不满一日者，由科长核准；其在一日以上及科长荐书请假者，本府由秘书长核准，各机关由该机关长官核准，在一星期以上者，统须呈市长核准”。

在市政府暨所属各机关各科处理文件时限上作如下规定：1.要件，随到随办不得延误；2.最要，自收文至发文不得逾二日；3.次要，自收文至发文不得逾三日；4.普通，自收文至发文不得逾四日。

5月4日，市政府秘书处按照《青岛市政府暨所属各机关办事通则》，制定发布该部门办事细则，分总则、办事权限、办公时间、请假及给假、处理文件、附则共6章、33条。28日，《青岛市政府秘书处暂行组织规则》发布；6月，《青岛市政府秘书处视察员办事简则》开始实施。

1931年，金价一路暴涨，银价一路暴跌，成本持续加大，胶济铁路经营在盈亏线上喘息。4月初，铁道部呈准行政院，饬令胶济铁路管委会自5月1日起，客货运价一律增加两成，以资补救。

运价一次上提两成，煤商撑不住了，他们联名向胶济铁路管委会、铁道部请愿，均未得到满意的答复。于是，他们决计罢运。

为应对罢运，山东省政府委员王芳亭、张子仁、何仙槎、王筱航等提议组织煤炭临时平价委员会，代市长胡家凤与胶济铁路委员长葛光庭电复赞同，省府令各机关团体选派代表参加该组织。8月28日，市政府选举胡家凤、市社会局局长杨津生、公安局局长余晋龢为山东省煤炭临时平价委员会委员，一起在煤商、胶济铁路两者之间“斡旋”。

恪尽职守，处理各类事务

1931年12月16日下午4时，沈鸿烈以东北海军副司令兼代青岛市市长。从此，胡家凤不再代理市长，继续履行秘书长职责。

1932年1月9日，国民党青岛市党部机关报《青岛民国日报》刊载韩国李霍索刺杀日本天皇未遂事件，日驻青总领事馆认为此文有意侮辱天皇，先提出报纸公开道歉，进而提出市长沈鸿烈道歉、报纸停刊等要求。沈鸿烈与该报社长刘幼亭为息事宁人一一答应。日方得寸进尺，蓄意扩大事态，暗中组织日侨暴动。

12日下午3时许，在青岛日侨数千人武装集会，随后举行大规模游行示威，并捣毁青岛民国日报社。当日晚，日侨冲进国民党市党部大楼，砸开门窗，抛撒火油等易燃物，纵火焚烧大楼。随后，驻泊于前海的日舰派出陆战队队员武装登陆，分布在日领事馆及各交通要道，保护行凶日侨。

日侨民焚烧市党部、捣毁民国日报社后犹以为不足，翌日上午10时，推选代表23人赴市政府求见沈市长，秘书长胡家凤代为接见，询其来意。日方代表提出无理要求多项，胡家凤回答说，有任何意见尽可直接向领事馆陈述，然后由领事馆向市府交涉，本府不便与诸代表直接商酌。谈约二小时，无果而散。

该事件交涉大半年后始消停，沈鸿烈终于可以腾出精力来用于筹划市政、民生诸方面建设。

任青岛市市长期间，沈鸿烈与胡家凤配合默契，做了大量卓有成效的工作。

兹根据青岛市档案馆馆藏档案整理数例：

积极组织参与西镇贫民区火灾善后事宜。1932年10月18日晚7时许，西岭脏土沟（现四川路一段）、上马虎窝（现嘉祥路）、下马虎窝（现四川路一段）发生大火，殃及贫民327户、1200余人，所幸无人员伤亡。

贫民窟火灾发生时，市长沈鸿烈尚在威海卫。22日下午，市社会局局长储镇将火灾发生原因、经过、扑救及善后事宜电报告知。翌日上午10时45分，沈鸿烈电复储镇，指示“急赈500元，如不敷用，可再由府请拨若干，以免流离，并转达秀松（注：胡家凤）为盼”。

胡家凤奉电与储镇密切配合，政府积极出钱出物赈灾，民间力量与慈善组织踊跃参与，灾民得到快速妥善的安置。

参与处置“三舰”南逃事件和挽留市长行动。1933年6月24日，东北海军“海圻”“海琛”“肇和”三艘主力舰南逃转投粤军阀陈济堂，负有领导责任的沈鸿烈遂将情况电呈南京政府，又派胡家凤赴宁向蒋介石面陈详情，并请示善后办法。

数日后，沈鸿烈突然致电蒋介石、汪精卫请辞市长职务。请辞未获回音。7月17日凌晨3时，沈鸿烈秘密乘车赴威海卫隐退，临行前留一手谕：政务由市政府秘书长胡家凤代理。22日，经青岛商民长达半个多月的串联请愿，国民政府“俯准慰留”，沈鸿烈由威返青复职。其间，胡家凤临阵不乱，恪尽职守，青岛城市运行一切正常。

参与筹建青岛博物馆。1936年5月20日，青岛博物馆筹委会第一次会议召开，胡家凤主持，市社会局局长储镇、市教育局局长雷法章、观象台台长蒋丙然、市工务局局长邢契莘、市地方自治委员会委员长袁荣叟、市财政局局长郭秉龢等人参加。经讨论形成筹委会内部组织案：拟设总务、工程、征集、布置四组，每组推选事务委员二至四人负责主持，各组工作人员由各委员就市府及各机关中遴选兼任。胡家凤为总务组委员。

筹委会第一次会议决定如下事项：筹委会经费另拟预算呈请市府核拨，拟组织制定章程，在博物馆旧房内修缮数间，装设电灯、电话及简单家具作为办公处；在博物馆舍修筑以前，所有征得陈列品暂放迎宾馆四楼；博物馆暂分设历史、美术、自然和工商四个小组，其中历史组设山东室、青岛室；美术组设画□室、金山室、建筑室；自然组设植物室、动物室、海产室、矿物室；工商组设航海工程室、土木工程室、机械工程室、科学仪器室。同时，尽快拟定陈列品征集方案、馆舍修筑工程计划案，一致推选邢契莘牵头负责拟定。

组织市直部门合署办公。1936年7月1日施行《青岛市政府合署办公办法大纲》《青岛市政府合署办公组织纲要》，市政府所属各局、台、所，社会、财政、工务、教育四局并于府内办公。公安局、港务局、观象台、农林事务所因职掌关系，以在原处办公较为适宜，暂缓并入。

坚决打击贩卖和吸食烟毒。1936年，作为青岛市肃清烟毒委员会常务委员，胡家凤年内多次组织召开肃清烟毒会议，形成《为检举禁毒专员办公处密查员应如何选派及薪俸旅费如何支给请公决案》等多个议案。

9月23日，市公安局呈文市肃清烟毒委员会批拨禁毒宣传费用。25日，常务委员胡家凤批示："为准公安局函以禁毒限期延促拟再印传单、标语广事劝告，所需费用共国币129元，请由戒烟经费项下拨付。"

同一天，胡家凤分别批示市公安局拨给烟犯口粮费、市立医院附属戒烟所拨给烟犯伙食费两项提案。

在这一年里，青岛市共破获烟毒案483起，没收烟土1218两、海洛因25公两1钱又25小包。在抓获的烟毒犯中，两人被判处死刑，216人被判处有期徒刑，其中罚金者93人，逮捕吸毒犯1381人。

1936年12月12日，西安事变突发。张学良、杨虎城以《八项主张》电达青岛市政府，沈鸿烈紧急召集市府高级人员会商对策。胡家凤率先发言，主张请“中央”明令讨伐张、杨，深获沈鸿烈赞同。沈鸿烈随后致电“中央”，建议明令讨伐张、杨。不久在国民政府公开的讨伐电文中，首先引述沈鸿烈之来电。

1937年12月31日，在实施“焦土抗战”炸毁拥有45万纱锭的日本九大纱厂及啤酒厂、铃木丝厂、丰田油房、太阳鑫和雨橡胶厂等日本在青重点工厂，自沉舰船堵塞港口和主航道后，胡家凤与沈鸿烈一起率部9000余人撤离青岛。

力促青岛难民赴赣垦荒

1938年1月24日，蒋介石以“丢失山东”为由下令枪杀韩复榘，任命沈鸿烈为山东省政府主席，胡家凤的身份随之变为山东省政府委员兼秘书长，随沈鸿烈在鲁南鲁西各地从事敌后作战。不久，胡家凤出任国防最高会议第一处处长。

1940年，经江西省政府主席熊式辉呈请，胡家凤再次回赣，任省政府委员兼秘书长。

1945年9月，熊式辉任东北行营（后改行辕）主任兼行营政治委员会主任委员，主持东北接收及对苏谈判，力邀胡家凤出任行营秘书长。11月27日，《青岛公报》转发“中央”社重庆电：“行政院第722次会议27日上午举行，宋子文院长主席，通过赣省秘书长胡家凤辞职照准。”

1947年8月，熊式辉被免东北行辕主任职，改任总统府战略顾问委员会委员，胡家凤与熊式辉一起回到南京，并当选为立法委员。

1948年4月3日，青岛本埠多家报纸转发行政院第19次临时会议议决：“王陵基另有任用，应免本兼各职，任命胡家凤为江西省府委员兼主席。”4月14日，胡家凤接任视事。

18日，青岛《胶东民报》刊发《胡家凤谈治赣方针》：“胡家凤并对现实发表其施政方针三点：一、社会秩序安定。二、加强民众组织及团队训练，以建立地方自卫力量。三、树立良好政风，制裁贪污，澄清吏治。”

4月26日，胡家凤礼节性致函青岛市政府，告知其已任江西省政府主席。

8月2日，52岁的江西金溪人龚学遂接任青岛市市长。不久，随着蒋经国沪上“打虎”失败，通货膨胀潮水般地向全国各地蔓延开来，青岛概莫能外。

进入10月份，民生凋敝，物价持续飞涨，来青岛的难民、流亡学生剧增，龚学遂心急如焚。为给日益增多的青岛难民以生存之路，龚学遂与第十一绥靖区司令官刘安祺协调江西省政府，请求分批转移青壮难民前往垦荒自救。因曾在青岛任职6年多，对这方水土及人民有较深的感情，加之与龚学遂同为江西人，胡家凤答应了龚、刘两人的请求。

10月27日，龚学遂致函行政院院长翁文灏，吁请为青岛市难民奔赴江西省垦荒自救下拨经费：

本市现已登记壮丁难民一千人，每人准带眷属五

> 人，每人约需旅费、食粮、种籽、卷棚、耕牛、农具等费金圆八百元，共需八十万元，管理费约需一万元以上，合计金圆八十一万元，此项经费本市无力筹措，拟电请钧府准予筹拨，电复为祷。

11月8日，为明了江西土地情形及与该省府商讨移民问题，龚学遂特派市政府参事张宝山乘机前往江西省政府接洽。9日，因“本市难民移至江西垦荒至今尚未有命令到青”，龚学遂又紧急派遣市社会局局长高伯玉乘坐当日下午3时的中航机赴南京“当请中央赶速办理”。

两地政府顺利对接并经行政院同意，青岛市成立难胞移垦辅导委员会，龚学遂任主任委员，高伯玉为副主任委员。11月底，青岛本埠多家报纸连发首批1000名移垦难民报名须知，自12月5日报名，至本月30日结束。

争取行政院财政补贴，派遣青壮年赴赣垦荒自救无疑是解决难民的有效途径，青岛市政府的做法引起国民政府宪政督导委员会会长莫德惠的关注。

莫德惠生于哈尔滨，年轻时长期在奉系张作霖手下做事。张学良“易帜”后，作为功臣之一，莫德惠任职南京国民政府，1937年任国民参政会主席团主席，抗战胜利后任东北宣慰使、东北救济会副会长。

1949年1月5日，青岛《大民报》报道，政府宪政督导委员会会长莫德惠致函江西省政府主席胡家凤请其安置东北移民前往垦荒。虽曾在东北行营任秘书长近两年，且与莫德惠有交集，但“限于荒地有限”，胡家凤还是复电拒绝莫德惠的请求。

胡家凤称：“东北和河南难民来赣至诚欢迎，但中央配垦的青岛5万难民尽本省所有荒地尚嫌不够移垦，加以食粮供应非常困难，限于荒地有限，供应堪虞，故恳辞难民迁赣。”

从这则消息看，当时请求赴赣垦荒的不只是青岛、东北地区，还有中原人口大省河南。

晚年“殚精竭虑”经营企业

1949年5月，南昌解放。胡家凤携眷由湘而桂辗转至香港，1950年秋赴台湾，受聘“国策”顾问。1951年春，胡家凤兼任裕台企业公司董事长。《胡家凤先生纪念集》“事略”部分记述：“先生对于经营企业，非所素习，受事之初，勤勉从事，殚精竭虑，一年报政，盈余几达一百万元，社会人士咸称许为开党营企业之新纪录。继续任职十有二年，年有盈利，总计在三千万元以上。”

笔者从纪念集多人的追忆中梳理出胡家凤猝然离世的经过。

1962年12月29日，胡家凤像往常一样准时来到裕台公司上班，“核判文稿，并殷殷垂询下年度业务计划”。当晚8时，应邀出席一小型聚会，与友朋谈笑风生，座中较年轻的朋友称赞他身体健康硬朗。散场后，胡家凤回家感觉身体不适，家人急将他送到台湾大学附设医院急诊室，该院院长、来台前曾任青岛市卫生局局长、市立医院院长的郭致文参与救治。10时许，胡家凤因心肌梗塞猝然离世。

胡家凤遽逝，其故旧亲友颇感意外，有友朋用“浮生若梦”来表达感慨。

30日，身在台南患病的沈鸿烈从报上获悉胡家凤遽逝，立即给其长子胡美璜发来唁电：

顷阅报载，谓令尊昨晚仙逝，惊恸欲绝，本拟立即北上瞻仰遗容与老友作最后一面，奈微恙纠缠，未能远行，万不获已，由内子代表前往吊唁，谨备菲仪，聊表慰忱。令慈年来体气欠佳，请勿悲伤过度，侄台孝行纯笃，并祈节哀顺变，以慰令尊大人在天之灵。耑此奉唁，敬颂。

翌年1月8日，沈鸿烈率青岛同僚亲至胡家凤灵前祭奠，祭文曰：

洪都望族，政教耆英。
翼赞枢府，匡济功宏。
春风广被，桃李盈门。
弼佐安攘，东鲁蜚声。
疆圻精治，南国驰名。
天胡不憖，遽赴骑鲸。
敬陈酒醴，祭奠忠贞。
灵其来格，鉴此微诚。
呜呼哀哉，尚飨。

在纪念胡家凤的文章中，多人例证其“勤”与“廉”。兹摘录整理部分。

胡家凤遵守办公时间，非因公从不迟到早退，对于僚属，随时随事予以周详指导，从不加以疾言厉色。其精研政法之学，遇有重要文书，常深思熟虑，然后嘱咐秘书拟稿，有时亲自草拟，脱稿后召集主管人员加以推敲，倘若有人提出不同或修正之意见，经一番讨论后，欣然采纳，绝不坚持己见。

1941年夏，胡家凤任江西省政府秘书长，省署时在太和县郊区。因积劳成疾，胡家凤卧病两月。医生见其病情日益减轻，建议他每日坐起数次以增加体力。无奈家中没有座椅，夫人便把医生之言转告前来探望的省府事务科科长余文华。余文华便把事务科里的一把竹靠椅送来。坐用数日后，胡家凤得知座椅来历，立刻让家人送回去，并一再告知“公物不可拿到家里私用”。

任江西省政府主席时，胡家凤本有官邸却不住，乃屈居于省府办公室后院，深夜犹批阅公文，甚至星期假日也不休息，常于周日夜间召集省府厅长、处长至省府讨论各种问题。省财政预算中列有“特别费”，其本人可随时支用，无须报销手续，胡家凤将这笔费用全部充公，家用全赖薪俸维持。

辗转赴台出任裕台公司董事长后，公司配有专车，胡家凤拒绝乘坐，每天改用三轮车代步，12年如一日。仅此一项即节省不少费用。

胡适的三次青岛之行

2015年秋，笔者在青岛市档案馆查阅青岛行政权回归档案时，意外地在“民国警察卷”中查到1931年1月27日胡适在国立青岛大学演讲时的邀请函——该校邀青岛市公安局派员“惠临听讲”。此前，有关胡适来青岛大学举行讲座的史实仅存在于胡适日记和文人朋友们的回忆录中，这份邀请函是这一史实的重要物证。

笔者通过查阅胡适日记和青岛档案史料获悉，20世纪30年代，胡适曾三次来青岛。还有一次因青岛海域风急浪高，船只无法靠岸，最终只能遥望黄海之滨，抱憾而归。

这封国立青岛大学发给青岛市公安局的邀请函称：“兹因胡适之先生莅青，敝校为提倡学术起见，特请于二十七日（星期二）下午四时，在敝校大礼堂公开学术讲演，题目为“文化史上的山东”，届时如蒙贵局同仁惠临听讲，无任欢迎，特此函达。”

胡适首次来青岛是1930年8月8日，乘坐日轮“奉天丸”抵达青岛。在当天的日记中，胡适如是记录：

十二点半到青岛，杨金甫（注：杨振声）、宋春舫、蒋丙然三位在岸上相候。春舫邀我住在他家，福山路新一号。房屋很清静，设备都好。下午与春舫谈。何思源来谈。金甫邀在顺兴馆吃夜饭。见着赵太侔、周钟麟诸君。

在青岛的9天时间内，胡适参加了在青岛举行的中国科学社年会，出席国立青岛大学开学典礼，并为中华教育文化基金董事会成立编译委员会物色人选。其间，他与在青岛的、来青岛参会的文化名流交往甚密，提议闻一多、梁实秋等人参照“哈佛丛书”，拟定一个欧洲名著翻译目录。他还忙里偷闲，在好友宋春舫陪同下游观全市，到炮台、观象台等地赏景。此外，胡适还参加了“有各种爆仗烟火，无甚可观，而人山人海”的青岛海滨大会。

16日上午，胡适离开青岛。在日记中，他记录道：“今天南归。上午到青岛大学，看杨金甫、蔡先生，见着太侔、实秋、杨允中、胡刚复、一多等。十一时上船，春舫送我上船，唐家珍医生来送行。同房者为伍连德医生，及黄开平君，黄君为黄佐廷先生之子。”

同年9月30日，胡适乘船由上海赴北平途经青岛，国立青岛大学校长杨振声打算邀请他到校演讲。只可惜天公不作美，次日上午7时，风高浪急，船只无法进港靠岸，在胶州湾锚地停泊一整天。

在10月1日的日记中，胡适记录：“今早七时船应泊青岛，但今早忽大风，船不能进口，在门外停了一整天。我昨天电约杨金甫、梁实秋、闻一多、赵太侔四位来船上早餐，竟成虚邀了。我盼望他们今天不曾在岸上久等。”

期间，胡适给杨振声发电报："宛在水中央。"杨氏收到电报后回复："盈盈一水间，脉脉不得语。"两人的幽默风趣成为士林雅谈。

10月2日上午，大风依旧，胡适只能在船上观望岛城，"海水是翠玉色，山是深绿色，岛上房屋多是红色砖作屋顶的，远山是灰色，更远山有轻雾，在日光里成了紫色"。午后1时，风依然没有减弱的趋势，渡轮只好决定不靠岸了。无奈之下，胡适给杨振声、闻一多、梁实秋、赵太侔等国立青岛大学的朋友修书一封，委托前来接青岛客人的驳船带上岸并寄发。

胡适第二次来青岛是1931年1月25日中午12时，乘"奉天丸"抵达青岛时，杨振声、闻一多、梁实秋等故旧好友到码头迎接。随后，胡适住进金口路上由王国维的表弟宋春舫投资建设的万国疗养院。

《胡适全集》（第32卷）记载，在赴青岛航途中，胡适读了闻一多的得意门生、同在青岛大学任教的青年诗人陈梦家的诗集，说："里面有许多好诗，小诗有很好的，长诗如《都市的颂歌》也算是很成功之作。此君我未见过，但知道他很年青，有此大成绩，令人生大乐观。"在日记中，胡适给予陈梦家较高的评价。

27日下午4时，应杨振声邀请，胡适到国立青岛大学作题为《文化史上的山东》的演讲。因为此次演讲是临时安排，胡适只得匆忙准备，26日，他从好友李锦璋家中借来《史记》《汉书》，"翻了半点钟，记下几条要用的材料，回到住处，写演讲稿，到一点多始睡"。

胡适连夜起草而成的演讲提纲后被收录于《胡适遗稿及秘藏书信》一书。

在国立青岛大学大礼堂的演讲中，胡适对齐文化、鲁文化、鲁学、齐学以及孔子、阴阳家、神仙家、黄老之学等信手拈来，侃侃而谈。他还旁征博引，借古讽今。

在演讲尾声，胡适总结道："鲁学的儒，齐学的道，都来自山东，山东人支配了中国二千多年，阔哉！"

旁听演讲的梁实秋晚年在《青岛故人两相忆——忆适之》一文中说，胡适的演讲"就地取材，实在高明之至，对于齐鲁文化的变迁、儒道思想的递嬗，讲得头头是道、孜孜不倦，听众无不喜欢。当晚青大设宴，有酒如渑，胡先生只得赶快从袋里摸出一只大金指环给大家传观，上面刻有'戒酒'二字，是胡太太送给他的"。

此次来青岛，胡适共逗留3天。期间，被好友四次邀至北京路上的顺兴楼（毗邻谦祥益）宴饮。国立青岛大学"酒中八仙"（杨振声、赵太侔、闻一多、梁实秋、刘康甫、邓仲存、陈季超、方令孺）悉数出席，这场面令胡适"惊慌失措"，不得不再次拿出太太江冬秀送的刻有"戒酒"二字的大金指环方才应付过关。

有论者说，胡适此次自上海到北平顺路在青岛停留的目的是为北京大学网罗人才。1931年至1937年，胡适重返北京大学，出任文学院院长。有了充足的经费后，他开始考虑为北京大学网罗人才，而其在青岛的好友杨振声、闻一多、梁实秋等均是目标人选。

这一观点的依据是1月27日的胡适日记："晚上先在金甫（杨振声）家与实秋、一多、金甫谈。金甫肯回北京大学，并约闻、梁同去。所踌躇者，青岛大学不易丢手。"

胡适第三次来青岛是1935年11月，当时下榻于东海饭店。

市长沈鸿烈听说胡适来青岛，亲自设宴盛情款待。席间，胡适重谈“全盘西化”，但这一观点不为青岛的“左翼”群体所接受。“左翼”作家代表孟超就在报上发表文章打趣说：“在中山路亨得利见胡适博士，果然‘全盘西化’。”

1946年7月28日和12月30日，胡适曾两次过境青岛。

7月29日，《青岛晚报》报道“胡适博士今午过青”：

> 胡适博士偕长公子（胡祖望，笔者注）于今晨八时乘中航机由上海起飞，十时许降本市沧口机场。稍停后，旋即飞往北平云。

12月31日，《民言报》报道“胡适昨过青”：

> 国大代表青岛市参议会李（代芳）议长昨日下午三时搭中航机返青，国大代表胡适、骆美英等亦同机由（南）京起飞，经徐、青、济、津，返平。

作为国内知名学者，胡适并非应邀来国立青岛大学演讲的第 人。

自1930年9月21日在开学典礼上宣誓就任校长至1932年9月2日辞职获准，国立青岛大学校长杨振声曾邀请蔡元培、胡适、顾颉刚、章太炎等学界名人前来讲学或作学术演讲。

比如，1932年5月31日，上海《申报》以《章太炎到青岛游历》、天津《大公报》以《章太炎昨抵青岛演讲》为题，报道章太炎应邀来青岛游玩并到国立青岛大学演讲事宜。

兹抄录《大公报》报道：

青岛二十九日下午七时发专电　章太炎二十九日晨由济来青，午后三时赴青岛大学演讲，听者颇众。章氏对“行己有耻，博学于文”两句意义详加论述，尤对耻字发挥意见颇多，引证亦多，意为人能知耻方能立国，遇难而不抵抗即为无耻，因知耻近乎勇，既不知耻即无勇可谓也。

章太炎这是影射“九·一八”事变后蒋介石的“不抵抗主义”，直言“遇难而不抵抗即为无耻”。

除邀请外埠学术大家来校演讲外，杨振声还让国立青岛大学名家轮流登台演讲。现存于青岛市档案馆的青岛市商会案卷中有一则来自国立青岛大学的邀请函（存档时间为1931年3月25日），内容是欢迎该会同仁前往聆听梁实秋讲座：

敝校为提倡学术起见，现组织学术讲演会，按月举行讲演。兹第三次会定于本月廿六日（星期四）下午七时半，在敝校大礼堂举行，特请梁实秋先生讲演我的文学观一题。届时，如蒙贵会诸同仁惠临听讲，无任欢迎，特此函达。

葛光庭的青岛岁月

1930年11月22日，铁道部部长孙科签署第1841号、1842号令："兹派葛光廷（又名葛光庭，为常用名）为胶济铁路管理委员会委员长，萨福均着即回部供职，毋庸兼理胶济铁路管理委员会委员长。"1931年1月20日，已近知天命之年的葛光庭赴青岛履新，和前任萨福均、颜德庆等人专业背景不同，葛光庭出身于行伍。

来青岛前夕，葛光庭有在平汉铁路（北段）任局长数月的履历，但对于站点多、涉及领域广、人脉关系复杂的胶济线和华洋杂处的青岛而言，这段经历终究显得浅薄了些。

这个看似铁路"门外汉"的人在短则数月、长则不过三年"走马灯"式换将的胶济铁路管理局（1929年起更名为胶济铁路管委会）一干就是近7年（为历届任职者之最），如果不是1937年日寇全面侵华战争爆发，济南、青岛相继沦陷，葛光庭在胶济铁路管委会任职的时间也许会更长。

执掌胶济铁路近7载，葛光庭"兴利革弊，成绩卓著"，不仅参与化解震惊朝野的煤商罢运事件和令自己尴尬的"驱葛风波"，而且缜密擘画，将第4届青岛铁展会办得"可与西湖博览会媲美"。

葛光庭（葛平章提供）

轮番上演的罢工罢运风潮

对于委员长更换一事，1931年伊始，胶济铁路管委会以（胶）字第70号公函向驻青主要单位、部门广而告之。

> 迳启者　案奉铁道部十九年十一月总字第五三四零号训令内开，为令知事，该会委员长萨福均着即回部供职，遗缺派葛光廷接充，除分令外仰即知照。此令。等因。奉此，光廷遵于本年一月二十日莅局视事，除呈报并分别函达令行外，相应函达即希查照。

笔者在青岛市档案馆抄录的这份公函是胶济铁路管委会向青岛市社会局送达的。

收到公函后，相关单位在复函中向葛光庭表示祝贺。

履新不久，两件棘手的事情便接踵而至：胶济铁路四方工厂工人罢工和胶济沿线煤商因运价提升而罢运。尤其后者，各种派系交织，钩心斗角，一时朝野震惊。

《青岛工人运动史》（1897—1949）一书载，1931年，国民政府“革旧俗”，宣布农历年全国机关工厂一律不放假。对这个与民间习俗相对立的法令，平素就加班加点的青岛产业工人反对尤为强烈。

胶济铁路四方工厂决定杀一儆百——2月16日（农历除夕），开除一名歇工工人。不料，工人们潜伏已久的对抗情绪爆发了。

这些对抗情绪主要有三大因素叠加而成：一是1931年1月1日，工厂执行胶济铁路新订工作条例，主要内容包括：工人无故休假免发年终花红；每年无故休假10日即行开除；病假3个月过期停止其工作等。二是1930年，胶济铁路总收入42万余元，较上一年增加三分之一，而路局以是年发生中原大战为借口，决定铁路工人每人减少7.5天的工资花红。三是国民党“中央”党部盖办公大楼摊派建筑捐款，每人“捐献”两天工资，工人怨声载道。

中共四方工厂支部借机提出反对开除工人、增加工资、增发花红、增发房贴、农历年放假、过年开双饷、反对工头压迫工人等年关斗争15项条件。

受此鼓舞，16日下午，工人陆续怠工。随着群体扩大，怠工演变成罢工。17日（年初一），路委会招来警察和保安队强迫工人复工并开始捕人。18日午后，持续26个小时的罢工又戏剧性地变成复工。

胶济铁路管委会处理此次罢工事件手段强硬、凌厉。但笔者尚未在目前的青岛档案中发现该事件处置背后葛光庭的身影。

四方工厂工人罢工掀起几个浪花后便归于沉寂。接下来的货运费涨价，因为牵扯着一个隐形的利益链条，层层传导，节节加码，煤商罢运很快掀起汹涌巨浪，让庙堂之上的诸大员坐立不安。

进入1931年，金价一路暴涨，银价一路暴跌，成本持续加大，胶济铁路经营愈发紧张。4月初，铁道部呈准行政院，饬令胶济铁路管委会自5月1日起客货运价一律增加两成，以资补救。

运价一次提升两成绝非一个小数字。这意味着运输成本大增，利润大幅“缩水”，煤商日子雪上加霜。《青岛铁路分局志（1899—1990）》载，此前的1930年11月，胶济铁路管委会出台新运价，除保留少数车站煤炭出口特定运价外，将货物分为六等，运价分别比津浦铁路高出43.2%、46.1%、50.2%、71.9%、50.7%、70.1%。

胶济沿线潍县、淄川、博山、章丘一带的煤商撑不住了，便向胶济铁路管委会、铁道部请愿，但均未得到满意的答复。于是，他们决定釜底抽薪——罢运。

煤商罢运，运往上海的煤炭大大减少，供求日益失衡。上海市商会忧心市场恐慌，致电铁道部指责胶济铁路涨价行为。

5月23日，铁道部致电胶济铁路管委会：“运煤加价案，未便取消，但该路夏季加价，可援照向例办法，酌情办理，希婉劝复运。”

据此，31日，葛光庭与煤方请愿代表在济南艰难谈判，最终达成三点共识：1.煤商先行复运，在未奉到部令前，煤炭出口内销，暂按夏季减价办法，每届月底以两成回扣收价，并将原定夏季减价4个月延至6个月；2.路局将减价办法电部请示，倘部令只准照一成或一成五回扣，其多扣之款仍应招回；3.关于运率之商定，仍须呈部核办。

次日，煤商开始复运。

罢运风潮告一段落，罢工潮又起。

《青岛工人运动史》（1897—1949）载：

> 1931年6月13日，胶济铁路济南地区500余名工人，为反对胶济铁路管委会无故开除工人举行罢工，青岛地区铁路工人参加声援。斗争坚持3个多月，迫使胶济铁路管委会答应工人提出的部分条件。

青岛市档案馆馆藏史料显示，为应对煤商罢运，山东省政府委员王芳亭、张子仁、何仙槎、王筱航等提议组织煤炭临时平价委员会。青岛市政府与胶济铁路委员长葛光庭电复赞同，省府令各机关团体选派代表参加该组织。8月28日，青岛市政府选举市政府秘书长、代市长胡家凤，市社会局局长杨津生，市公安局局长余晋龢为山东省煤炭临时平价委员会委员。

9月16日，胶济铁路管委会致函青岛市商会，请其推举的代表出席在青岛召开的煤炭临时平价委员会会议。

19日，拟召开的会议突然取消。为此，胶济铁路管委会致函青岛市商会："查本日下午二时在敝局召集之煤炭临时平价委员会，现在因事展期，已请山东省政府另定日期重行召集。除俟后到再行奉达外，相应函达查照。"

鉴于10月31日是"夏季减价4个月延长为6个月"的截止日期，胶济铁路管委会宣布11月1日恢复煤炭内销出口运费加价两成的政策。

煤商们又怒了。煤商代表李又溪、丁敬臣在上海报纸连续登载广告，称“胶济铁路此次上调运价系受日人指使”。

这一招颇为毒辣。其时，“九·一八”事变爆发月余，国内反日情绪高涨，煤商借“日人”说事，目的是使胶济铁路管委会成为千夫所指。

对此，铁道部非常愤慨，批评煤商“为求达到一己之私利起见，不惜利用时机，张大其词，蛊惑众听”。

10月31日晚，铁道部分头致电胶济铁路管委会、博山煤矿商联合会提出解决方案：铁路方收回加价成命，煤商须答应“不得趁机涨价”，“供给胶济路用煤须减轻价额”。

双方各执一词，此次调停没有奏效。

11月7日，罢运一周，煤价暴涨。

8日，煤商代表再次赴南京请愿，称“不达目的，誓不复运”。

淄（川）博（山）章（丘）潍（县）煤业联合会、上海煤业联合会、上海煤业同业公会、中国国煤产销联合会等还纷纷致电实业部，指责胶济铁路煤炭运输价格上涨。

鉴于事态严重，实业部致电铁道部：“当此提倡国煤，各埠煤斤将感缺乏之际，该路煤运万不宜发生纠纷，增加运价，此时似非所宜，可否即电胶济铁路局收回成命，或将施行日期酌情展缓，以免率动各方人心之处。”

面对各方压力，铁道部复电实业部：“暂停加价，一俟行政院核准，当即实行。”

最终，胶济铁路管委会允许煤商内销、外销运费增加部分不用支付现金，只需记账即可。煤商接受了这一条件，9日复运，罢运风潮遂停歇。

难堪的“驱葛风波”

《青岛铁路分局志》（1899—1990）、青岛市档案馆馆藏史料均显示，1932年，除了胶济铁路与青岛港务局签订卸车办法大纲、青岛港首次实行昼夜不间断卸车作业外，胶济铁路管委会及其委员长葛光庭均未做可圈可点的大事。

继上年“九·一八”事变后，这一年上海发生了“一·二八”事变，震撼全国工商各业，胶济路“往日有货无车之景象，一变而为有货有车而无推销之路”，“全路货运不但未能发展，且更日趋清淡”，收入锐减，几至“突破历年最低之记录”。

与运营处于低潮相反的是胶济铁路系统高涨的爱国热情。

《青岛民报》载，为慰劳抗日将士，胶济铁路业有员工5000余人，一次捐款即达5000余元，此笔捐款用来购买风镜6000副、汗衫1600件、河鞋2000双，余款用于购买钢盔。

1933年，对于葛光庭而言是颇为难堪的一年。

夏末，在胶济铁路管委会全力以赴备战10月份在南京举办的第二届全国铁路沿线出产货品展览会（又称南京铁展会）之际，“驱葛风潮”突然发生了。有自称胶济铁路驱葛委员会代表者赴南京请愿，控告葛光庭“办事腐败，滥用公款”。

9月4日，《中报》以《胶路员工请罢撤葛光庭》为题，报道“驱葛风波”：

> （南京）胶济铁路员工，上月在青组织胶济铁路驱葛委员会，发电攻击葛氏，推举代表四人，今日到京，向各院部请愿，恳即罢撤葛光庭。（3日专电）

5日，《申报》继续报道，“胶路员工代表请愿”：

（南京）胶济路员工驱葛委员长请愿代表周惠民等，四日晨十时赴行政院请愿，并面递呈文，汪（精卫）因出席行政院会议，派秘书翟宗汉代见，代表将葛办事腐败滥用公款等情形，详细陈述，请将葛撤职，依法究办，翟允即转达。

与该报道同时刊发的是“一句话新闻”：“葛光庭四日晚十时半返青。”由此看出，胶济路员工发难时，葛光庭并不在青岛。

对于“驱葛委员会”代表在南京奔走、请愿，一直沉默的胶济铁路管委会终于在5日发声。

这说明，葛光庭回青岛后立即着手处理危机，试图尽快平息这场风波。《申报》报道：

（青岛）胶路工会5日电铁道部，陈明该路并无推代表赴京，要求撤换葛委员长情事，并函大公报公正。

6日，《申报》刊载《胶路员工代表请监院查办葛光庭》：

（南京）胶济路员工代表6日赴监察院及鼓楼于（右任）院长官邸，请愿指派监委，查办葛光庭。

9日，《青岛平民报》在版面中心位置，以《胶路发现驱葛委员会全体员工再电铁部　请转呈政院严查冒名请愿者》为题刊发报道：

关于胶济路员工请求撤换葛委员长一事，该路全体员工已电呈请铁部证明一切，并协调《大公报》代为更正。乃近又发现具名胶济铁路员工驱逐葛委员长，胡口代电宣言等情事，对葛氏诋毁攻击，该路全体员工对此特再电呈铁部，请转呈行政院，严查冒名请愿者，并发出启事解释一文。

该报同时刊登胶济铁路员工致铁道部部长孙科、政务次长连声海、常务次长王征的电文和致社会各界的启事：

顷有具名胶济铁路员工驱葛委员会排发代电宣言，并有“胶济铁路员工驱葛委员会印”字样方戳，对于本路葛委员长诋毁攻击，与事实遽然相反，且同人等既无认知，显系捏称本路员工，刊载请愿宣言，其为冒名攻讦，已是昭然。大公报所载南京电，谓胶济员工代表四人来京，向行政院请愿，撤换葛委员长等语尤堪骇诧，恳请转呈，遇有冒称本路员工代表之人请愿，即予扣留，从速查究，以惩冒名，以昭核实。

启事　顷有冒名胶济铁路员工驱葛委员会排发代电宣言，并有“胶济铁路驱葛委员会印”字样方戳，对于本路葛委员长肆意诋毁，显系冒名攻讦。又近日大公报所载南京电，有胶济铁路员工推代表四人来京，向行政院请愿，撤换葛委员长等语，尤堪骇诧，除电请铁道部转呈行政院，遇有挑头冒名本路员工代表之人到院请愿，即予扣留从速查究外，诚恐各界未明真相，混淆视听，谨此陈明，即请公鉴。

或许是胶济铁路管委会反击得力，或许是铁道部给予干涉，总之，“驱葛委员会”至此偃旗息鼓。

务实的铁展会与商运改进会

葛光庭执掌胶济铁路近7年，最风光的事情当属举办第4届青岛铁展会。由于倾力擘画，组织缜密，本届铁展会“展馆最多、展品最全、参观者最众”，可与“西湖博览会媲美”，为青岛开埠以来之盛事。

铁道部为何要举办铁展会？相关档案文献的记述是：

我国对于各地之出品暨销行之区域，迄无确切之调查与统计，更无陈列与宣传，商人对各地出品茫然无知，无法运销，故此地所废弃之物，即彼处所需之品，此地有过剩之国产，彼处用类似之外货供给需要，失其平衡，坐令原料废弃，实业衰落。而铁路以各商货运不振之故，运量日减，收入日绌，而各路业务亦直接受其影响，殊可慨也。兹为唤起商人主意，增加商货运输，改进铁路营业发展，调剂国民经济供求平衡起见，惟有举办全国铁路沿线出产货品展览会之一法，以巡回展览办法，分期在各大商埠各大都市举行，以实物图表，表示全国铁路沿线出产货物之标准“产量及运输方法”价值，以及利益把握，其结果自必促进各埠商人之营业。

从这段表述看出，铁道部拟办铁展会，期待“一箭双雕”——通过铁展会这个平台，解决产销信息不对称导致的供需失衡；振兴实业，改变铁路“运量日减，收入日绌”这个事关自身利益的问题。

1933年4月10日，第1届铁展会在上海开幕，为期1月；同年10月10日，第2届铁展会在南京开幕，为期1月；1934年5月10日，第3届铁展会在北平开幕，应各界延期要求，为期40天。

按照铁道部令，第4届铁展会在青岛举办。进入1935年，胶济铁路管委会即紧锣密鼓开始筹备。

1月17日，胶济铁路管委会印发“第四届铁展会在青举办”的公函，并派专职人员前往胶济沿线厂家、商会接洽。鉴于北平铁展会“会场布置，尚有未周”，2月14日，胶济铁路管委会向第三届铁展会沿线国货厂商联合会代表发出邀请函，请其派员来青参加铁展会货品征集讨论会。

7月10日下午3时，第4届铁展会在青岛开幕，市长沈鸿烈，山东省政府主席韩复榘代表、省建设厅长张鸿烈，胶济铁路委员长葛光庭，各国领事暨各界代表千余人出席。

第四届铁展会“各馆展览品为数极多，分类陈列，一目了然”，共展出物品5.23万件，入会厂家2150家、售品所686家。截至8月8日，参观者计59.97万人，销售额30万元。

市长沈鸿烈评价称：“较之第三届北平铁展会，稍逊色，但平、青两地，人口之相差为四比一之比，以此计算，则成绩亦不亚于平会……”

在筹备铁展会同时，胶济铁路管委会还邀请沿线中外工商业代表，围绕胶济线如何改进商运广泛征求意见和建议。

查铁路功用，贵在服务商旅，业务改进，尤以采纳

舆论。兹本路商合作，营业商化之原则，拟于三月初召集本路沿线各站所在地之商会、同业公会及重要行商工厂代表，在青岛本局举行商运改进讨论会，藉以集思广益，以为改进本路业务之参考。贵方与本路业务向有密切关系，对于改进事项必有深知灼见，可供参照。兹拟定讨论纲领一份随函附上，有何高见，尚祈尽量提出书面意见，于二月廿二日前，寄至本局车务处营业课汇总审查，以备开会时公开讨论，一俟贵意见收到后，再行奉寄请柬。相应函达，敬请查照见复为荷。

这份讨论纲领分客运和货运两部分，内容具体，切中时弊，体现了胶济铁路管委会务实之风。

其中客运部分包括5项：对于本路客车改良意见；对于购票或托运行李包件有无不便之处；邮运包裹与本路包体便利方面与经济方面之比较若何；乘本路火车与长途汽车何项便利，其时间及票价何者经济；本路各次客车行驶时刻有无不便之处。

货运部分包括18项，涉及运价、托运手续、调车、装卸、搬运、捐税、货物分类表、有无敲诈勒索等项目。比如，本路承运贵业货物所订整车及零担各项运价有无尚须改进之处；对于托运货物之手续有无窒碍难行尚须改良之处；整车及零担货运装卸有无额外勒索或其他困难，货物运入车站货场有无窒碍应否改善；现行货物方等对于贵业有关各货品有无比较失去平衡或公允之处，并请详示不妥之理由。

3月6日上午10时，胶济铁路商运改进讨论会在管委会大礼堂开幕，会期两天，与会代表对胶济铁路商运改进提出意见。

青岛市运输同业公会提交的《对胶济铁路商运改进会之意

见书》现存于青岛市档案馆。

意见书提出："整车及零担车之装卸尚无额外勒索，惟零担车装卸货物不足百公斤者，皆按百公斤计算收费，务请按实数计算，以恤商等之损失。"

此外，该同业公会还提出了涉及装卸时间、收费、旧篷布更换等7条改进意见。

比如，货物车上所用旧篷布经年使用，多有残破，遇有大雨时行之际，惟恐渗漏于货，损失颇大，务请添换以利商者。

再如，雇工装卸车时，不问何货即用手钩提取，如纸、糖等货恒为损残，诸如此类损失颇大。除棉纱及木箱不怕用手钩外，其他各货务请取缔，以免货物损失。

"兴利革弊，成绩卓著"

《现代中国人物志》对葛光庭执掌胶济铁路时期的评价是"兴利革弊，成绩卓著"。其中，在职工生活方面，葛光庭"提倡全路员工养老储蓄金，以保障生活安全，可谓思虑十分周至"。

葛光庭在任时还积极为铁路员工建造宿舍。

1934年3月29日，胶济铁路工务第一段致函青岛市工务局：拟在青岛站北附近及站西建筑员工宿舍。

> 敝路拟在青岛站北附近及西本路界内建筑员工宿舍，因该项建筑物靠近莘县路及广州路口，恐滋误会，用特函请贵局饬属查照，以利进行，实为公便。

《青岛铁路分局志》（1899—1990）载，1930年5月，胶济铁路管委会以“提倡员工合作，减轻生活负担”为号召，成立胶济铁路员工消费合作社，由管委会、特别党部、胶济铁路工整会各推定3人组成消费合作社筹备委员会，筹委会下设总务、组织、会计三部，从社员中选拔理事、监事。合作社明确规定，员工认股入社，每人可认1~50股，每股国币5元，认股者股款由会计处分期扣除；青岛为消费合作社总社，沿线四方、高密、坊子、张店、济南设分社；消费合作社采购物品，铁路局管内运输免费，跨局亦得缴纳半费；售价按照购入价加运杂费并参照市价定之，基本上低于市价。入股社员购物，以本人和家属用量为限，凭证购买。合作社经营盈余，除去股息、各项摊提，以50%为社员余利，凡社员在本社购物满现大洋1元者，即返还余利1.5~3.5分。1931年，葛光庭执掌胶济铁路后加快消费合作社发展，在东镇、青岛铁路中学、青州、洪山、博山等五处设置售货处，并开设磨坊、弹花机坊。是年5月22日，胶济铁路消费合作社成立训练班并面向铁路子弟招收15人，经考试合格后录取，被录取者脱产训练两个月后分配至消费合作分社工作。1932年，胶济铁路委员会给消费合作社配备生活供应车。该车平日设在青岛，按期运送粮食、煤炭等物资，服务沿线员工、眷属。当年，社员提出余利计现大洋8885.79元，消费现大洋100元获利1.6元。

为方便职工生活、增加职工经济收入，1933年起，胶济铁路管委会陆续开办起食堂、浴池、理发室、货栈储运、托运、租赁等经营业务。

葛光庭执掌胶济铁路期间，消费合作社已发展成为青岛供销合作的样板。对此，《青岛市志·供销合作社志》的评价是：“胶济铁路消费合作社以米面、杂货、衣、鞋、日用品为主要业务，有社员5313人，股金73730元，每月消费额达10万元。该社组织管理较健全，是当时青岛市合作社的模范。”

胶济铁路管委会为消费合作社配备生活供应车的做法后被日本占领者沿用，只是将生活供应车更名为生计车。

青岛市档案馆馆藏文献显示，1932年至1937年，胶济铁路管委会踊跃参与支援抗战、赈灾、科技楼馆建设等各种募捐。

1933年9月，鲁西遭遇水灾，胶济铁路管委会不仅捐款2000元，还为赈灾义演的京剧名角马连良等艺人免费提供车票。

鲁西水灾急赈会致函胶济铁路管委会：

> 敬启者　关于敝会演戏筹赈鲁西水灾，仰承贵局惠捐贰仟元，业经登收，兹奉上戏票（另有细单），不另收费，请分期持券入场聆雅奏为盼。

鲁西水灾急赈会请胶济铁路管委会发给马连良等人免费车票的函：

> 敬启者　敝会筹集救济鲁西水灾赈务起见，曾派员赴济南邀请马连良等来青岛演义务戏剧，前承贵局发给免费乘车证，至为纫感。兹戏剧演完，该艺员等定于本月三日早车赴济，拟请贵局始终协照，饬发给一等免费乘车证四张、二等免费乘车证十五张、三等免费乘车证廿九张，俾利通行，以资节省而恤灾黎，至纫公谊。

1934年10月，青岛商会举办为鄂浙湘赣皖等省赈灾游艺会，胶济铁路管委会除承担5000张入场券摊销外，还主动写信要求派5名员工志愿服务赈灾游艺场。

胶济铁路管委会致信青岛市商会会长宋雨亭：

> 贵会倡办鄂浙湘赣皖等省赈灾游艺会，敝局摊销入场券五千张，届时局内外员工，前往参观者人数众多，兹拟选派敝局职员蔡书元等五人，由贵会派为会场招待员，俾便协同招待，以维秩序。

1934年，中央研究院院长蔡元培和总干事丁文江力倡在青岛建设海滨试验所，并以私人及海洋组中国分会名义向各方筹募经费。经过一年努力，筹得经费如下：1. 国防资源委员会每年捐助设备费2000元；2. 青岛市政府和国立山东大学每年各援助经费1000元；3. 胶济铁路局每年捐助1800元。

1935年10月，青岛及周边地区花生米卖难，青岛土产行栈同业公会函请青岛市商会会长宋雨亭出面协调，希冀胶济铁路管委会继续实施特价运输。

> 查目前情况，旧生米尚未销罄，而新生米上市，交易正旺，若非格外维持，将胶济路运输生米特价继续展期，则农村经济之枯竭，市面商业之萧条，实将交受其困。值兹转瞬满期之际，刻不容缓，相应函请贵会查核迅予转呈市政府，俯赐咨请铁道部予格外体恤，将胶济铁路运输生米特价继续展期，俾资救济，实为公便。

“运输生米特价继续展期”的诉求在胶济线上得到落实。

婉拒赴台，病逝沪上

20世纪30年代初，原北洋政府交通总长叶恭绰、佛学家周叔迦等人为筹建湛山寺募捐时，葛光庭曾捐献出一对石狮子。

葛光庭之孙葛平章说，2010年8月6日，他与家人游历湛山寺时曾面见方丈明哲，得知湛山寺山门前一对石狮子为祖父所赠。这对石狮子是北魏年间珍品，原在益都衡王府门侧，德国人修筑胶济铁路时将其掠至青岛。1934年，祖父将其赠送给了湛山寺。

“得知我们是葛光庭后人时，明哲长老不仅赠送了手珠，还邀请我们在菩提院大门前合影留念。”葛平章回忆说。

葛平章补充说，祖父葛光庭赞助湛山寺修建一事，湛山寺住持倓虚法师口述、其弟子笔录的《影尘回忆录》中有记载：

> （我）临从上海走时，叶恭绰居士给写了几封介绍信带来，给胶济铁路委员长葛光廷，市长沈鸿烈及其秘书长胡家凤，绅董袁道冲，还有交通银行经理等有八九封信……
>
> “不要紧！最初由我作发起！”说完这话，叶居士便召集各位善信，以及青岛几位有力量的人，在交通大楼开筹备会，预备修佛庙，并即席认捐壹万余元，以后叶居士又在外埠募一笔款。当时胡若愚任青岛市长，拨给一块公地，作为寺基，并准免半数租金。胡市长辞职，沈市长继任，他们对佛法都竭力护持。还有胶济铁路委员长葛光廷居士，对修庙事帮很大忙，在办事方面，极力予以方便……
>
> 房子交湛山寺后，也不易往外卖。有买的才给三万

元，与原来价目相差太远，修大殿也不够。以后乃发行“湛山寺福田奖券”共两万份，每份售洋伍元。以全幢洋房为头彩，汽车为二彩，古玩家具等为普通彩。全部奖券卖出，可得拾万元，足够修大殿之用。发行之后，幸得本市沈市长（鸿烈）、胶济铁路局葛委员长（光廷）赞助分销。

葛光庭的铁路事业被卢沟桥骤然响起的枪炮声终止。是年8月，日军占领平津后，沿津浦铁路大举南侵。

为保住工业命脉，铁道部路饬令胶济铁路当局把铁路机车、车辆南迁或西移，胶济铁路管理委员会由青岛迁至济南。

此后，“全线共有机车107台、客车213辆，货车1858辆，除残破者外，到11月基本撤完，其中大部调往陇海、粤汉两线。12月中旬，少数军用运输车辆也南下完毕”。

葛平章说，济南沦陷（1937年12月27日）前夕，祖父乘最后一列火车撤离。此后，祖父及家人避居香港，不久又迁居上海法租界“上方花园”寓所（今淮海中路上方花园19号）。

“孙连仲将军是祖父的金兰兄弟，1934年6月祖父生日时，孙将军赠送题有‘静岑仁兄雅玩　弟孙连仲敬赠二三、六’字样的龙凤纹碗、盘。1949年初，孙将军辞去南京首都卫戍司令等职到上海暂居，曾拜访祖父，并请他考虑去台湾，祖父以年事已高为由婉拒。上海解放前夕，祖父又婉拒蒋介石去台湾之邀。两次婉拒，最大原因是张学良被蒋介石软禁。”

新中国成立后，铁道部部长滕代远委派秘书赴沪，邀请葛光庭出任铁道部顾问。“祖父身体欠佳，同时考虑到居住在台湾的亲人，未能到任。姑母葛克文随姑父陈开静去了台湾。赴

葛光庭夫妇（葛平章提供）

台前，陈开静是浙江省参议员、笕桥航校工程师，是蒋经国的人。”葛平章补充说。

据介绍，寓居沪上的葛光庭笃信佛教，迷恋书法，侍花弄草，与夫人沈彤颐养天年。

1962年6月15日，葛光庭病逝。其时，距离他82岁生日仅有3天。

延伸阅读

葛光庭

葛光庭（1880—1962），又名光廷、光亭，别号静岑，安徽蒙城（一说颍州）人。1905年3月被安徽巡抚署保送日本留学，先入日本陆军振武学校完成预科学业，继入日本陆军士官学校炮兵科学习，其间加入同盟会。1907年11月毕业回国，任保定军校速成学堂炮兵科战术教官，不久转任清政府陆军部军学处科员、军制司科员，热河陆军兵备处总办等职。

辛亥革命后，葛光庭参与领导安徽光复军事活动，任大通安徽军政分府司令。1913年3月，任陕西督军公署一等参谋官、参谋长。同年8月14日，被北京政府授予陆军少将；12月30日，任威武将军陆建章公署参谋长。1914年7月，任北京政府陆军第7师第16混成旅步兵35团团长、陕西督军公署警备旅第1团团长等职。1916年2月，任陕西陆军第4混成旅旅长。1918年5月10日，被广东军政府暨大元帅府任命为军委会参事；12月，南下西江，任广东军政府军委会参事，后任孙中山派驻湖南军事代表。1923年11月23日，任广州陆海军大元帅府参谋处高级参谋。1927年4月，任南京政府军委会委员。1928年3月，任第3集团军阎锡山部驻南京办事处主任、国民革命军“中央”编遣会议阎锡山代表。1929年7月，任东北边防军张学良公署参议、顾问、驻北平办事处主任。1930年8月，任内蒙古土默特旗公署总办。1931年12月，任山东第3路军韩复榘部高级参谋，后转任铁道部陇海铁路、平汉铁路、正太铁路管理局局长，胶济铁路管委会委员长。

抗战爆发后迁居香港，不久返回上海定居。1962年6月，在上海病逝。

于黑丁：奔波流离，融入“左联”

1933年，于黑丁加入青岛“左联”，自此投身于左翼文化运动，“初步突破了为生计奔波的流浪者的思想局限”。

“为生计奔波的流浪者”，这是论者对年少于黑丁恰如其分的概括。

1933年之前的于黑丁，自即墨老家起步，在吉林省磐石县—山东省青岛市—吉林省磐石县—辽宁省沈阳市—山东省青岛市之间为生计、为学业辗转奔走，愁苦艰辛备尝。

“我出生于山东省即墨县丰城公社苏口村（注：今即墨区田横镇苏口村）一家贫农家庭里，从小随家人奔波东北讨生，在情况好转下，我读过几年小学，也读过两年中学，文艺完全是自修的。我二十岁（注：虚岁）参加革命活动，曾在青岛搞过地下党工作，参加过左联……”1980年1月22日，卸任河南省文联主席的于黑丁在与家乡人通信时如是写道。

不过，于黑丁“文艺完全是自修的”一语不妥，他忽视了其恩师王统照，正是因为王统照，于黑丁的人生境遇出现重大转折，以后成为中国“左翼”作家的重要一员。

“流浪”少年

即墨区田横镇苏口村是一个濒临海湾、三面环山的美丽乡村，以村中原小学闲置的旧教室改造的苏口书院内，设有于黑丁生平、作品展示区，陈设虽简陋，但家乡人以他为荣的情感非常浓烈。

“于黑丁原名叫于敏道，1913年腊月初七出生（注：阳历1914年1月2日），他父亲名叫于德梓，他还有一个弟弟叫于敏逊。”2021年3月7日，苏口书院于黑丁展区前，苏口村党支部书记谭长洪向笔者简短讲述于黑丁家史：“于黑丁出生不久，父亲于德梓为养家糊口，跟随同乡‘闯关东’去了，去的是吉林省磐石县，在那儿出苦力。”

于黑丁生平简介载，在族兄帮助下，6岁的于黑丁入村私塾，诵读《百家姓》《三字经》《论语》，练帖，作文，日复一日。1920年，受到“五四”运动思想影响的村民们群起议论“要不要剪辫子放脚”，于黑丁听后自觉地把辫子剪掉。为此，“族兄把我叫到他的书房，狠狠地给了我十三手板。我左手托着红肿的右手，脸额上沁着汗，咬着牙，低着头，一声不吭地跑回家去”。两年多的私塾生活后，于黑丁跟随母亲辗转前往吉林磐石县和父亲一起“讨生活”。

1924年，自东北返乡的于黑丁走进远房亲戚开办的国民学校，在此度过了三年较安定的校园生活。1927年，经亲戚介绍，于黑丁来到青岛，考入胶东中学。因为家贫，暑假时于黑丁在建筑工地当小工挣钱糊口、交学费。“晚上与同乡挤在工棚内，乡亲睡下，我就油灯下阅读书报、练字习作。这样生活了半年之久，考入市立中学。”1985年春，在郑州家中，于黑丁向青岛来访者讲述了这段窘迫的日子。

从现存档案来看，于黑丁考入的是青岛市立中学高中部文科，时间为1929年秋。在这里，他成为王统照的学生，并在王统照指点下开始新文学写作。晚年，于黑丁撰写《深切怀念王统照师》，文中写道："在我艰难的人生历程中，值得我思忆和回味的事，再也没有比我获机缘认识'五四'时期著名作家王统照先生更令我感情激奋的了！"在王统照引领下，于黑丁与同学们组织起市立中学"无名"文学小组，切磋练习写作。未久，在叶圣陶主编的上海开明书店《中学生》杂志上，于黑丁发表了处女作短篇小说《乡情》。

1930年春夏之交，得知父亲患重病的消息，于黑丁寝食难安，终于捱到暑假，即打点行李远赴磐石县。病中的父亲向他表示已无力继续供其读书。幸得亲友帮助，于黑丁赴沈阳考取了张学良为董事长的同泽学校，终于完成高中学业。

1931年"九·一八"事变爆发，于黑丁"从血泊中冒着敌人的炮火冲出古老的沈阳城，在难民群中遭受着种种苦难和悲患"。1932年春，他死里逃生，辗转数千里终于回到青岛。

参加"左联"

于黑丁回来时，白色恐怖正笼罩着青岛。一天，市公安局密探突然搜查《青岛民报》，拟逮捕副刊主编姜宏。幸亏事先警觉，姜宏此前已离开青岛。翌日，中共地下党员俞启威、乔天华找到于黑丁，让他接替姜宏负责《青岛民报》副刊。接手后，初入报界的于黑丁立即投入到紧张的编务工作中，除编辑社会来稿外，他约请国立青岛大学学生编辑《文刊》，约请社会进步人士编辑《钟刊》，每周一期刊登在《青岛民报》上。他还动员恩师王统照在《青岛民报》上连载长篇小说部分章节，自己也以于敏道、于雁、于睿等笔名发表一些小说和散文。凭借报纸副刊这个平台，于黑丁与崔嵬、孟超、臧克家、吴伯箫等岛城文学才俊建立了友谊，还与同乡、市立中学校友周浩然交谊深厚。正是在于黑丁宿舍内，俞启威、乔天华约见了周浩然并决定吸收他参加“左联”。不久，由俞启威、乔天华介绍，于黑丁加入中国共产党。

为响应中国左翼作家联盟秘书处作出的“以读书班、讲报团、说书队等形式，组织地方学生青年”的决议，青岛党组织在“左联”队伍中开展读书会活动。于黑丁、周浩然等人均感到迫切需要学习马克思主义，用革命理论武装头脑。当于黑丁将这一想法向市委汇报后不久，从上海寄来两个邮包，于黑丁事先委托在外国洋行工作的朋友设法避开官方检查，邮包通过洋行外事人员转来。于黑丁打开一看，里面有《共产党宣言》《国家与革命》《政治经济学》《社会主义史》等马克思主义经典著作。1933年，茅盾的长篇名著《子夜》问世，但自上海运到青岛的《子夜》被国民党反动当局扣留。于黑丁从王统照处得知茅盾通讯地址后便写信向茅盾求助。收信后，茅盾通过挂号给他寄来一本《子夜》，由此开启了于黑丁、茅盾终其一生的友谊。

1933年夏，于黑丁、周浩然、郭锡英、王令菲等人相约在彭也夫家组成“汽笛文艺社”，编辑出版文艺周刊《汽笛》。王统照、臧克家、崔嵬等人均为《汽笛》撰稿，“汽笛文艺社”在青岛革命史上占有光辉的一页，为左翼文学的重镇。9月，荒岛书店开张，遂成为青岛“左联”小组重要活动地点，乔天华、于黑丁时常以书店为秘密活动地点召开会议。在书店，于黑丁与青岛《晨报》副刊编辑萧军相识，并与寓居青岛的萧红、舒群等东北籍作家一起进行革命文艺活动。1934年1月25日至3月3日，在上海方含章、陈栾合编的五日刊《文化列车》第8期至第11期上，于黑丁以《几个作家在青岛》《不能忽略了一九二九年的文坛》《“九一八”以后的文坛》和《谈到最后的文坛》为题，分四次介绍青岛文学界的情况。

1934年秋，中共青岛地下组织再遭破坏，“左联”成员俞启威、姜宏、王令菲先后被捕，于黑丁等人被通缉。于黑丁返回即墨，潜入乡下躲避。1935年初，于黑丁赴北平，是年秋辗转沪上，参加上海左翼文艺活动。1936年4月，于黑丁通过萧军与鲁迅建立联系。4月20日，鲁迅日记载：“得于黑丁信，即复。”22日，于黑丁将小说《路》寄给鲁迅请教。经鲁迅指导和推荐，小说《路》发表在6月15日《作家》第1卷第3号上。未久，于黑丁短篇小说《站长》经茅盾指教修改后发表。上海“八·一三”事变发生后，于黑丁奔赴华北前线，在豫北、冀南开展战地抗日宣传活动。1938年5月，于黑丁在武汉加入全国文艺界抗敌协会。1940年秋，于黑丁在周恩来安排下自重庆前往延安。1945年秋，作为晋冀鲁豫干部挺进大别山深入生活，出任晋冀鲁豫边区文联常务理事，主编《北方》杂志。1948年，他奉命南下。新中国成立后，于黑丁任武汉市文化局局长、湖北省文联主席。

晚年返乡

“上个世纪50年代初，于黑丁回到老家，我父亲任村支部书记，常和他在一起。于黑丁以村前的三座山为背景创作了神话小说，手稿完成后给我父亲看过。”谭长洪说。

1960年，于黑丁任中南局宣传部文艺处处长；1963年3月，

于黑丁

任河南省文联主席、河南省作家协会主席，自此定居郑州。

1979年，即墨作家肖冰与河南籍著名作家刘知侠聊天时，刘知侠说："在我的家乡河南主持文联工作的于黑丁，是你们即墨人。"肖冰听后便把创办的文学刊物《新叶》寄给于黑丁请他指教。

1980年1月22日，于黑丁从郑州给肖冰写来一封长信，对家乡的文艺创作表示热情鼓励和支持，信中还流露出思乡念亲之情："去年刘知侠专程来郑州，我们说好了，我想找机会去青岛住一个时期，也很有老来还乡的想法。"

1981年夏天，于黑丁、吴萍夫妇回到即墨。翌日，应肖冰之邀，在所住的招待所会议室，于黑丁与20多名家乡业余作者座谈，"于老十分认真热情地讲了一个半小时，他讲到了党的领导，讲到了作家的责任，以及生活与创作的关系……"肖冰在回忆文章中写道。

1988年4月，于黑丁获中国作协颁发的编辑工作荣誉奖。2001年2月4日，于黑丁在郑州病逝。

熊希龄的青岛之憾

“七七”事变后的一个下午，在青岛福山支路12号熊希龄、毛彦文夫妇租赁的寓所内，神色匆匆的沈鸿烈市长一行出现了。

“沈鸿烈君再三劝吾等返沪，谓青岛有旦夕发生战事之可能，君不愿离去，吾强之始行，抵沪数日，沪战继起。”时隔50年后，居住于台北的毛彦文在其自传《往事》中如是回忆。

《青岛教育纪事长编》载：“1937年7月21日，熊希龄夫妇离青。”

12月16日，上海、南京相继沦陷后，熊氏夫妇登上赴香港的法国（一说意大利）游轮，拟由粤汉铁路至湘，主持香山慈幼院长沙分院事宜。孰料，24日晚，熊希龄在旅馆突发脑溢血。25日晨6时，因抢救无效，熊希龄在九龙医院撒手尘寰。

熊希龄猝然离世当日，蔡元培由沪抵港避难，闻“熊秉三（注：熊希龄字秉三）到港未久，今晨以中风卒于旅馆”，蔡元培颇为伤感，随即撰写挽联：“宦海倦游，还山小试慈幼院；鞠躬尽瘁，救世惜无老子军。”

31日，在实施“焦土抗战”炸毁日本纱厂、自沉舰船堵塞港口和航道后，沈鸿烈率海军陆战队（不含第21队）、舰艇官

熊希龄

兵、保安队、清洁队、警察局等6个总队共9000余人，撤离他苦心经营6年之久的青岛。

至此，熊希龄三赴青岛，与沈鸿烈“筹商的青岛市与香山慈幼院合办婴儿园事宜”，在日寇入侵的枪炮声中戛然而止。

与青岛结缘

1936年8月4日至8日，第二届全国慈幼大会在青岛市立女子中学召开。来自全国多个团体的160余名代表参会，会上共形成《呈请中央政府筹拨慈幼经费案》《兴办托儿所案》《呈请政府增设各级慈幼教育机构》《请将中华慈幼协会移设于首都案》等73件议决案。

在第二届全国慈幼大会上，中华慈幼协会会长孔祥熙因事留牯岭，派陈铁生代为致辞。青岛市市长沈鸿烈致欢迎词：“各地专家与慈善家远道来青举行第二届全国慈幼大会，使慈祥博爱的空气充满青岛，实觉无上荣幸。诸位莅临以后，青岛干燥天气忽获甘霖，沛然降雨数日，市乡沾其润泽，呈欣欣向荣之象，正可预祝诸位代表事业之成功及儿童前途之福利……本人接教育部王部长电报，委托代表参加本会，所以以地主身份向各位表示欢迎，同时代表王部长向各位致庆祝之意。”

从《申报》《时事新报》等媒体报道中可看出，沈鸿烈对第二届全国慈幼大会非常看重：“此次在青开会，乃系青岛市长沈鸿烈之邀请，因沈本人亦为该会最热心之会员也。”“午后五时即举行闭幕礼，由市长沈鸿烈主席，主席致闭幕词后，全体代表并举行宣誓礼，以昭郑重。”

而对熊希龄本人，沈鸿烈也是尊重有加。天津《益世报》报道，7月30日晨，沈鸿烈率众到车站迎接由济南抵达青岛的熊希龄、毛彦文夫妇。在致辞中，沈鸿烈称赞熊希龄对慈幼事业作出的贡献：“北平香山慈幼院，设备更属周到，凡此皆使一般公众对慈幼事业发生深刻之认识。”他向熊希龄及与会人员表达真诚学习之意：“本人颇欲步诸位之后，凡实惠于儿童者皆拟推进，惜人才缺乏，经费不足。此次诸位光临，拟请于会后各处浏览，不吝指教，实深感盼。”

毛彦文在《往事》中对此也有所提及：“夏间，中华慈幼协会在青岛举行年会，我俩由（北）平前往参加，备受青岛市长沈鸿烈氏之招待，因之年会结束后即留下避暑。”

1936年第24期《北平香山慈幼院院刊》载，第二届全国慈幼大会开幕前，毛彦文还应青岛青年会之邀发表题为《儿童习惯之养成》的演讲，对婴儿生活习惯的训练、蒙养期儿童心理的培育、学龄期儿童思想和知识的造就等各个方面作了精辟阐述，深受听众赞赏。

青岛会议及会后短暂的寓居避暑使熊希龄萌生在青岛兴办婴儿园的想法。

在今天看来，熊希龄做出这一决定，不外乎四个原因：

一是形势使然。《青岛教育纪事长编》《北平香山慈幼院院刊》载，1935年9月1日，中华慈幼协会派出考察团赴意、苏、德、英、法、美等国，考察托儿所、婴儿园、幼稚园组织教养训练方法和慈幼事业发展状况。考察人员带回苏联工厂和农村普设托儿所等信息，熊希龄从中不仅发现中国慈幼教育的差距，而且看到了该项事业的发展方向："尤其是苏俄，认为慈幼事业不但是社会上慈善家的一种事业，简直把慈善事业当作国家的一种公共事业了。所以今后我们希望关于慈幼事业成为国家的一种公众事业，欲使国家对于慈幼事业能够统一和普及起来。"因此，他在第二届全国慈幼大会上主持起草的《大会宣言》中提出："本届大会以'慈幼建国'四字相标榜"，"通令各省、市政府，筹设或增办农村、工厂托儿所"。

二是熊希龄对青岛、对沈鸿烈产生了良好印象。8月4日，《熊希龄先生对于第二届全国慈幼大会的感想》中如是说："此次开会在青岛，青岛为世界交通之大港口，经沈市长历年经营，中外人民咸所钦佩，尤其关于儿童教育，设备完善，凡中小学校与育婴、民众、济良、习艺及平民住宅之种种儿童教育、感化教育无不完备，其附近数百里内之乡村，亦均有建筑堂皇之国民小学，李村并有中学、师范、医院、卫生、农场等机关，尤为全国县市乡村之所罕见，吾人在此开会，得以参观建设，扩充耳闻，精神上更加感动……"

另外，从当年9月16日熊希龄在香山慈幼院全体教职员会议讲话中也可管窥："青岛为我国近年来进步最快的城市，市长为沈鸿烈，建设非常努力，成绩良好，实为全国罕见。尤其是乡村中，有利民众的市政几应有尽有。我以前拟在上海推动幼稚教育，最近以沈市长对于青岛慈幼事业，有许多地方欲与本院合作，因此我又打算在青岛试办托儿所婴儿园等。”

1991年出版的《熊希龄与慈善教育事业》一书中，对熊希龄“打算在青岛试办托儿所婴儿园”有所提及：熊希龄觉得慈幼事业的普及与推广是一件十分遥远的事，但他并不灰心，采用苏联托儿所模式，在本宅、香山、天津三地创办多所“昭慧”幼稚园，专收平民工人的子弟。他原本打算在上海推广这种做法，1936年的青岛第二届慈幼大会使他改变了主意，“决定在青岛开辟一个推广普及的试点”。

三是青岛市政府急于借力发展慈幼事业，1935年底就写入《青岛市政府1936年行政计划》，但一直没有付诸实施。该年度计划中第五部分为公益行政，慈幼事业列该部分之首：“慈幼事业为社会行政当务之急，拟由关系机关团体联合组织慈幼会，办理托儿等事，以期慈幼事业之发展。”

四是熊希龄与青岛合作中有南开学校校长张伯苓的影子。同为民国时期教育家，熊希龄与张伯苓互相仰慕、关系密切。1921年1月，南开学校因疫停课，张伯苓带领部分教职员和学生“假京西香山幼院会议兴革事项”就是一例证。而其夫人毛彦文也与张伯苓友好。1924年，因为表兄朱君毅移情别恋，毛彦文与其解除婚约，见证人中就有德高望重的张伯苓。

沈鸿烈与张伯苓亦是友情甚笃。出任青岛市市长后，正是在张伯苓支持下，沈鸿烈延揽湖北老乡、南开中学教务主任雷法章出任青岛市教育局局长。“雷法章长青岛教育六年，悉力以赴，绩效斐然。”

炮火中终止的合作

在自传《往事》中，毛彦文时断时续地回忆熊希龄接下来的两次青岛合作之旅。收集、梳理、拼接这些碎片化的文字，熊希龄夫妇在青岛奔忙的身影清晰可见。

1937年4月底，应沈鸿烈邀请，熊希龄夫妇由北平前来，筹商青岛市与香山慈幼院合办婴儿园事宜。经双方共同研讨论证，“终于订出了一个具体实施的方案”。

根据这个方案，熊希龄拟长住青岛，故选赁住宅。此时适逢黄河水利委员会委员长孔祥榕也在青岛，他在崂山有一石造别墅，便邀请熊希龄夫妇前去参观。“此别墅凉爽舒适，四周风景尤佳，诚理想避暑处所。”孔祥榕劝熊希龄“依葫芦画瓢”，一切由他负责代办。熊希龄同意，“即着手租地（崂山的地不能卖只能租）、造园、采购建材等工作”。

筹备青岛住宅方布置就绪，“我们又匆匆回沪寓，预备迁居”。

6月初，熊希龄夫妇及外甥女、佣人等六人迁居青岛，租赁福山支路12号住宅，“该宅面临东海（注：实为黄海），蓝天碧水，红瓦绿树，为居家之胜地”。

在青岛期间，熊希龄忙于筹办婴儿园，毛彦文则忙着布置新居，当“前者开办有期，后者部署方竣”时，卢沟桥上的枪炮声骤起。战事快速向南蔓延，民众仓皇出逃，行伍出身、身居军政两界的沈鸿烈为熊希龄夫妇的安危担忧，于是，“再三劝熊希龄从速携眷返沪”。

虽然舍不得刚刚起步的青岛婴儿园项目，但在夫人再三坚持下，熊希龄还是怅然离去。

接踵而来的事实证明，沈鸿烈谓“青岛有旦夕发生战事之可能”的判断是正确的。

7月26日，日本驻青岛总领事大鹰正次郎正式下达侨民撤离青岛的命令。

青岛市档案资料载，8月14日下午，停泊于青岛的日本海军陆战队派出一小队士兵下舰，行至德县路圣功女子中学（今青岛市第七中学）门前时，两个身穿便衣、骑自行车的人突然向日本水兵连开数枪后逃遁。两个日本水兵身负重伤，其中一人抢救无效身亡，是为“德县路事件”。

青岛新闻媒介披露，该事件为日本浪人所为。遗留在现场的弹壳系日本制造即为重要证据。显然，在侨民撤离后，日本侵略者在蓄谋制造武装登陆青岛的借口。

数日后，该事件尚处于“外交途径”解决中时，日本陆军天谷支队由东瀛出发，先抵旅顺，再抵青岛，于海上待命。

9月3日下午2时，鉴于“暴日侵疆，国是日急。抗战序幕已开，各项后援工作亟应统筹准备”，胶济铁路四方员工在青岛率先成立抗敌后援会，决定当月8日开始办公。

4日，日本在青岛的最后一批官民离去。

日本侨民全部撤离意味着什么，青岛各界高层当然心知肚明，或暗或明地开始采取应对措施。

10月21日下午3时，青岛市政府、国民党青岛特别市党部在市府大礼堂举行青岛市各界抗敌后援会成立大会，“商讨办法，共策进行”。

23日，青岛市各界抗敌后援会组织简则草案出台，共7条：

一、本简则依据军事委员会指定之各地抗敌后援会组织及工作纲要规定之。

二、参加本会之单位（注：共计48个）为本市党政军各机关、各大中学校及依法组织之重要团体。

三、本会之组织由参加各单位团体为委员，由委员中推出常务委员7人至9人主持会务。

四、本会设下列各队办理市区之宣传、劝募、慰劳事宜，其余民众训练、组织及救护、救济事宜遵照“中央”之颁布之组织及工作纲要第二条之规定，由本市已成立之机关团体办理。1.宣传队：以市党部、新闻记者、公会、市区各学校等负责组成之，其任务以文字、讲演、戏剧等启发民众之爱国精神，唤起民族意识，团结一致，共赴国难。2.劝募队：由市商会、工业联合会、市区各学校及当地士绅组织之，其工作在募集财务，供前方一切需要。3.慰劳队：以市商会、工业联合会、青年会及其他慈善机关团体组织之，其工作在慰劳前方将士。

五、本会得斟酌情形设置设计委员会，从事研究并计划各项工作。

六、本会办事人员由各机关团体调用，概为无给职，其必需经费由各机关团体酌予津贴。

七、本简则由青岛市各界抗敌后援会通过实施。

12月18日，日本陆军参谋部下达侵占青岛的命令。21日，国民党驻青部队首批撤离。31日，在实施“焦土抗战”炸毁拥有45万纱锭的日本九大纱厂及啤酒厂、铃木丝厂、丰田油房、太阳鑫和雨橡胶厂等日本主要在青工厂，自沉舰船堵塞港口和主航道后，沈鸿烈率余部撤离，先驻徐州，后入鲁西南地区坚持抗战。

1938年1月10日，青岛沦陷。

熊希龄、沈鸿烈相继憾别青岛，一纸在青岛兴办慈幼教育的蓝图也随之飘零、消失。

因为慈幼事业，熊希龄夫妇在青岛短暂寓居，那段幸福时光让一生时乖命蹇的毛彦文刻骨铭心、没齿难忘。在结婚10周年纪念日，她写下《十年流水账》一文，文中回忆与夫君在青岛相偎相依、观海赏月的美好片段：

> 君酷爱观海及赏月，每逢月夜，二人步行至海滨，踞坐危石，依偎私语，水声潺潺，明月如镜，天地之大，一似仅吾二人为最有存在之价值，此情此景，历历在目，每一念及，神往心碎。

延伸阅读

何日君再来

福山支路12号——1937年夏天，熊希龄、毛彦文夫妇租赁的寓所，在历经70年风雨后，门牌号至今未变。令人略感遗憾的是，当年的寓所楼体结构稍有改动。

这是一个带有围墙的独立院落，2014年深秋时节，笔者现场探访时，院内成片种植的花卉、蔬菜叶子已枯萎飘落，三四棵雪松、梧桐高大挺拔，树干直径均在半米开外，树冠虽如伞盖，但梧桐叶子已变得稀疏、枯黄，雪松则苍翠如初。若是盛夏，肯定会如小院门内所挂的小黑板所写的那样："野芳发而幽香，佳木秀而繁阴。"

小院内有两座德式独体小楼，蓝底白字"1号楼""2号楼"，地上各两层，红顶，深绿色木屋檐，圆顶小窗户；地下为简易储藏室。

得知寻访的来意，住在1号楼二层的陶旺冠老人热情地讲解起他所知道的事实。老人是年65岁，苏北盐城人，曾在青岛海军服役多年。

"熊希龄夫妇当时应住在1号楼。民国时期，福山支路12号曾为一毕姓人的私宅，青岛解放前夕，毕家去了台湾。前些年，毕家的后人还从美国来信，信中简单地讲了房子的一些来历，其中包括熊希龄的租住。"言毕，陶旺冠老人指了指对面的2号楼说："北大老校长蔡元培寓居青岛时就住在这里。"

青岛档案载，1936年，蔡元培一家来青岛时寓居福山支路14号。1945年抗战胜利后，国民党军第96军暂编第12师师长赵保原由胶东进入青岛，一家人住在该处。翌年6月9日，赵保原

熊希龄、毛彦文夫妇

在胶县战役中战死，其二房刘英琴与幼子赵建国等继续在此居住，青岛解放后不知去向。

福山支路14号为一较简易的筒子楼。显然，作为蜚声海内外的文化名流蔡元培和长期盘踞胶东的军阀赵保原，不可能与家人住在简易的筒子楼内，寓居福山支路12号院内的德式独体小楼比较符合他们的身份和声望。

有知情者说，如今的福山支路12号院落，围墙为新中国成立后所建。院落内的1号楼、2号楼在民国时期自立门号。

福山支路12号院落南向不远处就是第一海水浴场。民国时期，此处周边住宅稀少，住在依势而建的福山支路12号二楼，礁石、小船以及中美合建主楼高达7层的山东第一楼——东海饭店、1912年孙中山来青时下榻的砖木结构的海滨旅馆等景观建筑尽收眼底，而且夜夜可伴涛声入睡。院落左侧是用花岗岩碎石铺就的小道，蜿蜒南下，在康有为故居处右拐，直行可抵海滨。

居住在此处，是何等惬意！怪不得毛彦文在租住时一眼看上，并在回忆录中充满诗意地写道："该宅面临东海（注：实为黄海），蓝天碧水，红瓦绿树，为居家之胜地。"耄耋之年时，她也念念不忘。

陶旺冠老人介绍，青岛解放后，福山支路12号成了青岛驻军人员的住宅，先后有重要军方人员住在此处。20世纪60年代，1号楼曾被短期改造为军队幼儿园，70年代时重新恢复为民居。

"1号楼的楼体结构作了些许改动。"在一楼入口处，陶旺冠老人说，为解决两户人家居住问题，入口处左侧改造加装了一个简易小门和楼梯，楼上住户推开小门后沿着独立楼梯可上二楼，不必再从一楼住户家中穿行。

在1号楼东侧靠近院墙处有一简易平房。显然，这是后期缓解住房紧张时加盖的。75岁的张姓老人说，1974年，作为随军家属，她从日照老家搬到了这里，丈夫是驻青海军，前几年去世了。"我来的时候，门牌号就是'福山支路12号'。整整40年了，小院没有什么大的变化，就是那两棵梧桐树，由不到碗口粗长成了一个人合抱不过来。"

小楼，涛声，石道……一切几乎如昨，只是熊希龄夫妇已先后作古。

——何日君再来！

熊希龄续谱求凰曲

《慕尔堂里熊希龄续谱求凰曲》，这是1935年2月9日，66岁的熊希龄续娶33岁的毛彦文时上海《申报》的标题。

两人均为民国时期名人，特别是“年龄相差较多，社会上少有此例”，因此，结婚消息甫一传出，《大公报》《益世报》《申报》等众多媒体记者竞相追逐，其间报道难免添油加醋。晚年的毛彦文在自传《往事》中回忆及此，认为《申报》上《慕尔堂里熊希龄续谱求凰曲》一稿“所写较为可靠”。

即使在今天看来，《慕尔堂里熊希龄续谱求凰曲》仍是不错的新闻作品，尤其是场景描写、细节捕捉、事件背后挖掘等，生动，传神，细腻，独到，而又不乏幽默诙谐。

毛彦文认为熊希龄在原配朱其慧去世四年后续弦，多半是为香山慈幼院寻找继承人。他认为“我有协助他办理此事业的能力、热情与爱心，故追求不舍，终达愿望”。

从公开的履历看，教育出身的毛彦文确实是极佳的继承人人选：

> 毛彦文，1898年生于浙江江山县。1920年，考入北京高等女子师范学校英文系。1922年，转至南京金陵女子大学。1924年，因为对方移情别恋，由张伯苓、陈衡哲、吴宓等大家作证，与表兄、吴宓同学朱君毅解除婚约。1929年，留学美国密歇根大学，获教育硕士学位。1931年，回国并执教于暨南大学、复旦大学。

1934年10月，熊希龄通过内侄女、毛彦文湖郡女校时同学朱曦向毛彦文表达爱意。“我听了吓一跳，说：‘这怎么可以？辈分不同，你的姑父我称老伯，再说年龄也相差太多。’”毛彦文说。

接下来，出现了长须飘飘的熊希龄亲往复旦大学宿舍向毛彦文求婚遭拒、女儿熊芷怀着五六个月身孕自北平南下上海代父求婚的戏剧性情节。最终，“经过数月，在各方亲友恳切劝导及熊氏真情感召下，终于应允”。

1935年2月9日下午3时，熊希龄剃掉冉冉长须，与毛彦文在上海西藏路慕尔堂举行婚礼，“来宾约五百余人，加上二三百只花篮，把慕尔堂挤得水泄不通”，毛彦文在《往事》中寥寥数语勾勒出了婚礼的盛大场景。

“新郎六十六岁，新娘三十三岁”，各家报馆抓住这一卖点，各显神通，连篇累牍，挖掘新郎剃须动机者有之，报道新郎、新娘恋爱经历者有之，全景式报道婚礼盛况者有之……角度不同，精彩纷呈。

更精彩的是婚礼现场的对联隽永幽默。比如，“凤凰于飞，祥兆‘熊’梦；琴瑟静好，乐谱‘毛’诗”，“旧同学成新伯母，老年伯作大姐夫”，“老夫六六，新妻三三，老夫新妇九十九；白发双双，红颜对对，白发红颜眉齐眉”。

对于熊、毛婚姻，有人评价称：“教育事业的结合——爱花非貌在精神。”

遗憾的是，这桩轰动一时、和谐美满的婚姻只维持了不足三年，熊希龄病逝于旅次，令毛彦文肝肠寸断。在《十年流水账》一文中，孤苦无依的毛彦文向夫君泣诉10年经历，鹣鲽情深，令人动容。

端木蕻良：恐慌的“青岛之夜”

1937年7月7日，25岁的东北作家端木蕻良乘坐轮船由上海抵达青岛，下榻后海沿（今莘县路）海军兵工厂招待所。

《端木蕻良传》中记有他此次来青岛游历的背景。

1937年6月，端木蕻良第一本著作——小说集《憎恨》由巴金主持的文化生活出版社出版。7月1日，其第二部长篇小说《大地的海》又在《文学》杂志第9卷1期开始连载。端木蕻良声名渐起，几可与“东北作家群”的萧红、萧军比肩。

颇有成绩的端木蕻良愈加勤奋，焚膏继晷，笔耕不辍。7月初，好友茅盾（沈雁冰）发现他“有心力交瘁之现象”，便劝其到青岛休养，顺便为女儿沈霞打探一下青岛中学的情况。

此前，茅盾得知端木蕻良的母校是天津南开中学，且端木蕻良的二哥曹汉奇尚在南开任教，便让他和兄长联系，设法把沈霞转至南开读书。其时，日本人对华北地区虎视眈眈，平津局势骤紧，此事未成。

在看完开明书店排印的自己1933年底完成的第一部长篇小说《科尔沁旗草原》校样后，端木蕻良意气风发，乘船离沪赴青游历。

端木蕻良

快速蔓延的恐慌

端木蕻良于7月7日到达青岛。

端木蕻良此次在青岛居住一月整。返沪后，他根据期间的所见所闻写就散文《青岛之夜》，刊发于9月5日茅盾主编的杂志《呐喊》创刊号上。

在文章篇首，他写道："我到青岛那天是很容易记的，刚好是卢沟桥事变的那天。"

接下来，端木蕻良记下两个场景——在卢沟桥的枪炮声中，刚抵达青岛避暑的南方人顾不上歇息忙着折回；青岛本地人开始外出避难：

> 从南方各大都市到青岛避暑的刚刚快来全了，顶迟的几班也都在那几天懒懒的登路了。这又忙着回南，回到：汉口，牯岭，莫干山，上海。因为青岛的确没有租界的。
>
> 我到青岛的那天，也是青岛人士向外逃难的第一天。

端木蕻良注意到，因时局紧张，海滩上的人开始减少，直至走尽，“深褐色的皮肤不见了。只白沙一片，和盐水打岸声”。

《青岛通鉴》载，“七七”事变后，日本海军集结青岛海域，伺机登陆。青岛局势危急，南京国民政府紧急从海州（今连云港）增派机械化部队“中央”财政部税警第6团赶赴青岛。

“日本兵天天有登陆的消息传来。限24小时答复。后海沿开来军舰7艘。在崂山抛锚了。龙口打起来了。”端木蕻良在《青岛之夜》中这些碎片式记录，在今天看来，更多的像是坊间传闻。

7月27日，在北平，已无还手之力的宋哲元部决定弃守。

7月28日，日军独立混成第1旅、第11旅在战机配合下，猛烈地向北平北郊中国守军进攻，并占领沙河、清河镇等地。中国守军第29军第37师与第38师一部浴血奋战，一度收复丰台、廊坊，后在日军反扑下，两地再次失守。

丰台、廊坊一度收复时，迅速经无线广播广而告之，青岛报纸“号外”的叫卖声随即在大街小巷上飘荡。

端木蕻良记录了青岛市民的兴奋：“‘号外’到处传递看。有的将《青岛日报》的‘号外’，贴在日本人办的《大青岛日报》对面。中山路上的人都出来了，互相投以会心的笑，这也正是上海大放爆竹的时候。街上的人拥挤着，无线电广播着捷报。”

民众虽然兴奋，但底气几近丢失。如下的这段文字是当时民众心理脆弱生动而真实的写照。

人群从中山路向栈桥走去。突然电灯完全灭了，许多人跑着。3秒钟工夫，电灯又复原，街上又照常了。

忽然人像潮水般退下来，我仔细一听，没有枪声，也没有什么响动，只是人向北跑。我的朋友在制止他们不要慌。广播止了，铺子都忙着关门，熄电灯。一霎时街全空了。向前走，问问前边的人为什么跑，有的人说是前海放大炮了，有的人说一个老婆子忽然歇斯底里的喊说："日本兵来了！"又有人说是一部洋车胶片带炸了。又有人说德县路堆沙包了。不出5分钟，言人人殊。阅看明天报纸，也是这样报道的。

冒险刺激的"钻浪"

不过，青岛局势的危急以及快速蔓延的民众惶恐，几乎没有影响端木蕻良游历青岛的兴致。生前一篇未刊之作《钻浪》描写了他在青岛惬意又有些刺激的生活。

他在文中叙述，和南开中学时的同学饶斌同住在"海洋俱乐部"，一起游玩，非常痛快。他喜欢在雨天里从桥亭里向外观雨，凭空幻化出许多微妙的光影；他喜欢在晚潮来临时站在岩石上，看着潮水一浪高过一浪的升起。尽管不会游泳，他还是非常投入一种刺激的"游戏"——钻浪，眼看着排山倒海的浪头打来，他差一点被海浪卷走，等到死里逃生后便感到自己"仿佛从海龙王那里回来一样高兴"，"似乎已经探到了大海的秘密"。

端木蕻良纵情海浪，忘乎所以，远在沪上的茅盾却忧心忡忡，去信催他速返。此时已是8月初，日本人在处心积虑酝酿武装侵占青岛的借口，青岛的游客和居民纷纷外逃，"车马群趋码头与车站"（老舍语），车票、机票、船票陡然紧张，青岛渐成"孤岛"。

在《青岛之夜》中，端木蕻良记述道：

大餐间头二等房舱都为买办们包空了，统舱也光了。从济南搭火车的，等了三天三宿还不能走，心急的搭陇海路转往南方。飞机不飞南京了，只飞上海。90块钱不算贵，不过阔人怕出危险，所以着实发烦呢。倒是也有摩登太太们包飞机走的。

前五天预定船票都发生困难。中国船不在青岛拢岸，听说日本船到上海，中国海关特别留难，连皮丝烟包都打开来检验，没有小工给搬东西。“德生”挂香港了，慢船又走三天三夜，“顺天”、“盛京”票早卖空了。

在文中，端木蕻良还以寥寥数笔记录战事迫近时的青岛窘况：“青岛又是死路。菜场连菜也买不到。据说鸡歇伏了，不下蛋了。”

《端木蕻良年谱》载，“8月9日，回到上海”，这一时间记载与《青岛之夜》中的叙述吻合。

来青岛刚好一月，来时，卢沟桥事变；去后第二天，日本警察登陆了（8月8日）。而抵沪四天，上海便开火了。

端木蕻良所言的“上海便开火了”，指的是8月13日淞沪抗战。1937年8月13日，日军向上海大举进攻，以租界和黄浦江中的军舰为作战基地，炮击闸北一带，是为“八·一三”事变。

《端木蕻良传》中还写到了青岛之行的收获："虽在青岛待的时间不长，却为他日后撰写小说《大时代》寻找到了题材。"以1937年夏天青岛的生活体会和期间收集的素材为基础，他还创作了短篇小说《红灯》。作品描写了一个老人手举红灯引导船舶归航的故事。1943年1月，《红灯》刊发在中华书局策划出版的、以时事政治为主的综合性刊物《新中华》半月刊上。

"何年重上栈桥行"

喜欢青岛海滨风光尤其是冒险刺激的钻浪游戏的端木蕻良也许不会想到，1937年8月8日收拾行囊匆匆离开青岛后，直至1996年10月5日猝然离世前，在近一个甲子的时光中，历尽人生风雨和人情冷暖的他再也没有重游青岛。

"何年重上栈桥行，天光云影人襟裙。"这是端木蕻良晚年时创作的《青岛怀思》诗句。略显苍凉的诗意里夹杂着端木蕻良对青岛的留恋和因体迈多病不能再上栈桥一览旖旎风光的惆怅。

1986年春天，在北京东郊西坝河新居住区，74岁的端木蕻良接待了青岛的来访者，并愉快地回忆1937年夏天游历青岛时的情形。

端木蕻良的回忆，刊发于1986年6月的《青岛日报》上。

"我与青岛是由大海结下的良缘。"端木深情地说，1937年来青岛的那天，正巧赶上卢沟桥事变，他本想在青岛写一点海洋题材的作品，秋凉时再回上海，但茅盾来信催他早日回沪，"我也犹豫了一阵，但那浩瀚的大海使我暂时忘却了局势的紧张，冲刷掉了心情的忧郁。我整天漫步在海边，呼吸着带有咸味的潮湿的空气，情不自禁地跃身于大海的怀抱，体味到大海那巨大的力量……”

端木蕻良还讲述了替茅盾女儿打听青岛中学的细节：“茅盾当时正在为女儿沈霞升中学操劳，他认为上海中学风气不好，听说青岛圣功女子中学不错，尤其英文教学很好。”但卢沟桥事变后青岛紧张的局势以及接下来青岛的沦陷，使沈霞来青岛读书的设想成为泡影。

端木蕻良坦言，此后他很想来青岛，但因创作太忙没有成行。“前几年，友人邀我重游青岛，我又忙着写长篇小说《曹雪芹》，没有如愿。”为回应朋友们的盛情，他写下诗歌《青岛怀思》。

对于青岛来访者的盛情之邀，端木蕻良笑称：“由于身体状况，不宜远行，只好‘望洋兴叹’了。”

《端木蕻良传》载，自50岁起，他数次中风，虽经抢救和精心护理，但身体状况已大不如以前。从1987年起，端木蕻良身体一直不好，但仍坚持写作。1989年至去世前，他又数次复发脑血栓，重游香港、青岛等计划皆因身体状况而落空。

端木蕻良的书房北墙上挂着青岛画家赠送给他的国画——《沧海图》，以慰他对青岛的怀念。

曾在1986年春访问端木蕻良的青岛文史专家鲁海告诉笔者，端木蕻良家中的那幅《沧海图》为青岛画家汪稼华所作。

2015年7月29日，是青岛入夏以来最热的一天。青岛东部专家公寓楼一画室内，停下手中的画笔，精神颇佳、思维敏捷的75岁的汪稼华讲述了赠送端木蕻良画作的经过。

1979年10月，因一次展出106幅崂山写生画，汪稼华在业界已有“少年英才”之誉。翌年春，他登门看望青岛医学名家，与徐悲鸿、丰子恺、胡小石、李苦禅、端木蕻良等大家皆为好友的杨枫。

“杨先生次子和我是初中同学，他们家收藏了很多大家书画，我经常前去临摹。那时，杨先生对少年的我印象深刻。”汪稼华说，1980年时，他在书画领域已崭露头角，杨枫时在山大医学院工作。他登门看望时，杨枫主动提出，方便时带他去北京拜访一些文化大家，以期得到他们的点拨。

1980年11月，在寓居北京的著名画家、青岛美专创办者之一张贻来的陪同下，杨枫、汪稼华登门拜访出任北京市作协副主席不久的端木蕻良。

“端木蕻良先生很随和、很健谈，他回忆了1937年7月的青岛之行，以及海边游玩和洗海澡。回到青岛后，我创作两幅作品《月泉》和《沧海》，并托去北京出差的朋友崔勇送到端木先生家中。”汪稼华说，端木蕻良先生收到画作后非常高兴，1981年10月写信来表示感谢。那时，他正在创作长篇小说《曹雪芹》。他在信中写道：“有时间你可作一幅曹雪芹《黄叶著书图》，人坐石中，着蓝衫，或背手行吟，或……但可创新，总之，要有神韵。”

1981年6月，上海《航海》杂志封底刊登汪稼华的作品《山耶海耶图》，端木蕻良为这幅气势磅礴的海景作品配写诗作《沧海歌》。他在序言中写道：“稼华画师制《山耶海耶图》，气势澎湃，一泻千里。《航海》杂志嘱题《沧海歌》，敢不从遵命，时在鸡鸣之年，祖国振兴之时。”

在《沧海歌》中，端木蕻良豪情满怀地写道：“摩崖残碑傍山峄，海燕凌空风生腋。画家腕扫天作稿，潮漫新风舞长毫。旧时代已作墓，潮涌新风正妖娆！”

“1982年2月，我在香港举办个人画展，端木蕻良先生题写展名。”汪稼华说，20世纪80年代，端木蕻良共寄来6封信件，他一直珍藏着。如今，它们成了纪念先生最好的礼物。

延伸阅读

端木蕻良

端木蕻良（1912—1996），本名曹汉文，因嫌“汉”字含义稍微狭隘，在南开中学读书时改为曹京平，笔名荃叶、罗旋、辛人、叶之琳、曹坪等。辽宁昌图县人，作家。

1928年，端木蕻良入天津南开中学。1932年，考入清华大学历史系，同年加入“左联”。1933年，开始创作长篇小说。1937年7月，由上海到青岛暂住。1938年后，辗转于武汉、桂林、重庆、上海和香港等地。1949年新中国成立前夕，从香港回到北京。

1980年，当选为北京市作家协会副主席。1984年，当选为中国作家协会理事。1996年10月5日，病逝于北京。著有《鴜鹭湖的忧郁》《科尔沁旗草原》《大地的海》《曹雪芹》等。

1936年7月下旬，漂在上海的辽宁昌图籍文学青年曹京平在鲁迅、郑振铎的建议和鼓励下完成短片小说《鴜鹭湖的忧郁》后，决定为自己取一个别出心裁、难以模仿的笔名。他以很少见的复姓“端木”为姓氏，又把东北家乡红高粱的别称——“红粱”二字作名字，于是就有了“端木红粱”。但当时的局势是，公开用“红”字有“左”的嫌疑，况且激进的曹京平还有参加包括“一二·九”运动在内的多起全国性学潮的经历。鉴于此，他灵机一动，按照谐音处理，将“红”字改为雪里蕻（一种腌菜）的“蕻”字。

《文学》杂志编辑王统照看到《鴜鹭湖的忧郁》署名“端木蕻粱”时，觉得它不像个名字，又把“粱”改为“良”。

是年8月1日，署名“端木蕻良”的短篇小说《鴜鹭湖的忧郁》在《文学》杂志第7卷第2期刊发。这是端木蕻良在全国性文学刊物发表的第一篇作品。评论家胡风称："这一篇无疑地是今年创作界底可宝贵的收获。"

老舍：悲怆的青岛战前记忆

和端木蕻良游历青岛一个月不同，卢沟桥的枪炮声骤响时，老舍一家在青岛已居住了近三年。

其时，38岁的老舍在这块“福地”已创作出蜚声文坛的长篇小说《骆驼祥子》，以及“带着强烈的青岛地方气息的短篇小说集《蛤藻集》《樱海集》”（夫人胡絜青语）。除了豪情满怀地“爬格子”，老舍的日常生活可谓优哉游域——晨兴庭院习武，风和日丽时携一双小儿女海边拾贝公园看猴，时常与文人墨客欢聚畅饮苦露酒，兴致浓时还亮开嗓子来一段二黄清唱《武家坡》……

这一切的美好均止步于“七七事变”。

“七七事变”打断了老舍一家人幸福惬意的生活，打断了“职业写家”的创作思路，也改变了他的人生使命和写作角色。自此，其作家身份中多了一份抗日救亡的色彩，其笔触也不再是优雅和诙谐，而是多了一份凝重的气息。

惶恐不安共御外侮

1938年2月15日，《创导》第2卷第7期《战争专刊》第10号刊登老舍的日记体书信《南来以前》。作品一扫老舍或优雅或

老舍在青岛中山公园（1936年）

幽默的散文和杂文风采，转为洗练、简约、直白，作者的艰辛备尝力透纸背。

《南来以前》中有从“七七事变”至8月14日“德县路事件”前这一个多月里青岛这座城市的恐慌、逃离以及老舍一家人的彷徨、焦虑、伤别离乃至艰难的济南之行。

作品伊始记录了“卢沟桥事变”初起时的青岛——在战争阴霾下，街巷时常响起“号外”的叫卖声，“从中午及半夜，但所刊登的电讯仅三言两语，至为恼人！一闻呼唤，小儿女争来扯手：‘爸！号外！’平均每日写两千字，每因买号外打断思路。”

“平均每日写两千字”，指的是应上海《宇宙风》杂志编辑陶亢德之约，老舍创作的长篇小说《病夫》，以及“唯一新型的家庭月刊”——天津《方舟》杂志特约的长篇小说《小人物自述》。遗憾的是，这两部作品均未完成——前者已散佚，后者仅留下前4章。

1938年7月7日，老舍在汉口《大公报》上刊发短文《这一年的笔》，解释了两部长篇小说无果而终的原因：

> 在这种空气中，我开始给本地报纸写抗战短文。信用——未能交出预约的稿子——报酬，艺术，都不算一回事了；抗战第一。一个医生因报酬薄而拒绝去医治伤兵，设若被视为可耻，我想我该放下长篇，而写些有关抗战的短文。

1937年7月中旬，本埠报纸仍是市民获取北方战事的重要信息来源，但“号外”的叫卖声戛然而止。

在《南来以前》中，老舍写道：“至七月十五日，号外不可再见，往往步行七八里，遍索卖报童子而无所得；日侨尚在青，疑市府已禁号外，免生是非。日人报纸号外频发，且于铺

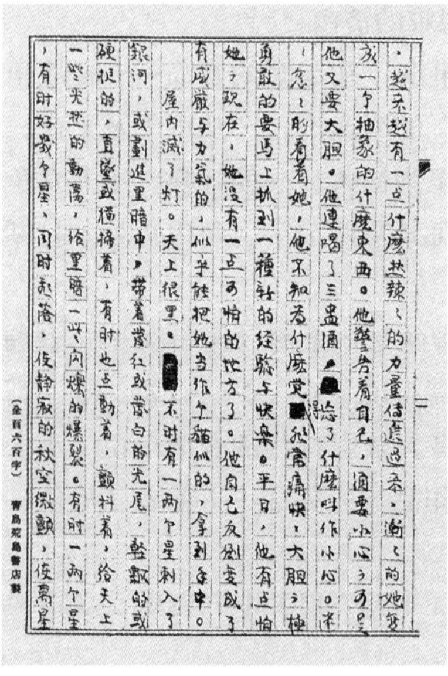
·忽然有一点什麼热辣辣的力量催逼着，渐渐的她变成一个抽象的什麼东西。他警告着自己，須要小心，可是他又要大胆。他連喝了三盅酒，忘了什麼叫作小心。迷迷忽忽的看着她，他不知为什麼觉得非常痛快，大胆，极勇敢的要馬上抓到一種新的经驗与快乐。平日，他有点怕她，现在，她没有一点可怕的地方了。他自己反倒变成了有威严与力氣的，似乎能把她当作个猫似的，拿到手中。

屋内灭了灯。天上很黑。不时有一两个星刺入了银河，或划进黑暗中，带着发红或发白的光尾，轻飘的或硬挺的，直坠或横扫着，有时也点动着，颤抖着，给天上一些光热的动荡，给黑暗一些闪烁的爆裂。有时一两个星，有时好几个星，同时飞落，使静寂的秋空微颤，使万星

（全頁六百字） 青島荒島書店製

老舍在青岛时期的手稿

户外揭贴，加以硃圈；消息均不利于我方。”

时局朝着战争的方向发展，寓居青岛的外地人开始惴惴不安，是全家一起撤离，还是送眷属先走？不少人在纠结中作着决定。朋友们前来黄县路老舍寓所辞行时，必定嘱咐他早日作出离青的打算。

而留下来的人则像观察家那样悲观地判断着青岛的局势。“盖一旦有事，敌舰定封锁海口，我方必拆毁胶济路，青岛成死地矣。”

7月中下旬，日本华北驻军与冀察当局时谈时打，时局一时颇不明朗——“自十五至二十五，天热，消息沉闷”，为获得战事消息，老舍每到深夜便去朋友家听广播，但一无所获。

档案史料载，7月25日，陆续集结于平津的日军已达6万之众，倭寇有恃无恐，出动飞机轰炸廊坊一带。

26日，寓居者纷纷离开青岛，报界再出“号外”：“廊坊有战事，友朋来辞行者倍于前。”

28日，殊死抵抗的中国守军第29军一度收复廊坊、丰台，电台迅速播报这一消息，“号外”接踵上街。闻听消息，老舍“不敢深信，但当随众欢笑”。

29日，北平沦陷。次日，天津再陷。日军向南大举进犯。

31日，黄县路老舍寓所，“客来数起，均谓大难降临”，并劝老舍及早离开青岛。这一天，夫人胡絜青临产，入住湖南路上的德国医院。

在《这一年的笔》中，老舍还记录了青岛市民共御外侮的决心：

> 青岛的民气不算坏，四乡壮丁早有训练，码头工人

绝对可靠，不会被浪人利用，而且据说已有不少正规军队开到。公务人员送走妇孺，是遵奉命令；男人们照常做事，并不很慌。市民去几里外去找“号外”，等至半夜去听广播的，不止我一个人。虽然谁也看出，胶济铁路一毁，敌人海军封锁海口，则青岛成为罐子，可是大家真愿意“打日本鬼子”！抗战的情绪平衡了身家危险的惊惧，大家不走。

凄凄图景伤别离

8月1日，久旱的青岛喜降甘霖，夫人胡絜青在德国医院产下一女。该给次女取什么名字？鉴于青岛战乱将至，心情沉重的老舍拟名“乱”，夫人不同意，“嫌太过于现实，即以‘雨’名女”。

2日，青岛局势动荡，市民纷纷外逃。早晨，老舍携长女舒济（注：生于济南，故名“济”）、儿子舒乙到医院看望胡絜青、舒雨母女，路过中国旅行社时，看到“购票者列阵，约数百人”。

4日，老舍记下一幕悲怆的青岛外逃人员海上受难图：“此地大风，海水激卷，马路成河。乘帆船逃难者，多沉溺。”

7日，王统照携家眷离青赴沪，前来黄县路老舍寓所辞行。臧克家、杨枫、孟超诸友也均有南下之意。因妻子刚刚生产不便走动，老舍及家眷只得坐困愁城。

接下来几天，每到中午，哄睡舒济、舒乙后，老舍行色匆匆，赶往医院探视胡絜青、舒雨，“街上卖布小贩已绝，车马群趋码头与车站；偶遇潜逃友人，匆匆数语即别，至为难堪”。

11日，上海朋友关实之发来电报催促老舍南下，老舍遂与胡絜青商量。胡絜青尚在“坐月子”，加之三个孩子年幼，经不起颠沛流离，“她决定不动”。

老舍没有强求，他以常识判断，家小尚可暂时居留。理由是，日本人在青岛有诸多工厂店铺，“产业值数万万，必不敢立时暴动，我方军队虽少，破坏计划早已筹妥”，因此，可“俟雨满月后再定去向”。

至于老舍本人，鉴于市中报纸停刊，自己已无用武之地，而抗日救亡工作又没有详妥的计划，一时无法参加，因此“不如南下，或能有些用处。遂收拾书籍，藏于他处，即电陶亢德，准备南行”。

老舍所言的市中报纸停刊指的是8月9日《民众日报》停刊。该报创刊于1936年12月1日，为4开小报，创刊初期设在辽宁路214号，社长为黄县人杨恩厚，总编辑初为杨旭初，后为葛焕斗。

或许是受寓居青岛的文人墨客爱喝苦露酒（注：用传统工艺酿造的即墨老酒）的启发，或许是认为苦露酒味苦微甜韵味无穷且带有浓郁的青岛乡土气息，创刊后的《民众日报》副刊名称便被定为《苦露》。

《苦露》首期刊登了老舍的散文《归自北平》，写的是老舍自1934年秋移家青岛后第二次回北平省亲，同时考察北平的生活和创作环境，以决定是返回北平还是留在青岛。

9日，《民众日报》出版最后一期被迫停刊。终刊号上，老舍在《苦露》上著有一文。但该文名称及内容笔者尚未查到。

12日，老舍委托朋友购买赴上海船票时忽然接到陶亢德的加急电报——“沪紧缓来”，遂改变南下计划，“乃决去济南，前月已与齐鲁大学约定，秋初开学，任国文系课两门，故决先去，以便在校内找房，再接家小”。

对此，陶亢德事后记述：“老舍先生拟在‘八一三’离青来沪，‘八一二’闻沪局有破裂讯，急电告‘沪紧缓来’。嗣得信，赶往济。谁为为之，孰令致之？不共戴天，中国与日本之谓也。”

老舍寥寥数笔记录“伤别离”——别时，小女啼泣甚悲，妻亦落泪。

13日晨，老舍抵达济南，不久闻讯上海事变，内心又忐忑不安起来：“沪战突然爆发，青岛或亦难免风波，家中无男人，若遭遇事变……”

他的担心次日即变成现实。14日下午，停泊于青岛的日本海军陆战队派出一小队士兵下舰，行至德县路圣功女子中学（今青岛市第七中学）门前时，两个身穿便衣、骑自行车者突然向日本水兵连开数枪后逃遁。两个日本兵身负重伤，其中一人抢救无效死亡，是为“德县路事件”。

青岛新闻媒介披露，该事件为日本浪人所为，现场遗留的弹壳系日本制造即为明证。显然，在侨民撤离后，日本侵略者在蓄谋制造武装登陆青岛的借口。

老舍急电青岛市立一小校长朱印堂，委托他速送妻小来济南。于是，胡絜青紧急收拾包裹，怀抱着未满月的舒雨，领着两岁的舒乙和四岁的舒济离开黄县路寓所，在朱印堂等人帮助下，挤上了西行济南的列车。

1937年9月10日，《宇宙风·逸经·西风非常时期联合旬刊》第2期刊登老舍的《乱离通信》，该信是致陶亢德的，信中讲述了妻小来济南前后情况：

> 弟以十三日到济，携物不多，预料内人能届满月，再回去接眷运物也。乃十四日即有事变，急电友促妻来；她产后也恰十四日，无力操作收拾，除衣被外尽放弃，损失特重。

在信的末尾，老舍仍关心着青岛的局势：

> 日侨在青者渐亦退清，可以战矣，青市……据人言——已成空市，铺户皆闭，即使沉住气住下，亦无法生活也。

8月15日晨，大雨滂沱，胡絜青带着三个孩子抵达济南，“下车后，妻疲极，急送医院，复冒雨送儿女至敬环（老舍朋友）处暂住，小儿频呼‘回家’，甚惨”。

舒乙频呼“回家”，这个家就是青岛黄县路寓所。在他幼小的心灵里，只有这一个家。

等他再回来时已是1984年4月24日，青岛的樱花烂漫时节，其已近知天命之年矣（1935年8月16日，舒乙出生于中山路上的海滨医院）。

这一年4月24日，为纪念人民艺术家老舍诞辰85周年和迁居青岛50周年，老舍作品研讨会在青岛召开。胡絜青偕舒济、舒乙、舒雨前来出席，下榻于黄海饭店。会后，一家人前往曾居住过的黄县路12号参观，感慨“真正地回老家了”。

在青岛期间，胡絜青饶有兴致畅谈老舍及家人在青岛的诸多往事：

整整50年前，老舍和我携着小济（注：长女舒济）来到青岛，一住三年多。青岛这个地方，对老舍来说有三件事是值得一提的：一是老舍在青写下了他的大部分短篇小说，包括代表作《月牙儿》，出版了两个短篇小说集，一个叫《樱海集》，一个叫《蛤藻集》，集子的名字都带着强烈的青岛地方气息；二是老舍在青岛成了职业作家。这是1936年夏天的事情，以前都是兼职，是业余搞创作；三是老舍在青岛写了长篇小说《骆驼祥子》。他自己说，这是他最满意的作品之一。青岛对我们一家人来说，也是值得记忆的地方。我们家第二个、第三个小孩都是在青岛出生的，他们——舒乙、舒雨今天都来了，真正地回老家了。

胡絜青还主动谈起老舍有关青岛的杂文、散文和好恶：“依我看，老舍对那时的青岛贬多于褒，因为当时是旧中国，老舍看不惯青岛的奢华和虚浮。提到青岛，老舍总是劝大家多看看海沿上的各国军舰，想想经济权、政治权都掌握在谁的手里。他提倡发扬‘山东’精神，以‘土’抗‘洋’，以‘山东’的朴素、热情、单纯、能吃苦来整治当时青岛的落后和愚昧。老舍对青岛的自然景色还是喜欢的，尤其对春天的青岛印象不错。他说：‘在这里，春来得很迟，别处已是骄阳，这里刚好成为锦绣的乐园，到处都是春花。’”

4月27日早晨，应邀前来出席老舍迁居青岛50周年作品研讨会的老舍好友、著名诗人、原南京艺术学院副院长臧云远，在其下榻的黄海饭店写就诗作《怀念老舍》，5月2日刊发于《青岛日报》文艺副刊。

当年渝州庆四十，山头彩云挥战旗。
两江浪花托日月，一腔激情到陇西。
回忆战前樱花泪，大海明镜捧明珠。
山路人影松涛语，老舍亚平谈诗句。
而今我来寻旧迹，樱花盛开连天际。
“骆驼祥子”在青岛，“二马”奔驰“猫城记”。
日本文友来相会，别作“老舍”神韵笔。
仿佛老舍坐窗前，奋写京华来旧居。
亲切面影留心中，脑海记忆波浪起。
北望长安路漫漫，坟前春风催红雨。

我国第一套现代作家地域全集、五卷本《老舍青岛文集》执行主编巩升起评价说，在1937年夏天的历史危局中，老舍为青岛留下了一部珍贵的城市备忘录，文字的深刻性远胜于既往那些审美描写，这些意义非凡的纪实语言为理解老舍及其青岛岁月的意义提供了一个全新视角，是完全可以当作文献来阅读的。这不仅是一个人和一个家庭的记忆，而且是一座城市和一个国家的苦难心史。老舍为青岛保留的战前记忆折射出一个时代的苦难与激愤，有着家事与国事深刻结合的非凡力度。

端木蕻良与老舍的友情

青岛档案史料及当事人传记、回忆录均显示，1937年夏天，游历青岛的端木蕻良与寓居黄县路的老舍没有见面。两人真正有交往并成为好友，是在五六十年代。

《端木蕻良传》载，1949年8月，厌倦了漂泊和流浪生活的端木蕻良满腔热情地由香港乘轮船经天津回到北京，并参加了开国大典。

两个月后，在美国讲学的老舍踏上返程之路。老舍之子舒乙曾写道："1949年底，老舍终于回到故乡北京，不久家小也由重庆归来团聚。"

其时，华夏大地到处是兴奋的眼神和豪迈的革命激情。抵京的端木蕻良风尘未定，即次第接到邀请：先是在桂林时的好友马思聪邀他至时在天津的中央音乐学院任教；接着是山东大学教授兼文学系主任、校务委员会委员王统照邀其前往山东大学任教。其时，山东大学尚在青岛。

端木蕻良接受了南开中学同学王松声的建议，谢绝一切邀请，留在北京市文联。不久，他出任北京市文联创作研究部副部长。

"50年代初，端木蕻良一度主编《北京文艺》，倒是常常和老舍在一起，商量有关组稿编辑事宜。他们私人关系也不错，因为他们有共同的爱好兴趣。老舍买到什么老古董，就让端木一起观赏，有时发现什么特别的好吃东西，也介绍给端木。"《端木蕻良传》中的这段文字记叙了老舍与端木蕻良共同的情趣爱好。

两人的友好并非仅在于此，在创作上也是相互协助。

端木蕻良在《怀念老舍》一文中，记录了老舍为创作话剧《龙须沟》两次邀请他一起前往现场参观体验的情形：

> 有一天，老舍很兴奋的约我一同到龙须沟去。公用局的同志开了吉普车来接我们，来的同志恰好是我在清华的老同学陈明绍。我们三个一起到了龙须沟，下车看了一阵，这哪里是条沟，分明是一条垃圾长蛇阵。
>
> ……
>
> 待到龙须沟修好后，他又约我和陈明绍一起去看。下得车来，面目全非，看不见龙须沟了。

在散文《红楼梦醒黄叶村》中，端木蕻良提及老舍曾陪同他一起到樱桃村寻找曹雪芹的行踪：

> 为写《曹雪芹》，1935年就来到北京西山樱桃沟一带，寻找曹雪芹的足迹；解放初期，又与老舍一起到樱桃沟考察。

老舍与端木蕻良的友好交往止于20世纪60年代。

1966年8月，老舍自沉太平湖，端木蕻良则被“蹲牛棚”。

1978年6月，老舍骨灰安放仪式在北京隆重举行之际，66岁的端木蕻良写就散文《怀念老舍》，深切缅怀这位“良师益友”。

他在文中写道：“优秀的艺术家、北京人民的骄傲——老舍，于一九六六年八月二十四日不幸逝世时，谁也没法悼念他。当时，心上像铅块般压着，眼泪只能往肚里流。现在，乌云驱散，借老舍先生骨灰安放仪式的机会，来表达我的哀思于万一。”

在文章末尾，端木蕻良写道：“我因病不能参加他骨灰安放仪式，仅缀数字：此志得舒为民舍予，敬献给我的良师益友老舍先生，以代表我的千言万语吧。”

“此志得舒为民舍予”，端木蕻良巧妙地将老舍的名字嵌入其中，肯定了老舍为艺术、为人民舍身的大无畏精神。

2006年10月11日起，《北京晚报》连载舒乙撰写的《人物纪事·老舍的平民生活》，其中写到老舍每次出访归来都会给亲友送礼物，端木蕻良也是受礼的一员。这引起端木蕻良遗孀钟耀群的共鸣。

对此，钟耀群撰文回忆：

> 大约在上世纪五六十年代，由老舍先生领队前往捷克参观访问，受到捷克总统的热情接待，并专门赠送老舍先生一本精美的影画集。那时端木孤身一人住在文联宿舍里，常常和好友方殷、陈迩东等去逛北京的古玩夜市，遇到自认为是珍品又不太贵的就买回来，带到老舍先生家里，请他鉴赏。当老舍先生一凝神，他们就屏住气等待着先生的评语。有的“古玩”，老舍先生一拿上手就笑了起来，那他们也就只能“赔笑”了……那次，老舍先生率团刚从捷克访问归来不久，端木他们又去拜访，临走时，老舍先生将从国外带回的礼品分赠给了他们，端木得到了捷克总统送予先生的那本影画册。六十年代，我从昆明到北京探亲时还翻阅过，上面还有伏契

克的相片和事迹。

钟耀群还回忆了端木蕻良为老舍85岁诞辰作诗的经过：

八十年代，我扶着端木专门载了车到太平湖去凭吊老舍先生。一路上我们什么也没说，回来他就写下了这首诗：

幽默文章不值钱，正红旗下破衣穿。
敲残瓦缶欢含泪，绣罢珍珠方见圆。
四世同堂观近史，一出茶馆现大千。
如何浅浅湖中水，竟向人间作罪泉。

诗中，既有对老舍先生的身世、文风、性情、不朽之作的阐述，又有对其沉湖的痛惜和对那个时代的愤懑。

2000年1月，人民文学出版社出版《端木蕻良手札》一书，其中有端木蕻良夫妇给老舍遗孀胡絜青新春拜年的信稿：

兹新春佳节之际，特此拜年，并祝阖府均吉，康乐愉快，祥和平安。

这封短信没有标注具体时间，笔者从《端木蕻良手札》一书选择的信稿排序来推测，应是20世纪80年代末期至90年代初期。

斯诺：采访青岛“焦土抗战”

1937年7月29日、30日，北平、天津相继沦陷。由于津浦铁路中断，外逃或撤离人员只得取道天津，然后乘船至烟台或青岛，再由青岛沿胶济铁路到济南转赴目的地。

就是在这样的背景下，西行寻找妻子并一起赴上海的美国著名记者、作家埃德加·斯诺两度在青岛中转。

斯诺没有记录两次青岛之行的具体时间。不过，从《斯诺文集》第三卷《为亚洲而战》首篇碎片化的叙述中可以推断出，其第一次来青岛应是9月上旬；第二次是当月下旬，因为“在9月的末尾，我们缓缓地溯黄浦江来上海”。

护送邓颖超登上开往青岛的轮船

西行之前，斯诺利用美国记者身份将尚在北京西山养病的邓颖超（化名李扬逸，人称“李知凡太太”）护送至天津，然后通过朋友帮助，又让她安全地登上了由天津开往青岛的轮船。

斯诺在文中叙述道：

> 一位教授夫人由电话中请我吃饭。我去了，在我们谈过半点钟以后，一个留有长剪发的中国妇人，戴着

斯诺

一副深黑色的眼镜，走进房中来。她的神色是稔熟的，但我一时认不出来。后来，她摘下眼镜，笑着向我招呼道："斯诺同志，你不认识我！"

她是邓颖超，前中国苏维埃政府副主席周恩来的夫人，中国共产党妇女部部长。

颖超对我说明，她于五个月前潜来西山疗养。她的样子比我一年前见她时好多了，她那时正患着长征时得的肺病，苍白，瘦削。这一次住在一个荒远的庙中，得到好的饮食和休息，加上北方干爽的春天，她显然痊愈了。

"你当然不要在这里长住下去了？"我问道。

"当然，我要尽快的去西北。"她说，"你能同我搭火车去天津吗？"

在教授家见到邓颖超时，北平已沦陷三个多星期了。而天津"通海的火车道刚修复，每天通车一次，需时12点钟，约当时的两倍。日本人严密地搜查所有的旅客，在天津的一端格外严厉，脸上稍带政治思想的意味的便被扣留下来”。

接下来，斯诺记述了护送邓颖超的经过：

> 我告诉邓，我将同她一道走，她扮作我家中的女仆，或可安全地通过。
>
> 颖超来到前门车站，样子完全像女仆，她的剪发莫名其妙地不见了。我送她深入一辆车厢中，为后来数不清的大腿、头颅和臂肘遮蔽起来。
>
> 当火车进天津时，天已经黑了。我等待邓颖超，我们经过车站上的日本守兵时不免提心吊胆。日本兵草草地检查了她一下，并把地上的蒲包颠动了一番，他们从喉中哼了一声，表示她可以走了。
>
> 直到走进英租界的铁丝网，我才放了心，那时的租界内还是安全的。
>
> 英法租界的街道为五十万难民塞满，仿佛他们都要搭乘那几条去“自由”的南方的船。舱面上的票早已被掮客收买，到可以用时便以可怕的高价卖出了。但外国人可以在统舱带一两个仆人，作为头等乘客的特权。藉助于一个朋友，我为颖超安排好，她又为一个她曾未见过的男士充当女仆了。她得到一个去青岛的舱位，到那里，她便可以由那时还在中国人手中的铁路旅行了。

当斯诺再次见到邓颖超时已是1938年在汉口，“她和周恩来在一起，她作了西北联合妇女团体的首席代表”。

“仿佛是一个放弃了的城市”

送走邓颖超后，斯诺离开天津，他要辗转去西北寻找在那里“查考红军的声望是否与事实相符”的妻子尼姆·韦尔斯。

他说：“十天以后，我自己也要动身了。在最后的时间，我的朋友贝特兰决定与我同行，他刚完成《中国的第一幕》，现在决定去参观红军了。”

斯诺和贝特兰搭乘英国船“海口”号前往青岛。其时，船上挤满了逃离平津的人们，斯诺用生动的语言记录了船上的拥挤之状：“有人睡在船桥上，黑头发的人们像鱼子酱一般散布在舱面上，水手们必得挤路去绞盘。”

首次来青岛，斯诺记录的青岛状态甚少，仅有“青岛还未被日本海军封锁，但三分之二的居民已经逃走，仿佛是一个放弃了的城市”这样直白的描述。

他简要地交待了青岛的政治背景：“青岛市政府是由南京政府管辖的，市长沈鸿烈是蒋介石委任，他因在内战时倒戈得到现在的位置。但山东其他部分却是半独立的，由军人主席韩复榘统治。”

他还提到了青岛执政者坚持抗战的决心：“青岛是日本人想以银弹和阴谋取得的对象。他们终于失望了。”

斯诺在青岛逗留了多长时间，有哪些游历，《斯诺文集》中均无记录。

从青岛乘上火车，斯诺与贝特兰沿胶济铁路西行，在济南有短暂停留，然后“迟缓地沿陇海铁路向西安前进”。

斯诺找到了在潼关被军警捉住并拉下火车的妻子尼姆，她当夜回到了西安。“在与中国红军团聚了一天后，贝特兰留了下来”，斯诺夫妇开始了目的地上海之行。

采访并怀疑“焦土抗战”

在徐州火车站，斯诺和妻子尼姆中转，一路探听着抗战信息来到青岛。

再次莅临，斯诺用“依然是含有凶兆的平静”来描述这座“十分可爱”的城市。只是此时，青岛几近空城，“所有的浴棚都关闭了，白沙滩上一连三天看不见一个别的洗浴人”。

> 两天以后，我们又来海边。青岛依然是含有凶兆的平静。我发出几封在旅行中收集的快讯，但每隔十天还不能有一条船去上海。幸而有J·B·鲍威尔代我应付《先驱报》的工作，所以我不用发愁。这在战争中是个难得的时间呢。青岛这时是十分可爱的，晴朗的白昼，微风披拂的夜，这风或从海上吹来，或含有山的松香。几英里长的著名的白沙滩，在过去这季节总聚有成千歇假的人，但现在却成为我们专有的海岸了，一连三天我们不曾看见一个别的洗浴人。所有的浴棚都关闭了，在弥漫于这半空的城市的静寂中，有一种奇特的预期。我们每天准备看见在每一浪花后面有一队日军登陆。

> 我注意到中国人并不乘时把贵重的日本工业机器移出市外，当我问起的时候，市长沈鸿烈司令避而不答。有一天，市长秘书告诉我，环绕本市的一团东北军，正在计划，一见日军临近，便把日本工厂炸毁。

对于市长秘书透露的“把日本工厂炸毁”，斯诺坦言：“我还有一点不相信。”

后来的事实证明此言不虚。

12月18日晚8时整，沈鸿烈果断下令实施“焦土抗战”，日本九大纱厂、发电厂、啤酒厂等悉数化为废墟。

青岛实施“焦土抗战”时，斯诺已在上海。闻讯后，他评价说：“当初不设法把一些机器移入内地供中国人使用，究竟是一种失算，不过这依然是一种进步的象征，至少中国高级当局下令破坏了一个敌人的根据地。关于‘焦土政策’，说的很多，做的并不多，这一次算第一遭有效地进行了。”

延伸阅读

青岛“焦土抗战”

青岛市档案馆馆藏史料中有青岛“焦土抗战”自始至终的参与者、时任通讯爆破大队队长马锡年“爆破日本工厂经过”（即“焦土抗战”）的口述实录：

> 1936年夏，我在北平南苑二十九军教育处充中校工兵教官。一天，接到殷祖誉由青岛转来的信。信中说：市长沈鸿烈为了在必要时炸毁青岛市所有的日本人工厂，邀我到青岛培训爆破人员。此信辗转一月之久，我回信问他现在是否有人担任此项工作。殷回电说，已由济南邀来的夏克宽暂代，仍等我来担任。我将担任的教学工作结束后，10月离开二十九军赴青，沈鸿烈在迎宾馆设宴欢迎。席间，沈氏表示：日本帝国主义欺我太甚，必须予以打击，国耻必须洗雪，一切牺牲在所不惜。
>
> 培训爆破人员须严格保密，青岛日本特务很多，并收买了一批汉奸对市政府秘密侦察，因此，这个培训班命名为保安干部训练所，沈鸿烈兼任所长，我为主任教官，内分通讯、兵工两个班，兵工班即爆破班，受训人员从保安队、公安局、清洁队班长以上的下级干部中抽调，经过系统培训后，学员均掌握了一些基本通讯爆破技术，干训所于1937年春结束，我被调到青岛市保安处充任通讯股长。

“七七”事变后，日本即策划派兵占领青岛。形势危急，南京国民政府紧急从海州（今连云港）增派机械化部队“中央”财政部税警第六团赶赴青岛。不久，蒋介石密电沈鸿烈要其实行“焦土抗战”，在“必要时”将日本纱厂全部破坏。得到密令后，沈鸿烈命马锡年负责准备爆破工作。

7月底，日本突然调整入侵策略——集中兵力攻占上海，暂时放弃青岛。

8月13日，淞沪抗战爆发后，日本海军立刻全面部署侵占青岛。14日下午，停泊青岛前海的日海军陆战队派出一小队士兵下舰，行至德县路圣功女子中学（今青岛七中）门前时，两名身穿便衣、骑自行车者突然向日本水兵连开数枪后逃遁。两名日本兵身负重伤，其中一人抢救无效身亡，时为“德县路事件”（又称“八·一四事件”）。

青岛新闻媒介披露，该事件为日本浪人所为，遗留在现场的弹壳系日本制造即可证明。

事发不久，停泊在青岛前海的10余艘日本军舰将炮口一起对准市区，4艘日舰驶入大港海区。

马锡年回忆：

> 8月中旬，沈鸿烈交给我一封致山东省政府主席韩复榘的亲笔信，要我去济南当面呈交。信的内容是，请他支援TNT黄色炸药和雷管。到济后，我把信面交韩复榘，他批交军械处长核发。军械处刘姓处长问我要多少炸药，我说“至少需要8吨”，他说“库存只有10吨”。后经商定，支援青岛炸药8吨，雷管1500个。弹药库在济南市外白马山，由济南警备司令吴化文的手枪

旅派兵来装车，然后运往火车站。客车是不准装载危险物品的，为便于保密，我要求车站负责人在特别车车尾挂一辆20吨的守车装运炸药，在车门口处放一把椅子，我抱着1500个雷管坐在上面。晚9点开车，瞒过了各车站的日本特务，翌日晨5时，车抵青岛大港车站。站长上车对我说："车站上现有日本特务，暂时不要动。"6点钟，站长告知，可以卸车了。我立即打电话让海军兵营来车来人卸运炸药、雷管，并运抵指定地点。

8月25日，日本内阁会议同意军方"暂停武力夺取青岛"，剑拔弩张的紧张气氛得以缓解。日驻青总领事大鹰正次郎与沈鸿烈达成协约——日方以保证不对青岛发动进攻为筹码，换取沈鸿烈对日侨安全撤离及保护日侨财产的承诺。至31日，日本在青岛工厂全部关闭，日本侨民陆续回国。

马锡年自述，9月，他被沈鸿烈正式任命为通讯爆破大队队长，任务是彻底爆破日本工厂。大队有三个爆破中队、两个通讯中队，所有队员均在干训所受训过。他当即拟定爆破计划：一般机器设备用木柴点燃，大的引擎（发动机）、重型机器、烟筒等用炸药爆破。

日本人已撤离，青岛形势暂时缓和。但进入12月，战局急转直下，南京沦陷，韩复榘率部南撤，日军迅速占领大半个山东，青岛三面被围。4日、7日，蒋介石连发两电，令沈鸿烈实施"焦土抗战"。

对此，马锡年有着清晰的记忆：

（12月）7日，沈鸿烈奉到中央命令，准备爆破日本工厂，遂召集我和警察局第五分局长杨在春，保安大队长朱子铭、侯永春，自卫团团长王启新、傅能毅，再次密议爆破事宜，决定由上述六人为爆破指挥官。8日开始用汽车将炸药、雷管、木柴等爆破器材及工作人员按既定分配计划，潜运至九大纱厂及其他日本工厂，接着安放炸药，堆放木柴，关闭水门……

14日晚，我们六人到各厂详细查看，并将检查情况报告沈鸿烈。

18日，日本陆军参谋部下达侵占青岛的指令。同日下午4时，沈鸿烈下令：一、本晚8时，开始引爆点火；二、爆破后，各指挥官率有关队长亲临各厂复验；三、如不能达到预期破坏目的，各指挥官即以头授余；四、对表，准备执行任务。

马锡年叙述，当日下午5时开始戒严，日本工厂周边断绝行人。晚7时50分，各点火手进入指定位置；8时整，各厂同时点火引爆，自沧口、四方到市内绵延30里，火光冲天，爆炸声响彻云霄，日本九大纱厂、四方发电厂、铃木丝厂、丰田油房、橡胶厂、自来水厂以及青岛港船坞及其他机械设备全部被炸。

时为国民党青岛市党部常务委员的李先良晚年回忆说：“九大纱厂的大火整整烧了三天三夜。”

25日，沈鸿烈命令海军第三舰队司令谢刚哲、港务局局长袁方乔沉船封港。谢刚哲、袁方乔二人亲自指挥，装满沙石煤渣的“镇海”“永翔”“楚豫”“同安”“江利”5艘军舰及港务局所属“飞鲸”“金星”“土星”等5艘拖轮、小火轮驶到大港和小港附近航道上，船员打开海底阀引水入舱，将船只沉没，封港完成。

袁方乔撰文回忆，沉舰之前，各舰除主力炮太重不能卸下之外，其余所有小钢炮、机关炮等均已先行卸下，连同各舰轻机关枪、步枪等轻武器，装备了一个由各舰士兵组成的300多人的舰炮队，沈鸿烈委派谢刚哲率该队开赴鲁西南地区，嗣后辗转九江、汉口。

鲁斯的青岛之行

1945年10月20日晚7时，青岛市上海路民言报社三楼大礼堂，来自青岛政界、商界和十余家报馆共计300余名听众侧耳倾听——这里正进行着一场演讲，演讲者是蜚声世界出版业、创办《时代》《生活》《幸福》三大杂志的美国人亨利·鲁斯。

简短的自谦开场白后，鲁斯开讲第一个主题——“家”。“青岛曾经是我的家，中间有七八年，每个夏天必来青岛住些天，所以对青岛有了家的观念……”出生在山东登州府（今蓬莱市），童年时代在烟台、潍县度过，熟谙齐鲁文化的鲁斯，用流利的汉语巧打感情牌，一下子拉近了与听众的距离。

青岛，只是1945年10月鲁斯中国之行的一个站点。

1945年10月6日，《青岛公报》转发“中央”社重庆电讯：鲁斯抵渝。

是日凌晨4时15分，美国《时代》《生活》《幸福》三大杂志创办人鲁斯由美国飞抵重庆，国民政府参军长商震、国民党“中央”宣传部部长吴国桢、美国代理驻华大使蒙劳柏森及特拉特梅耶将军等到机场迎接。

鲁斯在重庆待了5天。10日，蒋介石在林园官邸设宴款待鲁斯，“中央”社电讯未明确说是“午宴”还是“晚宴”。这次

“欢宴”更像是饯行。翌日上午，鲁斯及《生活》杂志编辑墨菲、《时代》杂志编辑贝莱、华西大学教授范威康等一行6人由重庆赴成都，然后转飞汉口、济南、北平、天津、青岛、南京、上海等地考察，美驻华大使馆海军武官雷诺达斯、国民党“中央”社记者钱聿慎偕行，国民党中宣部派员至机场欢送。

14日上午，鲁斯一行由汉口抵达济南，“下午二时仍乘原机飞平”。在北平期间，鲁斯一行受到各方热情接待，他在中美文化协会北平分会举行的宴会上表示：“来平游历印象极佳，北平为著名文化都市，一切建立完整，颇出人意料。”

16日，国民党中宣部特派员张明炜宴请鲁斯一行，北平市副市长作陪。

18日，鲁斯一行“在平事毕，飞津”。

19日上午11时25分，鲁斯一行乘中航公司11号飞机抵达青岛沧口机场，《青岛公报》《民言报》《民众日报》等现场报道大同小异。

在下榻的旅邸，鲁斯向青岛记者介绍了自己。1898年，鲁斯生于山东登州府，在烟台住了5年，后又在潍县住了5年，还在青岛太平角度过5个夏季。他父亲曾在中国帮助创办齐鲁大学、燕京大学，如今这两所大学均是中国知名学府。鲁斯毕业于烟台内地会小学，1907年曾回国一次，1911年辛亥革命时始回中国，其后又继续到美国学校求学，1920年从耶鲁大学毕业后即往英国牛津大学继续求学。他于1922年创办《时代》杂志，1930年创办《幸福》杂志，1936年创办《生活》杂志。

在旅邸稍事休息后，鲁斯即赶往童年曾居住游玩过的太平角一带参观，“目睹山水依旧，不由大喜”。49岁的鲁斯邀请同行的美国海军陆战队第六师司令谢勃尔少将等人下海游泳，

“在此深秋天气，鲁斯老当益壮，首先下水，谢勃尔等相继临入，莫不兴高采烈，争先恐后，直至兴尽始相事返回旅邸”。

中午12时，李先良市长在官邸宴请鲁斯一行，“各报社午后于迎宾馆设宴洗尘”。当晚7时，谢勃尔少将宴请鲁斯等人。

20日，鲁斯偕随员拜访市长，赴迎宾馆参加青岛市新闻界联合招待会，到民言报社大礼堂发表演讲，忙得不亦乐乎。因活动太多，他将离开青岛的时间推迟一天，改为22日。

是日上午9时，鲁斯一行赴市政府拜会李先良市长。

下午5时，青岛市新闻界在迎宾馆举行联合招待会欢宴鲁斯，市财政局局长孔福民、警察局局长孙秉贤、港务局代理局长张衍学、教育局代理局长王文坦、青保大队总队长高芳先等应邀出席，各报社记者多人参加招待。

晚7时，鲁斯现身民言报社礼堂，出席青岛报界为他组织的讲演会。300余人前来聆听，至8时结束散会。

21日上午9时，在华北记者团张副团长陪同下，李先良市长率员前往信号山路鲁斯下榻的旅邸回拜，“鲁斯对各项事宜均有所会谈”。谈毕，一起乘车赴湛山寺参观。鲁斯兴致极佳，称“此来系旧地重游”。在逐一参观佛殿后，他与倓虚法师进行交谈，最后一行人在殿前合影留念。11时许，鲁斯返回旅邸休息。

22日中午12时，鲁斯一行乘中航机飞南京，华北记者团张副团长、青岛各家报馆派代表前往机场欢送。鲁斯登机前告诉记者：“此行对青岛印象颇佳，更能重游旧地，不胜欣慰，在青蒙各方友好热烈接待，深为感谢。”

是日下午3时许，鲁斯一行抵达南京后即前往拜访中国战区陆军总司令何应钦及南京市市长马超俊，晚上出席美军在华作战司令部司令官罗伯特·麦克鲁少将安排的宴会。

24日下午1时，鲁斯一行6人由南京飞赴上海。上海市市长钱大钧举行鸡尾酒会欢迎，新闻界、文化界百余人参加。

25日下午，鲁斯假其百老汇街17楼寓所招待上海市新闻文化界，并回答记者问题，涉及中苏关系、美军撤离、旗下杂志进入中国、媒体人责任等。

29日，鲁斯一行搭机离沪飞琉球半岛，其中国之行告一段落。

在青岛逗留期间，鲁斯最风光的事当是20日晚在民言报社礼堂的讲演。

鲁斯开讲前，与其同来的《时代》杂志编辑贝莱、华西大学教授范威康博士，分别以《新闻界与中美文化的责任》《三件想不到的事》为题进行简短演讲，“语极幽默”。

鲁斯以世界眼光畅谈东西贯通以及在这一大势下青岛的作为：

> 现在世界上最大的要求是东西贯通，青岛是东西贯通的枢纽……城市有很多东西混合式建筑。在东西贯通的要求上，要努力互相取其优点，弃其劣点，所以青岛将来在东西方真正贯通、真正混合上，是有其特殊地位的……

沈鸿烈的青岛行踪

1937年12月31日，在实施“焦土抗战”炸毁拥有45万纱锭的日本九大纱厂及啤酒厂、铃木丝厂、丰田油房、太阳鑫和雨橡胶厂等日本主要在青工厂，自沉舰船堵塞港口和主航道后，沈鸿烈率海军陆战队（不含第21队）、舰艇官兵、保安队、清洁队、警察局等6个总队共9000余人撤离青岛。

自1931年12月16日下午4时以东北海军副司令暂兼代青岛市市长至撤离，沈鸿烈在青岛苦心经营6年之久，在市政、民政、教育、工务、港务、农林等方面做了很多工作。

沈鸿烈再次踏上青岛故地已是8年后的1946年2月8日（农历正月初七）——雪后初霁，新年的喜庆气氛犹浓。

斯时，沈鸿烈的身份是国民政府党政考核委员会秘书长，主要职责是考察华北地区接收事宜。

“第一次富有感情之盛事”

沈鸿烈将要回青岛之事在1945年年底就传开了。

是年12月12日，青岛市政府接到国民政府电令：“特派沈鸿烈前往冀、鲁、热、察、平、津、青各省市考察接收（日伪资产）事宜。”

沈鸿烈

刚进1946年2月，有些市民就已经判断出来了，沈鸿烈不日将来青岛。因为自本月2日起，市警察局饬令各分局对旅馆客栈住客切实清查，过境之军警人员如非有正式护照或证明文件不得留宿；普通旅客如有形迹可疑或来历不明非但不得留宿，并须到附近警局报告。

“警局清查旅馆住客，以防不良分子潜入影响治安。”青岛本埠报纸广而告之。

2月5日，消息灵通人士获知“考察华北及东北各地区中央特派大员沈鸿烈二日由长春飞抵北平，定于七日乘中航机飞来青岛”的确切消息后奔走相告。青岛市商会大员联合市参政员张乐古立即落实赶制欢迎标语、旗帜并挑选代表赴机场迎接等事宜。青岛《平民报》载：“沈鸿烈到任本市市长六年，致力于本市抗建事业，勋绩卓著，士民同深感念。而旧日之党政军学商农各界之友朋僚属，更钦仰其旧泽遗爱，时起甘棠之思。兹闻沈公来青消息，莫不欢欣鼓舞，大慰云霓之望。”

7日一早，时代社刊发消息说：“沈公鸿烈定今日来青，本市各民众团体届时推举代表赴机场欢迎外，并拟列队前往迎宾馆欢迎致敬。闻各界民众已印制标语数万份，张贴通衢。”

沈鸿烈如期而至。不过他只在沧口机场的上空打了个旋。

青岛《军民日报》留有报道：“党政工作考核委员会秘书长沈前市长鸿烈七日由（北）平乘中航机来青，李市长及机关首长、民众代表等均于午前十时齐聚沧口飞机场欢迎，十二时中航机已抵沧口机场上空，但是因风雪太大，无法降落，故改飞南京。”

时代社的消息是：“八日，沈鸿烈再由南京起飞来青，约于十二时左右可到达本市矣。”

2月9日，《民言报》详细记述8日沈鸿烈抵达青岛，各界热烈欢迎的情况：

> 欢迎人群中，有市长李先良、赵士英夫妇，国民党青岛市党部熊复元书记长，国民党青岛市党部监察委员刘巨全女士，市政府秘书长姜可训，第二绥靖区青岛办事处处长、青岛港口运输司令唐君尧，威海卫市长王崇五，暂编第十二师师长赵保原等要员，以及市府各局长、青保大队人员、妇女代表、学生代表和各报馆记者共一百多人，他们自发地排成一个队列。下午一时半，飞机降落，海军军乐队与警察局乐队合奏欢迎曲。机舱门开了，李先良跳上舷梯迎接。沈秘书长戴一顶土耳其式皮帽子，外披水獭皮大衣，内穿蓝色西服，黑皮鞋，神态肃穆，十分自然。他举起帽子，微笑着向欢迎者点头，握手寒暄，如同见到兄弟姐妹一样……

当日，《民言报》还以《沈秘书长莅青》为题作了长篇述评，并以较大篇幅盘点沈鸿烈主政青岛期间的功绩：

> 回忆“九一八”之后之青岛，浪人特务，以此为活动之大本营，局面之险恶，在华北各都市中首屈一指。沈任市长，折冲樽俎，不屈不挠，以革命外交，对抗顽敌。折冲外交之外，更积极提倡两种建设，一为物质，一为精神。在物质建设方面，凡是以繁荣地方，便利交通，普及教育，点缀市容者无不经营擘画，惟力是视，数年期间，蔚然成为大观，迄今收复，吾人偶一游历，从前遗迹，触目皆是，虽经敌伪之篡改涂抹，亦未能泯其功绩。与物质建设并驾齐驱者为心理建设，抗日思想，普遍于工人、军警、学生以及优秀市民，抗战行动沛然表现于“七七”战后，青岛抗战部队始终活动于敌人卧榻之旁，直到日寇投降，堂堂负起保卫青岛之任务，在全国各重要都市中，不能不说是一种伟绩。

报道也对沈鸿烈寄望殷殷：“收复后之青岛，中央和地方权限之调匀，尤为当务之急。沈公返渝后，必能建议政府，做合理之修订。工商业要现代化，港湾街道要清洁化，文化教育要高度化、普及化，社会福利要大众化，风景要艺术化，这些为一般人殷切期望者，现在的青岛一切还居于‘处女’地位，为避偏枯与畸形发展，‘中央集权’和‘地方分权’应求其平衡，青岛既为沈公之第二故乡（见沈公谈话），对此问题，当必十分重视，而无须记者之哓哓矣！”

2月9日，“沈秘书长对市区大致分别视察”，但现存的档案中均无详细记载。

市民欢迎大会“情绪热烈”

11日上午9时，青岛市各界欢迎沈鸿烈大会与纪念周在市民礼堂合并举行，市长李先良及市府各局长、国民党青岛市党部熊书记长及党部委员、参政员张乐古、各学校代表、青岛各商业工业公会代表、各乡区区长、各报社记者，以及普通市民等共5000余人出席。

李先良主持欢迎大会，并简要讲述沈鸿烈战前执政青岛的政绩。继由参政员张乐古致欢迎词。

张乐古致词毕，沈鸿烈登台，讲述全国军民在抗战期间所受艰苦状况，以及个人执掌青岛市对日外交、破坏敌人在青岛经济建设、出任鲁省政府主席坚持抗战的经过、今后一切力图改进的事务，“词意恳切，情节动人”。他勉励全市同胞在李先良领导下，团结一致，努力建设新青岛，“方不负其期待，方不负欢迎之意义”。

11日下午2时，沈鸿烈视察中纺公司及所辖各工厂，5时后返回迎宾馆，“所有其余各工厂，定于十二日上午八时继续视察”。

12日，青岛本埠报纸详细报道欢迎沈鸿烈市民大会盛况，以及张乐古演讲全文，称“情绪热烈，盛况空前”。

1945年12月16日晚，在江苏路张贴“反甄审”标语的文德女子中学教员费筱芝被巡逻的青岛保安队士兵枪杀，由此引发轰轰烈烈的学生运动。国内报纸报道连篇累牍，颇令青岛当局头痛不已。

沈鸿烈莅临青岛时，“费筱芝事件”已近尾声。笔者查阅该事件的回顾性档案时意外地发现了沈鸿烈的清晰影子：“2月11日，学生代表谒见沈前市长，报告学潮经过且请为处理善后。”“2月13日，（学生代表）早晚两次谒见沈前市长，答称当善为处理请求事项。”

沈鸿烈是否参与“费筱芝事件”的最终处理与平息，目前尚无档案证实。

视察崂山一线

13日上午9时，沈鸿烈在市长李先良、市警察局局长孙秉贤、市财政局局长孔福民、青岛保安总队长高芳先、市政府人事处处长芮麟、督察长金蕴璋等政府要员陪同下，与时代社、《青岛公报》、《民言报》记者等共计30余人，分乘吉普车三辆、大卡车两辆自迎宾馆出发，前往李村、崂西、浮山等地视察。

车队沿台柳路直抵李村镇，当日（农历正月十二）逢大集，沈鸿烈便在集市广场上召集村民简单训话。大意谓：阔别8年，怀念青岛市同胞甚殷，而今抗战胜利，希望各位同胞再接再厉，共谋大业。同时，勉励大家协助教育复员、普及教育，保护林木，爱护公路等。

随后，沈鸿烈一行前往下河村、北九水村、段家埠、大河东、小河东、沙子口等村落。每到一处，沈鸿烈都要召集村民训话，指示百姓如何发展农业渔业，并鼓励村民发展果园栽培、豢养牛羊家畜等副业。

沈鸿烈还参观了崂山抗战遗址，“下河、大劳（今为大崂，下同）、沙子口等战役，尤建殊勋，下河、大劳敌伪惨毁的堡垒，以及沙子口战役击毙敌人的残留骸体、岩石上喷溅的血迹犹存”，在李先良、高芳先的引导和详细报告下，沈鸿烈一一视察。

离开沙子口返回市区途中，沈鸿烈又前往位于湛山的陆军病院视察慰问。下午6时，回到下榻的迎宾馆。

陪同沈鸿烈视察崂山的市政府人事处处长芮麟，晚年曾写有《胜利后重游崂山小记》，文中还记录了沈鸿烈走访大崂观等细节：

> 更前进，便到了大崂观，门口“大崂观”三字匾额，是沈鸿烈题写，还参观石屋檐战迹；十二时半到北九水，在天主堂进午餐。下午二时，离北九水，向柳树台前进。过柳树台，车向下行，经韩河、于哥庄、段家埠，沿途均有民众结队欢迎，沈先生也都下车殷切慰问。

“考察青市，印象颇佳”

14日，有媒体刊发沈鸿烈当日视察的行程：上午9时，视察市警察局及青岛保安总队，完毕后在警察局后院内对警员及青保官兵训话；正午12时，在迎宾馆招待山东抗战部队首脑；下午2时，视察宪兵司令部及海军教导队并假第三公园对海军等训话；下午4吋，出席李先良市长举办的鸡尾酒会。

15日上午10时，鲁青抗战旧属们在李村路电化教育馆召开欢迎沈鸿烈游艺大会筹备会议，参政员张乐古、青岛保安总队长高芳先、港务局局长张衍学等人出席，讨论决定16日（元宵节）晚7时在电化教育馆举办欢迎沈鸿烈游艺大会，并邀请“中央”各驻青机关及本市党政军代表参加。

《民言报》在报道筹备会议同时刊登了游艺大会节目名单、演出单位及人员：一、国术表演（国术馆）；二、四部大合唱（圣乐团）；三、相声（王傻子）；四、国剧（市各名票及梨园公会全体会员合演，包括《元宵节观灯》《月下追贤》《黄鹤楼》《花好月圆时节》等五个剧目）。

19日，《大公报》报道，沈鸿烈在青岛考察完毕于18日乘机飞济南。行前，沈鸿烈接受该报记者采访，表示“考察完毕，愿来青久住休息”。

> 考察青市，印象颇佳。关于在青因抗战牺牲者之家属，已商定救济办法，并设立抗属工厂、抗属学校，以资救济。至于本人新职，尚无所闻，拟定于考察完毕后，来青久住休息。中央准否尚不可知。

在青岛期间，一则教育信息让沈鸿烈颇为愉悦——湛山寺住持倓虚法师以普及国民教育、救济失学儿童为念，提出将日军占领青岛时期建于大庙山西麓的西本愿寺数间僧舍辟为教室设立学校。沈鸿烈听后极为赞成。此后，倓虚法师念沈鸿烈曾为湛山寺建设予以支持，决意以沈鸿烈字“成章”命名学校，是为青岛私立成章小学（今无棣四路小学）。

落实处理民众诉求

2月16日，在青岛视察的沈鸿烈发布“关于恢复李村师范学校请教育局办理”的批文。

3月4日，沈鸿烈致信李先良，提出“将东平路23号等地拨归平民学校建校舍之用”：

> 青市平民同济鼎新会代表沈会亭等谓“东平路二十三

号、观城路二十号公地一段原为建筑平民学校之用，青岛沦陷后，该段空地曾被敌人作为家禽市场，去年十月十一日经两次请市政府发还，尚未落实，恳请予以发还，以资建筑而惠学童”之语，查所陈经过确属实情，请查证办理为荷。

3月5日，沈鸿烈“为王洪九拟救济难民意见附请参酌”给李先良发电。同日，沈鸿烈就“四沧区长徐玉泉等陈村田被敌筑为机场，请指定公地建立新村”写信给李先良。

3月7日，青岛市政府下达“沈秘书长为慈幼托儿所请拨校舍及基金请核办”的函。依据该函，市教育局将接收的敌属学校暂行拨借给慈幼托儿所作校舍。

对慈幼教育的重要性，沈鸿烈有比较深刻的理解。他在执政青岛时期倾力为之。这在沈鸿烈于1936年8月4日在青岛召开的第二届全国慈幼大会开幕式的发言中有所显露。

在致开幕词时，沈鸿烈自谦道：“本人尸位四五年，才力绵薄，愧无建树，惟对于学校儿童教育、义务教育等竭力举办，并设立托儿所、平民住所及慈幼分会。”他认为，慈幼事业并非仅是普通的慈善事业或社会事业，实为根本的救国事业，国家之兴衰在于民族之强弱，民族之强弱则在于教养，而教养又应自幼年起培育，由此可见慈幼事业之足以救国。

“就教养与慈幼关系言之，凡教养、保育、救济等，无一不以教育为主体。倘我国能将家庭教育、学校教育、社会教育三者打成一片，发挥光大，合力推广，则各司其事，各尽其能，如贩卖儿童、蓄婢等亦必随之消灭，由此可见教育与慈幼事业相互关系之重要。就教育方面观之，慈幼属于一整个问题。易言之，慈幼事业发展，亦即国民教育基础之确立。”沈鸿烈的这番言论引起与会者的共鸣。

3月下旬，沈鸿烈致李先良“关于豁免1945年营业税及过分利得税核减等情的函”：

> 顷接青岛市商会整理委员会代理主席李代芳来文，以青市沦陷八年，商民饱受敌伪摧残，恳请转呈政府准予豁免三十四年营业税及过分利得税，核减三十五年过分利得税半，并准免税增加资本在未核准以前恳暂稽征等情，酌办为盼。

8月30日，市长李先良“关于王博桂香补发恤金已转请国防部查案补发”复函沈鸿烈，标志着此事了结。

早在1943年4月，在重庆任农林部部长的沈鸿烈，致信青岛市政府秘书长李先良：

> 教育部复电　青岛市政府恢复办公，准予拨经费两万元补助初等教育。对中学、师范经费，请先将设置班数及学生人数报教育部酌核补助。

现存于青岛市档案馆的该信还显示这两万元经费由农林部转汇给青岛市政府。

1945年4月25日，沈鸿烈向李先良转发电报：“关于教育部之规定，县市应先开办简易师范并将简师规程学科详达。”

1946年1月，李先良致电刚刚出任党政考核委员会秘书长的沈鸿烈：“嘱拨滋阳路王汉家属法币十万元，业已照拨。”

1948年10月21日，出任浙江省政府主席的沈鸿烈就湛山寺维护一事致电青岛市长龚学遂：

据湛山寺住持倓虚法师电，该寺宿舍无多，难民早满，乞为转请吾兄维护华北仅有道场等情，尚请关照。

“来青久住休息”愿望落空

众多档案文献显示，沈鸿烈“拟定于考察完毕后，来青久住休息”的愿望没有实现。

1946年4月10日“中央”社电文：“新任浙省主席沈鸿烈暨随从人员，于今午专车自沪抵杭，黄前主席绍竑亲至车站欢迎。沈鸿烈下车后，趋车赴官邸休息，午后黄前主席欢宴暨拜会地方士绅，四时出席茶会，定于十一日接事。”

11日上午，“浙省府新旧主席交接仪式在省府举行，由黄主席绍竑将印册逐一交出，沈主席鸿烈接收，黄前主席当日下午二时由杭抵沪”。

自此，沈鸿烈开始了主政浙江的两年光阴。

1948年春，或许因弹压学生运动，逮捕关押浙大学联负责人致于子三等3人死亡而引发大规模学潮，沈鸿烈萌生退意。3月21日，第11绥靖区司令官丁治磐奉命进京接受蒋介石召见时，蒋介石透露：“青市政将以沈鸿烈往主之，绥区司令官允以李弥继任。”但这一人事任命没有落实。媒体报道，6月初，沈鸿烈先后向总统蒋介石、行政院院长翁文灏递交辞呈，“中央因畀依方殷，由蒋总统亲电恳切慰留”。6月11日，沈鸿烈再度电请“中央”辞职，“近因身体衰弱，闻辞意颇坚”。

6月22日，《青报》转发“中央”社消息：行政院昨二次会议通过重要人事任免，沈鸿烈辞职照准，陈仪继任。

28日，“中央”社杭州电：沈鸿烈主席于28日晨8时离杭赴沪，到站欢送者达千余人，新任主席陈仪30日履新。

7月12日，经考试院院长张伯苓举荐，沈鸿烈正式出任考试院铨叙部部长。

15日，《军民晚报》以《沈鸿烈主政浙江两年》为题，历数沈鸿烈在浙江两年的功绩。

沈鸿烈侄子沈肇熙曾撰文说：“叔对考试院铨叙部部长之职虽无兴趣，但考虑与张伯苓、雷法章等相处，欣然赴任。”此时，曾为张伯苓得力助手、后应沈鸿烈之邀自天津南开学校来青岛执掌教育并一路追随沈鸿烈的湖北老乡雷法章已履职考试院秘书长。

历经宦海浮沉、人情冷暖，能在已近古稀之年与故旧至交一起共事，对已处于政治边缘的沈鸿烈而言应备感欣慰。

梨园星落——李世芳之殁

1947年1月5日上午7时30分，中航公司C46型第121号客机抵达青岛上空。时值大雾弥漫，客机低飞寻觅沧口机场跑道时，在李村东北约5公里处的桃源村坠毁，机上42人全部罹难。遇难乘客中包括梅兰芳得意门生、“四小名旦”之一的李世芳。

“冷烛摇曳照残骸，天后宫内声声哀。不见名伶真面目，芳魂永留红氈毯。”

这是1月8日，中航公司C46型第121号客机遇难者陈尸天后宫，亲友在众多残骸中久寻李世芳遗体不着时，一家报馆记者见状写下的悼惜诗句。

“倒霉航班”

是日，中航机罹难者42具尸体中有18具被亲友认领。李世芳因头部粉碎，面部模糊，加之四肢烧焦，难以辨认。《民

李世芳

报》慨言："曾在红氍毹上名噪一时之坤伶，竟不幸亦罹难异乡，遭此浩劫！"

9日下午2时30分，自沪来青的师兄张盛利在现场徘徊一个多小时，终于从被烧焦残存的衣服中辨认出38号尸体为李世芳。李世芳穿有青色礼服呢皮大衣，青驼绒衬衫，内穿花条纹衬裤，还有其妻姚宝琏手绣真丝手帕残物。

10日，青岛本埠多家报纸刊发李世芳遗体被辨认出并入殓的消息：

> 四小名旦李世芳之尸体，因被撞伤势过重，血肉模糊，亲属无法辨认。后经上海友人说明当时所穿衣服，始得认出。业已由其家属及生前友好料理入殓，灵柩现暂存太平路天后宫停尸场之门首。一俟通航后，即由公司航运返平。

11日，张盛利在《民言报》上刊登李世芳入殓公告：

> 此次121班机失事，师弟李世芳罹难，盛利由沪赶来，已认出卅八号系李世芳遗体，暂寄于胶州路吕祖庙，特此敬告生前在青友好。

12日上午11时，青岛市梨园公会男女会员40余人，在胶州路吕祖庙内祭奠名伶李世芳，多家报纸以《本市梨园公会昨祭李世芳》为题，记录祭奠现场（祭坛布置简单，上悬梨园公会挽联，祭台中供李世芳遗像及花圈、饼果等祭品）、祭奠过程并摄影。青岛梨园公会会长杨寿山主祭，李世芳父亲李子健在场，向各吊客致谢，谈及李世芳生前往事，不胜感叹。

声名鹊起的梨园名伶，26岁时竟遇空难于青岛郊区，且生前还有要来青岛演出的消息在坊间传播，如此素材，报馆岂能放过？自李世芳遇难身份被确认、遗体被辨出后，《民言报》《青报》等开始了一连串的追踪报道。

14日，善于抢新闻的《民言报》刊发该报北京专稿：尚小云、梅兰芳领衔在北平、上海两地义演，襄助李世芳家人。

除此外，《民言报·晚刊》还刊发独家长篇报道《李世芳之死》，通过其父李子健的讲述道出李世芳搭乘“倒霉航班”的来龙去脉。

对于李世芳之死，二十世纪八九十年代不时有人撰写文章讲述，归纳起来，说法有二：

一是李世芳在北京听说梅兰芳要在南京演《金山寺》，便自告奋勇前往与恩师合演，梅兰芳饰演白娘子，李世芳饰演小青。孰料，演完《金山寺》后，李世芳乘机返北平途中遇难。

二是1946年岁末，李世芳急于自上海返北平，正好京剧演员杨宝森的夫人因事逗留，便将机票转让给他，谁知竟然失事遇难。

或许是缺少一手档案信息来源，有转述或添油加醋成分，这些记述李世芳遇难的文章均冠以“梨园轶事”之名。

死亡真相

《民言报·晚刊》刊发的《李世芳之死》一文，因是其父李子健的讲述，且该文见报时他尚在青岛，因此应是接近事实真相的。

12日上午，青岛梨园公会公祭李世芳结束后，李父含泪诉说这段往事。

以下是李子健的讲述，兹编辑整理如下：

> 八九月，上海某夫人主办的中华音乐剧团排演《孟姜女》时，嚷着要到美国公演，在演技上，有许多改良地方，他们要请梅派大公子梅葆生及梅小姐参加，梅先生表示，他们都还年轻，艺术造就不熟练，委婉地谢绝了。后来想到李世芳，每月包银出到二千美金，期限是一年。对于包银，李世芳觉得倒是其次，艺术前途上倒是该考虑的，所以写信请示父亲。
>
> 为了儿子前途，父亲倒有另外的想法：将来回国后，长时间改变平剧的演唱，对身段嗓子是否有所改变？所以对李世芳出国没加可否，希望他和老师梅兰芳先生商定，结果他自己决定不参加了。正准备回北平时，适逢南京唱祝寿戏，他得到了邀请，戏码是《麻姑

献寿》，可是，戏码开出后，某夫人说在北平看过，于是取消了。真正原因是，李世芳不想参加《孟姜女》在美公演，才得到这个“轻看”。

这一来，他决定回北平。行李搬上去天津的船时，青岛某戏院派人来沪请他，他想在青岛演出后组织一个旅行班子到内地大城市周游一番，于是双方举行谈判。青岛派来的人往返青沪，不料因配角问题搁浅了，青岛方面没有给出最终答复，为此他在上海勾留了一个时期。父亲从北平写信要他早些回去，上个月，他买好一张机票准备回家，梅兰芳恰在上海唱戏，为观摩先生的戏，就把那张机票给了别人，坐上了倒霉的121号飞机。

6日夜，北平各报收到失事飞机人员名单时曾对李世芳的名字产生怀疑，纷纷打电话问李子健：“李世芳回来了吗？”一家人便有不好的预感。

7日，北平各报头题报道《李世芳遇难》。街头报童的喊卖声惊碎了李家人的心。

李子健哀痛地对青岛记者说：“李世芳结婚四年，已经有了三个女孩子，大的三岁，小的一岁，最小的才两个月。”

对李子健“青岛某戏院派人来沪请李世芳到青唱戏”一说，笔者在1946年12月23日出版的《青报》中查阅到相关新闻——《名伶李世芳将演出大舞台》：

四小名旦梅派李世芳君在沪登台演出颇获嘉许，近传消息，李世芳将于数日内由沪搭机来青。闻本市新新大舞台（注：位于平度路上的永安大戏院）已邀请李在青岛演名剧云。

这说明李子健所言不虚。

身后纠纷

《民言报》所刊的《李世芳北平大开吊》一文载，李世芳灵柩自青岛航运至天津后，叶世长、耿世忠等人迎接，辗转陆路返北平，在法源寺停灵。2月7日，在该寺举行祭奠。是日，友人们自下午2时起前往吊祭，络绎不绝。计有王瑶卿、叶世长、张君秋、尚小云等百余人。

有史料补充说，其中的一副挽联由四个剧目组成。上联为“金山寺成生死恨”，下联为“窗锦枫变镜花缘”。上联中“生死恨”是李世芳生前常演的梅派戏，“金山寺”则是他与梅兰芳合演的最后一个剧目。

3月27日，《青报》报道，李世芳是京剧富连成社第5科弟子，殒命后，富连成社在北平、天津举行了两场义演，梅兰芳以师生之谊在上海亦发起两场义演。梅兰芳主办的两台救济戏，除掉开销得款7000余万元，汇往北平新华银行，由一位曹姓经理负责保管，利息特别从优。这笔款计分6股开拆：李世芳父母各1股，其妻姚宝琏1股，三个女儿各得1股，每股以1200万元算，1角利息，每月每股亦有120万元可收。

李世芳的寡妻幼女及双亲虽衣食无虞，但一家人相处得并不和睦融洽。

1947年5月，李世芳寡妻姚宝琏与婆婆闹矛盾而分家居住的消息在北平传得沸沸扬扬，青岛多家报纸转载《李世芳身后纠

纷 婆媳失和闹分家》一文：

李世芳遇难后，受刺激最深的当然是妻子姚宝琏。自李死后，姚氏仍旧带着最大的孩子大春，住在李世芳生前所住的房子，日子一久婆媳间发生了一点误会，因李世芳生前有两樟木箱的衣服放在母亲屋里，姚宝琏则要将箱子搬到自己屋子，为此婆媳不大痛快。

父亲姚玉芙回北平后，代女策划，决定提出和李家分家居住，姚宝琏所提条件：三个孩子带走，世芳的遗物、行头一切归她。自然李家不完全答应。

梅兰芳在沪得到这个消息，寝食难安，特地写信给齐如山，拜托他出面主持这事。因为李姚两家和齐如山都熟识，齐氏人又公正，主持这事再合适不过。梅兰芳又致函管事李春霖，让他分赴李世芳师兄弟如叶盛兰、袁世海、张盛利等处，请他们帮忙调停。

关于婆媳分居的事，情势已难以避免。大概归纳许多调停人意见如是：1．小孩归李家，唯最小孩三春归姚氏带去，长成后归还；2．姚氏本人妆奁全部带走；3．义演所得款按股均分，三小孩教育费均提出在外，托人保管；4．李世芳戏衣归李家，姚氏可随意选几件作纪念。

在条件未谈妥前，姚氏还住在李家，一经谈妥即搬回娘家去。

北平、青岛多家报馆继续关注李家纠纷进展：“姚宝琏终不待一抔之土干而走焉，今挽长女大春去沪，李子健夫妇也决携孙女二春、三春返西山故里。晚年丧子，暮运颠沛，故决将北平所有产业长物一并售出，虽贵如各项纪念品，也一一在天桥旧货摊上出现。笔者目睹有李姚结婚礼品多种，如国剧公会尚小云、梅兰芳、马连良、李万春等之银质镜架、书画等件，一时琳琅满目，令人感叹不已。此岂一生死殊荣哀也，实在是为一生荣哀也。”

生者为家庭纠纷所累颠沛流离，死者也因盗墓案频发未能入土为安。

> 李世芳葬于松柏庵梨园地，最近松柏庵连次发生盗墓，李子健夫妇听到后非常不安，所以决定明年无论如何，也要把李世芳由松柏庵移葬到自己的祖茔去。

一代名伶英年殒命令人惋惜，其身后事更是令人感叹。

延伸阅读

李世芳

1921年，李世芳生于今内蒙古包头市，父母是山西梆子演员，幼时随父母来到天津，住河北关上贫民区南竹林。

10岁时，进北平，后入富连成学戏。萧长华喜其品貌近似梅兰芳，为他起名“芳”字。因是“世”字辈学生，“世芳”两字便连在了一起，寓有追随、承袭梅氏之意。

学戏时，李世芳深得齐如山、尚小云、魏莲芳、张彩林等人传授，又有萧长华、叶盛兰、王少卿等名伶指点，很快脱颖而出。

1936年，梅兰芳乘飞机北上，收李世芳为徒，后加入梅兰芳剧团。因能勤学苦练，李世芳颇受梅兰芳器重，其主演的《天女散花》《生死恨》《凤还巢》等剧目，均有梅兰芳的气度和风韵，被公认为“四小名旦”之首（另三人为张君秋、毛世来、宋德珠），有“小梅兰芳”之称。

有史料称：“1942年，李氏偕新婚夫人姚宝琏首次来青演出，因其不但扮相酷似，唱腔亦极像，在青所演又均是《生死恨》《霸王别姬》《天女散花》《宇宙锋》等梅派戏，所以深受观众欢迎，连演十三天才返沪。”

对这一表述，笔者未能在青岛市档案馆内查到，仅有的报纸记录是：“（1946年12月底）李世芳将于数日内由沪搭机来青。闻本市新新大舞台已邀请李在青岛演名剧云。”

这则消息见报不久，李世芳即殒命青岛。因此，他是否来青岛演出过，有待进一步考证。

施剑翘来青岛募捐办学

1948年4月11日，曾因“替父报仇筹备十年，佛堂得手三枪击毙军阀孙传芳”而举国轰动的侠女施剑翘，乘“中央航空公司”班机由沪抵青。其此行主要目的是为她1946年秋在苏州创办的从云小学募捐。

从云小学是一所以抗战遗孤、军人子女及清寒子女为重点招生对象的私立学校，时有学生100余人，部分为免费生。为救助更多的失学儿童，1948年春节后，已过不惑之年、为办学资金所累的施剑翘，“迩来奔走各地，发动捐款”。

时值兵荒马乱、经济凋敝，地方财政“寅吃卯粮”，商民谋生维艰。加之此时联合国劝募儿童救济金中国委员会青岛分会恩威并用，在青岛各界劝募20亿元，官商军民均被压得喘不过气来。在如此窘境下，施剑翘在青岛募捐没有达到预期的目标，怅然离去。

“筹备十年的报仇”

说起施剑翘，其“替父报仇”的事情自然不能绕过。兹根据1948年春施剑翘在青岛接受记者采访时的谈话，以及青岛市档案馆馆藏史料，简要还原施剑翘“佛堂枪杀孙传芳为父雪

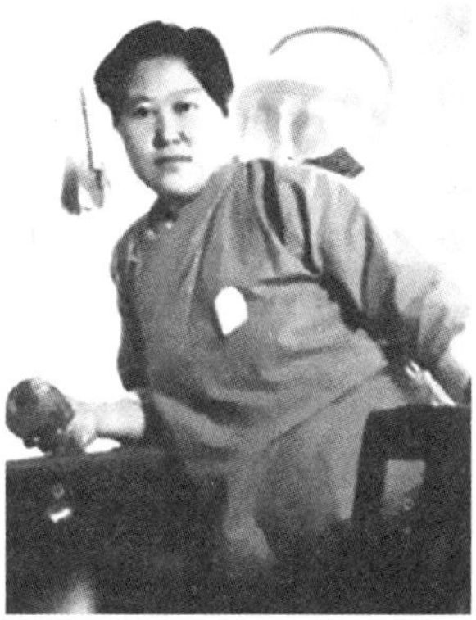
施剑翘

恨”的经过。

1935年11月13日下午3时，前来听经的孙传芳端坐在佛堂中央。施剑翘本在靠近火炉的后排座位，离仇人孙传芳较远，她以“背后的炉火太热”为由拟移向前排，遂示意看堂人。后者不知是计，轻率允诺后，施剑翘轻轻起身，并伸手握住衣襟下短小精密的“勃朗宁”手枪，快步来到孙传芳身后，屏住呼吸等待时机。待众居士闭目诵经时，她悄悄拔出“勃朗宁”，对准孙传芳后脑勺射出第一发子弹，接着又朝孙传芳太阳穴、腰部各射一枪。

佛堂内顿时乱作一团。

翌日，天津本埠报纸纷纷刊登这一爆炸性新闻，“居士林讲经突然生变，凶手系妇人为父报仇，孙传芳在津被刺毙命”。消息称，出事后，“（妇人）从容自首被逮，预怀印刷品当场散发”。北平、上海等地报馆也以头号标题刊载这一消息。

1936年8月13日，经辩护律师代为申诉，施剑翘被河北省高等法院判处7年监禁。全国妇女会，江宁、扬州、江都妇女会，旅京安徽学会，安徽省立徽州师范等团体纷纷通电呼吁，希望最高法院援例特赦，主要理由是“孙传芳曾南拒革命之师，又北窥齐鲁之境，今施剑翘之事，直接以复父仇，间接即除国慝”。施剑翘骤然在道义上处于主动，其行为及孝心深受社会普遍同情，各界名流纷纷表态，称其“坚毅行为令人感动，呼吁减刑，要求政府特赦”。嗣后，冯玉祥与李烈钧、于右任、张继、宋哲元等施以援手，呈请国民政府予以特赦。

10月14日，在施剑翘入狱11个月时，国民政府迫于舆论下特赦令：“念施剑翘以其父施从滨为孙传芳所害，痛切父仇，乘机行刺并坦然自首，听候惩处，以一女子发于思孝，奋不顾身，其志可哀，其情尤可原。依《中华民国训政时期约法》第67条规定，宣告原判处有期徒刑之施剑翘予以赦免。”

据其自述，1937年“七七”事变后，施剑翘辗转流离——由南京到湖南，过广西，经云南，进四川，飘零至重庆等地。抗战胜利后，“回到怀念八年的玄武湖畔（注：代指南京）”。

从云小学在苏州开办经过

施剑翘缘何要创办从云小学？青岛市档案馆内有一份署名施剑翘的长文，题目为《从云小学在苏州惠荫园开办经过》，这极可能是1948年春施剑翘来青岛募捐时提供给报馆记者的写作素材，后被收入档案部门。兹择要抄录：

> 我对教育是门外汉，依据我在昆明曾任过南菁学校训育主任和在西南联大读书的经验，所以对小学到大学的情形，我还能了解一点。再看到社会上种种不良现象，我感觉到：我国复兴之途，非从教育着手不可。
>
> 我时常检讨，我国致乱之因，不外乎以下两点：民

德堕落、民智太低。虽然经过数十年新教育的洗礼，有智识的人不能算少，但因为道德的涵养不够，做出许多自私自利，对不起国家民族的事情。我感觉在教育观点上，师长和家长犯了一个共同的错误，这个错误是什么？就是做家长的辛辛苦苦送儿女到学校里，把应当读的书读完，觉得就尽了家长的责任；做师长的勤勤恳恳，把应当教的书教完，再看到学生们功课成绩很好，也就觉得尽了自己的天职。其实，做人除了求智外，更有一个重要的问题，就是做人。所以应当注重小学教育，从云小学的作风，除注重知识训练外，特别注重德育，“建设良心”、“热心助人”、“知行合一”，这是从云小学教育上的重点。我希望把孩子们从小养成一种国家至上、民族至上的观念，有热心助人的精神。

是以三十年（注：1941年）冬，离开我出监狱以后十年没离开的老母亲，别了我依恋五年之久的嘉陵江，回到怀念八年的玄武湖畔，感到战后大家经济的困难，想回皖办一所义务学校，拯救一般失学的儿童。回皖办事，并不是乡土观念，皖省教育水平比江浙一带的确低落很多，可是我的学校现在办在苏州，这是一般关心我的朋友所要问的。

事情非常偶然。三十五年春，回苏州来看我四年没见面的九弟施仲达，因为他担任水上巡防总队总队长，总队驻在苏州，苏州安徽会馆规模之大，为全国之冠（先是惠荫园，为苏州名胜之一），李鸿章的祠堂，宫殿式建筑，庄严伟大，旅苏同乡知我来苏，在他们热烈的欢迎会中，我走进这所富有历史性的会馆，第二天我就回到了首都。山东省政府主席何思源电约来鲁，主持一个贫儿教养院，旅苏同乡会主持人郭屏岩先生面约来苏，安徽省教育厅汪厅长欢迎我回去办学，在种种原因之下，我答应了苏州。冯玉祥先生是先父好友，是先四叔从云公在滦州筹备革命的同志，总理任命王金铭为都督，从云公为总司令，冯玉祥为总参谋长，白毓昆为参谋长，从云公后被清廷所害。

……

三十五年八月十五日，我接收校舍，从云小学在九月四日开学。在此向捐款的先生做一特别申明，我的捐册是从云中学的收据，而现在先办的是从云小学。原因是，小学是教育的基础，且从云小学属于从云中学，先把小学办好再办中学，这样做法谅为一般捐款朋友们所赞成。

学校为什么命名为“从云”？答案是：“施剑翘四叔施从云先烈辛亥革命时，在滦州筹备革命，正好拿这个学校来纪念先烈吧。”

施剑翘自述，从云小学以救助失学儿童为宗旨，抗战遗孤、军人子女、家境清寒而子女优秀者，都是从云小学免费的对象，第一个学期免费生为30%，第二学期增至40%，本学期近60%。

“从云小学是借款开办的，开学后，先由旅苏同乡茶业公会主席方继坤捐款430万元，继由王汉山、吴惠溥、王琼和、吴显其等先生捐募650万元，还了300万元借款，以800万元生息维持一个学期，以后才慢慢地展开捐款工作。”施剑翘在长文中讲述了从云小学开办的艰难之旅——第一学期没有操场，没有风琴，寒假期间，感谢世界书局沈思期先生捐款买了风琴一架，并运到苏州，他还捐了不少书。拆了一间破屋，平了一个大操场，安装吴县唯一一副最新式的篮球架，上海体育器材公司陆经理捐赠篮球一个，沙坑等体育教具尽量设置。坍塌多年的礼堂、戏台重新修建起来，平时的演讲比赛、游艺会及亲谈会都利用这个戏台。

施剑翘不无骄傲地写道："从云小学师资高，功课严，学生活泼，校舍宽大清洁，设备完全，这是恳亲会中家长们给予的赞誉。"

"生平只怕两件事"

施剑翘来青岛募捐时，虽然距其"刺杀孙传芳替父报仇"已近12年之久，但在青岛报馆记者的眼里，她仍是个传奇人物，其在青岛的一举一动仍会牵引着很多人的视线。《青岛时报》记者玉忱专访施剑翘后的这段自述或许代表了同行的心声。文中，玉忱对施剑翘的仰慕溢于言表，并直抒胸臆："如果能见到这个传奇人物，亦为生平快事"。

十余年前，孙传芳被刺的消息曾轰动海内，施剑翘这个响亮的名字，也随着新闻的报道传遍了整个中国。从那时起，施女士成了家喻户晓的传奇人物了。

孙传芳之死在当时政治上之影响姑且不论，但对社会人心却有廉顽立懦之效。那时候，我还年青，看到学究们在报纸上发表的"于法不合，于情可原"等等评论，殊觉其酸腐不耐，我只感到痛快轻松，而且对于这个手刃父仇的现代的吕四娘，表示无限的钦敬和爱慕——十多年，我常常在想，如果能见到这个传奇人物，亦为生平快事。

而今，期望居然成为事实。施剑翘女士来青岛了，我不但见到，而且我们还上下古今的谈了半天话，宁非快事！

施剑翘抵达青岛次日，《民言报》刊发“施剑翘来青募资办学”的消息，称：“轰动全国刺杀孙传芳替父报仇之施剑翘女士4月11日由沪抵青，拟在本市发动募捐，兴办从云中学。据渠告诉记者称，三十五年秋在苏州创办从云小学，迄今已具规模，现有学生百余人，多为抗战遗孤、军人子女及清寒子女，且有部分免费生。施剑翘以拯救失学儿童为主旨，迩来奔走各地发动捐款，承中央及各地首长之赞助，成绩尚佳，拟积极兴办中学。”

施剑翘自称“对教育是门外汉”，然而深信“我国复兴之途，非从教育着手不可”，其胸襟与格局、办学的热血与豪情，得到了青岛第11绥靖区司令官丁治磐、市长李先良、国民党青岛市党部主委葛覃等高层的认可，“均乐允为襄助”。在青岛逗留三日期间，善于借媒体造势的施剑翘频频约见记者，畅谈“知行合一”、注重德育、“以期造成人人自由生活之技能”的教育理念，痛斥政府政治腐败、教育弊害。

4月13日，施剑翘离开青岛，行色匆匆奔赴下一站募捐目的地。但青岛多家报纸的报道仍在继续。

4月15日，《青岛时报》刊登记者玉忱的专访文章：《施剑翘："生平怕二事"》，“一怕毫无成就的生，二怕毫无价值的死”。

我并不是以记者身份去访问她，而是由朋友介绍做了一次友谊的拜谒。见面之后，出乎意外，她并不是我想象中的手背宝剑横眉立目英气逼人的吕四娘，不过是一个很安详的平凡人而已，眉宇之间带有英俊之气倒是真的，于是我暗暗的想，原来不平凡的事大半都是平凡的人做出来的。及至谈起话来，她那犀利的词锋、独到的见解，无不令人折服，于是我又暗暗的想：毕竟平凡的人是做出不平凡的事来的！

我们谈的话很多，谈到人生哲学，她说："我生平只怕两件事，一、毫无成就的生，二、毫无价值的死。"听了这两句话，我不敢看她的脸，殊觉其英气逼人。

……

话题又转到教育上。她很愤慨地痛斥中国教育的破产。她说，中国教育不是在造才，而是在制造高等游民，试问高中毕业生有几个能升大学的，这些剩余的高中毕业生学的什么生活技能？女子为什么和男子学习同样的课程，女学生为什么没有家事训练……这一连串的为什么，如果我是教育当局，是会被她问得哑口无言的。

在与青岛记者见面时，施剑翘向他们提供了常州《大江南日报》曾刊发的一篇记者特写，题目是《一所不平凡的小学——观从云小学毕业礼》。该文载，受资金短缺影响，从云小学1946年9月开学时招生6个班，施剑翘为此在常州进行为期两周的募捐，常州商会会长查秉初先生慷慨解囊；她在常州苏晖女中、县立师范、名山中学演讲募捐时，“早晨演讲，捐款午后就送到了”。期间，常州报纸记者每天都有从云学校募捐的报道，“一般记者最初来见我采访新闻，以后就成了朋友，在常州共收到捐款3172.8万元”。

4月16日，《青岛时报》《青岛公报》同时刊登施剑翘《哭母》。文中记述母亲离世第14天，她由北平募资回到南京，在母亲灵前哭诉：“女儿虽然手刃父仇不到一年监狱生活，折磨的不是女儿，是怀念女儿的一颗慈母之心。”她还回忆了抗战时期侍奉白发苍苍的老母亲一路车马劳顿、颠沛流离之苦，以及抗战胜利后为办学平津募资之艰。

“恳请取消捐款，以恤商艰”

对于施剑翘的募捐请求，丁治磐、李先良、葛覃等碍于面子一口应承下来。但善款从何而来？在内战烽烟四起、通货膨胀交织下，青岛财政早已“空空如也”，官银掏不出来，这项捐款便落到了市商会及各行业公会身上。

4月19日，鉴于“近由施剑翘女士来青劝募经费，各界无不热烈赞助”，青岛市商会为响应这一义举，特意召开各公会理事长会议，共商劝募办法，议决除银行、航运业、中华全国工业协会青岛分会单独劝募外，其他各公会皆按比例数分配共募3亿元捐款，其中茶业公会担负劝募770万元。

就在施剑翘公关青岛党政军大员募捐时，联合国劝募儿童救济金中国委员会青岛分会也在为劝募20亿元儿童救济金而大张旗鼓地宣传动员，其派头、声势足以遮盖施剑翘。

4月13日，青岛《民言报》载，联合国劝募儿童救济金中国委员会青岛分会在市社会局会议室举行第一次劝募动员会，沈鸿鹏、赵镜海、毕天德、张希周、李书川等青岛工商界人士出席，齐鲁公司总经理毕天德主持。会议议决：该会共劝募20亿元儿童救济金，其中中华全国工业协会青岛分会与市商会募集12亿元，青岛电厂募集5000万元，颐中烟草公司募集5000万元，轮船业公会募集1亿元，中国石油公司、亚细亚、德士古、美孚四家企业共募集1亿元，齐鲁公司募集1亿元，中纺公司募集3亿元，华新纱厂募集1亿元，4月25日前募集完毕，送交该会。

此前，经济部、资源委员会先后向行政院呈报，石家庄、青岛、北平、沈阳、天津各市，及河南、山西等省，纷纷向中纺公司摊派绥靖慰劳等捐款，合计达数百亿元之巨。鉴于此，1948年1月，行政院发布训令：各地有关国防军事及慰劳国军捐募财物，应按照统一捐募运动办法及统一捐款献金收支处理办法办理，不得以任何理由向公管事业机关摊派款项，各公管事业机关对于任何派款亦不得擅自认捐。此训令发布仅仅3个月，联合国劝募儿童救济金中国委员会青岛分会置若罔闻，依旧理直气壮地向中纺公司、青岛电厂、齐鲁公司等大额募捐。

与中华全国工业协会青岛分会一起承担12亿元捐款，市商会理事长李云轩深感压力巨大，遂于4月15日下午2时召开会员大会，“报告联合国劝募儿童救济金募款情形，当场议决各公会募集数目，附抄清册记录在案。茶叶公会应担任募集5000万元，务必于本月25日前彙缴市商会”。

4月17日，市商会以公函形式向茶业公会下达认捐通知。对该会而言，这是一笔巨款，如何劝募？身为理事长的谭哲卿寝食难安，束手无策，至4月25日募集到期时，募资仍寥寥。

5月1日上午9时，茶业公会召开第七届理监事联席会议，讨论事项如下：1. 联合国劝募儿童救济金，工商方面共捐12亿元，商会摊派本会捐募5000万元，如何处理拟请公决。议决：会员以年来交通不便，生意萧疏，无力负担，致函商会免予摊派。2. 施剑翘女士来青岛劝募从云小学经费，商会函派本会负担770万元，如何处理拟请公决。议决：仍以营业不景气，无力负担苛捐，免予摊派，致函市商会收回成命。3. 5、6月份会费是否增收数额请公决。议决：照3、4月加倍征收，每次仍收两月。

5月3日，谭哲卿以茶业公会名义致函市商会收回成命，取消捐款，以恤商艰：

> 案奉贵会4月22日公函内开：查从云小学系为纪念革命先烈施从云先生而创设，近由施剑翘女士来青劝募经费，各界无不热烈赞助。本会为响应这一义举起见，特于本月15日召开各公会理事长会议，共商劝募办法，当经决议，除银行、航运业、工业协会单独劝募外，其他各公会皆按比例数分配共同募足3亿元记录在卷。查贵会方面计担负劝募770万元，除分函外，相应函请查照迅为募集送会，是为至荷。等由。准此。查敝会往昔对于兴学济贫等慈善事项虽不能谓当仁不让，亦敢云从未后人，惟年来经营茶叶商号批发者以交通不便，销路梗塞，零售者以非必需用品雇主零星，逐日所卖钱款连本带利仅是□费，长此以往，资本消尽，前途何堪设想。在兹自顾不暇之际，实无力兴义举而助人，相应函请贵会亮查实情，将摊派募集款额予以取消，藉恤艰困而延残喘，是为至荷。

5月6日，茶业同业公会致函市商会进一步解释取消募捐的理由：

> 查敝会各会员经营茶叶事业年来生意一落千丈，究其原委，则不外乎批发者受交通不便影响，销路滞塞；零售者为茶非生活必需品之关系，卖项零星，营业开销全以资本金数敷衍维持。月来歇业者已有数家，其余皆已同仁原籍多为共匪盘踞，一旦歇业，生活堪虞，故不得不勉强支持，苟延残喘。处此艰难困苦境遇，营业所之伙费，尚无力缴纳，对此摊款尤何能负担。经第七届理事监事联席会议议决，函恳贵会鉴核斯情，予以取消，相应函请查照收回成命，以恤商艰，是为至荷。

对于茶业公会接踵而来的取消捐款公函，5月8日，市商会断然拒绝，理由是这两项捐款数目均经各公会理事长会议议决通过：

> 迳复者 叠奉来函，以联合国儿童救济会捐款及从云学校捐款请予取消等由，查上项捐款皆经各公会理事长会议议决募集数目，通过在案，各公会无不踊跃捐助，尚希贵会本为善最乐之旨，勉为其难，仍按原定数目从速筹募送会，以襄义举，是为至荷。

龚学遂青岛“打虎”

1948年7月的青岛，比天气还热的事儿当属市长的任免。

斯时，抗战胜利后接收青岛的市长李先良行将去职，谁来接任？

早在3月21日，第11绥靖区司令官丁治磐奉命进京接受蒋介石召见时，蒋介石透露：“青市政将以沈鸿烈往主之，绥区司令官允以李弥继任。”

时隔3个月，一直没有沈鸿烈重返青岛主政的消息。

更关注此事的当属青岛各家报馆，他们竖起耳朵，警觉地打探、捕捉相关权威消息。

7月22日，《军民日报》在青岛刊发独家消息——《龚学遂调长青岛政院会议昨通过》：

> 中央社南京廿一日电　行政院廿一日晨第八次会议，翁文灏出席，通过重要人事任命，青岛市长李先良另有任用，应予免职，命龚学遂为青岛市市长。大连市长龚学遂另有任用，应予免职，任命赵惜梦为大连市长。廿二日，总统府颁布任免令。

获悉政务院对龚学遂的任命消息后，市长李先良即日特电前青岛市市长、时任考试院铨叙部部长的沈鸿烈，恳请他转达对龚学遂的祝贺。

26日，《青岛公报》刊发独家消息：《李市长备著勋劳　蒋总统特电嘉勉》。文中称："蒋总统以本市李市长长年来建树颇多，备著勋劳，今离职在即，特电嘉勉，并谓一俟李氏交卸竣事，当另图借重。"为证实消息确凿，文中附上了原电文。

履新

7月30日，《民报》转发"中央"社南京廿九日电："新任青岛市长龚学遂定廿九日赴沪，勾留数日，即赴青履新。"

7月31日，有着深厚政治背景的《军民日报》再次显现它的独家资源优势，率先将次日来青履新的龚学遂动身时间、所乘航机、随行人员、青岛寓所等重要信息一股脑儿抛出，令同行望尘莫及。

该消息的标题是《龚市长明日来青　市长官舍在观海一路》。文中称，新任市长龚学遂定于8月1日早晨8时30分乘中航机来青岛，29日已由京乘车赴沪，闻同行来者有夫人及公子数人，龚氏好友已为其在观海一路8号将官舍布置妥当，龚学遂到青岛后即可迁入。至于其接任日期及市府人事更动问题，到青岛后方可决定，料市府及各局首脑将有一番大动作。

《军民日报》还刊发"又讯"，报道龚学遂履新在即，青岛市府各局局长纷呈辞表。或许是受古语"一朝天子一朝臣"的影响，市社会局局长张宝山率先递交辞职呈文，工务、卫生等局局长紧随其后，但李先良均未签字，"闻所有辞请人员，李市长均交付新任市长批示”。

这则消息的末尾颇耐人寻味：“据悉，龚氏数日前在京曾致函本市市府某局长，请其继续帮忙。”

8月1日上午，龚学遂抵达青岛，受到青岛各界隆重欢迎，“盛况为前沈市长莅青（注：1946年2月8日，国民政府党政考核委员会秘书长沈鸿烈来青考察接收事宜）时至今最为热烈之一次”。青岛报馆总动员，报道精彩纷呈，为我们留下了珍贵的历史初稿。

综合各家报道可梳理出，是日上午10时55分，龚学遂由上海乘飞机抵达沧口机场，青岛市参议会、商会、农会、教育会、总工会、工业会、国民党青岛市党部、市政协会等机关团体代表，第11绥靖区司令官刘安祺，青岛警备部司令丁治磐，李先良市长代表、市政府秘书长姜可训，国立山东大学训导长刘次箫，市政府各局、处、台、所负责人，市党部委员刘巨全、孙式庵，市参议长李代芳夫人，国民党青岛市党部主委童世荃，市党部秘书长刘金钰，各参议员，各银行公司经理，以及龚学遂在青友好，共计300余人前往迎接。

在欢迎现场，还有各人民团体代表，他们各执大旗，手持标语，列队恭候。

飞机降落，龚学遂走出机门时，一阵热烈的掌声响起，旋即，李代芳女儿李敏烨登上飞机舷梯献花。龚学遂下机，与欢迎代表一一握手后，即乘专车赴迎宾馆休息，沿途市民等候两侧，争睹市长风采。11时30分，车抵迎宾馆，各机关负责人和人民团体代表接踵而至，龚学遂在迎宾馆会客厅分别接见，并深致谢意。他告诉众人，1945年12月，身为交通部次长的他赴华北视察途中曾来青岛，“至今旧地重游，对时局之变迁，不禁今昔之感”。

龚学遂所言的1945年12月赴华北视察途中来青岛一事，青岛《民言报》留有记录：

> 1945年12月3日下午1时，交通部次长龚学遂与该部航政司长高廷梓、船舶调配委员会委员余仕荣、林旭如、杨庆贞，战时运输管理局水运处副处长康乃尔少校等一行18人由沪乘中航机抵沧口机场，青岛港务局局长张衍学、胶济铁路局青岛办事处负责人等10余人前来迎接。
>
> 进市区稍事休息后，龚学遂一行即到青岛车站、大港码头、小港码头、四方机厂等地视察。下午6时，李先良市长在迎宾馆设晚宴款待。龚氏一行因公事繁多，不能在青逗留，4日离青赴平津等地视察。

《民言报》同时刊登龚学遂一行人与市长李先良、市党部主委葛覃等人合影照片，并附龚学遂简历。

各界代表告辞后，龚学遂又乘车赴沧口机场，欢送飞北平中途在青岛停留的总统府战略顾问委员会顾问蒋鼎文、钱大钧。

1日下午，龚学遂分别拜会市长李先良、参议长李代芳，“相谈甚为融洽”。晚7时，李先良设宴为龚学遂夫妇洗尘。

翌日出版的《军民日报》以简讯形式巧妙而低调地回应坊间“龚学遂此次来青一定要带来大批人马”的传闻——“此次与龚市长同来青者，除夫人及公子庐文外，仅有好友赵君一人”。

2日上午8时50分，新任市长龚学遂偕新任市府秘书长徐祖善自迎宾馆出发，9时整赶至市府参加月会并接篆视事。李先良率领市府各局、处、台、所负责人列队于市政府门前欢迎。龚学遂下车后，警察乐队高奏欢迎曲，龚学遂与各单位负责人一一握手致谢，继由李市长陪同至休息室休息。

9时10分，市府月会及新旧市长交接仪式在市府礼堂举行，市府全体职员300余人行礼如仪后，即由新旧市长分别致辞。李先良对秉政三年来各同仁之协助表示感谢。他称：“本人八年抗战，三年行政，蒙诸位帮助，虽无大功，但亦无陨越之虞。期间惟未得休息，今日交卸，得有休养机会，内心甚为愉快。所遗憾的是，本人对市民无所贡献。古人说‘为政不在多言’，过去主青功过，自有公论。”继则介绍龚学遂经历，称龚市长学识渊博，从政多年，经验丰富，对工程学一项尤所擅长。最后，他说：“青市党政军首长均焕然一新，真诚合作，青岛市民多寄予无限希望，惟地方环境诸多困难，所尚希望同仁本过去之精神协助龚市长，整理青岛，克服当前困难，以造福地方。”

言毕，龚学遂致辞，略谓：“此次奉命来青接管行政，李市长虽暂时休息，而中央当另有借重。本人此次来青，仍希望同仁本以往之精神予以协助，要知道这也是帮助青市，本人亦决以萧规曹随之精神，来继李市长完成本市一切未了事务，配合中央总体战，努力去做。大家亦必须知道中央及地方环境之种种困难，由上而下，配合起来，市民认为不应该做的事，则不应去做，务要民意机关携起手来，切实合作，然社会情形复杂，吾人应确定信念，安心工作。至外界传讯人事变动之言论，不要相信。”

9时40分，龚学遂率领全体职员列队欢送前市长，李先良与众人一一握别后登车而去。

10时，市参议会召集11个团体负责人座谈，中华全国工业协会青岛分会理事长尹致中、市商会常务理事赵镜海等10余人出席，市党部秘书长刘金钰主持。经一番商讨，决定于4日下午3时在迎宾馆举行茶会，欢宴新旧市长，除参议会及11个团体负责人出席外，邀请第11绥靖区司令官刘安祺，青岛警备部司令丁治磐，国立山大校长赵太侔、训导长刘次箫，在青立法委员、监察委员暨市府各局、“中央”各机关负责人作陪。届时，市参议会全体参议员参加，记者公会、妇女会、工业会、商业会、教育会、律师公会、农会、渔会、总工会、医师公会暨动委会等11个团体各派代表2~5名莅会，欢宴会由议长李代芳主持。

2日晚，处在华东野战军包围之下、为战事焦头烂额的山东省政府主席王耀武不能亲赴青岛，便委派俞济民与刘安祺、丁治磐一起在励志社欢宴龚学遂，并约请李先良作陪。

3日，青岛本埠报纸特意向读者介绍新任市府秘书长徐祖善：“徐氏57岁，江苏无锡人，学识渊博，经验丰富，为人精明强干，从政多年，成绩卓著。民国十一年接收青岛时，徐氏即为接收委员之一。曾任青市第一任港务局长（注：此处有误，应为第一任胶海关监督），此次故地重游，襄助市政，可谓得人。”

当日上午10时，龚学遂逐一召见市府所属各局、处、台、所负责人，“咨询政务甚详”。

“打虎”

龚学遂长青岛半月时，为刹住全国急剧恶化的通货膨胀，稳定社会经济秩序，挽救败局，蒋介石祭出“撒手锏”。

8月19日，国民政府相继发布《财政经济紧急处分令》《金圆券发行办法》《人民所有金银外币处理办法》《中华民国人民存放国外外汇资产登记管理办法》和《整理财政及加强管制经济办法》5个文件。其要旨是：自即日起，以金圆为本位币，十足准备发行金圆券，限期收兑已发行之法币及东北流通券；限期收兑人民所有黄金、白银、银币及外国币券，逾期任何人不得持有；限期登记管理本国人民存放国外之外汇资产，违者予以制裁；整理财政并加强管理经济，以稳定物价，平衡国家总预算及国际收支。

为顺利推行一系列经济新政，蒋介石在重镇设置经济管制督导员，蒋经国任上海经管督导员。8月20日晚，蒋经国离京赴沪。

蒋经国赴沪首要任务是限制物价使之保持在紧急处分令颁布时的水平，即绝不能突破“八一九”防线。为此，他不得不向奸商亮剑，是为“打虎”。

为响应币制改革和“打虎”，经济重镇青岛市各界迅速行动。

26日，青岛市商会召开商会监事和各同业公会理事长联席会议，研讨拥护政府币制改革措施。会议希望商会同仁自动将物价标出，遵从政府命令，以期完成币制改革的任务。如有违犯经济紧急措施办法即予以严惩。同时，根据国民政府命令，市警察局经济纠察队各组突击纠察，取缔黑市，拘捕哄抬物价和非法兑换黄金、美钞的商贩，三天内抓捕46名不法分子。

30日，第11绥靖区司令官刘安祺发声，谓“奸商、奸匪、落伍政客是新币制改革之大敌，当将予以打击”。

是日，刘安祺在司令部大礼堂主持召开扩大进修周会，在听取该部经济处负责人“改革币制后，青岛实施情形”的报告后，刘安祺当即表明态度。翌日，青岛多家报纸在重要位置作了圈框处理。

看到刘安祺高调表态，31日上午8时，龚学遂来到市警察局对经济纠察队全体人员训话，要求“只许成功，不许失败”。

龚学遂称，他奉总统电令，严格执行经济改革新政策令，本市为使用外币最多之区域，青岛执行新令情况均按日报告“中央”。“中央”认为本市执行经过认真彻底，已来电慰问。中国当前两件大事，即军事与经济。军事方面胜败为兵家常事，可胜可败；经济方面则不然，尤其是币制改革，实在是只许成功，不许失败。

鉴于青岛市难民及乡民对新经济政策难以全面了解，龚学遂与刘安祺商定：1. 联合市党部进行扩大宣传；2. 要求各区长、各保长协助经济纠察队工作。

最后，龚学遂动员经济纠察队队员：“诸位连同本人为改革币制而工作，是一个报效国家的好机会，我们决心做一个国家迫切需要的无名英雄，一个国家之富强，视无名英雄多少而定。青岛使用及存有外币，比全国任何地方都多，所以这个改革工作分外困难，必须要有大仁大智的精神。若大家能完成这项工作，真是本人此生中的患难之交。”

在市警察局训话完毕，龚学遂率员前往“中央银行”视察兑换货币情形，“对于该行办理兑换手续之迅速，及前往兑换者秩序之良好，备极赞许。并请奚经理向办理兑换之各行局职员转达慰劳之意”。

为壮声势，31日，市警察局第三科负责人告诉记者，使用美钞抬高物价的“远发”商号因手续未办妥，30日未及执行，“决定于今日起查封。至于被查封的其它商号，尚未统计”。

同日，青岛多家报纸刊发物价管制情况，称“严查物价收效甚宏”。

报道显示，青岛市场面粉、大米批发价格与前期相比大致相同，苞米、小米等杂粮价格续落，但成交无多，情况依旧不振；零售方面“板滞如故”。由于临近中秋，白糖、砂糖销路转旺，货源不足，存底薄弱，致批零价格齐涨。为彻底管制物价，当局即将检查仓库。

报道最后称，本市一般购价因在经济纠察队彻底检查下已渐上正规，而不敢妄自抬高，唯有少数摊贩商对所售之日用品相较于8月19日价格不但未能贬低，且有一再提升者，其中煤贩所售之煤炭更甚。煤炭为主要日用品，如此升涨，既有违新经济政策，且影响民生之不安。顷悉，经济纠察队将加以制裁，订定现行卖价，以安民生。

9月8日，因一些重要商品价格仍在上涨，龚学遂向青岛工商业界传递“打虎”信息。

下午4时至6时30分，借市参议会大礼堂，龚学遂召集市工商业界代表开会，市商会常务理事、各同业公会理事长共计60余人参加。龚学遂透露，拟请行政院副院长张励生来青岛协助“打虎”。

会议伊始，市商会常务理事赵镜海阐释龚市长召集会议的目的，并寄望各公会理事长切实领导会员拥护新币制，一切物价保持“八一九”时状态，切莫轻易触犯法令。赵镜海还向与会者说明前期查封商店、逮捕商贩的原委，并请求市长早日处理，“念其不明政府法令，以及初犯之情宜，予以启封或释放”。

接下来，龚学遂大谈“打虎”：1. 目前一般市民对上海“打虎”感到痛快，希望青岛也“打虎”，莫专捉“苍蝇”，青岛将请行政院副院长、华北经济督导专员张励生来青岛协助，届时他也许要打几只“老虎”。2. 老虎与苍蝇之别。老虎居于深山，数目太少，不易逮着；苍蝇专到肮脏地方，数目众多，故极易捕捉，所以他们每次“打虎”，多数打不着，可能打好多“苍蝇”。现在本市尚未发现“老虎”，可是他们在调查，经发现即打一只看看。

“张励生要来青打虎”绝非空穴来风，这出自市长之口。自9日起，坊间添油加醋，又将蒋经国拉了进来。《青岛公民报》《民报》《民言报》《民治报》等纷纷报道，蒋经国拟来青岛“打虎”。

比如《青岛公民报》刊发消息：《张副院长与蒋经国日内来青准备“打虎”》。

据本市金融界传出消息称，行政院张副院长励生、蒋经国二氏拟日内来青，视察本市币制改革的情形，因而本市银行界为加强工作起见，特废除夏令时之下午休息制，并悉蒋经国来青之目的，系总统之授意，为铲除奸商，安定北方人心，并称彻查仓库存货，两位大员前来，与“打虎”有关。

龚学遂频出“打虎”之语，青岛本埠报纸趁势发挥，《市长“打虎”要向蒋经国看齐》——这是一则小评论的标题。该文最后称：“这真是‘老虎’们的危机，本市‘老虎’们正在做试扑的打算，如不赶紧捕捉，那么很容易跃跃欲动。市长‘打虎’，市民们拭目以待。”

20日上午9时，龚学遂再次来到市警察局召集经济纠察队全体人员训话。其间，他慷慨陈词，作势挥拳，频出豪言壮语，《军民日报》据此制作更生动、更形象的标题：《龚市长在警局挥拳头　他要学蒋经国打老虎》。

在训话中，龚学遂再抛“打虎”经：1. 舆论界鼓励他们打“老虎”，说他们没有打“老虎”的工作，他们不是不愿意打“老虎”，而是没有得到线索。他们希望告密，只要他们得到线索后，立即去打，决定将青岛一部分为自己营私的“老虎”消灭。要坚定决心，仿效蒋经国“打虎”精神；2. 他们“打虎”的方法，要注重明察暗访，从各方面进行，希望大家为此项工作倾尽全力以完成。

训话结束后，龚学遂与警察局局长黄佑召集经济纠察队各组长进行检讨，组长们踊跃提出“打虎”意见。

龚学遂“打虎”，效果和上海一样——也是抓捕些“苍蝇”，他们惹不起“老虎”，“打虎”的棒子最终也是“高高举起，轻轻放下”。

26日，《民言报·晚刊》即在头版刊发评论：《未向蒋经国看齐　先向鱼“老虎”低头》，指责口口声声“打虎”

的龚学遂却打不掉垄断青岛水产市场的“鱼霸”。

一市之长竟然不能将鱼“老虎”收入网内，为给龚学遂挽回面子，刘安祺出手了。10月2日，他授命警察局拘捕鱼“老虎”张玉芝及其手下。

3日，《青报》等本埠多家报纸突出报道“鱼‘老虎’已送押特刑庭”的消息：

> 举世瞩目之鱼老虎张玉芝及其业务科长崔辅庭经警局查明，确有抬高鱼价情事，昨日当请绥区核示，当经该部电该局速以拘捕移送特种刑庭。闻该局当日将张玉芝崔辅庭予以拘捕，将依法严办。

打“老虎”举步维艰，“八一九”防线自然守不住。进入10月份，青岛通货膨胀加剧，市民哄抢成风。身为青岛军政要员，刘安祺、龚学遂束手无策，只得联名在报纸上发布《第十一绥靖区司令部　青岛市政府制定禁止百货抢购办法布告》。结果适得其反，民众恐慌加剧，抢购升级，市场上粮食等日常用品日益紧缺。

10月20日，龚学遂致电蒋经国，请其“协助采购杂粮，以裕青市民食”。

在今天来看，龚学遂在青岛空喊“打虎”而未得实效，有诸多原因。

龚学遂空降“华洋杂处”、行业把头林立的青岛不足两个月，他没有半点根基，又不摸“潮水”，对于“打虎”只能嘴上过瘾。其频抛的“打虎”经中显示，他有畏难情绪，有逢场作戏和敷衍了事的意味。

“打虎”力量弱，硬件欠缺。龚学遂曾对经济纠察队直言：“我们只有100人，而工作对象数万人，执行工作非常困难”，“本队工作条件一切都不够，比如交通工具，不能争取执法时间”。

政绩

1948年9月17日，是抗战胜利青岛市政接收三周年纪念日，青岛市政府特举行纪念会，各局、处、台、所主任科员以上职员均参加。因市长龚学遂中秋节赴即墨灵山慰劳驻军，所以大会由市府秘书长徐祖善主持。纪念会伊始，徐祖善回顾前市长李先良在崂山艰苦支撑八年的抗战，继而谈及龚市长履职月余积极协调所取得的三点成绩：一是今后青岛的面粉没有问题；二是煤炭短缺困难解决了；三是币制改革过程中监督有方。翌日，《青岛时报》予以报道。

随着时间推移和时局急剧变化，徐祖善所言的“龚市长三点成绩”均未经得起时间的检验。以面粉为代表的粮食、以煤炭为代表的燃料持续短缺，最终形成灾荒；而币制改革的失败，让“监督有方”成为笑谈。

9月21日，出任市长满50天时，《青报》评论说：“新市长到任半百之日，市民皆曰：龚市长有三大德政：一是清除垃圾，二是减局并科，三是裁员换员。此三项不是空头支票，市民已有口皆碑，遑论其他。”

实际上，“减局并科”“裁员换员”系龚学遂不折不扣执行行政院令罢了。

8月31日，《青岛公报》刊发相关报道：

> 市府顷奉行政院令，以市府简化行政机构案，业经召集各部开会审查，决定原则三项，应即遵照办理：
>
> 一、青岛市政府现有民政局等十三个单位，应裁并为六局两处，现有员额一千五百一十二人，最少裁汰五分之一。
>
> 二、该市会计及统计机构，应合并改为主计处，业务由主计处统申办理，不能由各局处自行办理，以免纷歧。
>
> 三、（1）民政、卫生、地政三局，着即裁撤，其业务分别交由秘书处及社会、财政、警察三局接办。（2）人事处改组为人事室。（3）会计处、统计处合并为主计处。（4）新闻处着即裁撤，其业务交由秘书处办理。（5）各局、台、所、处统计室一律裁撤，业务由主计处筹办。

龚学遂遵令行事，要求各被裁局处负责人“赶办结束，以便业务移交”。

根据行政院令，市政府机构作出相应调整：裁撤卫生局，增设卫生科，掌管原卫生局业务，科长仍由郭致文局长担任，另聘请郭致文为市府卫生专门委员会主任委员兼市立医院院长；民政局所辖户籍、兵役、禁政业务移交警察局，其他业务在社会局增设两个科，名称及科长职员等尚未决定；地政局业务悉交财政局，在该局另添一科办理原有业务；人事处处长芮麟任市府参事兼人事室主任，新闻处长萧继宗被免职。

9月8日，龚学遂与工商界代表谈话时颇为动情：“诸位有痛苦困难问题，及本人处理不当之处，请述事端之经过，函致本人，本人决予接受。本人不是军阀官僚，以做官为目的；本人纯系为人民服务，身为一市之长，即为一家之主，诸位是一业之首，我们应共同努力，执行政府法令，为人民解除痛苦……”

7月20日，有知情者告诉记者，青市粮荒、煤炭荒及难民、流亡学生等各项问题，为龚学遂一向所熟闻。自公布由他接任青岛市市长后，他对各项问题愈发关切。旬日来，他利用自己与中枢各方面的密切关系交涉解决上述问题，并极力交涉充分配发美方援助物资，以解决青岛各项危机。

8月1日，龚学遂抵达青岛，曾在迎宾馆答复记者：“本市食粮及燃煤问题，上月29日抵沪时，分别与“中央银行”、“中央信托局”、燃料管理委员会等有关机关洽商，大致已有头绪，惟详细情形，因手头资料未整理，一时不能详述。”

进入10月份，民生凋敝，物价持续大涨，来青难民、流亡学生剧增，龚学遂心急如焚，先后致函教育部部长朱家骅、社会部部长谷正纲、上海经济督察专员蒋经国、行政院院长翁文灏，请其出钱出粮，尽快予以救助。

10日，龚氏致函朱家骅，请其拨款安置流浪青岛街头的1500名昌潍学生。

> 昌潍地区学生一千五百余名抵青已半载，经日流浪街头，奔走衣食，鲁省政府所派校长因环境困难至今未到校，若长此以往，不仅荒废学业，且恐影

> 响地方秩序。尤以济南流亡学生又陆续到青，请即派员管理，编级授课，务恳将部拨该校经营各费，即赐汇下，以维校务，而安人心。

13日，龚学遂致电谷正纲，请其为来青岛的烟台流亡学生拨粮救急：“首批难民学生九千人抵青，时值本市粮荒严重，生活堪虞，恳请行政院先拨粮食廿万斤，以资救急。”

20日，龚学遂致电蒋经国，请其协助为青岛市采购杂粮，青岛本埠报纸刊登蒋经国的电复：“杂粮一项原不属限制转口之列，青市所采杂粮，请在限额范围内派员来沪自行采购。”其时，青市粮食配额有面粉6万包，大米1.5万担，杂粮3万包。

龚学遂接电后，除致函“中央信托局”协助采购外，还立即通知市商会粮食业公会洽商，迅速派员前往采购。

27日，龚学遂致函翁文灏，吁请为青岛市难民奔赴江西省垦荒自救下拨经费：

> 查本市难民麇集已达三十万人，救济工作备感困难，前拟将难民壮丁迁移江西开垦生产，以资救济，经洽准江西省政府，可先容纳迁移一千人，惟给养、卷棚、购置耕牛农具暨管理等费则统须自筹等由。本市现已登记壮丁难民一千人，每人准带眷属五人，每人约需旅费、食粮、种籽、卷棚、耕牛、农具等费金圆八百元，共需八十万元，管理费约需一万元以上，合计金圆八十一万元，此项经费本市无力筹措，拟电请钧府准予筹拨，电复为祷。

为给日益增多的青岛难民以生存之路，龚学遂、刘安祺协调江西省政府，请求分批转移青壮难民，前往垦荒自救。11月8日，为明了江西土地情形及与该省府商讨移民问题，龚学遂特派市政府参事张宝山乘机前往江西省政府接洽。9日，因“本市难民移至江西垦荒至今尚未有命令到青”，龚学遂忐忑不安，又派遣市社会局局长高伯玉乘坐当日下午3时的中航机赴南京“当请中央赶速办理”。

两地政府顺利对接并经行政院同意，青岛市成立难胞移垦辅导委员会，龚学遂任主任委员，高伯玉为副主任委员。11月底，青岛本埠多家报纸连发首批1000名移垦难民报名须知，自12月5日报名至本月30日结束。

将青岛难民分批迁移至江西垦荒，龚学遂与同僚们煞费苦心。这从1948年11月25日龚学遂主持召开的第139次扩大市政会议的谈话中可管窥。

会上，龚学遂剖析了粮食、煤炭、难民三大难题。其时，青岛市区粮食全部靠向长江流域一带产粮区采购，受战争影响，粮价是否会暴涨，龚学遂为此忧心忡忡。至于煤炭问题，龚学遂称：“本市现存煤炭，不足维持半个月供电，决定自下星期一起，再定停电办法，决定每日下午6时至夜间12时供电。”

更令龚学遂焦虑和头痛的是难民问题。龚学遂向市府人员倡议，“希望同仁尽量鼓励难民自己返乡”。但惊惶无措的难民们选择不走，无奈之下，龚学遂想到了鼓励难民赴江西垦荒的策略，为此向行政院申请拨放2000万金圆券充当移垦费。

辞职

日益加剧的粮荒、煤荒、难民、流亡学生以及“市库空空如也”等问题，让青岛市政府主要成员们极度失望，遂接踵向龚学遂递交辞呈。

11月5日，青岛本埠多家报纸报道：“市库空空如也，公教人员薪金难发。”财政局负责人称：“按目前即将市库悉数空出，尚不足发放三分之一，虽然拟具增加税收标准提请参议会审查，但等到实行尚须时间，亦不济目前之急。”

龚学遂无计可施，只得派市府秘书长徐祖善“飞京向中央借款救急”。

身为市财政局局长的孔福民，在“市库空空如也”的窘境下以身体多病为由，11月8日呈请辞职。“闻龚市长除慰留外，准假三个月以资休养。”

赴京借款的徐祖善返回青岛后意兴阑珊，也向龚学遂递交辞呈，龚学遂一再慰留。徐祖善最终“挂冠坚辞”——他向龚学遂请假两周，于11月24日下午3时偕夫人搭船赴沪。

1949年1月1日，《青岛健报》推出元旦增刊，市长龚学遂应邀寄语新年，并题写“自信心为成功之母”八个大字。

此时的龚学遂实际上已失去自信心，他对旧政权由心灰意冷转向悲观绝望，他想跳离这艘摇摇欲坠的大船。在不露声色像往常那样处理日常政务的同时，他派人与中共华东分局秘密接洽、谈判。

28日，华东局就龚学遂投诚事宜致电周恩来、董必武和“中央”社会部。这份电文原件现存于中央档案馆，其主要内容包括三方面，兹摘要抄录：

（一）刘坤已到。龚学遂派刘来仅负责回去传达我方态度，惟据宗君仁谈：美蒋如欲坚守青岛，龚可能调走，或派秦德纯来青控制龚、刘军政大权；如仅维持现状，或美军先撤，则龚急求我方能予以一定保证。

（二）宗、安自报奋勇，拟回青岛进行谈判。据我估计：青岛今日之形势，尚不可能毅然投降，我们亦不宜给以保证，目前即派宗去主动谈判于我不利。

（三）我们拟将刘坤介绍至胶东统战部，由胶东与龚联系，目前仅经刘向龚表示三点：1．青岛军政当局，过去甘做美帝奴仆，出卖国家民族利益，辱杀青市人民，骚扰我解放区边境，抢劫焚烧我边沿人民之财产、房屋，我解放区人民对他们这种反动行为极端愤恨。2．龚等既要向人民悔过自新，就必须有具体改过的表现，才能得到解放区人民的宽大对待。3．龚、刘如确具决心愿将功折罪，可将他们的具体计划提出，并派正式代表到胶东接谈。

翌日，周恩来亲自起草电文，代表中央向华东局作出指示。电文称：“龚学遂为市长，无军权，不可能直接发动投降，他所能做者只是在目前推延将一切工厂和物资南移，并供给重要情报，在美蒋军撤退时保证不破坏任何建筑、工厂、机器、物资和档案图书，在紧急时应负责推动刘安祺或其他军事负责人员迅速放下武器，实行投诚，龚如能实现上述条件，我自可给以将功折罪的保证。此外，不必对龚作过高要求。”

在派人与中共密谈投诚的关键节点，龚学遂呈文国民政府行政院，请辞青岛市市长之职。

2月9日，已南撤广州苟延残喘的国民政府行政院致电青岛市政府：

> 本院第四十三次会议决议，青岛市长龚学遂呈请辞职应予免职，遗缺由山东省政府主席秦德纯兼任，除转请任免并电知山东省政府外，特电知照。

当晚，龚学遂郑重表态：“获悉行政院通过消息后，除电秦兼市长促驾外，绝对继续负责，不使市政有一日停顿，静候秦氏到任，亲办交代后方始离青。”

11日，刘安祺、龚学遂分别以长途电话与秦德纯联络，请其速来本市主持市政。“秦氏在电话中肯定答复，容赴京晋谒总统后，决即飞青就职。”

龚学遂在“静候秦德纯到任”，秦德纯却迟迟不见踪影。在青岛各界代表建议下，龚学遂“迭电促驾”。21日上午，龚学遂接到秦德纯复电：“刻正向中央请辞中，仍希望龚氏继续主持青政。”龚学遂当即拒绝，并通过市府秘书处人员向本埠多家报馆“吹风”，给秦德纯施压：“龚市长仍将复电秦氏，敦促早日来青，以负众望，否则将亲自赴沪劝驾。”

“坚辞数次均未获准”，秦德纯最终决定“下月初赴青履新”。2月底，青岛多家报纸广而告之。

新市长上任有了确切消息，得以解脱的龚学遂着手交接、离青事宜。

3月1日，青岛市商会给各行业公会下发《在迎宾馆举行个人团体饯送龚市长惜别大会的函》。

龚学遂归心似箭，奈何秦德纯仍迟迟未到。一市岂能无人主政？况且又处于社会动荡之期，龚学遂只得退掉赴沪船票，继续履职。

青岛本埠报纸对此事有所记载：

> 省政府秘书长孙继丁昨日（注：3月2日）与秦兼市长通电话，据秦氏称，因在京被邀出席国是会议，目前尚不能离京，约十日左右可来青。闻龚市长原已购妥“长兴”轮船票，为负责起见，已将船票退回，直到秦兼市长莅青就职后再行离去。

有感于“龚市长伯循对青岛保安旅官兵爱护奖掖，无微不至”，旅长高芳先率该部官兵10余人，3日中午12时在中山路青岛咖啡饭店设宴饯别龚学遂，并邀请参议长李代芳、委员戴庆辉作陪。席间，“高芳先对龚氏培植青保之盛情隆谊深表感谢，至二时余，宾主于惜别依依气氛中恭送市长回寓”。

4日，龚学遂致函青岛市商会，感谢商会及各业公会对他的深情厚谊。

斯时，“本市粥厂三月底有结束之说”日盛，各县流亡难民代表傅治山、胡铭志、刘进九等人紧急呈文市政府，“恳请仍予继续办理，以维民命”。

青岛流亡难民总数已逾30万人，“其中非救不活者10余万人”，一旦停止供米，难民生活必濒于绝路。于是，市政府一面函请美国经济合作总署中国分署青岛办事处继续拨米，一面急电尚在南京的秦德纯市长快想办法。

难民数量庞大，若施粥处置不慎，势必加剧社会动荡，秦德纯接电后匆匆起程赴青。

6日，《光华日报》刊发一组简讯——《龚学遂秦德纯职务变动》：

由南京来电报称，新任市长秦德纯十日前赴青，龚氏接电后，决定十一日交接，十三日离青赴沪。

另讯　秦兼市长对青市各界盛大欢迎举动恳切辞谢，对来青确切日期，不予言明，避免迎接之劳。

又讯　社会局长高伯玉定九日搭乘“景兴”轮离青赴沪。秦兼市长昨晚夜车赴沪，拟九日由沪飞青履新。

9日上午11时20分，秦德纯偕省府新闻处长尹殿甲及副官一人乘中航机自沪抵青，第11绥靖区司令官刘安祺、市长龚学遂等各界代表200余人在沧口机场热烈欢迎。

10日下午5时，龚学遂与夫人王家襄假迎宾馆举行鸡尾酒会，欢迎秦德纯，并邀请中外各机关负责人作陪。

14日，青岛市民食调配委员会在报纸上发布公告：

本会依照规定，主任委员一职由市长兼任，前市长兼主任委员龚学遂辞职奉准，新任市长秦德纯现已莅任于三月十一日接篆视事，同时接任本会主任委员兼职。

19日上午10时，秦德纯与龚学遂在市府举行交接典礼，《光华日报》留有详细报道。

当日上午10时整，龚学遂率市府各局、台、所全体职员500余人在市府门前等候，并派市警察局局长刘国宪代表赴迎宾馆迎迓。10时15分，秦德纯与省府秘书长孙继丁、新闻处处长尹殿甲莅临。在悠扬的军乐声中，由龚学遂陪同一起步入市府，在市长休息室稍事休息后，10时25分交接典礼开始，市府全体职员与市参政会议长李代芳、国民党青岛市党部主委殷君采出席交接仪式，高等法院青岛分院院长夏维上监督交接。

龚学遂将市府印信交给秦德纯后即发表致辞："本人自执掌市政府以来已经数月，虽经各同人协助办理市政，但因本人才疏学浅，未能办到理想地步。今幸中央派秦兼市长前来，本人相信今后各同人在秦市长领导之下，市政定有光荣前途。更希各同人能以过去协助本人之精神来协助秦市长，为青市百万市民谋幸福。"

秦德纯随即发言："自中央发表本人兼任青岛市政后，本人以才力不足，况又值艰巨时期，深恐有负各方期待，曾一再请辞均未获准。又蒙各界代表督促，不得不应命而来，龚市长主青后，适值军事迭次失利，在此艰苦情况下，睹同人共同协助龚市长推进市政，实为难能可贵。德纯今后当采纳众议，一本过去龚市长为国家地方服务的精神，向前努力做去，并决定尽最大努力，以最高度热情，为桑梓为人民服务。"

最后，夏院长致辞，略谓："本人奉命监督交接，实无上光荣。龚市长乃吾之好友，秦市长亦家兄之良友，在家兄处曾获得许多关于秦市长之服务精神，今后秦氏定能领导全市人民向前迈进。"

当日下午，秦德纯召见市府各局、处、台、所、厂负责人，进行"垂询与指示"，闻"秦德纯出任市长后，将发表由省府秘书长孙继丁兼任市府秘书长"。

3月21日，市商会向市钟表业公会送达《龚学遂致谢钟表业公会所赠纪念品的函》。

4月11日下午，龚学遂夫妇乘飞机赴沪。

12日，龚学遂在《青联报》上刊登致谢公告：

> 学遂主青半载，愧乏建树，虽云环境艰困，实因应付无能，承蒙各界推重，鼎力协助，共支危局，良深感恩，惟求人地相宜，劳须让贤自代，临行之际，更蒙各界殷殷惜别，或良言相赠，或以盛馔相待，隆情厚谊，益增惭怍，行期急迫，未能一一踵辞，敬希鉴谅是幸！

同一天，龚学遂自沪致电感谢青岛轮船业公会方重并转各理事，感谢该会为其饯行并赠纪念品。

15日，《光华日报》报道，前市长龚学遂在百万市民欢送之下，已于11日安抵沪滨，龚学遂当即由沪电谢本市各界。

翻阅《青岛通鉴》不难发现，龚学遂辞职时所言的"环境艰困"，还有其出任青岛市市长后发生的天灾、战争、罢课、罢市、爆炸等诸多棘手问题，这些足以让其意兴阑珊。

"接印视事"仅20天，秦德纯又匆匆离开青岛。

5月11日，国民政府行政院政务会通过任免事项：秦德纯呈请辞去兼市长职，应免兼职。任命孙继丁代理青岛市市长。

接任市长后，孙继丁亦迅速请辞，但未获允准。青岛解放前夕，孙继丁辗转赴台湾。

1949年5月，上海解放，隐居在此的龚学遂应邀列席全国政协首届一次会议。此后，他居住在济南，于1968年病逝。

延伸阅读

龚学遂

龚学遂（1885—1968），字伯循，江西省金溪县人。先后毕业于上海南洋理工大学工程系和日本东京大学采冶系。

1925—1947年，龚学遂历任南浔铁路局会计处处长兼工务处处长、铁道部技士、南浔铁路局局长、江西省政府委员兼建设厅厅长、国民党江西省党部执行委员、江西省公路处处长兼南昌市政委员会主任委员、南昌市市长、军委会西南运输处副主任、交通部政务次长、大连市市长等职。

1948年8月2日，国民政府行政院正式任命他为青岛市市长，同月到任。

1949年1月，龚学遂兼任民众自卫司令部司令。同年2月离任，隐居上海。

1949年5月，上海解放，龚学遂应邀列席全国政协首届一次会议。

1953年，龚学遂任山东省煤炭工业管理局顾问、科研所代主任，民革中央委员，民革山东省煤炭管理局支部主任委员，山东省政协常委，山东省科普协会委员等。

1968年，龚学遂病逝于济南。

警备司令丁治磐

1946年3月1日，遵照南京国民政府电令，设于济南的国民党第四方面军司令部被撤销，就地改编为第二绥靖区司令部，王耀武任司令官，丁治磐、李仙洲任副司令官。

青岛是胶济铁路的起点，又是中国沿海重要港口、军事重镇。王耀武将青岛的安危视为山东生命线，决定成立青岛警备司令部，统一指挥青岛市党政军权。

兼任青岛警备司令

1946年3月11日，国民党青岛市党部机关报《民言报》、驻扎于青岛的国民党第八军机关报——《军民日报》同时刊出青岛设立警备司令部的消息："军事委员会以青岛地区重要，特设警备司令部，以资警备，即已决定（第二绥靖区）副司令官丁治磐为青岛警备司令，青岛市长李先良为副司令。丁司令不日来青筹备成立。"

丁治磐，字似庵，1894年生，江苏省东海县人。清末时接受古文教育，诗赋古文书法皆有根基。民国初年，毕业于江苏讲武堂、江苏军官教育团、陆军大学第12期。抗战时期，任国民革命军陆军第41师师长，参加南京保卫战、武汉会战、第一

丁治磐

次长沙会战、桂柳会战，有“王牌师长”之誉。抗战胜利后，在湖南衡阳接受日军投降。

28日起，丁治磐日记里有了“青岛警备司令部”的内容。兹摘录如下：

> 28日本部（第二绥靖区）李（仙洲）副司令官及各处长为余饯行，七时许始散席。余决定于四月一日飞青岛。

> 4月1日早十一时半济南起飞，午后十二时半到，青岛甚望余来，然一兵一卒不能来恐失民望，则建军诚属重要。晚间，李市长先良宴于迎宾馆，即德之提督楼。八时半招待新闻记者，先以此来系代表王司令官负责鲁东治安责任，希望同舟共济，并语本人做事态度为求助与助人。

2日，《民言报》刊发丁治磐来青岛履新的报道：

第二绥靖区副司令官丁治磐中将，奉令兼任青岛市警备司令，于昨午零时三十分由济南乘航委会飞机抵青，同行者有绥靖区政治部秘书主任徐人众少将，鲁青救济分署秘书主任胡道远等，到机场欢迎者李市长及各机关首长，及美军哈威尔少将等数十人，并有警察局军乐队，丁司令下机与欢迎者略事寒暄，乘车迳赴警备司令部。至晚应李市长欢宴，八时半在司令部会议室亲临主持记者招待会。

在机场，丁治磐检阅仪仗队。

《民言报》同时刊发了丁治磐会见记者时的发言，丁治磐将时局喻为“横在面前的是一条大江”，并向众人提出“须同舟共济，不可怀疑分离”，因为他们是“破舟渡大江”。

本人来青任务系代表王司令官（注：第二绥靖区司令官王耀武）负责青岛警备事宜，王司令官对山东极其关心，对胶东治安尤为重视。在此艰难局面中，本人所负责如此重大，实为惶悚之至，幸有李市长与本人共同负责青岛警备任务，今后一切事务均能顺利推进。胶东民众过去八年之疾苦，已在坚苦中度过，欲打破目前的艰苦环境，仍须同舟共济，不可怀疑分离，自相纷扰，应持镇静态度。横在我们面前的是一条大江，我们必须不折不扣的努力前进，佛家以枝苇渡江，我们用破舟渡江，甚至是破舟渡大江。

青岛警备司令部设参谋、秘书、副官、军需、军法、外事、军医等处，辖第74师第57旅、青年军第205师第1旅第11团、宪兵第11团、宪兵教导第1团、绥靖区特务团、独立工兵第17团、辎重汽车第21团、通信兵独立第10营、铁甲兵第5大队。

3日，青岛警备司令部举行警备会议，丁治磐与兼任副司令的市长李先良宣誓就职。因第二绥靖区司令官王耀武“未克莅临，来电对本大会有所指示”。

丁治磐在发言中称：“蒙诸位莅临指导无任荣幸、无任感激，治磐与李兼副司令自当谨守监誓员之训示及自己的誓言，努力实践，希望各位多加指导与协助，俾能完成任务。”

丁治磐兴致颇高，又讲了两点意见，“提供诸位参考”：第一，无人我见。深望大家在会议中讨论问题时，皆能放弃我见，虚心研讨，以发挥力量。第二，有警觉性。要把眼光放远，有替时代之倒逆行为，即有悲惨之结局，国家民族之危亡，即个人之危亡，大家警觉的程度，要随时代的演进而加强起来，要为国家民族之先锋，努力奋斗，共同完成这伟大时代所赋予之使命。处此大时代，应善处于成功，善处于失败。善处于成功者莫如萧何，成功之后不要金银财宝，而助国务整纪纲立计划；善处于失败者莫如文天祥，虽艰苦万状，仍奋斗不已，彼做汉奸机会甚多，但不为利诱，不为威屈，坚贞如一。

丁治磐博览群书，古文功底深厚。在其赴台湾后出版的

10卷本《丁治磐日记》（手稿本）中，时常引经据典，借古喻今，他视文天祥、岳飞、曾国藩等人为楷模，在日记中频频提及。来青岛履新后，他不仅定期以培训班形式给部下讲授战略战术、道德文化，还应邀到机关学校作演讲。

职务二度更改

1947年11月，为加强区域作战指挥，蒋介石将青岛警备司令部扩编为第11绥靖区。12月15日，丁治磐被任命为第11绥靖区司令官兼行政长；25日，第11绥靖区正式成立。

在武力上，第11绥靖区下辖第32军、第50军、第204师、警备旅、保安旅等，指挥要塞司令部、海军第2军区司令部。

丁治磐在第11绥靖区司令官兼行政长的位置上只待了半年有余，1948年7月6日上午11时50分，国民党军第7兵团司令官刘安祺中将乘中航公司班机由南京抵青岛，拟接任第11绥靖区司令官。

翌日中午12时，丁治磐、刘安祺权力交接仪式在第11绥靖区司令部举行，600多名官兵参加。

丁治磐向与会者简短介绍后即席发言："5月26日，接奉总统电令，第11绥靖区司令官兼行政长由刘安祺将军接充，本人奉命专任青市警备部司令一职。任职青岛警备部司令及第11绥靖区成立迄今凡两年，深得同人之忠诚合作，至是建树。青岛警备司令部仍设在现在之绥区司令部，北部设警备司令部，南部设绥区司令部，在职权尚未划分之前，本人仍协助刘司令官筹备一切。"

丁治磐讲话完毕旋即与刘安祺交接业务。

9日，交接业务完毕的刘安祺电呈南京国民政府：

一、奉总统蒋电令：第十一绥靖区司令官兼行政长丁治磐调任青岛警备司令，遗本兼各职着以第七兵团司令官刘安祺调任。

二、安祺已遵于中华民国三十七年七月七日十二时在青岛接任第十一绥靖区司令官兼行政长职务。

三、除呈报外，特请查照为荷。

离青赴江苏任职

由第11绥靖区司令官兼行政长改任青岛警备司令只是丁治磐离青前的一个过渡。8月31日，《青岛晚报》刊发南京电讯《丁治磐主苏已内定》。

9月2日，行政院明令公布丁治磐调主苏政。

9月4日，青岛报纸刊发“丁治磐赴苏履新因病延期”的消息，称：“青岛警备司令丁治磐主苏政，总统于2日明令公布，其青岛警备司令遗缺则由第十一绥靖区刘司令官兼代，刻警备部各部门正办理移交手续。丁氏本拟二三日内转京赴苏视事，孰料于刘司令官欢送宴后，旧疾胃病复发，现在福柏医院疗养，约需一周时间始可痊愈。”

9月7日，第11绥靖区司令部致函青岛市政府，关于刘安祺兼任青岛警备司令的代电：

案奉参谋总长顾未世崇俭电开：奉核示青岛警备司令丁治磐另有任用，应予免职，遗缺以第十一绥靖区中将司令官刘安祺兼任，人事命令另发，希即遵照并将交接日期具报。

11日下午4时，国民党青岛市党部、市参议会、各社团、各旅青同乡会20多人，在市参议会会议室举行茶会欢送丁治磐。国民党青岛市党部主委童世荃主持，全体人员起立致欢送词。继由刘安祺、龚学遂、崔士杰、姜黎川、王仲怡等人分别致辞，“均盼丁氏离青后勿忘青岛，鲁苏应为一家，今后仍应密切联系”。

丁治磐最后致答词，对过去工作得各方帮助表示谢意，称“愿以青岛为娘家，希望青岛今后各方面继续努力，佳音频传”。

12日下午1时50分，丁治磐偕齐滋生、张鸿学、袁德法等乘飞机赴南京并转镇江（注：江苏省政府驻地）履新，刘安祺、龚学遂、童世荃及美西太平洋舰队司令白吉尔及青岛市各机关代表、美海军高级将领共计百余人赴机场送行。

26日，丁治磐在青岛报纸上发布“离青启事”，感谢青岛市各界。丁治磐的青岛岁月画上了句号。

11月26日，蒋介石面谕刘安祺：“有指挥第十一绥靖区陆海空及地方政治、经济、党务等全部权力。”

至此，刘安祺已完全掌握青岛军政大权。

1949年4月23日午夜，中国人民解放军第35军占领南京，将红旗插上“总统府”门楼。消息传至青岛，久病初愈的原青岛警备司令部秘书长徐人众牵挂着丁治磐的安危。4月28日，徐人众急电丁治磐，询问其“现驻何处，盼示”。5月3日，丁治磐复电：“磐现在沪，本部驻崇明（县）南堡镇，兄来沪到愚园路1315号弄8号。”

5月12日至27日，解放军三野第9、第10兵团乘胜发起上海战役，解放了当时这座全国最大的城市。6月2日，解放军在长江第一大岛——崇明岛登陆。丁治磐率残部撤离崇明，退守浙江嵊泗列岛。嵊泗列岛解放前夕，丁治磐携随从和家眷等人飘零至台湾，1988年病逝。

匆匆过客秦德纯

1948年8月2日，52岁的江西金溪人龚学遂接任青岛市市长后，推行币制改革，解决青岛市粮荒、煤荒、难民和流亡学生四大难题。1949年1月8日，龚学遂鉴于“主青半载，环境艰困，应付无能，愧乏建树”呈文行政院请辞市长之职。

龚学遂急于离青，奈何一纸辞呈如石沉大海。继任者迟迟未能产生，一市之长岂能空缺？况且又处于多事之秋，在行政院大员抚慰下，龚学遂只得耐着性子继续打理日常政务，应付各种棘手问题。

其辞呈回音出现在了一个月后。

1949年2月9日，已南撤至广州苟延残喘的国民政府行政院致电青岛市政府：

> 本院第四十三次会议决议，青岛市长龚学遂呈请辞职应予免职，遗缺由山东省政府主席秦德纯兼任，除转请任免并电知山东省政府外，特电知照。

其时，秦德纯以国防部次长身份转任山东省政府主席仅两月有余，青岛市市长“重担”再度上肩。

秦德纯

“知其不可为而为之”

从山东沂水县走出的职业军人秦德纯戎马大半生后缘何执掌山东行政，这得从济南战役说起。

1948年9月24日，人民解放军攻克济南，第二绥靖区司令官兼省政府主席王耀武化装逃出省城，至寿光县时被俘。济南解放后，菏泽、临沂、烟台等地相继解放。至10月中旬，山东境内仅余青岛及南部边沿少数据点尚为国民党军队占领。

地盘虽缩至“一市半县”（注：“一个青岛市半个即墨县”——秦德纯语），但“省政府”大牌子仍得继续挂，“省政府主席”一职亦得继续设，由何人出任？

1948年10月31日，青岛本埠多家报纸中，《青岛健报》率先给出答案：鲁省主席可能由秦德纯出任。

省府委员兼第十四区督察专员张景月现下榻于天宝银楼，据悉关于鲁省主席已内定秦德纯，秦氏亦表示同意，一俟总统返京，即可正式确定。闻秦氏已下定决心，发动大量军队由徐州、青岛附近出动，以收复济南，山东战局日内将可好转。

12月30日，《青岛健报》转发“中央”社南京29日电，将这一重要人事安排坐实“秦德纯主鲁”。

1967年，台湾传记文学出版社出版《秦德纯回忆录》，此时，秦德纯已病逝4年多。在书中，秦德纯回忆出任鲁省府主席的经过，称“知其不可为而为之”。

1月20日，秦德纯假南京市健康路315号——山东省政府驻京代表办事处就职。

2月9日，行政院会议通过龚学遂辞职照准，秦德纯兼任青岛市市长。当晚，龚学遂向记者郑重表示：“获悉行政院通过消息后，除电秦兼市长促驾外，绝对继续负责，不使市政有一日停顿，静候秦氏到任，亲办交代后方始离青。”

10日，《青联报》刊发社论：《对秦德纯氏的期望》。

11日，第11绥靖区司令官刘安祺、市长龚学遂分别以长途电话与秦德纯联络，请其速来青岛主持市政。秦德纯在电话中答复：“容赴京晋谒总统后，决即飞青就职。”

为敦促秦德纯尽快来青岛，青岛市政府、国民党青岛市党部、市参议会等商议决定，委派副议长姜黎川、参议员熊复元11日乘机赴沪邀请。因气候欠佳，两代表未能如期起程。

得悉秦德纯兼任青岛市市长，上海永兴物产保险股份有限公司、山西省政府等单位纷纷给秦德纯发来贺信、贺电。

姗姗而来

秦德纯既已兼任青岛市市长，许多人翘首以待，龚学遂更是望穿秋水。但自2月9日政务院任命发布至3月9日莅青，不愿接烫手“山芋”的秦德纯一直摇摆、反复，上任之路走得颇费周折。

13日，龚学遂得秦德纯复电，谓“决日内来青”。

14日，国立山东大学校长赵太侔由沪搭机返青。他称，在沪时虽未与滞留上海的秦德纯晤面，但离沪前曾与山东省保安副司令兼民政厅厅长傅立平、省府委员王崇五晤面。两人均表示原计划14日与赵太侔同机来青岛，因机票未购到不能成行。

同日中午，秦德纯自沪给市政府秘书长孙继丁打来长途电话，称“即派傅王二氏先来，他本人日内来青履新”。

15日正午时分，傅立平、王崇五乘中航机达抵青岛，下榻于中山路中国旅行社。稍事休息后，傅、王两人在附近的青岛咖啡饭店出席朋友安排的接风宴。下午3时30分，傅、王代表省府主席兼市长秦德纯拜访第11绥靖区司令官刘安祺。两人解释说：“自行政院发表任鲁省主席后，秦氏因鲁青人士寄望甚殷，深自怀惧，惟有关推进鲁青政务之准备工作须妥为筹划，故连日晋谒中枢当局，详为筹划，致不能早日来青。”

对于坊间传言的“龚氏14日晨接获秦复电谓：刻正向中央请辞中，仍希望龚氏继续主持青政”，傅立平坦陈确有其事。对此，市府秘书处告知各家报馆：“龚市长仍将复电秦氏，敦促早日来青，以负众望，否则将亲自赴沪劝驾。”

当日下午，赴沪欢迎新市长秦德纯的市参议会副议长姜黎川自南京来电说：“至沪后，随同秦市长晋京谒见代总统李宗仁及总参谋长顾祝同等，结果甚为圆满，对保卫青岛市有详细规划，一俟公毕即陪秦氏等来青，并请盛大欢迎仪式。”

闻听这一消息，国民党山东省党部及各县市参议会、各县旅青同乡会、青岛市参议会、各人民团体代表及秦德纯在青友好等遂以市参议会为筹备地点，研讨欢迎秦德纯事宜。

18日，青岛多家报纸转发“中央”社南京电，称山东省主席兼青岛市市长秦德纯18日自沪与国民政府财政部部长徐堪同机来京。据悉，秦德纯赴青日期约在本月底或下月初。

19日，《光华日报》对此消息作了解读：“秦氏昨日已由京赴沪，有电致青岛友人谓：周前曾电孙院长请辞，尚未获复，如不获准当即日来青履新。”该报同时解释说，来青数日的傅立平近日返沪，行前表示，“决敦促秦氏早日来青”。

秦德纯踌躇不决，赴任一直没有确切日期，盼其前来“支撑艰局”的市商会、各民众团体急了，商定“敦请市参议会发起联名电请行政院促驾，冀望秦氏迅即来青”。

市参议会果断行事，致电代总统李宗仁和国防部，请其敦促秦德纯走马上任。

22日，市参议会接到李代总统及国防部复电，内容有三：1. 即促秦德纯来青岛就职。2. 青岛市驻军绝不撤离。3. 增派部队将陆续抵达青岛。

28日，《大民报》转发“中央”社南京27日电：新任山东省政府主席兼青岛市市长秦德纯下月初赴青岛履新。

秦德纯上任指日可待，归心似箭的龚学遂已买好赴沪的船票，一俟交接后即可与夫人王家襄离开青岛。孰料，节外生枝，秦德纯应邀在京出席国是会议，来青岛日期延长一周左右，龚学遂只得将船票退掉。

> 市政府秘书长孙继丁昨日（注：3月2日）与秦兼市长通电话，据秦氏称，因在京被邀出席国是会议，目前

尚不能离京，约十日左右可来青。闻龚市长原已购妥“长兴”轮船票，为负责起见，已将船票退回，直到秦兼市长莅青就职后再行离去。

龚学遂继续履职。“本市粥厂三月底有结束之说”日盛，各县流亡难民代表紧急呈文市政府，“恳请仍予继续办理，以维民命”。对此，市政府急电尚在南京的秦德纯快想办法。

秦德纯接电后即着手赴青。

3月9日上午11时许，秦德纯终于在青岛露面了：

百万市民盼望殷切的鲁省府主席兼青市长秦德纯今午十一时二十分乘中航机自沪抵青，同来人员仅鲁省府新闻处长尹殿甲及副官一人。第十一绥靖区司令官刘安祺亲率秘书长暨处长以上高级人员和仪仗队、军乐队各一，市府龚市长、各局处台所室主管人员，市党部殷主委、各执监委员、陈书记长，暨李代芳议长、项司令、梁司令、赵校长、孙秘书长，工商各界代表等二百余人于晨十一时前即赴沧口机场热烈欢迎。

秦德纯穿藏青色中山装，黑呢大衣，精神奕奕，下机后与刘司令官、龚市长、殷主委、李议长等人握手寒暄，继检阅绥靖区及市府之仪仗队，并与刘、龚、殷、李四氏合影。摄影毕，与刘司令官、殷主委乘车直赴迎宾馆。

在迎宾馆稍事休息后，秦德纯以浓重的山东口音回答追随而至的记者的提问。

在回答记者关心的“迟迟未能前来”的原因是，秦德纯笑谓：“此次奉令主鲁兼长青岛市政，深感惶恐，又劳各界殷切寄望，益复惧。至此次迟迟未能前来，因与中枢交涉军费及增加官兵待遇所致。青岛为优良港口，地位重要，中央极端重视，故有确保之决心。”

随后，秦德纯向记者表示，关于增加官兵粮饷，中枢已同意，驻青岛官兵将以银元折合金圆券发薪。

记者问，经济合作署如期结束，今后青岛数十万难民及百万市民食粮势必发生问题，秦兼市长是否预为筹划。

秦德纯称，为此曾在沪特访美援运用委员会主任委员张肇元，答以将有大米陆续自沪运青，使粥厂不致停顿。如大米不能运青，则代以面粉。至于配售面粉，则答以决心继续办理。

匆匆离职

10日上午10时，秦德纯赴“艾尔杜拉杜”号旗舰拜会美国西太平洋舰队司令白吉尔将军及第11绥靖区司令官刘安祺。中午，应龚学遂邀请，赴其私邸用午餐。下午2时，白吉尔一行前来迎宾馆礼节性回拜秦德纯。下午5时，龚学遂夫妇在迎宾馆举行鸡尾酒会，欢迎秦德纯，并邀请中外各机关负责人作陪。

11日，龚学遂与秦德纯办理职权交接手续。当日下午3时，青岛市党、政、军、民暨各机关法团负责人在参议会礼堂联合举行茶会，欢迎秦德纯来青岛履职。

3月14日，青岛市民食调配委员会发布公告：市长秦德纯任本会主委。

秦德纯接篆视事后，青岛市政府向单位部门一一转发行政院关于山东省政府主席秦德纯兼任青岛市市长的训令。

19日上午10时，秦德纯与龚学遂在市府举行交接典礼。

当日下午1时许，秦德纯召见市府各局、处、台、所、厂负责人，进行“垂询与指示”。

3时许，青岛市各界代表300余人在励志社青岛分社举行欢迎秦德纯茶会。

20日上午，国民党市党部有关人员赴市政府邀请兼任“中央”监察委员的秦德纯翌日上午9时莅临在该部大礼堂举行的总理纪念周致训词。

21日，市党部扩大总理纪念周准时举行，党部各委员、全体工作人员及各级党部干部百余人出席。

29日，《青联报》推出纪念革命先烈暨庆祝第六届青年节特刊，秦德纯应邀发表署名文章《现代青年的使命》。对“时代使命如何完成”这一命题，秦德纯告诫青年人：第一争取和平，第二健全学业，第三倡导民主。秦德纯还为青年人题词：“昭兹往烈，示我青年。”

随后，秦德纯奉命匆匆离青赴沪、转宁。其时，中国人民解放军第二、第三野战军和第四野战军一部在长江中下游加紧部署，拟全线渡江作战，彻底摧毁国民党军长江防线。

青岛本埠报纸转发“中央”社电记录秦德纯抵达沪、宁后的行踪。

4月10日，《青岛健报》转发“中央”社南京9日电：鲁主席兼市长秦德纯9日晚由沪乘车抵京，秦氏友好及在京鲁籍人士姜文德、张星元等多人前往欢迎，40军军长李振清亦扶杖到站。秦德纯称青岛情形极为安谧，人心亦十分镇静，唯食粮与燃料殊感缺乏。他表示，此次来京系向李代总统及行政院何应钦院长述职，在京约可逗留一周云。

15日，《大民报》转发“中央”社南京14日电：秦德纯14日下午3时在山东同乡会举行茶会，招待鲁青旅京人士姜文德、瞿唯吾、范予遂等百余人。秦德纯首先报告山东省政府最近工作——救济流亡学生与遣送难民赴赣垦荒，继报告青岛市军事情形与经济概况。

19日晚9时30分，秦德纯自南京给青岛发来密电，要求港务局加紧修理轮船。

20日上午，主持市府工作的秘书长孙继丁批示：港务局速洽办。

接到孙继丁的批示后，青岛港务局第四科迅速将承办方案上报：

> 拟饬船机股从速筹备，将该舰拖上船台，所需筹备费力求撙节，尽量利用本局库存材料或旧料，估计筹备费银元二百九十九元，已将估价单面呈司令部史参谋长。

有关负责人批示：“筹备费可拟府稿函保安司令部替付。”

5月3日，人民解放军兵分三路，向青岛市郊守敌发起进攻，青（岛）即（墨）战役打响。当日下午，青岛外围重要据点灵山被攻克。

5月4日，青岛市政府仍以市长秦德纯的名义发布训令，要求商民严格遵守第11绥靖区限制携带金银外币出境暂行规定。

普通民众根本不知道，此时的秦德纯已身在广州。

5月11日，《青联报》转发“中央”社电：秦德纯辞去兼职，孙继丁代理青岛市市长。

当日，秦德纯致电孙继丁，略谓“行政院准辞市长兼职，由吾兄继掌市政，际兹局势艰危时期，深觉不安。今后虽辞兼职，当在中央竭尽所能，为青市解决困难问题”。

行政院任命公布后，孙继丁迅速请辞，但未获允准。

秦德纯在青岛执政不足1个月即匆匆退场。

沈从文的青岛时光

1961年夏天，虚岁60的沈从文自京来青岛“休养和创作”。这是新中国成立后沈从文第二次回归这座30年代初他曾寓居近三年、留有自己“一生精力最旺盛、写文章最多而好”的一段时光的海滨城市。

在青岛居留38天，感情细腻、善良敦厚的沈从文频繁地与其兄长、儿子、侄女及中国作协副秘书长等人通信。这些书信档案不仅记录了沈从文在青岛的身体状况、行踪及心路历程，而且触及了他酝酿已久的“长故事”未动笔创作的缘由。

“离第一次来这里已有32年，凡事陌生”

对于1961年沈从文来青岛的背景，作家陈徒手在《人有病天知否——一九四九年后的中国文坛》一书中有所记录。

1961年，作为中国历史博物馆新陈列室解说员的沈从文主动来到中国作协办公楼，他对副秘书长张僖说想写点东西，打算去四川。6月21日，中国作协办公室给四川省作协主席沙汀、作协四川分会发去公函，告知“（沈从文）将于6月25日左右动身去成都，初步打算住一个月左右，动笔写酝酿已久的一部长篇小说，请对住宿等问题做安排。”

晚年沈从文（沈红提供）

公函中同时提醒：沈从文同志患有心脏冠状动脉硬化症，血压时有上升，并伴有心绞痛发生，请在安排住处时注意安静、医疗等条件。

就在四川作协着手接待沈从文时，23日，中国作协突然致电沙汀，告知“领导又重新安排沈从文到青岛休息”。

缘何突然变更休养地点，该书中没有提及。不过，稍加分析。可知原因大致有二：一是相较于成都，青岛离北京更近，可少受长途颠簸之苦；二是成都夏季闷热潮湿，青岛地处黄海之滨，凉爽怡人。这两方面优势更利于沈从文休养与创作。

同一天，沈从文写信给大哥沈云麓：近些日子量血压又高了些，心脏总隐痛，心电图显示还是左心室肥大，医生总说“什么事暂时莫做，比较妥当”，在北京即或住在家中，照例是有事的。大致下星期即到别处去住些日子。

在信的末尾，他说：“可能廿六去青岛住一月看看。”

27日，在动身之前，沈从文致信张僖，提出自己承担去青岛的车费，并请他务必收下应出车费，免得住在那边“情绪上反而成为一种负担”。

30日，已在青岛安排妥当的沈从文给沈云麓写信：“28日到了青岛，离第一次来这里已有32年，凡事陌生。”

沈从文在青岛期间的通信中称青岛市文化局人员吴克柔、市文联人员孔琳接待了他，并安排其住在中山路2号青岛市人委交际处——一栋黄色的德占青岛时期的建筑（现已拆除）。

沈从文在信中写道：“住在交际处二楼三号房间，靠海，中苏友协（注：全称是中苏友好协会青岛分会，中山路1号，德占时期青岛俱乐部）对面。去海滨浴场远些，交通只一条线，不甚方便。”

笔者考证，接待沈从文的是时任青岛市文化局代理局长、党组书记吴克宾，非吴克柔——或许是沈从文记忆错误，抑或是“宾”字迹模糊不清，后人误认为“柔”。而“孔琳”实为孔林，原名孔庆聪，曾用名白帆，1959年任青岛市文联副主席兼《海鸥》月刊主编，1962年离青赴济，任省文联党组成员、《山东文学》副主编。

因为30年代初曾在此工作生活近三年，沈从文在信中自然地聊起青岛的旧事、旧人，只是光阴荏苒悄然滑过了30载。

> 学校（注：山东大学）已迁济南，当时一年级同学已任校长，同事多早成古人，只闻一多住处改为“一多楼”，留个故事而已……

沈从文在信中提及的“当时一年级同学已任校长”，指的是时任山东大学副校长的杨希文。1930年8月，国立青岛大学正式创立前，从青岛、北平、济南三地招考一年级新生153人。作为其中一员，杨翼心（后更名为杨希文）入该校教育系，因此被沈从文称为“一年级同学”。

沈从文还向兄长提起来青岛小住的原因及自己的打算：“心脏常隐痛，医生一再嘱咐不做事好些，因在京必然揽杂活，所以作协还是劝我离开一月，且玩玩息息。到青岛却打量休息一礼拜后，开始写长故事，本月能写出三四章，出个二万字左右，即明白如何继续下去了。”

沈从文所言的“长故事”，就是计划以其内兄张鼎和事迹为题材创作的长篇小说。

情感细腻，“懂得人情分”

沈从文是一个情感细腻、慈爱善良、极具人情味的文人，无论是对儿子、侄女，还是家中保姆、青岛旧识，他都一视同仁。这从他们的往来信件中可窥一斑。

7月4日，沈从文致信患胸膜炎在北京家中养病的长子沈龙朱，希望他好好静养一个月，使体力得到真正恢复再去工作。

其时，侄女沈朝慧自湘西凤凰县老家来京，住在二叔沈从文家。他不忘叮嘱儿子，她年龄小，且从家乡出来，有许多规矩不大懂，还需他和小弟帮助提醒。

沈从文在信中还提到家中保姆——王妈，他满怀感激之情提醒儿子尊敬和照顾她，间或也应当为王妈带点吃的用的东西，和对待自己伯母一样才好。

他慨言：“自己是顶穷活过来的人，懂得人情分。”

沈从文勉励儿子多读书：“必须敢学，才能扩大知识领域。”或许这一话题触动了他心灵深处那根弦，他向儿子忆及自己年轻时读书的艰辛：“冬天12月房中火也不升（生），只用被盖裹脚下读书。”“照我那么用功，你们可就差远了。”

10日，沈从文致信沈云麓，介绍他近10天来的状况，字里行间流淌着对青岛惬意生活的满足：“在青岛住和吃都较好，特别是静，尽管外边半夜还有汽车声，房间依旧静静的。每天各处看看，看了绣厂，还拟看印染厂、丝绸厂，都是本市大生产。老约翰（注：国立山东大学校长赵太侔）还住在这里，大致是养老了，过天去看看他……”

1961年7月，沈从文再回青岛时，山东大学迁至济南已两年多。赵太侔没有走，在原山东大学水产系基础上创建的青岛海洋学院中继续任教。

沈从文细腻的笔触为我们留下了60年代初青岛的状态：

> 这里街市还像三十年前，变得并不怎么多，只是公园中花木大不相同，有几条路当时刚刚栽花，现在花木已成林了，当时全市不到三十万人口，现在八九十万，当时一过炮台即是一片小松林，别无住宅，现在新疗养所已延展到湛山寺一带。这里大约因为天气好，无灰尘，人穿得特别干净整齐，孩子们也光溜溜的，还不曾见到一个生疱生疮的。除工厂区，全市都静静的。
>
> （青岛）印花布和机绣日用品，成绩在国内还算好的，山东大学文科已迁济南，只海洋学院在旧有校址内。

侄女沈朝慧尚未就业，心细的沈从文结合在青岛纺织厂的所见所闻写信鼓励她“学绘画、学涂色”，为未来谋。

在14日的信中，沈从文写道：“多画碗，有几个荷包、锦缎也可画出来。到青岛参观印花厂，才知道正需要这种图案做花布。如能学涂色，将来即可为他们画花布，也可送去上海投稿，总之，一切由幼稚到成熟即通过学。”

他还劝侄女学习伯母张兆和精神，特别是她对工作认真，对人厚道，并打趣道：“只是数钱不要学她，她永远数不清，只比我稍好。”

在信的末尾，他又转移到花布设计这个话题：“目下最需要的即是小花，二三色以省料明朗活泼为理想，这里有机会看看许许多多。同时看到，长达四五丈的花布机旁，许多二十来岁的女孩子在工作，庄严感人得很。在工厂做设计，一般多感到资料见得少，无可奈何，你有机会学绘画，底子越打越扎实，将来即可望为国家多做许多事。”

“不是懒惰，是重心转移到万千种文物上来了”

7月12日，尚在青岛的沈从文收到中国作协副秘书长张僖的回信：“旅费问题是小事，不要为这事影响休养和创作。”

信中，张僖还关切地劝慰沈从文：“如身体情况许可，兴致也好的话，可以试着写一写；否则，恐怕还是应以休养为主，不要急于写东西因而搞坏了身体。”

18日，沈从文致信张僖，除了感谢他的关心外，还简要谈了自己在青岛的情况：

> 看了几处和自己工作有关系的绣艺工厂和印染织布厂，另外还借了些近四十年有关青岛的书刊，看看地方前后对照和日用艺术前景，因为可能写两篇小小文章。血压到医院看了三次，第一次看医生时即以为“还是住

疗养院妥当些”，因疗养所多远离市区，极不方便，既已住下，又并不久住，不动还是好些。

近来一次量血压，医生认为还是高一些，不过我想只有十多天住了，还是不必再换住处，免得麻烦主人。

当然，他更谈了自己的写作状态，文中流露出对创作“长故事”缺乏信心。

头脑能否使用到过去一半样子，也无多大把握了，毛病是一用过了头即有些乱，过一阵子又才回复。心脏部分不太严重，已不容易好。初步设想把所收小说材料重誊一份，理出个顺序线索。万一我不能用，另外同志还可利用这份材料。最好当然是我自己能用它，好好整理出来成个中型故事，初步估计用十六万字，安排可以写得清楚，如顺手，也不会要半年时间。

7月23日，夫人张兆和给时在青岛的沈从文写信，直言他缩手缩脚写不出东西的原因：“你能写而不写，老是为王瑶这样所谓的批评家而嘀咕不完，我觉得你是对自己没有正确的估计。至少创作上已信心不大，因此举足彷徨无所适从。”

张兆和信中“王瑶这样所谓的批评家”，针对的是1952年9月，王瑶在新作《中国新文学史稿》中对沈从文小说的评价，给了沈从文“痛苦的压力”。

8月4日，沈从文致信沈云麓：“在青岛住了一个多月一切都好，还写了两万字游记，另外校对了一册数十万字的《中国陶瓷》，景德镇编写的。看了好些地方，还到崂山一次，拟8月

5日返京。”

沈从文对青岛流露出感念和不舍：

> 这里气候极好，海边总有凉风，因此在太阳下也过得去。初来时心常痛，近一阵子好了。三十年前在这里住了三年，一生精力最旺盛、写文章最多而好是在这里那一段时间，工作重人不感到重，大致和气候有关。
>
> 30年前在青岛不到三年，我似乎即写了五六本书，而廿三年到廿六年在北京，又印了四本书，基本上也是和青岛时储备精力分不开的。现在能一年写个十万八万字中篇和一本短篇已很不错，息手短篇已十二年，真是长期停工现象，特别是像我这种大量生产多产的作家，事实上不是懒惰，是重心转移到万千种文物上来了。

“事实上不是懒惰，是重心转移到万千种文物上来了”这句话，是否可视为“长故事”未能创作出来的缘由呢？

夫人张兆和对此的解释是：“一九六一年热闹，他想写，但是框框太多，一碰到具体怎样写，他就不行了。没有多大把握，写了也写不好。”

沈从文还是为“长故事”的创作做了许多案头工作。张兆和说：“堂哥牺牲了，堂嫂还在，从文从她那里收集了一些材料。还到宣化煤矿去了好几次，记了好几本。”

沈从文在给兄长信中所言的“两万字游记”，即《青岛游记》。这本是一个极其普通的题目，他却洋洋洒洒写了两万余字，超过多数小说的篇幅，足见其对青岛感情之深，只是这篇长文生前未能发表。

沈从文寓居青岛时的留影（1932年）

1983年，81岁的沈从文作《忆青岛》一文，文中写道：

在青岛那两年中，正是我一生工作精力最旺盛、文字也比较成熟，这时《自传》《月下小景》及其它许多短篇多写于这两年中。返京以后，着手的如《边城》……也多酝酿于青岛。我先后上过六次崂山，有一回和杨金甫（即杨振声，时为国立青岛大学校长）、闻一多、梁实秋、赵太侔诸先生在崂山住了六天，以棋盘石、白云洞两地留下印象特别深刻，我两次上过白云洞，都是由海边从山上小路一直爬上，两次走“三步紧”，临海峭壁上看海，崖上的海鸟飞翔形象至今记忆犹新。从松树丛中翻过崖石如在眼前。解放后去青岛只去过上、下清宫一次……在青岛时，海边、山上，我经常各处走走，早晚均留下极好印象，大约因为先天性供血不良，一到海边就觉得身心舒适，每天虽只睡三小时，精神特别旺健。解放后到其它城市度夏，总觉得不如青岛。

1986年暮春，沈从文在北京崇门外的居处接待了来自青岛的鲁海、时桂山、张矢三人。谈起青岛，病榻上的沈从文心情颇好，他向来访者介绍30年代在青岛的旧居：“是福山路三号，在这里住了三年多。巴金、卞之琳到青岛，都曾经在这里住过。”

沈从文所言巴金来青岛也住在福山路三号，其详情是，1932年9月，巴金应沈从文之邀，自沪来青住了一个星期。巴金晚年在《怀念从文》一文中说：“我在他那里过得很愉快，我随便，他也随便，好像我们有几十年的交往一样。他的妹妹（注：九妹沈岳萌）在山东大学念书，有时也和我们一起出去走走看看。”“在青岛他把他那间屋子让给我，我可以安静地写文章，写信，也可以毫无拘束地在樱花林中散步。他有空就来找我，我们有话就交谈，无话便沉默……在青岛，我住了一个星期。”

实际上，此时的巴金、沈从文认识仅月余。是年7月底，沈从文由青岛起程赴苏州看望刚从中国公学毕业的张兆和，途经上海，短暂停留，偶识巴金。

巴金在《纪念从文》中记述：“南京《创作月刊》主编汪曼铎来上海组稿，一天中午请我在一家俄国西菜社吃中饭，除了我还有一位客人，就是从青岛来的沈从文。我去法国之前读过他的小说，一九二八年下半年在巴黎我几次听见胡愈之称赞他的文章，他已经发表了不少作品。我平时讲话不多，又不善于应酬，这次我们见面谈了些什么，我现在毫无印象，只记得谈得很融洽。他住在西藏路上的一品香旅社，我同他去那里坐了一会儿，他身边有一部短篇小说集的手稿，想找个出版的地方，也需要用它换点稿费。我陪他到闸北新中国书局，见到了我认识的那位出版家，稿子卖出去了，书局马上付了稿费，小说过四五个月印了出来，就是那本《虎雏》。”（注：此处回忆有误，应为《都市一妇人》。《虎雏》是年1月已出版，《都市一妇人》是年11月出版。）

拿到稿费后，沈从文拿着巴金代为选购的一大包英译精装本俄国小说直赴苏州九如巷张家，他期待着“喝一杯甜酒”。临行前，“他要我去青岛玩，说是可以住在学校的宿舍里。我本来想要去北平，就推迟了行期，九月初先去青岛，只是在动身前写短信通知他……”巴金回忆说。

沈从文所言卞之琳来青岛也住在福山路三号，是指1933年4月北大英文系四年级学生卞之琳游青岛，访晤沈从文。说起诗集出版困难，沈从文拿出30元坚持交给卞之琳，嘱咐他自印诗集。回到北平后，卞之琳用这笔钱印了300册《三秋草》。

沈从文还告诉来访者，新中国成立后他曾三次到过青岛。他也到过大连度假，住处条件极好，但总觉得不如青岛。如有机会一定会重去看看。

遗憾的是，到1988年5月10日辞世前，他再也没有回来过。

后记

《案卷里的青岛·人物篇》是在2016年、2017年青岛出版社出版的《案卷里的青岛》《案卷里的青岛（续篇）》解密的部分档案人物基础上进一步写作而成的，不仅增补了大量文字，而且增补了许多一手档案照片和新作。

在诸书的写作上，笔者摒弃粗线条、碎片化的简短记述，努力做到史实准确，有细节，有情节，有独家发现，生动还原现场。为此，自2014年初春起，笔者几乎每个周都像上班那样，在青岛市档案馆一坐就是一个上午，在工作人员热情帮助下查阅和抄录馆藏档案文献。查寻、梳理、考证碎片化的档案史料是个既磨炼耐心又耗费精力的活儿。8年来，仅手抄馆藏档案史料的纸张摞起来即有30厘米厚。因年代太久和当时档案意识缺乏，一些人物、事件的重要史料档案馆内无法查全，只能通过购买有关当事人的年谱、回忆录等书籍和从个人收藏者手中购买信函、手稿、日记、旧报纸等珍贵资料来补充。

其间，居住在台湾的王芃生的表侄陈尔靖先生，居住在上海的谭岳峰之孙谭国璋先生、葛光庭之孙葛平章先生，居住在天津的熊冲之子熊湘伟先生，不仅提供了极其难得的文字和图片史料，而且对稿件提出许多建议和意见；中国欧洲学会德国分会副会长、《德国研究》杂志副主编、同济大学博士生导师李乐曾教授，德国法兰克福大学汉学系主任、法兰克福孔子学院理事长韦荷雅教授先后提供了鲜为人知的卫礼贤档案和卫礼贤在德国出版的中国儒家经典翻译作品；居住在北京的沈从文孙女沈红博士，高密市档案馆工作人员，青岛本土文史学者贺伟、王栋等诸君，也提供了一些重要的档案资料。

正是众人拾柴，方有今日之作品。

《案卷里的青岛·人物篇》挖掘还原了不同时期国内外诸多名人在青岛的匆匆背影，如首巡胶澳开启破冰之旅的山东巡抚周馥，致力于中国传统文化翻译传播的卫礼贤，来青岛传播马列主义、播撒革命火种、领导工人运动的王尽美、邓恩铭、王振翼和李慰农，记录青岛沦陷前夕城市非常态的端木蕻良、老舍、埃德加·斯诺，报人胡信之，文人顾随、胡适、沈从文等。

需要特别说明的是，本书所刊登的所有照片，除所写人物后人和部分文史学者提供外，其余均由作者翻拍自青岛市档案馆。

最后，衷心感谢青岛市档案馆文档中心的所有老师，他们为我提供了许多帮助。衷心感谢青岛万嘉集运物流有限公司董事长、总裁吴绍勇先生，先生温良敦厚，博览群书，不仅经营有道，为业界之翘楚，而且人文情怀浓郁，尤对城市档案历史文化情有独钟。在本书写作出版过程中，先生多有襄助，殷殷情谊，山高水长。同时，衷心感谢青岛出版社的领导、编辑和设计人员，感谢他们高效、专业的工作，使本书得以顺利出版。